創造か進化か

我々は選択せねばならないのか

デニス・アレクサンダー［著］
小山清孝［訳］

YOBEL, Inc.

初版に対する序文

この本は、筆者と同じように聖書が隅から隅まで心を揺さぶる神の言葉であると信じている人々を主たる対象として書かれたものである。もちろん、別の信仰を持っている、持っていないにかかわらず、このようなホットな問題について書かれた本を読んでみたいと思われる人々がいることも筆者は承知している。この後者のカテゴリーの人々に対しては、少なくとも一人の現役の科学者が、このような問題と如何に取り組んでいるかについて興味を持っていただければ幸いである。とは言うものの、筆者と同じキリスト教の信仰を共有する方々を主なる対象としていることを、弁解するつもりはない。なぜなら、このキリスト教コミュニティにおいて最大の問題は、創造と進化に関する事柄であることが多いように見えるからである。そのようなわけで、本書は、聖書の役割が神の権威ある言葉であると主張することを意図するものではなく、ただ単に、このことが全てのクリスチャンにおいて出発点であるという考えの下に書かれている。もしもこのことが出発点でないと言う人々に対して筆者が望むことは、聖書と科学がいかに平和的に共存できるかということを理解することに、本書が多少とも手助けになってほしいということである。

残念なことに、この問題はクリスチャンの間で、ある時には、互いに全く正反対のかなり強く固執する意見によって特徴づけられてきた。この問題は時として、光よりも熱気を発生する種類のやり取りへと発展した。真のクリスチャンであるなら、これらの問題について自分たちと同じ見解を持つ必要がある、と考えるクリスチャンさえもいるのである。よって、本書を読んでいきながら、キリストが十字架の上で我々の罪のために完成の業をなしたことによって我々が救われたこと、そして「愛の実践を伴う信仰こそ大切です」（ガラテヤの信徒への手紙5章6節）とあるように、キリストが我々のために成し遂げたこと以外には、我々の救いはあり得ないということを、クリスチャンであるなら思い起こして欲しい。筆者が最後に望むことは、このトピックが信者の間にあって、衝突または不一致の事柄になることである。本書は討論と対話のために書かれたものである。もちろん、本書はある特定の観点から書かれているが、クリスチャンの愛の精神によって、相違があるところで、友好的にこれらが議論されることを望む者である。我々クリスチャンが必ずしも得意でないことの一つは、感情的にならずに意見を異にすることである。このことは、救いに対して本質的ではない周辺の教義が中心的な重要問題とみなされ始めるときに生起する。

聖書の本質的で中心的な教義は、神が宇宙を創り、それを維持しているということ、人間が神の似姿に創られているということ、キリストを通した神の贖いの業によってのみ除かれることができるようなやり方で、罪が男と女を神から引き離したということである。しかし、我々は時として周辺的な教義――例えば、神が創造に際して使用した方法、人間として神の似姿の精確な範囲、罪によって生じた大きな溝と神によるそれからの回復を人間に悟らせる最良の方法など――において意見を異にする。かかる周辺的な事柄が中心的な重要性を持つと見なされ始めると、我々がイエスの弟子であると人々が理解できるようになるのは、それぞれが互いに愛し合うそのやり方でのみであることを、クリスチャンは忘れがちになるのである。

以上のようなわけで、読者におかれては、本書のタイトル『創造か進化か――我々は選択しなければならないのか――（*Creation or Evolution: Do We Have to Choose?*）』が提起する質問の正しい回答を見出すことが救いにとって不可欠と考えて、決して本書に取り組むことがないように望む者である。筆者は幸いにして、このトピックに関して広い範囲の意見を持つ様々な会員からなり、平和的に共に礼拝し、奉仕するケンブリッジの教会に属している。筆者と非常に親密なクリスチャンの中には、神は創造主であり、贖い主であるという筆者の考え方と同じであるが、この問題を、本書が示唆する主張とは極めて異なった科学的問題に関する事柄とみなす人もいる。クリスチャンにとって真理を見出し、それに賛成することはいつも素晴らしいことであるが、我々は皆、「一部分」しか知っておらず（コリントの信徒への手紙 一 13章9節）、知識はある日に満たされるであろうが、現在成長している愛のみが来るべき王国において成就することを認識する者である。よって、それまでの間、信仰が多少異なっていたとしても、我々はクリスチャンの愛の中に留まり続けることができることを喜ぶことができる。

もう何年にもわたって筆者は科学と信仰について、教会や、大学、学校などで講義をしてきた。この問題に関する一般的な講義をする場合には、筆者は創造と進化を一緒にした話題について、通常忌避する（静かな生活を何よりも望むので）。しかし、質疑応答の時間になると、最初の質問は通常「あなたは創世記1章についてどう考えるか」、あるいは「アダムとエバに関する聖書の教えは、科学とどのように折り合うのか」という類のものである。そのような質問に対する答えを探すとき、聖書を真剣に受け入れて創世記や、アダムとエバ、堕落の前の死の問題の解釈のような、ホットな話題に取り組んでいる職業的な生物学者によって書かれた本が、驚くほどないことが分かった。もちろん、この話題に関する素晴らしい本がいくらかはあり、それらをここで引用する気配りはしているが、科学が急速に進歩している中で、議論を最新のものにしていく絶え間無い要請がある。

筆者は、当時ロンドンの Imperial College Christian Union の総長であったティム・ブシェル（Tim Bushell）に本書のタイトルに関してお世話になった。筆者は何年か前にクリスチャン・ユニオン・ミッションの一部として話をするように要請されたが、これがその時、筆者に話すようにと与えられたタイトルである。筆者はそのタイトルを非常に気に入っており、その時以来ずっと、同じタイトルの本が筆者の頭の中を飛び回っていたのである。そしてそれがこれである。

筆者は、初期の原稿に対して有益な修正やコメント、独特で有益な情報をいただいた親切な友人たち——特に、Ruth Bancewicz, John Bausor, Sam Berry, Peter Clarke, Keith Fox, Julian Hardyman, Rodney Holder, Ard Louis, Hilarly

Marlow, Paul Marston, Hans Meissner, Hugh Reynolds, Julian Rivers, Peter Williams, Bob White——に感謝したい。ここでの間違いや考えは全て筆者自身のものであり、ここで挙げた名前の人が、本書のタイトルに対する質問に同じ答えを持っていることを暗示していると捉えるべきではない。さらに出版社に対して、原稿の作成中にわたる援助と忍耐、特にTony Collins, Simon Cox、そしてそのチームに感謝する。

本書は、科学と聖書の両方にわたって情熱を持つ人間によって書かれたものであり、本書の読者が、筆者と同じように、「神の言葉の本」と「神の働きの本」が調和してしっかりと保たれていることを信じるように、本書が後押しすることを望む者である。

第2版に対する序文

初版を発行して後の6年間は、驚きに満ちたものであった。一つの嬉しい驚きは、この間ずっと本書に対する変わらない需要があって、重刷に繋がったことであるが、このことは、本タイトル『創造か進化か——我々は選択しなければならないのか——（*Creation or Evolution: Do We Have to Choose?*）』が示すトピックに対する継続する興味を示すものである。もう一つの驚きは長い間、進化と折り合いをつけることを望んでいた、教会コミュニティの宗派、特に聖公会やカトリックによって、本書が取り上げられてきたことである。

初版の序文で、本トピックに取り組む聖書と科学に誠実な本が乏しいことを書いた。感謝なことに、もはやこのような状況はなくなり、現在、様々な観点からから書かれた多くの新しい本の仲間が出現した。それらは、例えば、リチャード・フィッシャー（Richard Fisher, 2008）による『歴史的創世記——アダムからアブラハムまで——

(*Historical Genesis: From Adam to Abraham*)』、ジョン・ウォルトン（John Walton, 2009）による『創世記1章の失われた世界（*The Lost World of Genesis One*)』、デニス・ラムルー（Denis Lamourex, 2009）による『進化的創造――進化に対するクリスチャンの取組み――（*Evolutionary Creation: A Christian Approach to Evolution*)』、R・J・ベリー（R.J. Berry）、T・A・ノーブル（T.A. Noble）編（2009）の『ダーウィン、創造、堕落（*Darwin, Creation and the Fall*)』、デボラ・ハースマ（Debora Haarsma）、ローレン・ハースマ（Loren Haarsma）（改訂版 2011）による『起源（*Origins*)』、カール・ギバーソン（Karl Giberson）、フランシス・コリンズ（Francis Collins）（2011）による『科学と信仰の言葉――心からの疑問に対する率直な答え――（*The Languages of Science and Faith: Straight Answers to Genuine Questions*)』、ジョン・コリンズ（John Collins, 2011）による『アダムとエバは本当に存在したか（*Did Adam and Eve Really Exist*)』、ジェラルド・ブラウ（Gerald Brau, 2012）による『起源論争のマッピング、全ての始まりの6つのモデル（*Mapping in Origins Debate, Six Models of the Beginning of Everything*)』、ピーター・エンズ（Peter Enns, 2012）による『アダムの進化――人間の起源について、聖書は何を語り、何を語らないか――（*The Evolution of Adam: What The Bible Does And Doesn't Say About Human Origins*)』、多くの著者による（2013）「歴史的アダムについての4つの見解（*Four Views on the Historical Adam*)」、ティム・スタッフォード（Tim Stafford, 2013）による『アダムの探索（*The Adam Quest*)』などである。筆者は、この増大する文献における、これらの著書及び多くのその他の有益な貢献に感謝するもので、これらの著書からいくつかの示唆をこの第2版に取り込んだ。もちろん、確かにこれらの著者が本書の全てに同意していないのと同様に、ここに取り上げたからといって、筆者がこれらの全てに同意している訳ではない。しかし、聖書に忠実であり続けながら、以前は反対であった科学的見解を、聖書は必ずしも除外するものではないことも認識するクリスチャンの間で、敬意をもった対話が始まっていることは素晴らしいことである。

一冊の驚いた本は、２００９年に多数の著者によって著された、ノーマン・ネヴィン（Norman Nevin）による編集の『クリスチャンは進化を受け入れるべきか（*Should Christians Embrace Evolution*)』である。「驚いた」というのは、その本が、まさに本書の初版に対する反撃として書かれているからである。例えば「新無神論者」が本を出版する際に、クリスチャンによって書かれる「反撃本」は、かなり普通に見られることであるが、クリスチャンの一つのグループが、他に対して「反撃本」を書くということは、それが良いかどうかは実際のところ確信は持てないが、筆者の経験では、有難いことに希である。「反撃本」の問題は、静かな熟慮を要求する話題に対して、思慮に満ちた概観をもたらすというよりは、論争の点数稼ぎで終わることが多いことである。本事例において、『クリスチャンは進化を受け入れるべきか』は、本書の初版が刊行された後、不必要に急いで書かれたようで、一連の科学的に不正確な主張は言うまでもなく、本書に表明された見解に対して不正確な説明で導かれている。この第2版は、このような種類のものに対する「反―反撃」を決して意図するものではないが、誤解に導いたかもしれない点をはっきりさせるために、いくつかの箇所において、追加と修正を行った。[1]

無関係でないこととして、初版の発行以来生起した、一つの憂慮すべきことは、疑いもなく善意のクリスチャン仲間からのものであるが、「創造と進化におけるアレクサンダーの見解」を保持するかどうか、もっと悪いものは、この件において、「アレクサンダーのグループにつく」かどうかを問いかける報告があったことである。使徒パウロは、バプテスマの文脈の中であるが（コリントの信徒への手紙一 1章10～18節）、まさに、そのような分派的態度に対して極めて厳しいコメントを与えた。この場所を借りて、本書の初版であれ第2版であれ、実際に神学的に新規な概念は何もないことを強調しておきたい。このことは、もっと多くの本を売ろうとしている著者にとって、良いやり方には見えないが、それは真実である。提案された聖書解釈と本書で示唆された神学的な見解は、全て非常に長い歴史を持っている。この話題に関する筆者の見解は、より最近の歴史に関する限り、1950年代から1990年代にかけて、学生の間でキリスト教のために多くの仕事をなした偉大な世代の福音的学者たちによって、形成されてきたものである。このことに関して、筆者は特に、Jim Packer, Oliver Barclay, Derek Kidner, Donald McKay, John Stott, Sam Berry, Colin Russell, Donald Wiseman, Jim Houston、そしてその他多くを思い浮かべる。場合によっては、筆者の見解はこれらの評論家と幾分異なって表されているかもしれないが、個人的な友情はいうまでもなく、彼らの多くの著作、書簡、説教に、本書の源を見るべきである。

初版の発行から生じた非常にプラスになった経験の一つは、世界の多くの場所の読者から、数百通に上る電子メールや手紙を絶えず頂いたことである。最も大きな励ましを受けたのは、本書が文字通り命の霊的な救いであったという、読者からのものであった。科学と信仰のいずれかを選択することを強いる教会で育てられ、船から飛び降りて信仰を捨てる瀬戸際にあった者が、科学と信仰は敵対するものではなく友人であり、ようやく認識の不一致が氷解したというものであった。本書を読むことによって、キリスト教信仰を真剣に考えていく上で最後の障壁が取り除かれ、クリスチャンになったというものもあった。一通の手紙は、本書の熱心な読者であった90歳になる祖父を持つ教師からのもので、祖父の信仰への戦いの働きの中で、本書が助けになったと書かれてあった。ある読者からは、素晴らしい言葉と共に、50個以上にもわたるさらなる答えを求める質問を頂いた。詳細な返答を受け取ることができなかった読者にはお詫びしなければならない。そのためには、人生は余りにも短かすぎる。しかしながら、少なくともよくある質問と「諸問題」のあるものについては、追加説明として本改訂版に含めるように努めた。

初版の誤植や、「次回の版」（つまりこの版）に対する提言を書いて下さった方々に感謝を捧げる。特に、マドリッドのパブロ・ド・フェリペ（Pablo de Felipe）と彼の同僚からは、スペイン語版の準備の際に、いくつかの重要な間違いの指摘を頂いた。Faraday Institute のスタッフである Nell Whiteway は、第2版の主要な貢献者で、特に、校正と科学データの更新でお世話になった。さらに、本版の種々の章の原稿、さらには全巻を読んで頂き、時にはパブの昼食に伴って活発な議論をしていただいた、多くの読者にも感謝したい。このような助力を頂き、さらには論点や記事などを提供していただいた方は、Gerald Bray, Neville Cobb, Dave Gobbett, Brad Green, Ian Hamilton, Jeff Hardin, Julian Handyman, Rodney Holder, Nathan James, Hilary Marlow, Ian Randall, Mike Reeves, Dennis Venema, David

Vosburg, Garry Williams, Peter Williams, Stephen Williamsを始めとするその他の方々である。これらの友人の名前をあげたからといって、もちろん、彼らが本書の全てに賛成していることを暗示するものではない。このような感謝を述べるに際して、ここに残っている全ての誤りは、筆者のものであることを強調することはいつも正しいことである。第2版の読者には、「あなたの考えと提案を電子メールと手紙で送って下さるように（宛先 www.faraday-institute.org）、しかし非常に詳細な返答をお返しすることができないことも心に留めて下さるよう」にと、述べておきたい。

初版の読者の中には、第2版を買う価値があるかどうか迷っている人もいるかもしれない。新しいことは何かと尋ねられたら、3.5万語が加えられたことである。ある分野の動きは極めて早く、本改訂版が発行されるまでに、入手できる最新の結果が必然的に生じ、科学的部分は本書の全体を通して更新された。ゲノム学は、ヒト進化の最新の理解を変換し続けている。初版以来、現代の人類は、厳密に単一遺伝子というよりは、緩い多遺伝子であることが明らかになっており、これらの新しい発見は、幾分詳細に取り込んだ。生命の起源に関する研究は、過去数年の間に大きく進展し、これらのいくつかが記載された。インテリジェント・デザインに関する章では、この話題に関する最新の刊行物のいくつかを考慮した。しかし、文字数で最大の増加は、より神学的な箇所である。アダムとエバ、堕落、原罪、そして堕落の前の死とは何かについてである。このような議論において、これらはしばしば最も執拗な質問で、その理由によって、第10章と第12章は、長さにおいて特に膨らんだ。あと一つの本改訂版における新しい特徴は、脚注の数が増加したことである。初版においては、本書が科学的な背景を必ずしも持ち合わせていない、一般読者層を対象としたことから、引用数を意図的に低く抑えるようにした。しかしながら、いくらかの読者から、ある重要な事柄について、引用が提供されていないという苦情があったことから、全ての一つ一つの点で詳細引用を与えるようにした訳ではないが、本版では大きく修正した。

この序文を書く数日前に、筆者が、米国の会議で講演をした時のことである。会議の合間に、テキサスからやってきた男性と談笑していた際に、彼が、感謝したいことがあると話し始めた。彼には11歳の、クリスチャン学校に通っている娘がいるが、ある日、彼女は学校から帰ってくると、科学は真実で、聖書は信頼できないので、これ以上イエスを信じることはできないと宣言した。彼女はそのような幼い頃から（11歳?）、神と科学の間で厳しい選択を迫られていたのである。幸いなことに、この紳士は、筆者がBioLogos (www.biologos.org) に書いていた記事と、そこに記載されていた他の資料に娘を向かわせることができたので、少女の信仰の危機を回避することを助けることができたということであった。

現代の教会のあるセグメントにおいて、信仰を科学と対抗させることは、科学と信仰を対抗させる新無神論者たちの努力がもたらすと同じように、恥であり、かつ悲劇である。筆者の希望は、両方からのアプローチが完全に不必要なことを示して、何世紀にも渡って科学と信仰の関係を伝統的に特徴づけてきた、非常に親しい関係を育むことに、この新しい版が役立ち続けることである。

創造か進化か――我々は選択せねばならないのか

目次

初版に対する序文　3
第2版に対する序文　6
図表　23

第1章　創造とは何か?　24
聖書の解釈　25
翻訳の困難　26
聖書解釈における基本原則　28
創造における聖書的な言語　34

第2章　創造に関する聖書的教義　38
創造との関連における神　38
神はその創造に関して超越的である　38
神はその創造において内在的である　40
神はその創造において人格的で、かつ三位一体的である　45
創造における三つの時制　47
創造と奇跡　49
聖書は科学を教えるか?　52

第3章　進化とは何か？——年代決定、DNA、遺伝子　61
進化は長い過程である　64
放射性同位体　65
測定サイクル　68
年輪と核層の計測　69
遺伝子とは何か？　70
染色体とDNA充填　77
遺伝子は如何にして生命体を構築するか　80
第4章　進化とは何か？——自然選択、繁殖成功、協力　89
進化——大事なこと　89
遺伝的多様性の発生　91
自然選択　96
進化——より広い絵　104
第5章　進化とは何か？——種形成、化石、情報の問題　111
種形成　111

種の驚異的多様性　121
種の消滅　122
遺伝子化石　126
新しい遺伝子情報はどこから来るか？　130
伝統的な化石　137
どの化石がどの岩石に含まれるか？　139
カンブリア紀からの化石と生命の歴史　142
海から陸へ　144

第6章　進化に対する異議　148
「進化は偶然プロセスであり、このことは、
神が意図した創造の計画を成し遂げる聖書と相容れない」　150
「進化論は実験室で再現できる実験とは無関係なので真の意味で科学的ではない」　154
「進化は熱力学第2法則に逆行する」　156
「恐らく、物事は実際にはもっと若いが、
神が高年齢に見せて作られるのは、我々の信仰を試すためではないか？」　157
「半眼《はんがん》は役に立つか？」　161
「もしも進化が正しいのであれば、

神は御言葉で単純にそう言って下されれば、このような議論は不要だった」 166
「恐らく神は特別な行為で原始のものを作り、それから、
今日我々が見る、種の多様性を生みだす急速な進化が起こったのであろう」 167
第7章　では、創世記は？ 170
創世記1章～2章――より広い文脈において 172
創世記1章1節～2章3節はどのような種類の文書か？ 173
数字の7と創世記1章 182
汎神論創造物語に対する批判としての創世記1章 183
創世記2章4節～25節 186
全てのクリスチャンは、創世記の冒頭の章を比喩的に解釈している 189
第8章　進化的創造主義 191
クリスチャンはダーウィンの理論を如何にして受け入れたか？ 193
生物学のイデオロギー変容 197
進化、無神論、進化的創造主義 203
進化は自然主義か？ 206
神は進化プロセスを如何にして創造するか？ 210

第9章　アダム、エバとは何者か？――その背景　214

聖書の文脈の中でのアダムとエバ　214

神の似姿に作られた人間としてのアダム　215

「その男」として、また個人的な名前としてのアダム　217

女の創造　220

聖書の他の箇所でのアダムとエバ　223

人間の進化――遺伝学　225

偽遺伝子　227

転移因子　234

レトロウイルスの挿入　236

染色体融合　237

神はペテン師か？　238

第10章　アダム、エバとは何者か？　創世記と科学の対話　241

ヒトの進化――全体の絵　241

ネアンデルタール人　247

ホモ・サピエンス　250

デニソワ人等　255
ホモ・サピエンスの文化的発達　259
言語の発達　261
新石器時代　264
人間はまだ進化し続けているか？　266
アダム、エバ、そして進化　268
モデルA　～　モデルE　273
神の似姿に造られた人類についての疑問　279
モデル間の比較　281
第11章　進化と死についての聖書的理解　289
死について聖書は何を語っているか　290
肉体の死　290
霊の死　296
「第2の死」　298
第12章　進化と堕落　300
モデルA～モデルE　300

創世記テキストにおける堕落 303
聖書の他の箇所における堕落 310
ローマの信徒への手紙における堕落 311
コリントの信徒への手紙一15章における堕落 314
ローマの信徒への手紙8章18～27節 316
堕落の前の痛みと死 319
アウグスティヌス主義的モデル 324
肉体の死、堕落、贖罪 329
堕落とモデルA～Eの再検討 337
第13章　進化、自然悪、神義論的疑問 348
生物学は「一括取引」である 350
無駄に関する疑問 354
残忍さに関する疑問 356
神義論に関する疑問と神学 357
第14章　知的設計（ID――インテリジェント・デザイン）と創造の秩序 370
単純化できない複雑（Irreducible complexity） 374

細菌性鞭毛　375
血液凝固　379
レセプターと配位子　382
隙間の設計者？　383
細胞の中の署名？　387
ＩＤは研究計画を生み出したか？　388
第15章　進化――それは知的で、設計されたものか？　394
設計の意味　395
第１の問題点――無知に基づいた論証　396
第２の問題点――カテゴリー錯誤　397
第３の問題点――設計者の性質と正体　398
ＩＤと自然主義　400
進化は設計されるか？　404
知的進化　405
第16章　生命の起源　416
生命の起源研究　419

炭素と生命の構成単位 421
巨大分子の生成 426
生命の代謝発電所 430
RNAワールド 431
RNAと遺伝子コードの起源 434

あとがき 441
注釈 444
訳者注釈 481
索引 495
訳者あとがき 496

図　表

1　主要な最近の地質時代区分　*67*
2　DNA が分裂して二つの娘 DNA 分子を形成する様子　*71*
3　DNA とヒストン蛋白質が共に詰め込まれたクロマチンの様子　*79*
4　ミバエの Hox 遺伝子　*86*
5　進化は 2 段階プロセス　*90*
6　主要な進化の出来事の歴史　*107*
7　染色体倍化によるバラモンジン新種の生成　*113*
8　過去 5.5 億年にわたる大量消滅のピーク　*123*
9　魚と四足類の中間化石　*146*
10　現存の軟体動物の目　*163*
11　我々の祖先についての理解　*235*
12　ヒト、チンパンジー、ゴリラ、オランウータンのゲノムでの挿入箇所　*236*
13　セントロメアとして知られる位置で結合したヒト染色体対　*239*
14　染色体の融合　*239*
15　過去 700 万年にわたるホモ・サピエンスの進化歴史　*243*
16　我々のミトコンドリア DNA は、いわゆる「ミトコンドリアのエバ」という一人の女からいかにして引き継がれてきたか　*253*
17　ホモ・サピエンスのヒト科先祖と関係しているかもしれない推定志向レベル　*263*
18　細菌性鞭毛　*377*
19　酵素がある仕事に対して最適適応を達成するために取り得る様々な進化の道筋　*409*
20　サーベル状の歯における進化的収斂　*412*
21　ゲノムの「設計空間」の世界　*414*

第1章　創造とは何か？

全てのクリスチャンは、当然のことながら創造論信奉者である。新約聖書のヘブライ人への手紙の著者はこのことを極めて明確に記している。

信仰によって、わたしたちは、この世界が神の言葉によって創造され、従って見えるものは、目に見えているものからできたのではないことが分かるのです[2]（ヘブライ人への手紙11章3節）。

我々はまた、神は存在するものの全ての創り主であると信じることなしに、信仰によって神を個人的に知ることはできない。使徒信条でも、「我は天地の造り主、全能の父なる神を信ず」と陳述しており、これは主流にある全ての教派の信仰の中心的な宣言である。従って、クリスチャンは当然のことながら、創造主である神を信じる者であり、創造論信奉者である。

もちろん今日において、一般的に使用されている「創造論信奉者」という言葉は、ある種のイスラム教徒やユダヤ教徒ばかりでなく、ある種のクリスチャンによって信奉されている特殊な信仰――これらの人たちの信仰は、神が創造したと考えられている特殊な方法に関するもの――に付けられているという微妙な問題がある。例えば、ある種の創造論信奉者は地球の年齢は1万年以下だと信じている。別の創造論信奉者たちは、地球は非常に古いが、例えば、新しい種をもたらすために、神が創造のいろいろな段階で超自然的な方法で介入したと信じている。言葉はその使用によって定義づけられるので、我々はこれが「創造論信奉者」と呼ばれている言葉が意味する信仰の種類であることを受け入れる必要がある。しかし、このことが実際に、全てのクリスチャンがより基本的な感覚において創造論信奉者であるという事実を隠すものであってはならない――神が「如何にして」創造したかについて、彼らの見解が異なっているだけのことである。

早かれ遅かれ（一般的には早く）、創造と進化に関する議論は、クリスチャンが聖書をどのように解釈するかに帰着する。アダムとエバは実際にいた歴史上の人物なのか、エデンの園にある木の実は象徴的なのか、あるいはすぐそばにある果樹園の木の実のようなものか。堕落より以前に、物理的な死はあったか。創世記の記事と進化の両者を同時に信じることはできるのか。

これらの疑問に対して回答できる唯一の方法は、創造について聖書が語ることを吟味し、聖書が、神が生物を造った方法ついて、何かを我々に語ろうとしているのかどうかを考察することである。しかしながら、この重要な課題に取り組む前に、我々はまず第一に聖書をいかに解釈すべきかについて考えることが必要である。

聖書の解釈

読者はこれまで、「そうですね、聖書は解釈しません――ただ、その通り読むだけです」と言う信仰者の仲間に出会ったことはないだろうか。筆者はあるし、そのような意見を単に日常の会話だけではなく、印刷物で読んだこともある。しかしもちろん、大部分のクリスチャンは、聖書のテキストについて言えば、我々は皆、解釈していることに十分気づいているものである。

翻訳の困難

まずもって、我々のほとんどは、聖書をヘブライ語もしくはギリシャ語の原書では読まず、原書にできるだけ忠実に従っている翻訳者に頼っている。しかし、これは容易なことではない。例えば、ヘブライ語は you に対して男性、女性、単数、複数を区別する4つの単語があるが、英語は一つの単語しかない。多くの異なった節の厳密な表現に解釈が含まれていることは、異なった英語への翻訳を比べるとすぐに判る――もっともそれが、キリスト教の基本的な教義にどのような場合にも何ら影響を与えないのであるが。

翻訳する際に、翻訳者がはっきりと意図する方法で、原書のニュアンスを表現することは多くの場合極めて困難である。創世記2章25節～3章1節の個所は、NIVでは次のように翻訳されている。

The man and his wife were both naked, and they felt no shame. Now the serpent was more crafty than any of the wild animals the Lord God had made.

(人と妻は二人とも裸であったが、恥ずかしがりはしなかった。主なる神が造られた野の生き物のうちで、最も賢いのは蛇であった。)

しかし、翻訳された英語の naked (*arom*) と crafty (*arum*) は、ヘブライ語ではスペルも発音もほとんど同じであり、これらが二つの文を結ぶことに役立っていることを英語では見逃している。原書に近い翻訳を試みると、つぎのようにキーワードに韻を持たせることになる。

And the man and his wife were nude …… Now the serpent was more shrewd ……

しかし、聖書朗読の際に、これが用いられると子どもたちは、教会の後ろの方の席でクスクスと笑うでろうから、これは止めた方がよいであろう。

ヘブライ語以外の言語で書かれた新しく見出されたテキストによって、ヘブライ語の意味には常に光が当てられている。古代ヘブライ語文献の言語資料は、いまだ旧約聖書、死海文書（旧約聖書よりもはるかに短い）、外典の少ない一部、そしていくらかの碑文からのみ成っている。ジェームス王翻訳（欽定訳）は、まだ現代の比較言語学（一つの言語と別の言語の関係を司る規則）がなく、考古学が知られる以前の17世紀初期になされたが、その当時、アッカド語（バビロン語やアッシリア語）のような言語は、全く解読不能であった。しかし、これらの言語が、ヘブライ語で書かれた言葉の意味の理解の手助けを、時として与えてきたのである。

我々は欽定訳聖書で「強い酒は滅びようとしている者に与えよ」（箴言31章6節）という命令に遭遇するとき、驚くかもしれない。事実、sekar は「強い酒」として、欽定訳旧約聖書では21回も訳出されている。しかしながら、ＮＩＶのようなもっと現代の翻訳では、「ビールを滅びようとしている者に与えよ」となっており、ＮＩＶにおいては、*sekar* は「強い酒」ではなく「ビール」として一般的に訳出されている。それはなぜであろうか。近年の翻訳者は、聖書の中で「強い酒」をそんなに沢山飲むことに怖気ついたのであろうか。それとも、聖書はいかなる翻訳においても、酔っ払いを厳しく取り締まるようになったのであろうか。実際の理由は、もっと散文的である。ヘブライ語によく似た *sikaru* というアッカド語の単語が、「穀物から作られた甘いビール」として記載されていることが見出されたことから、[3] それがビールを意味することが判明したのである。このことは、翻訳がビールの方へ移っていくのに十分であった。

トルコ語を話す者として、また、聖書を現代トルコ語に翻訳するために働いている人を支えることに関わっている者の一人として、筆者はこの魅力的な言語に対して特別の興味を持つ者である。いかなる言語の翻訳でも、翻訳チームはある箇所において困難に直面する。例えば、ローマの信徒への手紙12章20節はどのように翻訳されたであろうか。英語の翻訳はIf your enemy is hungry, feed him; if your enemy is thirsty, give him something to drink. In this way you will heap burning coals on his head（あなたの敵が飢えていたら食べさせ、渇いていたら飲ませよ。そうすれば、燃える炭火を彼の頭に積むことになる。）では、もしトルコ人の読者が、聖書の注釈なしに初めて新約聖書に出会ったとして、その読者はこの箇所をどのように翻訳したであろうか。翻訳者は賢くもこの節の最後の語句を、トルコ語で「そうすることによって、あなたは彼に恥をかかせることになる」と翻訳したのである。[4]

聖書の翻訳者たちは地球のいたるところで、知的なそして霊的な挑戦をしており、このような例は数え上げればきりがない。彼らのために、祈ろうではないか。それは困難な仕事であり、我々が原書以外の言語で聖書を読む時、我々は常に他人の解釈に頼っているのである。

聖書解釈における基本原則

解釈の次の段階は、テキストに対する我々自身の取り組みに関わるもので、それは以下のようなチェック・リストを用いるものである。[5]

・用いられている言語は何か
・それはどのような文学か
・どのような読者を対象としているか
・テキストの目的は何か
・テキストを超えて関連した知識は何かあるか

このリストの最初の二つは、聖書が天地創造について何を語ろうとしているかを調べ始める際に特に重要である。聖書の著者は神のメッセージを伝えるにあたり、非常に広い範囲の文学様式を用いる。「聖書はすべて神の霊の導きの下に書かれ、人を教え、戒め、誤りを正し、義に導く訓練をするうえに有益です」とあるが（テモテへの手紙二 3章16節）、このことは、聖霊が、書いた人の人格、文化、言語、特異的な様式を消し去ることを意味するものではない。聖書が持つインスピレーションに関する視点は、コーランのそれと大きく異なる。イスラム教徒は、コーランが天においてアラビア語として永遠に存在し続けており、ある特別の洞窟の中で、連続した幻を通してモハメッドに語られたものであると信じている。従ってモハメッド自身がその内容に関わることはなく、彼は神の啓示の代弁者であるとイスラム教徒には見なされている。これとは対照的に、神が聖書の66巻の著者に霊を吹き込み、１５００年にわたって、著者それぞれの独自の興味、背景、及び文化に対して消すことができない承認を与えて、テキストを書くようにしたのだとクリスチャンは信じている。聖書を信じるクリスチャンは、聖書が語ることは神が語っているということに疑問を抱かないが、(6) それはロボットではなく、実際の血肉を持った人間を通して与えられた神の言葉なのである。ヘブライ人への手紙の冒頭で、次のように書かれている（ヘブライ人への手紙1章1節）。

神は、かつて預言者たちによって、多くのかたちで、また多くのしかたで先祖に語られた。

聖書で使用されている文学的、言語学的様式は実際のところ極めて広い。我々が与えられた文化の中で自国語を用いる場合、ほとんど何も考えないでテキストや語る言葉の中に正確な意味を自動的に込めることが出来る。車を運転中に、「警告、重い木が横断中」[訳注1]という標識を見た場合、我々は今走っているシャクナゲの先の道路に進入しようとしない。「彼らの肩の上に木の切れ端がある」[訳注2]と誰かが言うのを聞いた場合、次にその人たちに出会ったとき、その体から少しでも木が突き出していないかと探したりしない。もしも今朝、誰かが「ベッドの悪い側から起きた」[訳注3]なら、寝室の配置についてあれこれと問い質すことはせず、十分遠くに離れているべきだと心得ている。我々の日常の会話は、慣用句、隠喩、誇張、皮肉、俗語、微妙なユーモアに満ちており、また、それが起因している国の文化の香りや特質が染み込んでいる。

我々が異なった資料を自分の言語で読むとき、一日のうちに多くの異なった文学様式に直面するとしても、我々は努力なしでその背景に馴染むことが出来る。ある瞬間、通常の新聞を読んでいるが、次の瞬間には料理のレシピ、さらには歴史小説、あるいはおそらくハリーポッター、そして次には家購入に関する法律的な文書、新聞の裏面の漫画、ある人においては科学文書、また別の人においてはビジネスレポート。我々はある種の文書を読むとき、それを他の文書のように読むことは思いもせず、それらの文書の背景に従って自動的に解釈する。もしも売りに出された家屋に関して、不動産屋が、「ある種の注意が必要」と記載したら、それにしたがって解釈する（例えば、その家屋は一年以上も放置されており、大規模な改修が必要）。しかし、もしも親切な友人が筆者の原稿を読んで、「第9章はある種の注意が必要」と、英国の伝統に従って控え目に言ってきたなら、筆者は非常に注意してその章を読み返すであろう。もしもスラグホーンが「フェリック・フェリシスは、組織的競技会では禁止された物質だとお前に警告する」と言ったなら[7]、このことをそのまま受け取り、あたかも運動選手が次期オリンピックのために準備された競技マニュアルにおける警告を読むようには読まない。

文脈は、ニュアンスに対して大きな違いをもたらす。もしも筆者が、I am broken hearted that the technician has broken his promise to mend the broken equipment（「研究所の工作室の技術職員が、壊れた器具を修理すると言っていた約束を破ったので、私は失望した」）と言ったとしよう。ここでは、同じ言葉 broken が3つの異なった方法で使用されており、文脈だけがその意味するところを明らかにする。このことに関して、筆者が最近気に入った記事がある。「子どもは外に出たがるものよ。子どもが家にいて、コンピュータに懸かりきりになることなど、誰も望まないでしょ」と母親が言ったという話である[8]——このことは、ごく常識的な母親がよく口に出す言葉だと思うが……。だがしかし、大西洋をヨットに乗って独力で渡るという独特な冒険をした14歳の子どもの母親が語った言葉だとすれば、その意味は大きく異なる。文脈は、「物凄い外出」という全く異なったニュアンスに変わっているのである。

聖書を長い間読んでいる人たちも、文書の様式に応じてほとんど自動的にテキストを解釈するであろう。最近読み始めた人は、もっと助けが必要かもしれないが（もちろん、注解書は有用である）、いずれにしても、ある一つの様式の聖書文学を読む時、別の文学様式で読むことがないよう、用心することが必要である。このことは、聖書で用いられる様式が、次のようなものを含んでいることを考慮するとはっきりしてくる――散文、歴史的な説話、詩（多くの異なった様式における）、予言的記述、ことわざ、黙示的記述、書簡、神学的小論、伝記、系図、法的な論述、調査データ、讃美歌、夢や幻の記述、等々。もしも我々がある種の説話をまるで別のようにして取り扱うなら、その箇所全てにおける主要な点を見逃すという大変な間違いを犯すことになる。

預言者ナタンがサムエル記下12章で、ダビデ王に譬え話をした時、王はその話に大変興味を示した。それは、ある金持ちが、自分は沢山のものを持っているにもかかわらず、ある貧しい者のたった1頭の雌羊を殺して食べたという、不公平で涙をさそう物語であった。この話を聞いたダビデ王は、「主は生きておられる。そんなことをした男は死罪だ。小羊の償いに四倍の価を払うべきだ。そんな無慈悲なことをしたのだから」と叫んだ。するとナタンはダビデに向かって「その男はあなただ」と言い放った。ダビデは、自分自身の罪に盲目と言った方が適切なくらいに、その実際にある譬え話に余りにも感情的に関わったために、ナタンが意味するところ――バト・シェバとの不倫、そしてその後に行なった隠蔽と、彼女の夫であるヘト人ウリアの謀殺――を完全に見落としたのである。

別の箇所において、聖書の著者は、鍵となる神学的なメッセージを強く印象づけるために、同じ事柄に対して直接的な説話と比喩的な説明を同時に示す。例えば、エゼキエル書16章は、エゼキエル書22章において直接的な説話形式で語っていることを、比喩的に語る。エゼキエル書23章は、エゼキエル書20章が語るもっと歴史的な説明について、同様に比喩的である。(9)

イエス自身、自ら語った言葉について、まさに文字通りの解釈から聴衆を遠ざけようとして、しばしば時間を割いて説得に努めた。なぜなら、もしも彼らがそのままで受け取るなら、同様に、大事なことを見逃すからである。イエスが再び生まれ変わらねばならないとニコデモに語った時、ニコデモが「もう一度母の胎内」に入らなければならないのかと、直ぐに反応したので、イエスは、霊的な生まれ変わりについて語ったのだと、説明せねばならなかった。イエスが、神殿は三日で建てられると語ったとき、弟子たちは神殿の建設には46年間も要しており、どうやって三日で建つのかと抗議した（ヨハネによる福音書2章20節）。しかし、実際にイエスは、自分自身の復活について語ったのだと、ヨハネは続けて説明した。従って、イエスの言葉の真の解釈はどうなのか。神殿は物理的に三日で再建できるということなのか、あるいは彼自身が三日の後に死から復活するということなのか。ヨハネ福音書で、そのいくらか後の章で（6章51節）、イエスが、「わたしは、天から降って来た生きたパンである。このパンを食べるならば、その人は永遠に生きる。わたしが与えるパンとは、世を生かすためのわたしの肉のことである」と語ったことを記している。当然のこととして、「ユダヤ人たちは、『どうしてこの人は自分の肉を我々に食べさせることができるのか』と、互いに激しく議論し始めた」と、記載は続く。この時、我々は、イエスがこのことが何を意味するのか、はっきりと説明するだろうと期待するかもしれない。しかしその代わりに、イエスは、「はっきり言っておく。人の子の肉を食べ、その血を飲まなければ、あなたたちの内に命はない。わたしの肉を食べ、わたしの血を飲む者は、永遠の命を得、わたしはその人を終わりの日に復活させる」と語った。我々は、この時、これを聞いた者たちが、少なからずショックを受けたとしても、ある種の同情を覚える。事実、「弟子たちの多くの者はこれを聞いて言った。『実にひどい話だ。だれが、こんな話を聞いていられようか』」（60節）、とヨハネは記す。イエスの言葉の真の意味を知るためには、深い思考力と努力が必要とされるのである。神の言葉は、個人的な思考や深い関与なしに、単に盆の上に載せて渡される列挙された教義のリストのようなものではない。

特に、西洋人の読者は古代文献を読む時、あまり実際的ではない、固定的な直訳で読む傾向にある。これは、科学的な文献が我々の文化において主要なものになった結果、前科学時代に書かれたテキストについてさえも、そのような読み方に、無意識的に影響を受けていることによる。このことは、聖書のテキストを我々が読む時に、その古めかしさばかりではなく、我々に馴染みの薄い文化の中で書かれているが故に、重大な問題になり得る。例えば、ある西洋人の読者は、イエスが真っ直ぐな質問に対して、まれにしか直截的な返答を与えていないように見えるやり方に（時には、与えてはいるが）、困惑を覚える。なぜイエスは、直接的な質問に対して、「然り」または「否」と答えないのであろうか（例えば、ヨハネによる福音書8章5節、25節、10章24節）。もちろんイエスの主な目的は、多くの場合、質問を投げ返すことによって、より深くその問題について考えさせることにあるが、一般的に中近東の文化においては、はっきりと直截的な返答をすることはあまりしない。実際、それは極めて礼儀に反すると見なされる。西洋と中近東の外交官の討議をしばらく聞くと、筆者が意味するところが分かるであろう。

他の文化を理解できると、そうでなければ理解が困難な箇所、例えばルカによる福音書9章61節で、これから弟子になろうとする者が、「主よ、あなたに従います。しかし、まず家族にいとまごいに行かせてください」と言った時に、「鋤に手をかけてから後ろを顧みる者は、神の国にふさわしくない」と言った、イエスの言葉の意味を理解することの手助けになる。直感的には、きつすぎるように見えるが、決してイエスは、我々が家族のことに関わるべきではないと言っているのではない。当時の文化において「さようなら」ということは、短く「さようなら、お父さん、お母さん」と言うだけではなく、延々と続く食事に加えて、近隣の村々の親類縁者の訪問等々が含まれていることを知るとき、この問題の真相を捉える手助けとなる。もしも、聖書の著者たちの文化や世界について、自分自身を積極的に教育することなしに、21世紀の根強い西洋の考え方で聖書のテキストに接するなら、霊的な神の言葉が我々に語る多くのことを恐らく見逃すであろう。

このように考えると、「テキストの文字通りの意味」という時、注意深くなければならないことに気づかされる。

テキストの真の文字通りの意味とは、その著者が我々に理解することを欲しているものである。では、「もし、だれかがわたしのもとに来るとしても、父、母、妻、子供、兄弟、姉妹を、さらに自分の命であろうとも、これを憎まないなら、わたしの弟子ではありえない」というイエスの言葉（ルカによる福音書14章26節）の真の意味は何であろうか。もしも我々がパレスチナの砂漠から見出された断片的な写本によって、この箇所を他から切り離して読むなら、正確な解釈を見出すことが困難になるかもしれない。しかし、新約聖書の他の部分との文脈の中でこのテキストを読むなら、イエスが家族を憎むことを、文字通り実際に奨励しているのではなく、我々が彼に仕え従うことに献身するということは、忠義に対する他のいかなる要求も、逆に嫌忌するような類のものになるということが判るであろう。これは、言語学的誇張の典型的な例であり、そのようなものが聖書には溢れている。聖書のテキストの真の意味を理解するには、いくらかの時間と努力が必要である。

創造における聖書的な言語

「創造する」、「創造された」、「創造している」、「創造」という単語（create, created, creates, creating, creation）は、聖書のNIV訳では84回現れる。しかし、神の創造の業を意味する多くの他の単語も存在する。この種のものは、「創造」もしくは「創造している」という観念に対して、ヘブライ語やギリシャ語で記載されたあらゆる単語について深く調べあげ、それぞれの単語に与えられた意味を注意深く定義されたシステムに整理する研究の誘惑に駆りたてる（これは時として過度に偏執である！）。このアプローチの問題は、言語はその使用や文脈によって定義づけられるものであり、聖書の著者たちは聖霊からのインスピレーションによってこれらの言葉を注意深く選んでいるのであって、21世紀の組織神学者にとって必ずしも便益をもたらすためにそうしているのではないということである。よって、確かに異なった単語とその異なったニュアンスを研究することは有用ではあるが、ヘブライ語やギリシャ語の聖書における「創造言語」の意味について、英語と同じように我々の理解を助けてくれるのは、結局のところ文脈である。

ヘブライ語では創造について、*bara*（創る――ギリシャ語の *ktizein* に相当）、*asah*（作る――ギリシャ語の *poiein* に相当）、*yatsar*（造る――ギリシャ語の *plasso* に相当）の三つの単語が使用されている。*bara* という単語は、神が創造の業をもたらす作業を指す時に一般的に用いられる。典型的な例は、「初めに、神は天地を創造（*bara*）された」の箇所であろう。しかしながら、ヘブライ語で神の創造（*bara*）の業は、決して原始に限定されるものではなく、日常普通にある生と死の過程において、どのような種類の開始に対してもしばしば使用されている。詩編の作者は、「心に留めてください、わたしがどれだけ続くものであるかを。あなたが人の子らをすべて、いかにむなしいものとして創造（*bara*）されたかを」と嘆き（詩編89編48節）、また「神よ、わたしの内に清い心を創造（*bara*）してください」と祈る（詩編51編12節）。

「見よ、わたしは職人を創造（*bara*）した。彼は炭火をおこし、仕事のために道具を作る。わたしは破壊する者も創造（*bara*）して、それを破壊させる」（イザヤ書54章16節）の中に、人間の存在、アイデンティティ、そして裁きをもたらすことにおいて、神の創造（*bara*）が、いかにして主権を発揮するか、その見事な例を見る。さらに、神の創造の業が、当時の農業に従事する人たちの間の、極めて日常的な動物の生と死のまさにその過程の中で、いかに関わっているかを、詩編104編の箇所で語る。「御顔を隠されれば彼ら（動物）は恐れ、息吹を取り上げられれば彼らは息絶え、元の塵に返る。あなたは御自分の息を送って彼らを創造（*bara*）し、地の面を新たにされる」（29～30節）と。ここで留意したいのは、創造の秩序が新たにされるのは、*bara* によると語っていることである。ヨブが、「すべての命あるものは、肉なる人の霊も、御手の内にある」（ヨブ記12章10節）と神について語るとき、彼はこれらの現実性を完璧に捉えている。

神の創造（*bara*）は、人間や動物の生、死、そして存在に関わっているばかりではなく、必ずしも「原始」に限ることはない世界で進行中の他の変化の過程にも関わっている。イザヤ書45章7節において、「光を造り、闇を創造し（*bara*）、平和をもたらし、災いを創造（*bara*）する者。わたしが主、これらのことをするものである」と、神は「現在形」で宣言する。また、アモス書4章13節の箇所も、「見よ、神は山々を造り、風を創造し（*bara*）、その計画を人に告げ、暗闇を変えて曙とし、地の聖なる高台を踏み越えられる。その御名は万軍の神なる主」と、現在形で記されている。

己の知識が限られたものであることを自分の民に想起させようとするとき、神の計画や目的を彼らが決して予測することができないように、「これから起こる新しいことを知らせよう。隠されていたこと、お前の知らぬことを。それは今、創造（*bara*）された。昔にはなかったもの、昨日もなかったこと。わたしは知っていたと、お前に言わせないためだ」と（イザヤ書48章6～7節）、創造（*bara*）の業が現在進行中であると神は語る。神の創造（*bara*）の業は、「ヤコブよ、あなたを創造された（*bara*）主は。イスラエルよ、あなたを造られた（*yatsar*）主は。今、こう言われる。恐れるな、わたしはあなたを贖う。あなたはわたしのもの。わたしはあなたの名を呼ぶ」（イザヤ書43章1節、そして7節と要比較）と、国々の誕生と祝福にも及ぶ。イザヤ書43章の残りの箇所においても、神の誠実な創造（*bara*）と製造（*yatsar*）の業は、彼の民の生命の中で多くの様々な仕方でなされていることを明らかにし、神が、神自身を「イスラエルの創造者（*bara*）」として（15節）、啓示している。

このイザヤ書の箇所で、「創造する」、「作る」、「造る」にあてられた多くのヘブライ語の間で、かなりの重複があることに気付く。もちろん我々は、イザヤ書43章1節を、神の創造の業がヤコブとイスラエルの間で、幾分異なっているとは解釈しない。ヘブライ文学では、同じ箇所において実質的に同じことを再度繰り返す際に、テキストを通じての反復句がそうであるように、わずかに異なった言葉を用いることは一般的によく見られることである。数ある中で、詩編145編はその良い例である。このような方法や他の方法によって、ヘブライ語の異なった創造についての単語が、同じ事柄についてしばしば交換可能に用いられる。「大地を造り（*asah*）、その上に人間を創造した（*bara*）のはわたし」（イザヤ書45章12節）、そして「彼らは皆、わたしの名によって呼ばれる者。わたしの栄光のために創造し（*bara*）、形づくり（*asah*）、完成した者」（イザヤ書43章7節）と、神は語る。

時として、これらの主な三つの創造に関する単語は、「天を創造し（*bara*）、地を形づくり（*yatsar*）造り上げられた（*asah*）方、主は、こう言われる」（イザヤ書45章18節）のように、ヘブライ語において同じ文章の中に現れる。このようなタイプの例からだけでも、これらの単語は完全に交換可能に使用されていることが推測できるであろう。しかし実際には、*bara* は神が主語の場合のみであり、*asah* のような他の単語は、神の創造の業において頻繁に用いられているのに加えて、人間がなす創造の業についても使用されている。例えば、幕屋建設とその装飾品の設計者が、熟練した職人の業を用いて、胸当てを造った（*asah*、出エジプト記39章8節）、などである。聖書のテキストにおいて、人間の職人が物を創造した（*bara*）という記載はなく、創造（*bara*）は神の業である。しかし、*asah* については全く異なる。創世記の1章から7章にかけて、神が物を作る直接的な主語として用いられている *asah* の例は15あるが、一方創世記8章までくると、ノアが「自分で造った（*asah*）箱舟の窓を開く」（6節）という記載があることに気づく。

このような単語の研究は、創造の聖書記載を読む時、有用な道具箱を提供するものとして考えるべきではあるが、これ以上ここでは深入りしない。ただ単に単語研究からのみで、記述の特殊な解釈に固執することができないことは、もちろんである。しかしながら、言語的な背景を少しでも知っていると、創造の教義に関する聖書的な理解の全体的な絵を描く際に、確かにその筆運びに役立てることができる。創世記のより詳細な議論は後の章に譲るとして、もうしばらくの間、「大きな絵画」について考えていきたい。

第2章　創造に関する聖書的教義

クリスチャンが「創造」について語るとき、多くの人はそれが主に「原始」を指していると考える。もちろん創造に関する聖書の教えは原始を含む。しかし、我々が原始に焦点を当てすぎると、創造についての聖書的理解の関心が、第一義的には、物事がいかにして始まったかではなく、なぜ存在するかということにあることを忘れてしまうことになる。そしてまた、創造に関する聖書の教えの重点が、創世記の最初の数章の中にある（もちろんそれは重要なことではあるが）のではなく、聖書の他の場所全体にわたって散りばめられていることも忘れてしまうであろう。

創造との関連における神

聖書を全体として捉えるとき、神の創造に関して四つの主要な鍵が浮かび上がってくる。[10]

神はその創造に関して超越的である

クリスチャンは、木々の中には居らず、それらを存在させ、そしてそのことを維持する超越的な創造者を礼拝するので、通常木々に沿って歩き回ったりしない。神の超越性とは、神の異質性、永遠性、そして、神が我々のようでは決してないということを意味する。詩編の詩人は、詩編90編2節において次のように祈る。

山々が生まれる前から
大地が、人の世が、生み出される前から
世々とこしえに、あなたは神。

聖書の神は、ある種の時間あるいは文化に特有なものとして、限定された地域的あるいは部族的な神ではない。「わたしの思いは、あなたたちの思いと異なり、わたしの道はあなたたちの道と異なると、主は言われる。天が地を高く超えているように、わたしの道は、あなたたちの道を、わたしの思いは、あなたたちの思いを、高く超えている」とあるように（イザヤ書55章8～9節）、神について我々は予測不能である。我々は、神が創造の業を如何にして成したかについて語ることはできない。我々科学者にとってできることは、せいぜい、神は何を成したかについて語ることができるに過ぎない。創造された秩序の性質は、神の意思に依存しており、それらが神の最高度の決定権の下にあることを意味する。多くの科学歴史学者は、クリスチャンのこの確信が現代科学の出現に際して、実証的思考を刺激することにおいて重要な役割を果たしたと信じている。もしも、神の創造が如何にして成されるかを純粋理性――特に堕落した理性――によって解けないのなら、神の業が如何にして働くか実験で見つける方がよいであろう。(11)

さらに、神の超越性は、神を語る時に我々が用いるあらゆる隠喩が、極めて不十分であることを意味する。神は、いくらかの創造された秩序を手にして、修理してまわる天国の技術者のような者ではない。神はフリーメーソンが主張する神聖な建築家という観念に限定されない。そしてもちろん、リチャード・ドーキンス（Richard

Dawkins）が、有神論者が間違って信じていると理解したような、いかなる種類の超人間――「ボーイング747のように」多くの部品からなる極めて複雑な者――でもない[12]。神の超越性は、我々が神を箱の中に決して入れることができないことを思い起こさせるものである。我々は神に似せて創られたが、神は決して我々に似せて作られてはいない。

神の超越性が含意するところは、神は自由で拘束されない意思によって、創造の業をなすという概念である。神において、宇宙を創造する必要性は何もなく、神はそれを創造しなければならないということはなかったのである。神の超越性は、それ自体で全く十分である。詩編作者も、「天において、地において、海とすべての深淵において、主は何事をも御旨のままに行われる」と語る（詩編135編6節）。アテネにおいて快楽主義や禁欲主義の哲学者に対して、パウロは、「神は、何か足りないことでもあるかのように、人の手によって仕えてもらう必要もありません。すべての人に命と息と、その他すべてのものを与えてくださるのは、この神だからです」と語ったが（使徒言行録17章25節）、パウロが示した神は、彼らがそれまでに耳にしたどのようなものとも異なるものであった。

神はその創造において内在的である

神についての理解を超越性の観念のみに依存するなら、神は宇宙の初めにおいて深く関わったが、その後は時々戻ってきて関与し、あるいはせっかいをやく、遥かに遠い神としての理神論に容易に堕落するであろう。そのようなシナリオは、神は創造において「内在的」でもあるという聖書の主張、つまり神自身によって創造された宇宙に対して、神は緊密に、かつ創造的な活動として関与し続けるという主張によって退けられる。存在するものは全て、神の継続的な許可によってのみ存在し続け、物事の性質は、そのような性質を持ち続けるべきだという神の意思によって、あるべきものとして存続していく。神の誠意は、物事の性質に見られる継続性と一貫性によって絶えず示されており、このことが科学を可能ならしめる。

詩編やイザヤ書、そしてヨブ記は、家畜のために草を生えさせ（詩編104編14節）、「餌食を求めてほえ、神に食べ物を求める」獅子や（詩編104編21節）「神に向かって鳴く」カラスの雛（ヨブ記38章41節）に食物を与えて、神が生態の最も詳細な事柄についてまでも創造し、かつ維持していることを次から次へと語る。*bara* という言葉について議論したが、この言葉が、ごく普通の日常の家畜の生や死の過程において、神が深く関わっていることに関連することは既に述べた（詩編104編29〜30節）。

この詩編は、自然界の神学的な解釈を我々に提供しているのであり、生物学的な解釈を提供していないことは明らかである。地方に住んで農業に従事するイスラエル人にとって、家畜の誕生と死についての自然の過程は、全く馴染み深いものであった。ここで提供されている詩的な表現は、自然界を単に観察することによって誰もが知っていたことに見合う神学的表現ではなく、例外なしにすべての事柄の根底にあるより深い創造的現実のより完全な解釈である。

かかる詩編を――そしてこれに類似した他のものを――読む時、我々の創り主である神は遠い支配者ではなく、神が、生物学的多様性の全ての豊かさを完璧に備えながら、その存在を生じせしめたこの驚くべき宇宙を、現在も活発に創造中であり、維持し続けているという聖書の主張に否応なく打たれる。そして神の創造的な活動のあり方は、神学者たちによって、しばしば神の「摂理」と呼ばれている。神は「万物に命をお与えになる方」（ネヘミヤ記9章6節）と現在形で記載されており、ヨブ記においても、地震を生じさせ（9章5〜6節）、日食・月食をもたらし（9章7節）、雲の中に水を蓄え（26章8節）、月のおもてをおおい隠して、雲をその上にのべ（26章9節）、神の倉から雹や雪を降らせ（38章22節）、そしてヨブ自身をも粘土のように形取る（10章9節）と現在形が用いられている。曰く、「主こそ王。全地よ、喜び躍れ。多くの島々よ、喜び祝え……稲妻は世界を照らし出し、地はそれを見て、身もだえする」（詩編97編1節、4節、さらにエレミヤ書51章15節を参照）。

新約聖書も同様に、「万物は言によって成った。成ったもので、言によらずに成ったものは何一つなかった」（ヨハネによる福音書1章3節、傍点筆者）と、全てのものが、主イエス、つまり神の言葉による創造と維持する力によって存在することを強調している。新約聖書全体で最も驚嘆すべき箇所の一つであるコロサイの信徒への手紙1章で、パウロはイエスのことを「見えない神の姿であり、すべてのものが造られる前に生まれた方です」と語り（15節）、さらに続けて「天にあるものも地にあるものも、見えるものも見えないものも、王座も主権も、支配も権威も、万物は御子において造られたからです。つまり、万物は御子によって、御子のために造られました。御子はすべてのものよりも先におられ、すべてのものは御子によって支えられています」と語るのである（16〜17節、傍点筆者）。

言い換えると、完全な創造の秩序は、その広さと多様性において、全てをその始めにおいて存在へと導いた同じ神の言葉、つまりイエスによって存在し続けるのである。このことは、ヘブライ人への手紙の著者によって、「御子は、神の栄光の反映であり、神の本質の完全な現れであって、万物を御自分の力ある言葉によって支えておられます」（1章3節、傍点筆者）と、さらに強調されている。別の箇所でも、「すべてのものがその方のためにあり、その方を介してすべてのものがある」[訳注4]（ヘブライ人への手紙2章10節）とある。もしも神が、その力ある言葉によって創造した秩序を進んで保つことを止めるなら、その存在は停止するであろう。イエスは、天の父について「悪人にも善人にも太陽を昇らせ、正しい者にも正しくない者にも雨を降らせてくださる」と語る（マタイによる福音書5章45節）。ここで我々は、神は宇宙の法則を確立したあと陰に引き下がって、時折その創造に介入するような神ではなく、物事が起こっているように起こさせ、積極的に雨を降らせ、そしてその創造した秩序の中に完全に内在していることを知る。マタイによる福音書6章の、天の父が空の鳥を養い（26節）、野の花を装って下さる箇所は（30節）、詩編104篇の反響するこだまである。

パウロとバルナバが1世紀に、リストラ（現在のトルコ）の宣教で力強く伝えたのは、「しかし、神は御自分のことを証ししないでおられたわけではありません。恵みをくださり、天からの雨を降らせて実りの季節を与え、食物を施して、あなたがたの心を喜びで満たしてくださっているのです」と語ったように（使徒言行録14章17節）、日常的に与えられるその創造の気前良さに見られる神のこの豊かさである。ヨハネの黙示録において、24人の長老が玉座の前にひれ伏して、「主よ、わたしたちの神よ、あなたこそ、栄光と誉れと力とを受けるにふさわしい方。あなたは万物を造られ、御心によって万物は存在し、また創造されたからです」と礼拝したことは、何ら不思議なことではない（4章11節、傍点筆者）。

創造に関して、聖書全体を通して現在形で記述されていることは、驚く程明らかである。いかなる喩えにも限界がある。しかし、神の継続的な創造の働きは、それなしにはテレビ画面で映像を見ることができない、デジタルな信号の継続的な流れに喩えられる。読者が好むテレビドラマはそれ自体で全てが成り立っており、デジタルに記号化された信号云々は何の意味も持たないが、継続的な信号なしでは、ドラマは読者の居間まで伝えられることはないであろう。神は創造の継続的な著者である。

別の喩えを用いるなら、神は創造という交響曲の作曲家であり、指揮者である。つまり、多くの異なった楽器から美しい調べが醸し出されるとき、神はその創造的なプロセスの全てにおいて内在しているのである。

創造の業における神の内在についての聖書的な教えが、一旦理解できると、「自然界」と現代的な感覚で呼ぶような「自然」に関する概念が、聖書には無いということが理解できるようになる――それはその言葉が、単純に不必要であるという理由による。それに代って、科学者が苦労しても不十分にしか記述することができない神の活動の完全な盛装を指して、「創造」という言葉が語られる。(13)

擬似独立的な実体としての「自然」という概念は、ギリシャの多神論的な哲学を受け継いだ考えであり、18世紀の理神論によって発展した。彼らは、神を、一連の固定した性質を「自然」に与えるが、それ以上関与することをせず、そこから退いた遠い位置で法則を与える者と見なした。しかしながら聖書神学は、神が創造の著者として創造の秩序に完全に――つまり全ての存在において――関与しているので、まさに「自然」の概念を、不必要な半独立的な実体とみなしている。

初期の自然哲学者は（19世紀後半以前は科学者はこのように呼ばれていた）――彼らは現代科学の基礎を多く作ったのであるが――多くの場合、聖書的な説明は「自然」の概念と相容れないことを認識していた。特にロバート・ボイル（Robert Boyle: 1627~91）――初期の王立協会の会員であり現代化学の基礎を作った一人――は、聖書をもっと効果的に理解するために、ヘブライ語、ギリシャ語、カルディア語、シリヤ語を学んだ疑いもなく明確なキリスト教徒であった。ボイルは自然神という概念全体を、「自然に関して世俗的に受け入れられている概念に対する自由な探求（Free Inquiry into Vulgarly Received Notion of Nature：1682)」で論駁した。ボイルにとって「世俗的な概念」とは、「自然」はあらゆる種類の自律的な存在を有している、もしくは神と神の作品の間の仲介者として働いている、という考えであった。彼は、この考えが「創造主と被造物の関係」というよりは、古代ギリシャにあった神聖な自然を暗示することから、当時流行っていた「神と自然は、何一つ無駄なことをしない」という表現を攻撃した。

神は、聖なる決断によって世界を造り、あらゆる瞬間において時宜にかなってその創造を維持しているので、自然の働きにおいて、創造された世界に、あたかもそれ自身意志をもっている、あるいは別の執行人として働くことが出来るかのようなことを求める必要など何もないとボイルは述べている。ボイルは、神の創造からいかなる意味においても独立している「自然」として知られる、ギリシャ哲学から由来する自律的な実体を完全に覆すものとして、聖書神学を見なしていた。

今日のクリスチャンは、「自然」を擬似独立的実体として捉えるいかなる考えに対しても拒絶する、ボイルや同様の者からの恩恵を受け止めるべきである。我々が、神が創造した秩序において、神が内在するという聖書の力強い教えを一旦手に入れると、「母なる自然」といった類の用語に対して懐疑的になるであろう。事実「自然」は何もしないのである。物質世界の全体は、神の言葉によって存在が与えられたものであり、それは神の力ある言葉によって、瞬間から瞬間に渡って維持され続けているのである。ボイルにとってそうであったように、我々においても、「自然」という概念そのものが、聖書創造神学によって非神話化されたのである。

神の創造における神の内在についての聖書の主張は、創造が、主にその起源においてなされているという考えについても、その誤りを強調する。もちろん最初は重要であるが、その継続も同様である（もしもそうでなかったら、我々はこの話をするためにここに居ないであろう！）。聖書的な創造の概念は、これら両者ばかりではなく、あとで考察するように創造の未来時制をも包含する。

神が創造した秩序における神の内在は、科学と信仰についての論争に大きく関わる。それは科学者の中心的な役割が、彼らがその事実を認識するしないにかかわらず、創造における神の活動を記述することにあることを意味する。もしも神の摂理的な力によって存在がもたらされず、また維持されないなら、記述できるものは何もない。アウグスティヌスが、既に5世紀初めに「自然は神が成したものである」と適確に指摘しているように[14]、ガリレオが、自然は「神の意志の作品」である（つまり、自然は単に神の意志が仕上げたものであり、それ以上でもそれ以下でもない）と書いたとき、彼はこのアウグスティヌスの伝統を反映していたのである。このことは、自然におけるあらゆる事柄が、神によって微細にわたって管理され、あるいは具体的に決定されていることを意味するものでは全くない――実際には程遠い。このことは、後の章でまた何度か述べることにする。

神はその創造において人格的で、かつ三位一体的である

宇宙に対する神の創造性に富む関係における超越的で内在的な性質は、概念的な設計者である神、あるいは天におけるスーパー・コンピューターのような神を指すものとして原則的には主張できるであろう。しかしながら聖書は、この創造主である神は三位一体的で人格的な神であり、よって神の創造活動の故に存在する宇宙における他の人格の創造は誰もが期待することであると、極めて明確に主張する。我々は関係的な世界に住んでいる。

父なる神、子なる神が、創造の業において働いていることは、既に強調したところである。創世記1章が「神の霊が水の面を動いていた」と語る時、「混沌とした地」に形と美をもたらした聖霊なる神に我々は出会う（創世記1章2節）。またエリフは「神の霊がわたしを造り、全能者の息吹がわたしに命を与えたのだ」と語って（ヨブ記33章4節）、ヨブにユダヤ人の主流をなす考えについて喚起を促した。我々は、動物が神の霊によって創造されたことについても既に注意を払った（詩編104編30節）。

新約聖書が最も強調していることは、明らかに創造における父なる神、子なる神の業であり、そして特には、個人や教会の命を司る文脈における霊の業である。「そのとき、イエスは聖霊によって喜びにあふれて言われた。『天地の主である父よ、あなたをほめたたえます。これらのことを知恵ある者や賢い者には隠して、幼子のような者にお示しになりました。そうです、父よ、これは御心に適うことでした』」と記すルカによる福音書10章21節において、三位一体の内的働きに対する、素晴らしい洞察を見ることができる。人間イエスは聖霊から喜びを受けて、天の父を「天と地の主」と誉め讃えるが、これは人格的な愛と交信を通して現される、多様性の統一についての卓越した描像である。ジャン・カルヴァン（John Calvin）は、創造における聖霊の働きを次のように表している。

なぜなら、どこに広がろうとも、全てのものを維持し、成長させ、天においても地においても息吹を与えるのは霊である。……すべてのものにエネルギーを注ぎ、実体と、命と、運動を吹き込むことにおいて、霊は実にはっきりと神である。(15)

これまで神格としての真髄の一旦を見てきたが、このことはまた、三位一体の神が創造の業とどのように関わっているかについて、手懸りを提供する。神が、正確にはこの世とどのように関わっているかについて、このところ多くの議論がなされている。聖書が示す主要な答えは、神の創造の業を記すに際して、創世記1章において何度も繰り返して「そして神は言われた」とあるように、神は最も人格的なそれらの活動を通して関わっているというものである。「神々の神、主は、御言葉を発し、日の出るところから日の入るところまで、地を呼び集められる」（詩編50編1節、傍点筆者）とあるが、これは音波を通しての言葉による音声ではなく、創造された秩序が調和して働くようにするための伝達力、権威、そして情報を意味する。

神の伝達についての最高の聖書的な例は、言うまでもなく「神の言《ことば》」であるイエス自身である。クリスチャンが礼拝するのは、書かれた言葉ではなく、受肉した「神の言」である。「初めに言があった。言は神と共にあった。言は神であった」（ヨハネによる福音書1章1節）、そして「万物は言によって成った。成ったもので、言によらずに成ったものは何一つなかった」（同1章3節）とあるように、万物はイエスを通して、即ち「神の言」によって成ったことを我々は既に注目してきた。イエスが波に命じると、波はイエスに従った（マルコによる福音書4章39～41節）。我々は、話しかける人格的な神、即ち父、子、聖霊によって創造され、形作られ、維持される宇宙に住んでいるのである。

創造における三つの時制

聖書において世界の創造がしばしば過去の時制として見られていることは疑いようもない。詩編の作者は、「かつてあなたは大地の基を据え、御手をもって天を造られました」と語る（詩編102編26節）。イエスの羊と山羊の譬えの中で、羊が相続するものは「天地創造の時から、お前たちのために用意されている国」であった（マタイによる福音書25章34節）。パウロは、「世界が造られたときから、目に見えない神の性質、つまり神の永遠の力と神性は被造物に現れており……」と記す（ローマの信徒への手紙1章20節）。秩序は神の命令によって無からもたらされた、と記す創世記の偉大な創造の出来事は、その他の部分を含む説話としての全聖書の基本的な背景をなすものである。時の矢は、聖書の全巻を通して黙諾されているのである。

我々はまた、聖書的な考えにおける創造が、生や死のような動的過程において、*bara* に関与する神によって、いかに現在も進行中であるかを見てきた。しかし、聖書的な考えにおける創造の第三番目に必須なポイントは、将来における創造である。創造は、救済と同様に、過去、現在、そして未来の時制を持つ。それは古代ヘブライ語自体が、これらの時制を持つということを意味するものではなく――事実持っていないのであるが――、創造においてこれらの三つの側面がそのテキストにおいて黙示的に示されており、かつそのように正確に翻訳されているのである。

以上より、神の将来における *bara* を旧約聖書は既に待ち望んでいることがわかる。神は、預言者イザヤを通して「見よ、わたしは新しい天と新しい地を創造する。初めからのことを思い起こす者はない。それはだれの心にも上ることはない。代々とこしえに喜び楽しみ、喜び躍れ。わたしは創造する。見よ、わたしはエルサレムを喜び躍るものとして、その民を喜び楽しむものとして、創造する」と語っている[16]（イザヤ書65章17～18節）。

ヘブライ人への手紙の著者は同じテーマを新約聖書において、詩編102編25～27節を元にして「主よ、あなたは初めに大地の基を据えた。もろもろの天は、あなたの手の業である。これらのものは、やがて滅びる。だが、あなたはいつまでも生きている。すべてのものは、衣のように古び廃れる。あなたが外套のように巻くと、これらのものは、衣のように変わってしまう。しかし、あなたは変わることなく、あなたの年は尽きることがない」と述べて（1章10～12節）、現在の造られた秩序は、神の永遠性と計画との対比において一時的なものに過ぎないということを読者に想起させている。ペトロも「わたしたちは、義の宿る新しい天と新しい地とを、神の約束に従って待ち望んでいるのです」と説明している（ペトロの手紙二 3章13節）。創造のこの偉大な計画は、「新しい天と新しい地を見た。最初の天と最初の地は去って行き、もはや海もなくなった」というヨハネの幻（ヨハネの黙示録21章1節）によって最終的に完成へと至る。

よって、創造に関する聖書教理は、神が説話の著者であり、イエスが「アルファであり、オメガである。最初の者にして、最後の者。初めであり、終わりである」（ヨハネの黙示録22章13節）という動的な過程について語る。このように、神の創造は、過去、現在、未来を包含する。

創造と奇跡

あるクリスチャンは、神の創造的な活動の全部あるいはほとんどを、奇跡と同等のものとみなしている。別のクリスチャンは、奇跡を引き合いに出して、科学によっては決して理解できない、あるいは説明できないと彼らが信じている、創られた秩序のそれらの側面の存在を説明しようとする。それ故に、創造との関連で奇跡的な事柄を聖書がどのように見ているかを調べることは、大変興味深い。

聖書において「奇跡」あるいは「不思議」と訳すことができる、三つの主要なギリシャ語がある。ギリシャ語でテラタ（*terata*）、ヘブライ語ではモフェス（*mopheth*）に相当して「不思議」と訳される単語は、非常に目立つが故に記憶されるような出来事に対して注意を引くために、しばしば用いられる[17]。この単語は、その出来事の特別の目的というよりは、出来事を見たことによって生じた驚きに焦点を当てる。

ギリシャ語のデュナメイス（*dunameis*）――英語のダイナマイトはこの単語から発生している――は、「力の業」あるいは「力強い業」と訳され、全ての力の源と見なされる神の力（デュナメイス）が働く結果としての聖書的奇跡の概念を強調する。テラタは、それを見た人に引き起こされる奇跡の衝撃を指すのに対し、デュナメイスはその原因を指す。

第三のギリシャ語セメイオン（*semeion*）、あるいは「しるし」は、特にイエスの奇跡を現す時に、ヨハネの福音書において用いられる。セメイオンは、神の人格についての側面、特に神の力と愛を現すことが意図されている。モンデン（Monden）は、「奇跡は、それが力の顕現を証明するための事実によってではなく、それらの普通でない

性質が、しるしとしてより適切であるがゆえに自然現象から切り離される」と述べている。(18)

テラタ、デュナメイス、セメイア（セメイオンの複数形）は、新約聖書において奇跡的なことを指すためだけではなく、最も厳密さを欠いて使用されているもので、同じ文章の中で、しばしば同時に用いられる。(19) 明らかにテラタ（「不思議」）は、いつもいずれか一方、もしくは両方と共に使用されており、聖書テキストが単に奇跡のもつ驚きとしての性質に留まることを欲しないことを強調する。モーセがイスラエル人の出エジプトを振り返って、人々に「あなたはその目であの大いなる試みとしるしと大いなる奇跡を見た」と人々に思い出させたように（申命記29章2節）、旧約聖書のヘブライ語版では、同等の単語が、同じ意味の組を表す言葉として用いられている。

旧約聖書で奇跡的な出来事が、最も頻繁に引用されているのは、イスラエル人のエジプトからの救済に関しての文脈においてであり、それは後でユダヤ人の指導者や預言者が、幾度となく素晴らしい民衆の救済を思い出させるために振り返った時を含む（彼らはそのことを忘れる悪い傾向があった）。この強調は、例えばステファノがユダヤ人聴衆に対して「この人がエジプトの地でも紅海でも、また40年の間、荒れ野でも、不思議な業としるしを行って人々を導き出しました」と語ったように（使徒言行録7章36節）、新約聖書でもそのままで現れる。

従って、奇跡に関する言葉がしばしば用いられているこれらの文脈において、旧約及び新約のいずれの著者も、神の創造における業を「奇跡」と見なしていないことは明らかである。むしろ創造における通常の業は、エジプトにおける伝染病や、紅海（葦の海）を渡った時の通常ではない神の業が、奇跡として容易に認識できるための背景を提供する。確かにヨブは、ヨブ記において「神は北斗やオリオンを、すばるや、南の星座を造られた。神は測り難い不思議な業、数知れぬ奇跡を成し遂げられる」と、神の創造の業を覚えて数え、また奇跡という単語を使用している[訳注5]（ヨブ記9章9〜10節）。しかしながら、「計り難く大きな業を、数知れぬ不思議な業を成し遂げられる方に。神は地の面に雨を降らせ、野に水を送ってくださる」とあるように（ヨブ記5章9〜10節）、過去時制の創造と、神が創った秩序を維持する上での現在時制の創造の不思議との間で、ヨブが区別をしていないことは文脈から明らかである。

より一般的には、ネヘミヤ書に記されている、「あなたのみが主。天とその高き極みを、そのすべての軍勢を、地とその上にあるすべてのものを、海とその中にあるすべてのものを、あなたは創造された。あなたは万物に命をお与えになる方。天の軍勢はあなたを伏し拝む」とあるように（ネヘミヤ記9章6節）、神の素晴らしい創造を誉め讃える際のレビ人の祈りである。ここでは、奇跡について何ら言及していないが、神を誉め讃え始めるやいなや、特に彼らの歴史を通して成された神の業の故に、「ファラオとその家来、その国民すべてに対して、あなたは数々の不思議と奇跡（モフェス）を行われた」と、祈るのである（同9章10節）。

ここで、人々が創造主である神を少しも畏れないが、不思議と奇跡を行われる神を畏れているということを指摘しているのではない。聖書的思考において、奇跡という言葉は、神によって造られた秩序と神の民の生活において、特別で通常でない神の働きのために用意されたものということである。このことは、神が創造の働きをする際に、特殊な奇跡を行う可能性を除外するものではなく、もしもそのような場合には、聖書は創造の業のそのような側面に対して沈黙するのである。イエスが水を葡萄酒に変えることに介入した時、荒れる海を静めた時、あるいはラザロを死から蘇らせた時、これらの奇跡的なしるしは創造における神の通常の働きと大きく異なることから、そのままで明らかである。

科学は観察された規則と、未だ観察されていない規則性への論理的な帰納に基礎を置く。非宗教的な科学者は、科学がこれまでいつもそうであったことから、すべてが規則的で再現性のある方法で働くと仮定する。クリスチャンである科学者はそのことに同意するが、それに加えて、創造主である神が、宇宙に規則性と理解可能性を忠実に授けた、あの秩序の合理的な基礎を信じている。神の一般的な創造の業において、奇跡は規則的たり得る、もしくはさらに予測可能な出来事であるという指摘には、ある種の矛盾がある。奇跡全般について重要なことは、奇跡が予測不可能で不規則な出来事であり、神の恵みの特別のしるしであることから、クリスチャンは奇跡という言葉を用いる時、このような聖書的な理解を心に留めておくことが肝要ではないだろうか。

聖書は科学を教えるか？

創造に関して聖書的な教理を考える時、聖書自身が、この課題に対する教えを、あたかも現代の科学のある種の形を表しているかのように提供しているのかどうかという疑問がしばしば生じる。

この疑問に対する答えは複雑で、直ちに解答が与えられるようなものではない。このことの一つの理由は、人々が「科学」という言葉を使用する時に、様々な用い方をすることにある。この言葉が異なった言語の間で翻訳される際に、その意味が変化する傾向にあることが事情をさらに困難にする（例えばドイツ語やフランス語においては、英語よりも広い意味を持つ）。

中世（ラテン語で *scientia*）において「科学」という単語は、事実上、正確に構築された知識のあらゆるものを指す言葉として用いられた。当時神学は、知識の全ての形を網羅していると見なされていたことから、「科学の女王」として名高く知られていた。過去数世紀にわたって、現在「科学」として知られている事柄は、もっと一般的には「自然哲学」と呼ばれ、それを追求する者は「自然哲学者」として知られていた。「科学者」という言葉の起源は比較的最近であり、１８３４年に――もっともその世紀のずっと後半になるまでその言葉は一般的ではなかった――、トリニティ・カレッジ修士の聖職者で、19世紀のケンブリッジにおける博学家の一人であるウィリアム・ウェウェル（William Whewell）が発明したものであった。

現代科学は、高度に専門化された技術と言語を用いた、高度に専門化された活動である。それは「特別の技術の中で訓練された研究集団によって構築された、実験的に検証可能な理論によって、物理的世界の性質を説明する組織化された試み」として定義できるであろう。

科学の成果は、その分野で訓練された深い知識を持った者以外には完全に不可解な言語と概念を用いた、数千という雑誌に発表される。別の学科で働いている大学の道路の向こう側にいる科学者は、別の学問領域で働いている同僚科学者について、知識に通じた素人以上に理解できないことは、極めて頻繁に起こり得ることである。物理学者と生物学者は、互の言葉が理解できないばかりでなく、それぞれの領域を特徴づける、科学的な問題に関する研究や、思考の極めて異なったやり方を公平に認識することが出来ずに、相互に理解不能の中で互いに見つめ合うことがしばしば起こる。

王立協会のような科学的な学会が、17世紀央に最初に設立されて以来、科学的な言語と概念の専門化は絶えず進展している。事実、初期の王立協会は、その設立後直ちに、科学的考えを表現するもっと厳密で、しっかりと定義づけられた言語を協調して導入しようと努力した。王立協会の初期のメンバーは、その大部分が広い範囲に興味を示す探究心旺盛な非専門家であり、王立協会の初期の記録は、実質的に全ての教育を受けた者にとって理解可能なものであった。『テュークスバリーの双頭牛』や『ブリストルからの犬の奇怪な誕生』の論文は、当時──現在もそうであるが──、誰にとっても身近なものであった。これに反して、免疫学ジャーナル（*Journal of Immunology*）は、今日この分野の専門家にとっては、就寝前の読み物であるが、科学者でない者にとってはあまりにも難解すぎる。代わりに、*New Scientist* や *Scientific America* のような大衆受けのする雑誌は、一般的な読者層へ科学を説明する優れた働きをしている。

今日の科学的論文は、高度に専門化された言語、論文の「資料と方法」欄における方法の技術的な記載、定量的かつ統計的方法、科学的原理の構築と検証、そして科学論文における関連した要点に読者を引き戻すための多くの引用によって特徴づけられる。論文は、より一流の雑誌に掲載されるためには、極めて厳しい厳密な査読の過程を経た後に、始めて掲載される。近代主義の継続的な影響の故に、もしも「それは科学的ではない」と言明されたとしたら、今日多くの人にとって、それは非真実を意味するものとして受け止められる。近代主義とは、科学と技術が、全ての信頼できる答え、あるいは少なくとも大事なことの全ての答えを有しており、それらの答えこそが、世界中の社会が適切に機能するために必要なことであると考える、あの流れである。近代主義は、西側世界においてポストモダニズムの考えに道を譲ったと考えられているが[20]、多くの人はそれに気がついていないようである。従って、神学的に保守的なクリスチャンとリベラルなクリスチャンの両者共に、異なった結論を持っているにもかかわらず、広く蔓延している近代主義の仮定に照らして、聖書のテキストを解釈する近代主義の文化的な影響の下にある。

聖書に忠実であることを望みながらも――それは正しいのであるが――、解釈の過程で無意識のうちに近代主義的で世俗的な仮定を持ち込む、保守的なクリスチャンは今日極めて多い。もちろん彼らは科学の名において、奇跡を否定しない（いくらかの神学的にリベラルな者と同様に）。しかし彼らは科学的な知識は、より高度な真実を有しており、それ故にともすると聖書を「現代の科学」として敬い、かつ取り扱おうと考える。もっと悪いことには、聖書テキストを徹底的に調べ上げ、多くの現代科学の発見は、聖書の時代に既に知られていたということを証明するために、その文脈から抜き出すのである。このようなアプローチは、実質的に全ての現代科学はコーランのどこかで見出されると断言する、回教徒の世界でも全く一般的なことである。

科学的な認識以外に、また科学的な知識に加えて、物事を知る上で、多くの異なった方法や、証明された知識の異なった多くの形式があることを理解することは重要なことである。大学が、種々の学科や学問領域で構成されていることを想起すべきである。例えば、法的な確信は法的な証明化手段を、歴史的な確信は歴史的な証明化手段を、詩的確信は詩的証明化手段を必要とするように、それぞれの異なった学問領域は、その確信を証明化するための有効な手段をそれぞれで保有している。

個人的な確信においても同様である。もしもある人が、繰り返して与えられる親切（多くの洗濯を含む）で明らかにされる変わることのない愛と誠実を示すパートナーとの40年にわたる結婚生活を幸せに送ってきたとするなら、その人はそのパートナーが相手を愛しているという確信を十分に証明できる。これは科学ではない。だが、今週の科学雑誌に発表されたどの論文も、そのような確信以上に、見事に証明されることはないであろう。従って、十分に証明された確信は、まさに科学の領域では決して見出すことはできないのである。

科学論文としての発表には不適切な故に、科学的には真実ではないが、真実なものは多く存在する。次の詩の断片は深い真実の表現を提供する。それは同じ景色を、単に「科学的」に記述するどのようなものよりも遥かに深くその目的を達成するであろう。

身を横たえたる小舟は、磨きあげられたる玉座さながら
燃ゆるがごとく水面《みなも》に浮かび
舳《とも》に敷かれた甲板は金の延板
帆には紫の絹を張り、焚き込められた香のかおりを募って
気もそぞろの恋わずらひ(21)……

シェークスピアの心を揺さぶる言語は、ありのままの事実の分析では表現されない部分が常に残存するという、リアリティーの一面の再創造を可能とする。

熱心な無神論者であるリチャード・ドーキンス教授が、宗教的真実と科学的真実は同一の領域に属しているという考えを、あるクリスチャンたちと共有しているという兆候の中には、ある種の皮肉がある。ドーキンスは「私は、科学的な原理として宗教に敬意を表する……。そして私は神を、宇宙と生命に関する事実について、競合的な解釈と見なしている」と書いているが、これは彼自身がよく知っているように、実際には賛辞ではなく、レトリックが近代主義者の底意によって駆り出される時にもたらされる、単なる混乱にすぎない。それが生みだす解

釈の形式において、科学が優れていると示唆することによって、ドーキンスは、宗教的な解釈が重複する冗長なものであることを示したいのである。しかしながら、宗教的な解釈は、科学的な解釈と決して競合するものではない。

神の意志が無くして、科学はないであろう。神は存在するもの全ての究極的な源であるから、科学雑誌は神の業を記述するためのあらゆる試みで満ちているだけである――なぜならそれ以外に記述することは何一つないからである。従って、物事の神学的な記述（なぜそこにあるのか、それは何の目的のためか、神はそれに対して何を意図しているのか）を理解する最良の方法は、そのような記述を、科学的な理解のレベルを補完するものとして見ることである。神の世界について、我々の理解を公平に取り扱うためには、科学的及び宗教的な理解のレベルの両者が必要なのである。

では、聖書は科学を含むのであろうか。これまでの議論から、この質問が一筋縄ではないことを理解していただきたい。もしも「その通りか？」という単純な質問であれば、「聖書はすべて神の霊の導きの下に書かれ、人を教え、戒め、誤りを正し、義に導く訓練をするうえに有益です」と書かれているので（テモテへの手紙二3章16節）、クリスチャンは神の言葉は全て真実であると答えるであろう。しかし「聖書は科学を含むか」という質問が、非科学的記載が正しくないと示唆するものであったり、今日の科学的な論文と同じ種類の論文に相当する科学的な説話を含むのかどうかという質問であるなら、明らかに答えは異なる。既に述べてきたように、今日我々が親しんでいる科学論文は、数世紀前にはまだ確立されておらず、しかも今日の科学文章とは極めて異なるものであった。よって、そのような意味において、またそのような専門的な論文は発明されていなかったという単純な理由によって、聖書は明らかに科学的な説話として書く事は出来なかったのである。

聖書から非科学的な説話部分を抜き出し、それがあたかも科学であるかのごとく用いることの危険性は、ガリレオの事件においてはっきりと見ることができる。17世紀のイタリアにおいて、地球が以前考えられていたように静止しているのではなく、太陽の回りの軌道を動いているとしたコペルニクスの理論をガリレオが弁護した有名な物語については誰もが知るところである。カトリック教会がガリレオに反対した様々な理由は極めて複雑で、数多く記載されている。(22)

現在ここでの議論において、この対立に最も関連性があるのは、当時ガリレオに反対していたあるイエズス会の牧師たちが、詩編やその他の箇所を用いてコペルニクスの支持者たちを批判しようとしたやり方である。それらの箇所は、「世界は固く据えられ、決して揺らぐことはない」（詩編93編1節）や「国々にふれて言え、主こそ王と。世界は固く据えられ、決して揺らぐことがない。主は諸国の民を公平に裁かれる」（同96編10節）などであった。ガリレオがそうであったように、これらの詩編が、現在教会で歌われる讃美歌として歌うような詩的賛美であるということを我々は理解するであろう。詩編96編10節の少しあとの節で、野が喜び、森が歌っていることを読み取る（12節）。また、同93編5節で「あなたの神殿に尊厳はふさわしい。日の続く限り」と書かれている。誰も、森が動き回って歌ったり、神が実際に神殿に住んでいるとは考えない。これらの詩編は詩なのである。

このことが、ガリレオと中世のカトリック教会の間の深刻な不仲――ガリレオの如才なさの欠如によってさらに悪化したのであるが――につながらなかったなら、これらの全ては、取るに足らないものであったかも知れない。宗教裁判によって、ガリレオは拷問にあったことも、投獄されたことも決してなかったのであるが（一般的な伝承とは裏腹に）、彼は後生を軟禁状態に置かれ、後に19世紀になって、ガリレオ事件は、その世紀の後半において出現した科学と信仰の関係における反目モデルの象徴になったのである。ガリレオ自身が死ぬ日まで忠実なカトリック教徒に留まっていたことからも判るように、そのことが、もっと正確にはカトリック教会の内部抗争と呼ぶべきものであったにもかかわらず、今日においてさえも、ガリレオ事件は、科学と信仰の間の衝突の例として引き合いにされているのである。

この物語の教訓は、科学の点数を稼ぐために、聖書箇所を原文の文脈から抜き出すことができるという考えに抵抗しなければならないということである。ガリレオはアウグスティヌスや他の初期教父の著書を広く読んでいなかったようではあるが、聖書と科学の関係について全体的に取り組んでいる、『クリティナ大公妃への手紙』（1615年）として知られるようになった論文を生んだ聖職者である友人たちの知識を活用した。これは自然哲学者が、聖書を新しい「機械哲学」（我々が認識している現代科学を意味する）と関連付けようと、真剣に試みて書かれた最も初期の論文として依然として残る。ガリレオは、アウグスティヌスを引き合いに出して、新約と旧約聖書の著者たちは天文学の真実についてよく気づいていたと書き、この点を証明することとしてアウグスティヌスが次のように語っていたことを記した。

故に要約すれば、天の形について言えば、我々の著者たちは真実を知っていたが、聖霊は救済のために誰にとっても有用でない事柄を人間が学ぶことを望まなかった。[23]

アウグスティヌスの考えによれば、聖書の目的は、天文学の原理を提唱することではなく――いかなる場合においても大多数の人間によってそれは理解不能であることから――、人々に救済の方法について説明することであった。ガリレオの時代に、聖書の読者のレベルまで神自身が「適合した」という、「適合」と呼ばれるようになった原理が非常に広がるようになった。このような下地のもと、ガリレオは天文学を教えるために詩編の箇所を使用することは極めて不適切である、つまり、それらは天文学のためではなく、救済のため、そして「いかにして天が行くかではなく、いかにして天に行くかを語るため」に書かれていると主張したのである。

この適合原理は、カルヴァンおよびプロテスタント自然哲学者の著書においても支配的であった。カルヴァンは、モーセは「普通の使用に適合するように書いた」のであり、また、聖書は「専門家ではない人のための書物」であって、「天文学やその他の難解なことを学びたい者は別の所に行かせなさい」と記すのである。[24]

聖霊は天文学を教えることを意図しなかった。最も単純で教育を受けていない人々に解るように教えを提案する中で、モーセや他の預言者たちを通してありふれた言語を用い……、聖霊は、謙虚で無学な者に対して解り難い方法ではなく、むしろ子どもに語るような方法で語るであろう。[25]

エドワード・ライト（Edward Wright）は、現代科学に対する英国において発表された最初の主要な独創的貢献であるウイリアム・ギルバート（William Gilbert）の『磁石論』（1600年）の序文に書いた時、この主題にそのまま反応した。ライトは序文の中で、ギルバートが提示した地球の運動について弁護しながら、モーセは数学的で物理学的な原理を解き明かすことを意図しておらず、「普通の人が理解でき、また語るそのような方法に彼自身が適合しているのだ」と説明した。

英国王立協会の初期の創立者であるジョン・ウィルキンス（John Wilkins）は、彼の著書の中でカルヴァンの注釈書を頻繁に引用しながら、次のように主張した。

哲学論争から聖書を除外できたら、幸いであろうに。それが意図されているあの目的のために、我々の信仰と従順の法則のために、それを完全なものであるとし、そしてまた、それを、我々の勤勉と経験によって見出されるような自然の道理の裁判官であると拡大しないことに満足できれば。[26]

ウィルキンスは、「聖書の言葉から何らかの自然の神秘を探したり、哲学の厳密な法則に照らして全ての表現を検討しようとする」者たちに対して完全に反対し、聖書の中にはアリストテレス主義もコペルニクス主義も見いだせず、また聖書は、「物事がそれ自体の中にあるようにではなく、それらの外見に従ってそれらが常識的な意見と見なされるように表現している」と語る。敬虔なルーテル信徒であったケプラー（Kepler）は『新天文学』で（1609年）、聖書の著者は彼らの説話を、人間の視覚に適合させたと主張している。コヘレトの「日は昇り、日は沈み、あえぎ戻り、また昇る」に対して（コヘレトの言葉1章5節）、ケプラーは、「人の営みが常に同じであることを寓話的に、つまり太陽の下では何も新しいことはないと語っているのであり、あなた方は、（聖書から）物理学的な示唆を受けるのではなく、ここで語られていることは、教訓に関する……」ことであると解説している。(27)

このような歴史散策は、我々にとって重要である。ここに教会は以前あったのである。17世紀の自然哲学者と聖書学者は、聖書の権威を、新しい科学との関係において前向きに維持することを欲して、一致していた。彼らの努力はかなりの程度において成功を収めており、彼らの著作は、この問題に対する我々の対処の仕方の例を示す。モーセのような聖書の著者が、自然界について知られるべき全てを知っていたが、聖霊の導きによって一般読者のために「かみ砕く」ことを選択したとする「適合」について、今日我々は全く同じ考えではないかもしれないが、神の言葉はあらゆる時代のあらゆる人類にとって、理解と救済のために書かれたものであり、最新の科学的進歩や洞察に結び付けられることがない時間を超えた説話なのである。従って、著者の意向に忠実であり続けることを求めること、聖書をその文化と文脈の中において理解すること、科学的な知識が特権的な位置を与えられている非宗教近代主義の議題に上げようとしないことが重要である。

創造に関する総合的な聖書理解の中へ全身を浸すことは、神学的な視点と科学的知識の関係の大まかな把握と相まって、我々がこれから科学についてさらに詳しく探索して行く際に、そしてその後、科学と信仰の世界がどのように関係しているかを今一度見るため、聖書に戻る際に必要となる重要な概念的道具を提供する。

第3章　進化とは何か？　――年代決定、ＤＮＡ、遺伝子

進化を集団的状況の中で議論すれば、それは非常に長いものになり、テーブルについている者は皆、その用語が実際に意味するところについて、最終的に非常に異なった考えにたどり着いていることを見出すであろう。実際には、進行中のトピックに関わるというよりは、参加者は単に意見がかみ合わないので、むしろ実りがない考えのやり取りに終始する。

それは、ある者にとって「進化」という用語は、事実上無神論と呼ぶべき神の無い哲学を意味するからである。このことは、共産主義時代に、全ての宣伝機関や教育機関が動員されて、「進化」を無神論と決めつけた国においてもたらされた。このイデオロギー的決めつけは、今日においてさえ、ある共産主義の国々において残存している。他の者は、オックスフォードの「科学に関する市民理解」の前教授であるリチャード・ドーキンスの、進化に対する確信と神への信仰は相容れないとする彼の明確な主張を聞くか、その著書を読んだことによるのかもしれない。

さらに他の者は、例えば、一般的に社会という概念、特に人類は、現在よりも良い状態へと進化しているという、別の文脈の中で「進化」という用語に遭遇したからかもしれない。日常的な会話の中で、「進化」もしくは「進化した」という用語は、暗黙的に「進歩」として理解される「発展」という言葉の代用として頻繁に用いられ

る。
「進化」について、これらの特殊なイデオロギー的結びつきが正当化できるかどうか、特に進化を無神論と同一視することが適切かどうかについては後の章で述べることにする。この章及び後に続く二つの章の目的は、それとは極めて異なって、生物的進化に関する最新の科学的理解について、専門でない人のために要約することにある。別の目的は、この理論について弁護もしくは批判することではなく——このことは第6章に残す——、生物学者が進化について語る時、何を意味しているかについて説明することである。進化論を信じない者がいたとしても、何について同意できないのか、明確な理解を持つ方が良いはずである。これらの章において、必ずしも全ての者にとって馴染みでない事柄について検証していくが、もしも進化が何であるかを理解しようとすれば、一般的な生物学、特に遺伝学に関する背景知識を得ることは重要である。クリスチャンは、無神論の科学者を、神学に対する理解が乏しいとして非難するが——それはある意味では正しい——、それは時として靴の左右を履き違えているのであり、その人は公衆の前で生物学や地質学について不十分な理解を、見苦しく披瀝することになる。おまけとして、これから探索する事柄の多くは——特に遺伝学は——、我々自身や家族、友人の医学的な健康に関係している。

第一に強調したいことは、進化に関する生物学的理解は、上述の哲学的な広い意味よりももっと限られているということである。ダーウイン説の目的は、この惑星に見られる全ての生物学的多様性について説明することであった。我々が窓から外を見る時、幸いにしてもしも庭——少なくとも近くに幾本かの木——があるとしたら、日常生活の普通の出来事の中で、何百という異なった生物学的種にいつも遭遇しており、夥しい多様性の世界を見ていることになる。もしも我々の家庭や仕事が、目に見える生物体から遠ざかったところにあるとすれば、我々自身の体に住んでいる何百というバクテリアや他の生物について、いつも考えることができる（幸運なことに見なくても）。大部分の人は、自分の体の中に約10の14乗（10の後にゼロが13個続く）ものバクテリア——これは我々の体組織を構成する約10の13乗の細胞に対して10個のバクテリア——が住んでいることに気づいていない。私たちは皆、歩く動物園なのである！

生物学的進化論の目的は、この溢れるばかりの生命がどこから来たのか、そして異なった生命体が互いにどのように関連しているのかを、説明することである。我々の惑星は、推定一千万から二千万の生命種を有している。それらはどこから、そして如何にして来たのであろうか。このような科学的問題を解決することは、いくらか「フーダニット」[訳注6]に似ている。いかにして、どこで、いつ？ 科学の目的は、この種の疑問に対する最良の説明を見出すことである。このような科学的疑問にできるだけうまく答えることは、最終章でまとめたように、創造についての聖書の教義をクリスチャンが理解しようとする試みに敵対する企てでは決してない。それどころか、クリスチャンにとって神の世界を記述することは、聖なる企てであり、我々は神の業の全てについて、できるだけ正確に理解しようと努めるのである。

本書の初版にコメントを寄せたクリスチャンからのもっと驚くべき批判の一つは、科学的データは疑いもなく物質主義者によって得られたものであり、よって彼ら自身の邪悪な目的のために操作されているので、それらのデータを信頼できないというものであった。実際には、科学者は真実を語るのに情熱的で、かなり稀な不正行為は、科学コミュニティにおいて相当の猛省と心痛で迎えられる。もしも不正が蔓延したなら、科学そのものがもちろん不可能になる。言うなれば、科学の存在は真実を語ることに依存しているのである。もちろんそのことは、データの解釈が全て真実であることを意味するものではない。そうではなく、現実をもっと正確に記述しようとする試みが、全ての科学者の最終目的であることを意味する。科学コミュニティによって示されるこのような現在の価値は、深い神学的な源をもっていることを想起すべきであろう。カルヴァンの「一般恩寵」の考えが、ここで関連性を帯びてくる。神は全ての人類に世界を研究し理解する素晴らしい賜物を与え、それは堕落にもかかわらず損なわれることはない。オランダのカルヴァン主義者の詩人である、ジョン・ドゥ・ブリューン（Johan de

Brune, 1588 ~ 1658）は、かつて「真実はどこにあろうとも、トルコであろうがタタールであろうが、慈しまなければならない……ライオンの口の中であろうとも、蜜蜂の巣を探そうではないか」と書いたが、彼の時代のトルコ人は、ヨーロッパを征服するあらゆる意図を示していたことを考慮すると、かなり興味ある宣言である。

ここでの目的は、ダーウィン説がいかにして起こったか、そして長い年月に渡って今日のような学説に発展してきたか、その道を振り返ることではなく、(28)我々は現在へと直ちに跳躍する。今日、進化は如何に理解されているのか、本章では、基本的な情報として理解すべき二つの鍵となる事柄――年代決定法と遺伝――について見ていくことにする。この両者はいずれも、今日の実験室における実験に基礎を置く科学に基づいているものの、我々がこれより先に進んで行くに連れてより明確になる方法で、過去に遡ることができることから、両者はよく調和している。第4章において、進化論の中心的な概念について説明し、さらに第5章において、特に種形成と、それが化石記録と如何に関連しているかについて考察する。

進化は長い過程である

生物学的進化は、何百万年、実際には何十億年にも渡って起こる遅い過程である。なぜ科学者が世界は古いと信じているかについて概観することは、導入として有用であろう。(29)

地球を形成する物質について、最も正確と推定される年齢は45.66億年である。宇宙はそれよりも3倍古く、137億年である。膨大な時間軸にもかかわらず、科学者は如何にしてそのような年齢に達し得たのか、多くの人は不思議に思っている。幸いにも今日、実質的に同じ結果に至る多くの方法がある。それは、紙の上に多くの異なった線を引いた場合と、いくらか似ている。もしもそれらの線の全てが、ある同じ点で交差したとすれば、この交差した点はある特殊な意味を持っていることはまず間違いないであろう。

放射性同位体

放射性同位体の崩壊は、地球が始まってからの岩石や出来事はもとより、地球の年齢を決定するための最も重要な方法の一つである。この方法は、多くの原子が、自然に低いエネルギー状態に崩壊していく不安定な核（「親」核種と呼ぶ）を有していることに基礎を置いている（この低いエネルギー状態にある核を「娘」核種と呼ぶ）。例えばカリウム40（「親」核種）は、一定の速度でアルゴン40（「娘」核種）に崩壊し、親の50％は12.6億年ごとに消失する。これは同位体元素の「半減期」として知られているもので、親核種の半分が無くなる時間を意味する。この崩壊速度は、圧力、温度、化学的結合力のような物理的・化学的な条件には無関係なことから、放射性同位体は優秀な「時計」となる。

岩石や他の物質の試料の中にある娘と親核種の割合を測定することによって、この方法は用いられる。このためには二つの前提がある。まず、岩石が生じたときに娘核種の原子は存在していなかったこと、あるいは少なくとも最初の割合が知られていること。次は、岩石が生じた時から、親もしくは娘原子が、岩石よりも優先的に失われることがないことである。実際には、娘原子は岩石が熱せられたり、他の何らかの変動によって優先的に逸脱する傾向があるので、もしも年代が不正確な場合には、娘原子のいくらかが既に逸脱しているので、傾向としては「若い」方向にある。幸運なことに、非常にしばしば、同じ試料の中に、異なった親―娘の同位体系が2組、さらには3組さえも使用可能であり、これらは整合性の重要な照合確認を提供する。例えば、地質学的な岩石の年代決定において現在使用されている最も正確な方法は、ウラニウム―鉛と、アルゴン40―アルゴン39の方法である。これらの方法は、それぞれ異なった崩壊方式をとっており、どの同位体も増加もしくは減少しないという内部整合性チェックが可能である。

現在、40以上の異なった放射性同位体による、年代決定方法が定期的に使用されており、地球の歴史をはるか昔まで延ばしている。一般的に使用されている同位体システムの半減期は、サマリウム147―ネオジム143の1060億年、ルビジウム87―ストロンチウム87の188億年、カリウム40―アルゴン40の12.6億年、ウラニウム235―鉛207の7億年等である。短期間については、大気で生じる同位体を用いて調査されており、例えばベリリウム10の152万年、塩素36の30万年、よく知られている炭素14の5715年等がある。ほとんどの場合、崩壊率は2％以内までであることが知られており、放射性同位体崩壊による年代の誤差はわずか数％である。

地球の起源年代の決定に際して、放射性同位体がいかに使用されているかを理解するためには、地球を含む個々の惑星ごとに集まった隕石に由来する物質の巨大な衝突によって、太陽系が形成したことを記憶しておくことは重要である。従って、地球の年代は太陽系が形成した年代とほぼ同じである。そのような大昔に起こった出来事を如何にして測定できるのか。地殻に含まれる鉛鉱石から取り出された試料のウラニウム―鉛崩壊系を用いて（ウラニウムは半減期が7億年と長いので、そのような測定には理想的である）、地球の年齢が45.66億年プラス・マイナス200万年と決定された。そのままでは、現在の鉛とウラニウムの割合からは、地球の親マントルから分離して以来の年齢を知るだけである。これらを地球自身の年代決定に用いるためのからくりは、最近地球に落下した隕石の中のウラニウムと鉛の割合を測定し、その割合を鉛鉱石の中の割合と比較することにある。そのような隕石は太陽系の誕生以来宇宙を漂って隔絶されてきたことから、地球を形成するために最初に集まってきた物質の同位体割合を記録している。

地球の歴史の最初は溶融した火炎球であったが、次第に冷却して岩石が形成された。年代が確定した最も古い岩石はグリーンランド西部に見出されたもので、38.06億年プラス・マイナス200万年前に水浸しており、このような地球歴史の早い時期において海が既に存在していたことが示唆されている。これに比べて、動物や植物のほとんどの化石の年代は、地球歴史の最後の10％にしか過ぎず、極めて若い。地球歴史のこの最後の部分を占める大地質時代について、この後いつも参照していくことから、一般的に使用されている用語を**図1**に示す。

代	紀		世	百万年前（約）
新生代	第４紀		現　代	0.01
			更新世	1.8
	第３紀	新第３紀	鮮新世	5.3
			中新世	24
		古第３紀	漸新世	34
			始新世	55
			暁新世	65
中生代	白亜紀			144
	ジュラ紀			206
	３畳紀			251
古生代	ペルム紀			290
	石炭紀		ペンシルバニア世	323
			ミシシッピ世	354
	デボン紀			417
	シルル紀			443
	ホルドビス紀			490
	カンブリア紀			543

図１　主要な最近の地質時代区分

測定サイクル

もしも放射性同位体の固定された崩壊速度だけが、岩石やその中に含まれる化石の年齢を測定する方法であれば、単一の測定方法に余りにも頼っていると、危惧する向きもあるかもしれない。しかし、既に述べたように、極めて異なった原理による他の測定方法もいくつかある。

これらの内の一つが、セビリア人の土木技術者であり数学者であるミルティン・ミランコビッチ（Milutin Milankovitch）の名前から取られたミランコビッチ・サイクルである。これは、太陽の周囲を回る楕円形をした地球の軌道のよく知られた三つの変化によって生じる、長期にわたる気候変動のサイクルに関するものである。偏心率は円からこの楕円への乖離の度合いであり、10万年と41.3万年のサイクルを生じる。二番目のサイクルは地球の軸の傾きがゆっくりと変化していることに基づいており、これは4万年のサイクルを生じる。三番目のサイクルは天文学で「歳差運動」として知られているもの――固定された星に対する地球の自転軸方向への変化――から生じるもので、それは約2.6万年のサイクルで起こる。

これらのサイクルは、地球で測定される影響を議論する上で重要である。例えば、それらは太古の堆積物に周期的な気候影響を及ぼすので、3000万年に遡る正確な時代決定を可能とする。[30] これらの年代は、放射性同位元素崩壊法から得られるデータと合致している。

二番目の不規則なサイクル変化――この場合、岩石の年代決定に必要――は、岩石の磁気極性に基づく。地球の液体外核の流体運動は、地球の自転軸とほぼ一致した地球双極子磁場を生むダイナモを生じる。磁場は100万年の間に平均して2～3回、磁極を反転する。つまり、北極が南極になり、南極が北極になる。磁化された鉱物を含む岩石は、それが堆積した時の磁場の方向を記録しているので、磁極の反転が認められ、海底の火山基盤の年代を1.7億年まで決定することができる。このことが、海底は広がり続けているという認識の鍵となって、１９６０

年代における地球歴史の革命的な地質学上の解釈である、プレート・テクトニクス理論へと繋がっていった。

年輪と核層の計測

木の幹の年輪を数えることによって、木の年齢が推定できることは周知の通りであり、ある木の年齢は4000年もしくはそれ以上と推定されている。だが、地域的な気候変動によって年輪のそれぞれの幅が変化することはあまり知られていない。もしもある地域の全ての木が、同じ気候変動によって支配されるパターンを示すなら、若いものから古いものまでの明確な年輪のパターンを関係づける十分な重なりを持つ古い木材を見出すことによって、年輪は個別の木の寿命を超えて数えることができる。独特の年輪年表が、中央ドイツの木から紀元前8400年を超えて作られ、また同様の年表が他の地域でも開発されてきた。

南極の氷床から掘り出された円柱サンプルの年層を数えることによって、さらにこれよりも昔へ遡ることができる。ある3190メートルのサンプルは、74万年前まで遡る。[31] 最上層の氷の年層は明確に数えることができるが、深部では緻密さが増していくことから、いくつかの年層が見過ごされたり、あるいは氷床の底部が再溶解したり折れ曲がっている可能性がある。年層の数の誤差は、多めに見積もって、1.1万年前で2%、15万年前では10%と増加する。これらの氷床サンプルの解析から、その当時の大気の組成や温度及び塵や他の汚染物質についての膨大なデータを得ることができる。火山灰や化学物質が雨や雪によって大気中から洗い落とされてその層の時代を語る痕跡として蓄積し、その年における活発な火山活動について知ることが出来る。

放射性同位体の崩壊、地球軌道の周期的な変化、磁界の反転、さらには氷層や年輪の単調な数の勘定を含めて、これら全ての年代決定法が組み合わさって、進化が起こるために必要な驚く程長期にわたる期間を確定する強力な道具を得ることができる。この後で見るように、遺伝物質の変化によっても、年代を推定する有用な「内部時計」が提供される。

遺伝子とは何か？

進化を理解するためには、まず、多少とも遺伝子について理解することが必要である。遺伝子はDNAと呼ばれる化学物質によってコードされている。[32] 我々の青い目から節くれだった膝まで、我々が受け継いだ全ての情報が、我々のDNAの中にコードされている。これは遺伝的なアルファベットであるヌクレオチドと呼ばれる化学「文字」が連なった二個の鎖から成っている。それらは、互いにぐるぐると巻き合い絡み合ったバネのようなもの――つまり有名な二重螺旋である。一対の鎖の一方のヌクレオチドは、別の鎖の相対する数と正確に対をなしており（「塩基対」として知られる）、細胞が分裂する時には、二つの鎖が解かれて、それぞれのDNA分子はコピーを作り、それぞれは二つの「娘」のDNAを作るために複製する（**図2**を参照）。

遺伝的な「アルファベット」である異なった4個のヌクレオチドは、紐に繋がった4種類の色のビーズのようになっており、その正確な配列によって、生命体を構成するために必要な遺伝情報を提供する。過去10年間、遺伝子が情報をコードする様々な方法についての理解が深まった結果、「遺伝子」の定義はさらに複雑になってきた。[33] 一般的に「遺伝子」は、生物が発展し機能するために必要な情報を提供するあらゆるDNA断片として定義することができる。ここでは主に3種類の遺伝情報が含まれる。最初のものは、生命体を構成し、それが適切に働くことを可能とさせる分子である蛋白質をコードした「伝統的」遺伝子である。蛋白質は20個の異なったアミノ酸の鎖から成っていて、その性質は正確なアミノ酸配列――それはDNAの中のヌクレオチドの配列で決定される――に全面的に依存している。[34] 蛋白質をコードした遺伝子は、最もよく知られた遺伝子で、「遺伝子」という用語はこのような種類のヌクレオチド配列を心に描いている場合がある。しかし、過去10年間に、これらの「伝統的」

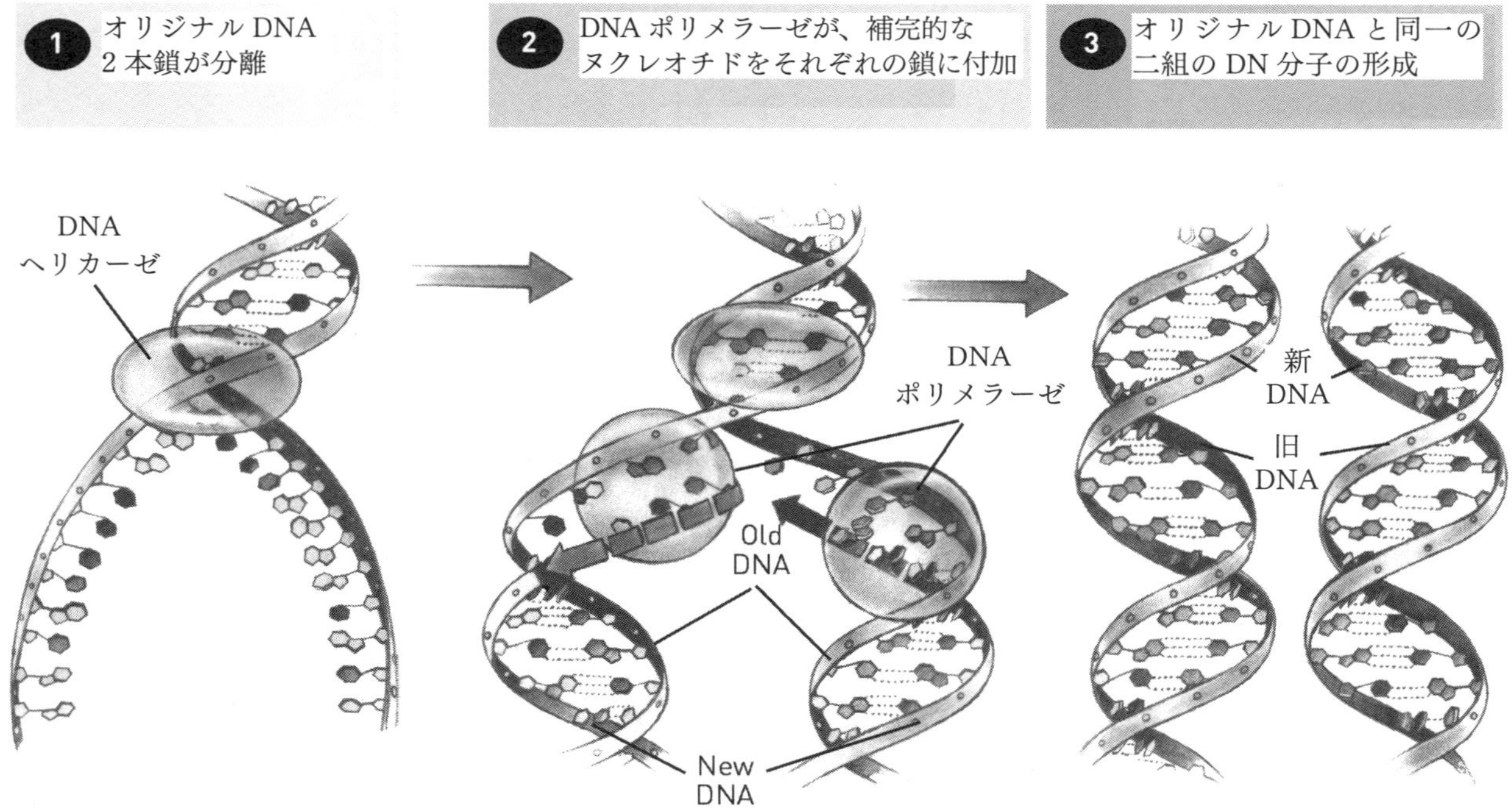

図 2　DNA が分裂して二つの娘 DNA 分子を形成する様子；R. S. Poethig ら（Department of Biology,University of Pennsylvania, USA (adapted from George Johnson and Peter Raven, *Biology*, Holt Rinehart and Winston, 2004 からの翻案）の許可により複製。

遺伝子の他のＤＮＡ断片が、重要な遺伝情報を有していることが明らかになった。

大部分のＤＮＡは、各細胞の中心に位置して、細胞活動の指令塔として働く膜で囲われた袋状の構造をした核の中に見出される（全ての細胞が核を持っているわけではない）。しかしながら、蛋白質合成は、核と外郭細胞膜（壁）との間にある細胞質で行われる。従って、核から細胞質へ遺伝子の情報が伝わる仕組みがあるはずである。この仕事は、ＤＮＡに極めて類似した、文字通りのメッセンジャーＲＮＡ（短縮してｍＲＮＡ）と呼ばれるものによって遂行される。(35) ＤＮＡはそのコードをＲＮＡに翻訳し、ＲＮＡは忠実にそれを細胞質へ運び、そしてその情報を、複雑なプロセスを経て蛋白質のアミノ酸配列として「ダウンロード」する（このプロセスの詳細は、ここでは必要ない）。

ＤＮＡによってコードされた二番目の情報の種類は制御に関するもので、蛋白質をコードする遺伝子のスイッチの切り替え時期、及びこれらの遺伝子から作られる蛋白質の量の調節に関するものである。三番目の種類の「遺伝子」は、このところ広く理解されるようになってきたもので、蛋白質を全くコードせず、上述のｍＲＮＡとは異なって、蛋白質合成に関与しないが、それ自身独立的な役割を持つ様々な種類のＲＮＡをコードする。これらの新しく見出された種類のＲＮＡは、ある特定の蛋白質をコードした遺伝子から作られるいかなる蛋白質についても、その量を制御することに関与する。それらは、一旦作られたｍＲＮＡを切り刻むか、あるいはｍＲＮＡの役割を抑制する他の方法によってこの仕事を行う。その逆に、ある場合には遺伝子の発現を高めることにさえも関与する。(36)

ある生物のＤＮＡヌクレオチド配列の全体は、「ゲノム」として知られており、「ゲノム学」という用語は、種々の生物のゲノムの配列を決定し、さらに比較することを指す。何百という生物からの完全なゲノム配列（ＤＮＡの中の全てのヌクレオチド「文字」配列）が決定されており、それは全ての生物生命体がいかに関係しているかについての興味ある新しい洞察へと繋がっている。我々自身のＤＮＡは約30億のヌクレオチドを有しており、仮の配列が2001年にセンセーショナルに発表され、さらに2004年には、より十全で、かつ10万のヌクレオチド塩基対に対して一個の誤差割合というさらに正確な修正版が出された。我々は、約2.1万の蛋白質がコードされた遺伝子を持っているに過ぎないことが現在分かっている。[37] 配列決定が技術的に真に困難な少ないパーセントのDNAの故に、正確な遺伝子の数についての不確定性ばかりでなく、ある遺伝子について見逃していたり、機能的な遺伝子について間違って同定している可能性がある。

人間のゲノム配列決定の完了は、糖尿病、リウマチ性関節炎、自閉症、ガンのような病気と遺伝子との関係について、重大な発見へと繋がっている。素早く配列決定されたヒトのゲノムは、現在我々の元にあり、そのコストは既に1ゲノム当たり、約千ドルにまで下がっている。控えめに見積もっても、2020年までには、百万人以上の人たちが自分のゲノムの配列を決定することが示唆されている。[38] 実業家クレイグ・ヴェンター（Craig Venter）の全ゲノム配列が、千ドルよりもかなり高いコストで2007年に発表された。[39] 実際にこれは、全ての人間の細胞が保有するそれぞれのDNA分子の二つのコピーから得られたもので、別個に解析された最初の配列であった。これによって、最初の「全」ゲノム配列として賞賛された。二つのコピーを比較することにより、それらの間には400万以上の変動があり、44％を下らないヴェンターの蛋白質をコードした遺伝子は、二つのコピーの間で遺伝的差異を含むことが分かった。この報告と、それ以降の多くの報告から、我々のゲノムは、当初に抱いていたよりも多くの遺伝変動を含むことが分かった。[40]

この文脈において注目しておきたいことは、人間の全ゲノム配列決定の大プロジェクトのまとめ役が、熱心なクリスチャンとして知られるフランシス・コリンズ（Francis Collins）だったということである。彼は、ベストセラーとなった著書『ゲノムと聖書（The Language of God『神の言葉』）』（NTT出版、2008年）のなかで、無神論からキリストへの個人的な信仰の転向について詳しく述べている。[41] 遺伝子の機能について研究を行う特典を与えられた者は全て、次のようにに記すフランシス・コリンズが抱いたゲノムの複雑さに対する驚きの念を共有することができるであろう。

このプロジェクトに関わった科学者の仕事は——特にクリスチャンであることも喜んでいる科学者にとって——、礼拝の形でもあり得る発見の仕事である。科学者にとって、最高に高揚する経験は、以前に誰も理解することが出来なかったことを学ぶことである。創造の栄光、その複雑さ、その美しさを見る機会を持つことは、実に何をもっても同等視できない。神に対して個人的な信仰を持たない科学者も同様に、発見における高揚を確かに経験する。しかしながら、礼拝の喜びと混ざり合った発見の喜びは、科学者でもあるクリスチャンにとっては、真実、劇的な瞬間である。


一般的に遺伝学、特にゲノムを理解することは、神の創造の業の不思議さをさらに十分に感知する素晴らしい方法である。しかし、感知するためには我々の側において理解が必要である。

わずか2.1万の蛋白質をコードした遺伝子しか持っていないという事実から、我々自身のDNAにおいて、そのような遺伝子は極めて少ない。実際、我々のDNAの2%以下が蛋白質をコードしているが、ENCODE——Encyclopedia of DNA elements——計画は、およそ50万のはっきりとしたDNA配列が関与する少なくとも20%のゲノム、恐らくそれ以上は、遺伝子がスイッチを入れられたり、切られたりする制御、または他の機能に関わっていることを明らかにした。[42] DNA研究の初期において、蛋白質をコードしない遺伝子は、ある科学者によって「ジャンク（ガラクタ）DNA」として無視され、見限られてきたことは、不幸で大きな間違いであった。現在は、まだ、どれほどあるのか定かではないが、我々のDNAの多くが重要な機能を持っていることが明らかになってきている。mRNAが、蛋白質をコードした遺伝子からのみではなく、今のところその機能が不明である他のDNAの箇所からも来ているとことが見出されたのは、大きな驚きであった。現在はさらに、ヒトゲノムの中には何千にも上る「RNA遺伝子」——それらのあるものは、より小さなRNA分子に処理されて、さらには細胞の制御者として働くRNA分子をコードしたDNAの部分——が知られている。ゲノム学の分野は、遺伝学における多くの従来の考えを覆しており、さらに多くの大きな驚きが現れることは、ほぼ確実である。

そのような驚きの一つは既に現れている。それはゲノムの多岐にわたるサイズは、生物の複雑さとは関係がないように見えるということである。常識的には、生命体は複雑になるほどゲノムは大きくかつ複雑になり、またその複雑さの全てをコードするために、遺伝子の数も多くなると予想される。しかしこの場合、常識は間違いである。例えば、我々の30億に対して、玉ねぎは、そのDNAの中に170億のヌクレオチド塩基対を持つが、このことをもって、玉ねぎの方が我々より生物学的に複雑であるとして、論争を仕掛けようと下準備している人にまだ出会ったことはない。フグのヌクレオチド塩基対は3.4億で、これまでに配列が決定された脊椎動物で最も少なく、一方別の魚である最も多くの塩基対を有するプロトプテルス・エチオピクス（まだら模様の肺魚）は、その約400倍である1300億の塩基対を持つ[43]。昆虫の体内に住むめでたい名前を冠した、カルソネラ・ルディイ（*Carsonella ruddii*）と呼ばれる実に小さなバクテリアは、そのDNAの中にわずか159、622の塩基対を持っているに過ぎない。このバクテリアは、その宿主に依存していることから、このような小さいゲノムでも何とかやっていくことができる。

ゲノムの大きさは、生物の複雑性に関係付けられるのではなく、含まれている「寄生DNA」の量に、より依存しているようである。これは、我々のゲノムを含む他のゲノムにも大量に見出される所謂トランスポゾンDNAを含む（我々の場合には、ほぼ半分を占める）。トランスポゾンは所謂「跳躍遺伝子」で、進化の過程でゲノムへ取り込まれた、容易に同定が可能な繰り返し配列の多重コピーからなっている。この遺伝子は休みなく動き、しばしば一つの染色体から別の染色体へ跳躍し、単に「ジャンク（ガラクタ）」なものとは程遠いものとして認識されてきており、それらのあるものは、機能的に有用であることが判明しているゲノムへの多様性に貢献している。

さらにゲノムは、レトロウィルスのDNA配列を多く含んでおり、8%の人間のゲノムはレトロウィルス(自分の遺伝子を、ヒトDNAの中に取り込ませる能力を持つウィルス)から来ている。このような稀な例外にもかかわらず、全体としてはこの「寄生DNA」は知られた機能を持たず、これから見ていくように、我々の過去の進化の貴重な記録を提供する過程の中で、残りのゲノムと共に単に複製されていく。

蛋白質をコードした遺伝子の数は、生物によってかなり異なっている。細菌を構築するためにはわずか数千でよく、酵母細胞では5千、うじ虫やミバエでは約1.5万でよい。しかし、ゲノムの全体のサイズがいろいろあるように、異なった生物の構築に必要な蛋白質がコードされた遺伝子の異なった数において、多くの変則もある。極端な例である既述のカルソネラ・ルディイの場合には、182の遺伝子しか持たないが、このことは、昆虫の中に寄生して多くのものを貰うタダ乗りであることから理解できる。しかし、植物には何故あのように多くの遺伝子が必要なのであろうか。小さな植物である辛子の一種であるアラビドプシス(Arabidopsis)は推定2.65万の遺伝子を持ち、一方コメは4.1万もの遺伝子を持つ。遺伝子数のこの増加は、進化の過程に起こる遺伝子の重複によって多くの場合、説明できることが分かった。これは、細胞分裂の正常な役割として起こるDNAの複製とは同じではなく、生物にとって有用な出来事である、何世代にもわたるゲノムの重複遺伝子の永久的な保持を意味する。(44)

大部分のゲノムに大量にある「他の」DNAにおいて、蛋白質がコードされた遺伝子が比較的少ないということは、遺伝子の物語を、最初の数百ページが白紙である何巻もある大きな百科事典のようなものに類似させることができる。それは、蛋白質をコードした領域を示すページを赤で塗り、調節情報をコードしたDNAを黄色で塗ったとして、数百ページの白紙の後に数ページの赤色のページ、さらにいくらかの黄色のページ、そして次の興味ある箇所の前に別の数百ページの白紙に出くわすようなものである。

一見乱雑に見える方法で、ゲノムの中に鍵遺伝子を散りばめる理由は何であろうか。一つの理由は、英国空軍が、敵からの爆撃による被害を最小にするために、戦闘機の基地を国中に散りばめた第二次世界大戦中にとった戦略と似たようなものである。我々のゲノムは、レトロウィルスの爆撃や、時折寄生DNAを機能遺伝子の真只中に持ち込んで、それを無力にして病気を起こさせる「コピー・アンド・ペースト」のトランスポーズに、継続的に曝されている。事実、二つの主要な転移因子が、10の生児出生に対して1の割合でヒトDNAの中に加えられていると推定されている。(45) 散りばめられた多数のどうでもよいDNA領域に、鍵的な「指令」DNAを「詰め当て」することによって、寄生DNAが、鍵的な情報保有遺伝子の只中にピタリと行き着く機会を減らす。しかしながら、そのようにしてもなお、「鍵的な目標」に命中して起こる病気は時として生じる。(46)

ゲノムの種々のサイズに関しては、その説明はまだ多少推測の域を出ないものの、いくらかの正当な理由をあげることが出来よう。大きなゲノムは、それを収容するための大きな核、ひいては大きな細胞が必要であることを意味する。このことは、例えば、細胞が大きくなるにつれ、酸素の摂取が遅くなるので、酸素を筋肉細胞に送り込むには不利である。このことによって、コウモリや鳥のような、早い代謝速度を有する飛行動物がより小さいゲノムを持つ傾向にあることを説明できるかもしれない。逆に、もしも細胞の複製速度を遅らせて発達を遅めたい場合には、大きなゲノムを持つことは有用である。例えば、サンショウウオは、大きなゲノムを持つが、変態を行わないので、発達を急ぐことはない。これに比べて、砂漠カエルは、砂漠の水が枯れる前に非常に短期間で変態を成し遂げ大人にならなければならない。そのようなカエルのある種のものは、知られている限り、両生類の中でも最も小さいゲノムを持つ。

染色体とDNA充填

DNAの細胞への緻密な充填は、生物界における生物学的な技術の最も素晴らしい特徴の一つである。何年か前に筆者は、この事実を思いがけない方法で知ることができた。最近、筆者が通っている教会で、キリストにある個人的な救いの信仰に導かれて、完全に無神論的な環境にあった自然科学専攻の学部学生がバプテスマ（洗礼）

を受けた。我々の教会で通常行われている通り、この学生はバプテスマを受ける直前に、全会衆の前でなぜクリスチャンになったかを公に説明したが、その中で大学の一般生化学の講義の中で、2㍍のDNAが一個の細胞の中に如何にして充填されるかという驚くべき話を聞いて、神の存在を確信するようになったと語った。もちろん講義は宗教的な用語は一切使用されていなかったのであるが、彼女はそれを聞いていくにつれて、あの美しい技術的な業が彼女を圧倒して、神がいるに違いないという深い直感を与え、キリストを通してこの創造者である神の信仰へ導かれたと話したのである。まさに、自然神学が働いたのである。

DNAの充填は、いかにしてなされるのであろうか。我々の体は、我々の遺伝的形質を次の世代に引き継ぐ卵子と精子からなる生殖細胞と、他の全ての細胞に関わる体細胞の二種類の細胞からなる。体細胞は200以上の異なった組織を受け持って（心臓、脳、肝臓等）、実際に我々の体を作っている。体にあるおよそ10の13乗の細胞は、それぞれ2㍍にも及ぶDNAと蛋白質を含んで23対の染色体を形成する。このことは、ヒトの典型的な細胞は約10ミクロンと非常に小さいので、[47]直感とは反する。事実、一人のヒトの全ての細胞に緊密に詰め込まれた全てのDNAを伸ばすと、月まで8千回も往復することになる。[48]毎秒何百万という細胞が分裂しており、それぞれの細胞は毎分、何千キロもの新しく複製されたDNAを生み出していることになる。我々は歩くコピー機であるが、DNAの複製は自動的であり、幸いなことにそのことを心配する必要はない。

異なった動物や植物は、異なった数の染色体を持っている。ヒトは22対の（ほとんど）同一の染色体を持つが、23番目は、女はXX、男はXYであって、性を区別している。生殖細胞は、わずか1個の染色体を有するのみであり、精子はXあるいはYを略50対50の比率で含む。全ての卵子は1個のX染色体を含み、もしもXを持つ精子が卵管でのレースに勝って卵子に受胎すれば女になるが、もしもY染色体であれば男になる。幸いなことに、XとYの水泳能力はほぼ同じであり、そのお蔭で男と女の人口比率はほぼバランスしている。

それぞれの染色体は、**図3**に示すように、巻き付いた二重螺旋のDNAと多くの蛋白質からなっており、クロ

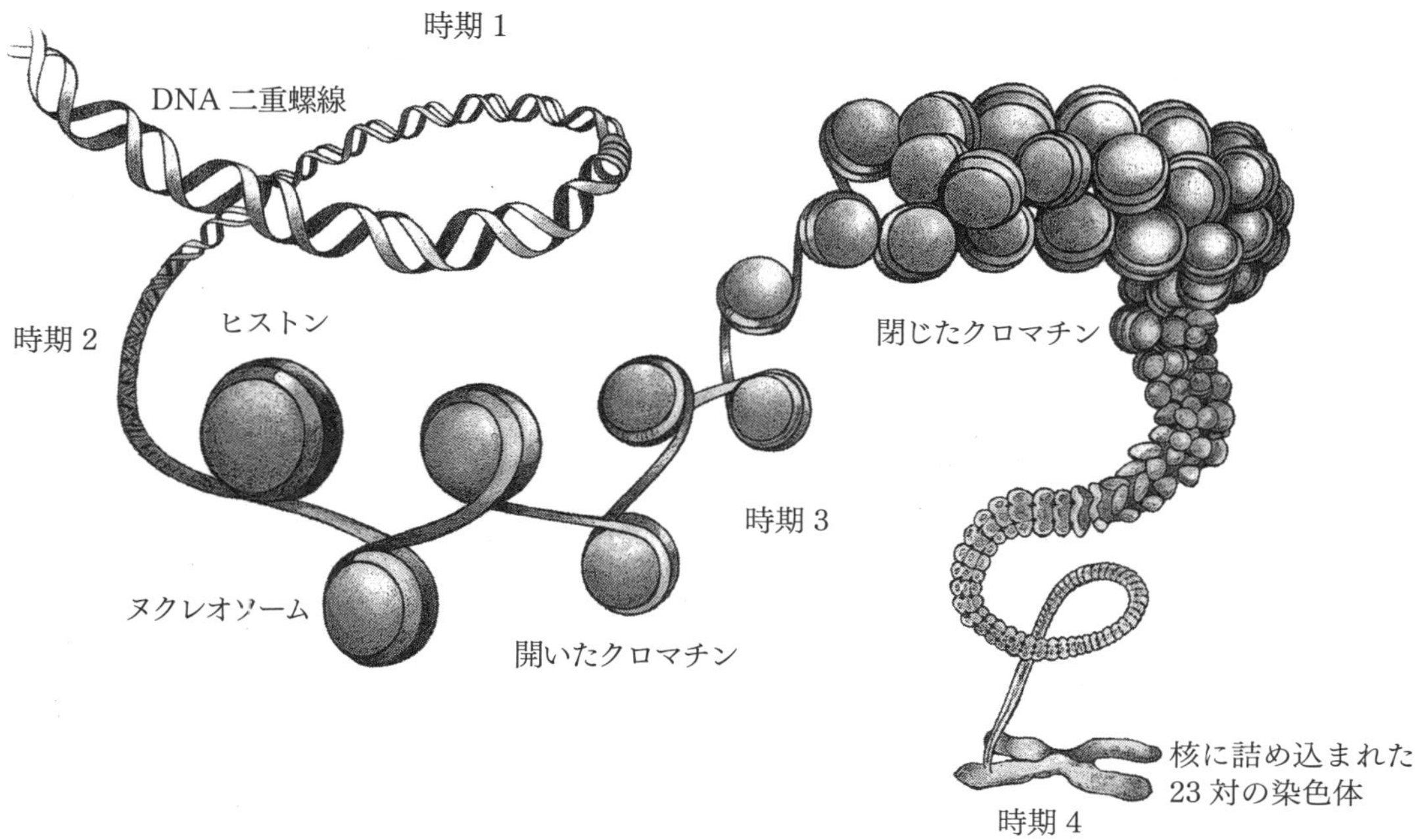

図3　ヒストン蛋白質と共にDNAが詰め込まれて、その中心がヌクレオソームであるクロマチンを形成し、それがさらに詰め込まれて染色体を作る。[時期] とは、みごとな詰め込み過程の様々な段階とその機能結果が理解され始めた生物学研究の時期を指す（Macmillan Publisher からの転載許可による、*Nature* 448, 548–549, 2007 からの引用)。

マチンと呼ばれる混合物を形成する。蛋白質とDNAの間の相互作用は、どの遺伝子がスイッチオンまたはオフされるかを制御する上で非常に重要である。[49]従って、DNAを孤立したものとしてではなく、常に活動している動的なシステムの一部として考えるべきであり、クロマチンは、mRNAへの情報の流れが少ない閉じられた配置、もしくは多くのmRNAが生み出される、活発で開かれた配置を取ることができる。それは、船が絶えず入港し出航し、また荷を積んだり降ろしたりしている、忙しいDNA埠頭と似ている。閉じたクロマチンはさらにしっかりと束ねられ、核型――1～22個の染色体対と、性染色体XXもしくはXYを加えたパターンを意味する（少なくとも我々のような哺乳類において）――を明らかにするために、細胞を染色して見ることができる染色体構造を構成する。

生物の全ゲノムはその全ての染色体に広がっており、ゲノムの配列決定の仕事の一つは、それぞれの遺伝子の染色体における正確な位置を表す各染色体の地図を作成することである。幸運なことに、（ほとんど）同一の染色体対、即ち、各細胞にはゲノムの二つの完全なコピーがあり、もしも一つが失敗しても情報のバックアップ・システムがある。実際には、恐らく我々は皆、有害な、あるいは致死的でさえある遺伝子を多く持っているが、相方の別の染色体にあるバックアップ遺伝子も全く同じ仕事をすることから、通常はそれらが何であるかを知ることは決してないであろう。この一般法則の例外は、幸運なことに極めて稀で、たった一つの欠陥遺伝子でも病気を起こすに十分である場合に起こる。

遺伝子は如何にして生命体を構築するか

あるDNAを細胞から抽出して試験管の中で見つめると、そこに見えるのは、白いねばねばした物質の小さな鎖だけである。このDNA―ゲノム―の中に含まれている情報が、鯨や、カンガルーや、ヒトのような、生きている複雑な実体に翻訳されることは実に驚きである。子どもを持つ恩恵に浴した者は、あの全ての月々の間に細胞の成長、組織の形成、脳の発達を遂げて生まれた幼子見るとき、畏怖の念を持つ。

ゲノムは、必要とされる音楽を生み出すために、全ての楽器が調和された方法で演奏しなければならないオーケストラに似ている。約2.1万の蛋白質をコードした遺伝子を持っているということは、2.1万の異なった楽器からなる膨大な楽団が、一人の巨匠ではなく、メッセージの相互やり取りによるネットワークで導かれているようなものである。ある種の楽器の集団はある特定の種類の遺伝子に特化されている。まず、我々の体組織の大半を作りあげている構造蛋白質であるヴァイオリンがある。その上には、全ての生体過程に触媒として働いて正確な速度で進行させる酵素をコードした遺伝子であるトランペットがある。メッセージを細胞の外から内へ伝えることを可能とする細胞壁に埋め込まれた受容体であるフルートがある。太鼓は、他の遺伝子のスイッチのオンとオフをコントロールする制御蛋白質を作る遺伝子である。それ以外にも多くの楽器があるが、大事なことは、2.1万の全ての遺伝子が健康な生体を生みだすために調和して協力することである。一つの不協和音でも、全体の交響曲は台無しになる。

このことから「利己的遺伝子」という用語は、生体における遺伝子の役割を記述する上で適切な隠喩でないことは理解できよう。実際にはそれぞれの遺伝子は、他の多くの遺伝子の活動に依存している。ゲノムは生物を協調的で、かつ相互のやり取りによって組み上げていくシステムであり、そこには「利己的」なものは何もない。一つの遺伝子の機能化は、他の遺伝子の変種が存在するかしないかによって、かなり変わり得る。実際の交響楽団において、楽団の他のメンバーが互いに最高に作用し合って生じる素晴らしい交響曲が醸し出す雰囲気の中では、個別の楽器演奏者は素晴らしい演奏をするであろう。しかし同じように、他のメンバーが調子外れの音を出したとするなら、非常に才能がある演奏者の音も、直ちに損なわれるであろう。遺伝子も同様である。全く同一の遺伝子であっても、その集団の働きによっては、生体を作り営むことにおいて別の働きをする可能性がある。

遺伝子オーケストラの全ての楽器が、揃って確実に良い演奏ができることを助ける鍵的プロセスは、「後成的遺伝学（エピジェネティクス）」と呼ばれる。これは、遺伝子をスイッチオン／オフして遺伝子発現を制御する、DNAそれ自体の化学マーカーを含む継承可能な化学修飾を指す。この文脈における「継承可能」とは、複製の間に、親細胞から娘細胞へ情報が単に伝達されることを指す場合、あるいは生物において世代を超える継承を指す場合もある。もしも遺伝学が、継承のハードウェアを提供するとしたら、後成的遺伝学はソフトウェアを提供する。あるいは、DNA配列がそのページの楽譜とすれば、後成的遺伝学は、音符がいかに演奏されるべきか指示を与えるフォルテッシモ等、全てのあのイタリア語ということになる。もしも後成的遺伝学がなかったら、我々の220の異なったタイプの組織――それらの差別化は、初期の胚発達の間に多くの遺伝子のスイッチがオン／オフされて起こる――は存在しないであろう。あるタイプの細胞を生みだす、DNAの後成遺伝的修飾の基本キットが一旦確立すると、その後、生きている間ずっと、これらは忠実に複製されていく。もしもそうでなかったら、我々の皮膚細胞は、脳細胞になったり、あるいは逆の場合も起こって、確かにそれは問題である。

わずか2.1万にしか過ぎない遺伝子が、脳や、肝臓、腎臓等、体の全ての複雑な器官やシステムを動かすための蛋白質をいかにしてコードできるのか、不思議に思うかもしれない。これらを可能にする素晴らしいトリックがいくつか存在する。

まず第一に、多くの遺伝子は「選択的スプライシング」と呼ばれる過程によって、それ自身異なったものへと変化する。DNAからmRNAが作られる際に、蛋白質をコードするために実際に必要な情報のみが最終的な生成物の中に含まれるように、体重減少の体操を行う。しかしながら、この減少は、最終的に変異したmRNA分子が、それぞれわずかに異なった蛋白質をコードして異なった機能を持つために、ある範囲を持つよう異なった方法で起こる。例えば、筆者は20年間、CD45として知られている分子を研究してきた（つまり筆者は、異なった蛋白質に退屈な数を付与する、悪趣味の免疫学者である）。CD45は選択的スプライシングによって、ウィルスやバクテリアの攻撃から体を防御し調整するために重要な8個の変異したCD45蛋白質を生じる。

限られた数の遺伝子から多様性を生むための第二番目の方法は、例えば、リン酸基をある特定のアミノ酸に付加するリン酸化反応として知られている方法のように、一旦作られた蛋白質の機能を化学的に修飾する方法である。わずか1個のリン酸基を付加するだけで、例えば、酵素（触媒機能を持つ蛋白質）活動のスイッチを入れたり切ったりするように、蛋白質の性質は大きく変えることができる。このような蛋白質の修飾はしばしば可逆的で、細胞の成長や分裂に関わる動的な過程を制御するために用いられる。少なくとも10個の異なった化学修飾蛋白質があるが、もっと多く発見されつつある。[50] 我々の体を構成する全ての蛋白質について、わずかに異なって化学修飾された蛋白質を網羅する完全なカタログはまだできていないが、一旦完成すれば、選択的スプライシングによって生み出された遺伝子生産物と合わせると、2.1万の遺伝子から生み出される異なった蛋白質の数が、最終的に100万を超えたとしても全く驚くことではないであろう。何百にもわたるわずかに異なった医薬品に関わっている組み合わせ化学者（combinatorial chemist）の誰もが知っているように、このような種類の組み合わせシステムは、広範囲にわたる多様性を生みだす上で極めて強く働く。

ゲノムが如何に働いているかを理解し、そしてすぐこの後に示すように、ゲノムの間に異なった種類の相違があることを知っていることは、進化を理解するために、極めて重要である。まずもって、同じ種の個々の間で、わずかな相違がある。ヒューマンゲノム計画（Human Genome Project）、国際 HapMap 計画[51]（International HapMap Project）、１０００ゲノム計画（1000 Genomes Project）のような大規模なゲノム配列決定計画[52]が、人間の間で、5500万を越える多くの数のヌクレオチドが異なっていることを示した。[53] これらは一塩基多型（SNPs または snips）として知られている。5500万は多いように見えるが、我々のゲノムは、既に述べたように32億のヌクレオチドを持っており、この数は、世界の人口全体の SNPs の全量である。平均すると、個々人は360万の SNPs を持っている。[54] ２００４年にヒトゲノム配列の発表以来、SNPs と共に、非常に多くの他の変異が明らかになった。即ち、インデル（indels）と略称される、挿入または欠落したＤＮＡ小片や、12％にも上るゲノムに影響を与えるＤＮＡ小片の無作為的複製であるコピー数多型（CNVs）があり、[55] そして、もっと稀には、染色体切片の大きな再配列もあり得る。これらを総合すると、世界で不作為的に選ばれた二人は、以前に考えられていた以上に、彼らのゲノムの約０・５％が異なっている。

全ての誕生において、新しい変異が加えられる。全ゲノムの配列決定から、新生児は、いずれの両親にも見られない平均60の新しい変異を持つことが最近明確になった。正確な数は、父親の年齢によって変わる。母親は年齢に関係なく、平均15の新しい変異に貢献するが、20歳の父親は平均25、40歳の父親は65ほど貢献する。[56] 父親がより多く貢献する理由は、精子に発達する細胞は、卵子に発達する対応する細胞よりも、この過程の間に多くの細胞分裂をするためである。変異は、細胞が分裂する時、ＤＮＡの複製の際に起こる非常に小さな誤りによって起こる。通常誤りは、「校正酵素」によって修正されるが、原稿の校正と同じように、誤りが時々見過ごされる。

遺伝子の多様性は、様々な病気にかかりやすくなることに連なるが、もしも我々全てが遺伝子的に同一だとしたら、一つの巨大なクローンのようなものになり、我々は皆同じに見えて退屈なものになるであろう。よって、この多様性は人間の福利にとって不可欠なものである。ここで筆者は、慎重に「同じである」とは言わずに、「同じに見える」と表現したが、これは、もちろん我々の選択と環境が、現在の自分とは大きな違いを生じるからであり、遺伝子決定論が入り込む余地はない。この重要な但し書き条件の下で、我々の物理的な存在に関する限り、遺伝子は我々の生命の基本的な特徴を与える上で非常に重要であることも事実である。一卵性双生児（同一のゲノムを持つ）は、他の誰よりも神の似姿に作られた全く同一の特別の個体であるが、もしも全人間性が遺伝的に同一であるなら、ひとり一人が神によって愛されているとしている我々の価値は、確かに揺らぐであろう。しかし同時に、HapMap 計画及び他の同様なヒトゲノムの研究から、我々の遺伝的なハプロタイプと、生活に伴って生じる病気の確率との間に、医学的に興味深い関係があることが解った。遺伝子の多様性についての神学的な示唆については、第13章で述べることとする。

遺伝子の多様性の別の特質は、それが異なった種の間に存在することであり、多くの種の全ゲノムの配列決定は興味ある新しい知見をもたらした。ターシャと名付けられた12歳のボクサー犬、マウス、そして典型的なヒト、これらは全く異なった外形を持っているが、皆哺乳類であり（子どもを乳で育てる動物）、これらの遺伝子は極めて類似していることが判明した。ターシャは、もはやただの老犬ではない。彼女の全ゲノムの配列が決定され、2005年に発表された。事実、全ての哺乳類は、哺乳類となるために必要なおよそ2万の蛋白質をコードした基本「キット」を持っていることが今や明らかになったように思われる。マウスとイヌの両者にある実質的に全て（99%）の蛋白質をコードした遺伝子は——ヒトは、余分の遺伝子を持つことも見出されて安心させられるのであるが——、遺伝子配列に小さい相違はあるもののヒトにも見出すことができる。特にマウスが、遺伝学とヒトの病気の研究モデルとして優れているのは、両者は遺伝子と細胞レベルにおける著しい類似性を有しており、かつマウスはイヌよりも繁殖が早いということにある。

では、この類似性にもかかわらず、何故ヒトはその外観（そしてその内実）においてマウスと大きく異なるのか。実際の相違をもたらす蛋白質をコードした遺伝子において確かに違いがあるが、これに対する回答こそが、この節の主要なテーマ——遺伝子は如何にして体を作るか——と関係する。答えは、調節遺伝子によってである。ケンブリッジのような古代都市（そこでこの本は書かれているのであるが）を作るために使用されている基本的な材料は、蛋白質をコードした哺乳類遺伝子の広がりと対比させることができよう。ケンブリッジや他の中世の街の大いなる多様性は、それを構成する構造物を異なる多様な形に積み上げる建築家の判断によってもたらされる。この例えにおいて、建築家は鍵的な調節遺伝子に相当する。彼らは構造物をいかに組み合わせるかについて決断する。建築家が変わると、全てが変わる。

調節遺伝子「建築家」についての最も有名な集団の一つが、脊椎動部の体に特に特徴的な分節パターンを調節する、ホメオボックス遺伝子（省略してHox遺伝子）として知られているものである。胸に手を置いて肋骨を感じ

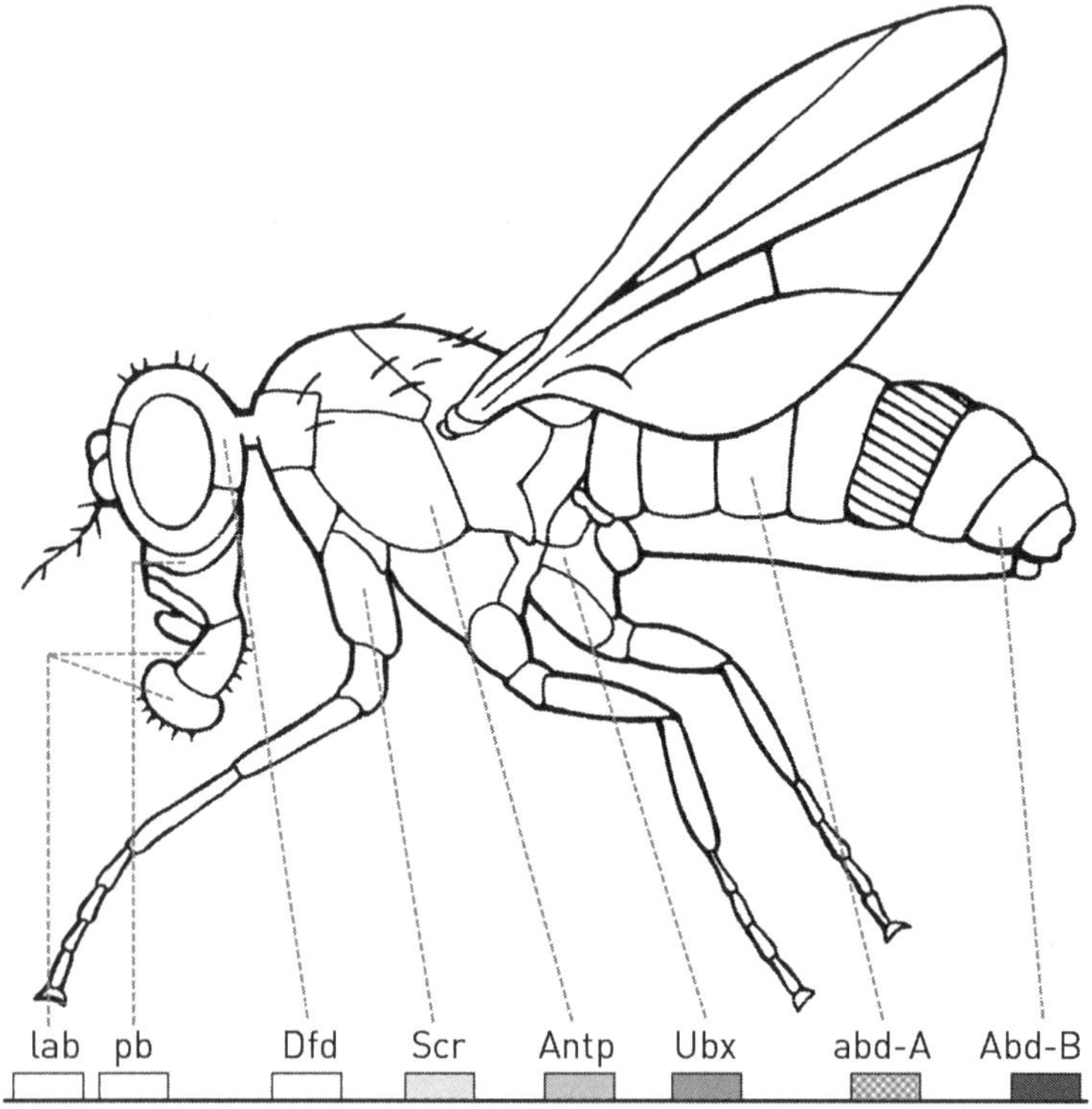

図 4　ミバエの Hox 遺伝子：lab, pb 等の名前が与えられた 8 個の遺伝子が、図に示すように、ミバエの染色体に沿ってそれぞれが制御する体の領域と同じ順序で配列されている。異なった陰影で示されるそれぞれの体の領域の発達は、一つの Hox 遺伝子で制御される（Orion Publishing の許可を得て、S. B. Carroll, Endless Forms Most Beautiful, London: Weidenfeld & Nicolson, 2005. Figure 3. 4, p. 62 より転載）。

る時（感じるように願うが）、肋骨によって示される分節パターンは、Hox 遺伝子によって生じている。これらの遺伝子の役割は、最初にミバエ（ショウジョウバエ：*Drosophila*）において解明された。ミバエはわずか4個の染色体と13，676の遺伝子しか持たず、しかもかなり早く増殖するので、遺伝学者にとっては好ましい道具である。ミバエの三番目の染色体の特定の領域（ホメオボックス）に、8個の Hox 遺伝子が位置しており、それぞれの遺伝子は、ミバエの体軸に沿った異なった位置における体領域の発展の成形を担っている。これらの遺伝子は、ミバエの8個の体分節と同じ配列の中で、染色体に沿ってきれいに順番に配置されている（**図4**参照）。Hox 遺伝子は、発生の間に体節を司る他の遺伝子の全配列を順番に調節する蛋白質である「転写因子」をコードして、羽、足、そして他の附属器官を正確な場所に確実に形成する。[57] 実際、ミバエの複雑な構造とパターンには、わずか数百の遺伝子が関与しているにすぎない。遺伝学者は、1個の鍵的な調節遺伝子を操作することにより、ミバエの頭から足を出したり、本来足があるべき所に、羽を出したりすることが出来る。体は発生の間、モジュールの中で作り上げられる。ブリキ屋遺伝子を除くことによって、心臓が無いミバエが生じ、Pax-6（哺乳類において実際に Pax-6 と呼ばれており、同じような働きをする）と呼ばれる別の遺伝子を切除することによって、目が無いミバエが生じることになる。クラゲの1個の調節遺伝子（Cnox-2 と呼ばれる）の働きを抑制することによって、多頭に成長する。[58]

昔の鉄道の信号箱は、大きく長い棒を備えていた。丁度10個の異なった色をした大きな親の棒を一列に並べ、その後ろに別の100個の棒が10個ずつ、その親の棒と同じ色で組みになって附属しており、さらにその100個の後ろに、別の1000個の小さな棒が100個ずつ組になり、それらは組になった2列目の同じ色の10個の棒によって制御されているとする。まず初めに、赤い親の制御棒を持ってゆっくりと引くと、その後ろにある赤い棒が、最初は10の組み、そして次に100の組みと、波のように動き始める。緑の棒を引くと、小さな緑の棒のさざ波が起こる。これは Hox 遺伝子のような鍵的調節遺伝子が、発生の過程において羽や、目や、足を作っていく指示の波を、大きな親の制御棒がその系列に沿って送ることによって、影響を及ぼしていくようなものである。この実際の作業において、極めて重要なことは、それぞれの遺伝子棒の活動についての正確なタイミングである。

このようなシステムの組み合わせはしばしば起こり、生物学において、比較的少数の遺伝子が、生命体の発生の過程で、複雑なシステムをいかにして構築するかを説明する助けとなる。これらはまた、マウス、ゾウ、ヒトが非常に似通ったゲノムを持っているにもかかわらず、なぜこのように異なった存在として、哺乳類の発展に繋がっているかについて、説明することを助ける。[59] 主要な遺伝子の「制御棒」やそれらの仕組みの小さな相違が、それらのサイズの全てのプロポーションに影響を及ぼすのである。小さな舵を少し動かすだけで、巨大な船さえもそれに従って方向を変えることができる。このような考察が、これから進もうとしているトピックであり、進化はいかにして起こるかを理解するために、非常に重要である。

第4章　進化とは何か？——自然選択、繁殖成功、協力

進化——大事なこと

年代決定、遺伝学、そしてゲノムについて基礎的な知識が整ったので、進化がどのように起こるかについて考えてみたい。進化論は二つの「大事なこと」から成り立っており、これらの両方が意味をなすためには、その全過程を理解する必要がある（図5を参照）。まず最初に、例えば、生じた生命体が生き残って繁殖する能力に時として差異をもたらす種々の変異によって、ゲノムに多様性が起こるということである。第二は、その後に自然選択が起こって、ゲノムがわずかに良好な生命力を持つ生命体を生じ、より多くの子孫が後の世代に続いていく傾向にあるということである。その逆も同様に起こり得る——即ち、ゲノムがわずかに、あるいは著しく劣る生命力を持つ生命体を生じ、その後に続く子孫が少くなる傾向にある。このように、進化は、多様性を生じる仕組みと、その多様性が自然選択によって検証される方法という二段階のプロセスからなる。そこで、この二つのプロセスについて、より詳しく考えてみたい。

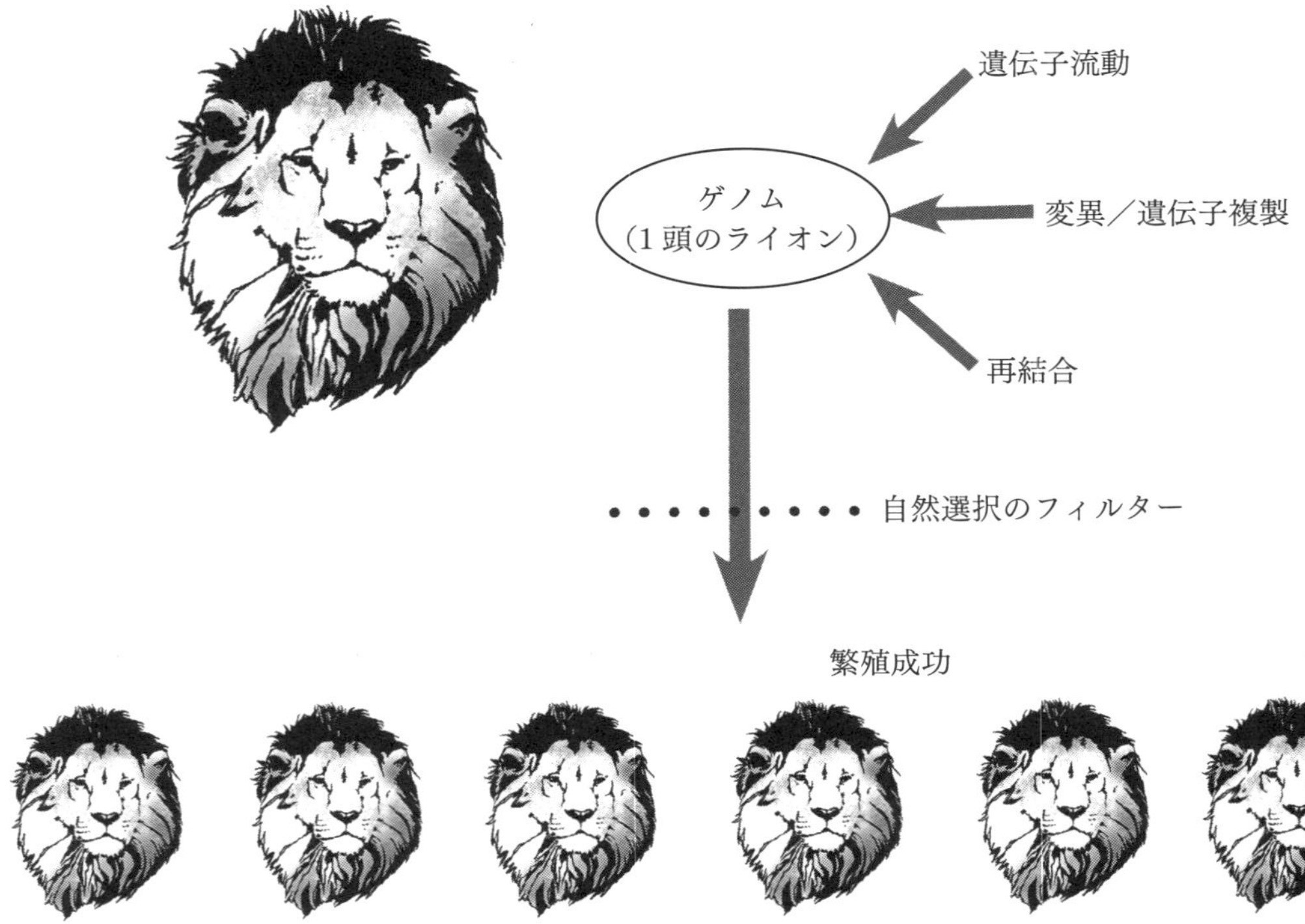

図5　進化は2段階プロセス

遺伝的多様性の発生

ゲノム間の多様性の考えは既に紹介した。世界の全てのヒトは、平均すると1000個のヌクレオチドに対して1個の相違（＝SNPs）と、いくつかの別の相違があることは、述べた通りである。現在まで研究された限り、世界の全ての哺乳類はそれよりも多くの相違があるが、それらのゲノムはそれでも驚くほど似通っている。サルと、シダと、バクテリアのゲノムは、もっと異なる。これら全ての相違は、異なったゲノムの中に、如何にして蓄積されていくのであろうか。そこには、変異、性的な繁殖、遺伝子流動という三つの主要なメカニズムがあり、それらについて順番に説明していくことにする。

「変異」とは、DNAそれ自体が物理的な変化を受け、その結果、その遺伝子に起こる後の世代に相続され得る全ての変化を指す。例えば、DNAが放射線やある種の化学物質に晒されて起こり得る——このことの故に、放射性物質や変異誘発性化学物質を扱う実験室において、厳しい健康と安全のための規則がある。変異は、DNAが分割される時にも起こり得る。通常は、DNAの二重螺旋は娘の螺旋へと忠実にコピーされ、校正酵素（触媒蛋白）が上下に往復して、複製が適切になされたかどうかをチェックする。しかしながら、極めて稀に、丁度何人もの校正者が文章の誤植に気づかずに過ごすことがあるように、変化が認識されることなく、そのチェック体制をすり抜けることがある。ある意味では、このようなタイプの変異を「誤認」と呼ぶことができるが、誤認という言葉は、この文脈の中では含みのある言葉である。例えば、その変化はほとんどの場合、生命体に対して何の差異も生じないが（これらは「中性」と呼ばれる）、時として生存と繁殖において生命体に対して悪影響を及ぼすこともあるし、非常に稀には、それらにおいて恩恵を与えることもある。

多くの異なったタイプの変異がDNAに起こり得る。「点変異」とは、遺伝子アルファベットの一文字が変化する、つまり一つのヌクレオチドが別のヌクレオチドに変化する場合を指す。ある場合には、遺伝子のコードには余分にあるという単純な理由で、点変異は遺伝子によってコードされた蛋白質に対して何らの相違も与えない。連続した三個のヌクレオチド（3塩基コドン）が、蛋白質の中の1個のアミノ酸をコードするが、1個を越える3塩基コドンが同じアミノ酸をコードする場合も多くある。例えばGCAとGCGで示されるヌクレオチドは、アラニンというアミノ酸をコードしており、遺伝子の変異がAからGへ起こったとしても、それから生成するアミノ酸には何の変化も生じない。

しかしながら、多くの場合、ヌクレオチド塩基が変化することにより、コードされたアミノ酸に確かな相違をもたらす。そのような変化に伴って起こる蛋白機能のわずかな変化が我々の健康や福利において実に重要なものとなり得ることから、多くのヒト集団において解析されるこの種の相違が、前述の HapMap 計画の興味の中心となっている。

別の変異は、遺伝子を完全に破壊して蛋白質の形成を全く止めてしまう。このことは、ヌクレオチド塩基が脱落する結果、残りの遺伝子を含めて全体が失われるために起こる。英語に、3塩基コドンの同じ原理を当てはめると、何の問題もなく thecatatetherat という文章を読むことができる（the cat ate the rat）。しかし、先頭から始まって、三つの組みの文字しか読めないとすれば、3番目の文字が変異によって脱落した場合には、thc ata tet her at となって、完全に意味が不明になってしまう。

文章の最初を大文字にし、最後にピリオドを打つことによって、文章の始めと終わりが示されるように、mRNAに指示を転写する分子機械に、どこで開始してどこで終了するかを伝える、「開始コドン」と「終了コドン」を遺伝子は持っている。時折、変異によって遺伝子の丁度真ん中に、正常から逸脱して終了コドンが導入されたmRNAの切片が形成され、それが正常な機能のために使用されるのではなく、その新規な構造の故に新しい機能を獲得した不完全な蛋白質の合成へ繋がることがある。

別の変異においては、遺伝子の関与があるなしとは関係なく、DNAの全節が脱落したり、以前存在しなかったDNAの節が挿入される——前章で述べた「インデル（indel）」がこれに相当する。このような「挿入／脱落」

の変異が、関連する種の間に見られる多くの相違をもたらす。

遺伝子の重複は、進化の過程で重要な役割を果たしてきた別のタイプの変異である。通常、DNAの複製と細胞の分裂が起こる際に、同じ数の遺伝子が娘の細胞へと受け継がれる。しかし時折、DNAのあるセグメントの重複が起こって、それが生殖系細胞の中に受け継がれ、このセグメントが1個以上の遺伝子を含むことがある。現在これらの遺伝子の重複の様子を検知する進んだ方法がある。例えば、ヒト、ボノボ、チンパンジー、ゴリラ、及びオランウータンのDNAを比較することによって、これまでに1000個以上の遺伝子が重複され、これらの種の一つに特徴的なことが明らかになった。[60] コピー数の増加はヒトにおいて特に著しく（具体的には134の遺伝子がヒトにおいて重複されている）、それらの遺伝子の数の内には、脳の構造と機能に関与していると考えられるものが含まれている。人間のゲノムについて言えば、全体として20％以上の遺伝子は、重複と先祖からの進化の過程で生じたものであり、植物においては、その比率はもっと高くなる。重複された遺伝子は、もともとあった親の遺伝子と異なった新しい機能を提供する他のタイプの変異を、時間と共に蓄積することができるので、進化の過程において新規性を生みだす重要な方法を提供する。別の場合には、二つの重複された遺伝子が進化して、もともとあった遺伝子の単一の仕事の異なった側面を担う「分業」がある。[61]

いくつかの変異は非常に大きく、染色体のある区分または全体までもが関わる染色体レベルで起こる。変異が「染色体レベル」で起こると言っても、各染色体は一つの大きなDNA二重螺旋分子からできているので、つまるところDNAについて語っていることになる。ゲノムの中での多様性のこれらのより大きなタイプは、そのような大きな変化を検知する独特な技術のセットによって最も適切に解析がなされることから、このタイプの変異は別に取り扱われる傾向にある。染色体レベルで最も普通に起こる変化は、並びの反転と転移である。反転は、同じ染色体の中でDNAのある区分が180度反転する時に起こる。転移は、一つの染色体のあるDNA区分が別の染色体のある区分と、同じ長さもしくは異なった長さで交換する時に起こる。このことは、新しい環境のもとで、これらの遺伝子が全く異なったタイプの制御管理に従う可能性を意味する。別の場合には、転移は一つの遺伝子を半分に切って、別の染色体の遺伝子の半分と結合するようにして起こり、完全に新しい遺伝子が形成される。個々の染色体は、頭と頭が融合してより大きな一つの染色体となって生殖細胞の中に取り込まれて、その種において永久に染色体の数が変わってしまう。植物においては、染色体の完全なセットの数が倍になることは比較的普通に起こって、植物の新しい種を形成する。後で種形成の節で詳しく述べるように、園芸家はその能力をうまく利用している。

以上の概説から明らかなように、非常に多種類の変異のタイプによってゲノムの多様性が生じる。しかし、最も大きな変化が、必ずしも生命体の生存と繁殖に対して最も大きな影響を及ぼすとは限らないことは留意すべきである。例えば、普通の家ネズミは40対の染色体を持っているのに対して、イタリヤの中央アペニン地方のネズミの集団は、おそらく異なった染色体の融合によって、わずか22対の染色体しか持たないが、それでも他の全ての点において極めて類似している。[62] もしも全ての同じ遺伝子情報が、40対の小さい染色体に比べて（平均として）幾分大きな22対の染色体に依然としてあるなら、ネズミは同じように見えるので、このことは特に驚くことではない。しかしながら、重要な制御情報をコードした遺伝子の1個に変異が起こった場合には、前に述べた赤い親の棒と同じように、生命体に対する影響は計り知れないであろう。変異の世界では、大きさは全く問題ではない。

変異はどれくらいの頻度で起こるのであろうか。それは生命体によって異なる。変異の割合を測定するいろいろな方法があり、それに従って、その結果を表す異なった方法がある。このことによって、混乱を招くことがある。細菌は1個しか染色体を持っておらず、しかも非常に早く分裂するので（ある種の細菌は好条件下では20分毎に起こる――それ故に、暑い夏の日中、大テントの中の結婚式のビュフェ食品は注意する必要がある！）、変異割合は、細菌において容易に測定することができる。約10億のヌクレオチド塩基当たり、複製当たりで、約1であることから、変異は非常に頻繁に起こるわけではない。[63] しかし、生物における細胞の変異の機会は、生物が持つ細胞の数の増加と共に、明らかに増加する。このような変異は、個々の健康にとって重要であったとしても、生殖細胞で生じた変異のみが後の世代へと引き継がれていく。

変異は、変化がゲノムに入り込む唯一の方法ではない。無性生殖においては、有糸分裂として知られているが、細菌で起こっているように細胞は単純に2個に分裂する。しかし、有性生殖においては、我々のほとんど全部の細胞は対になった染色体を有しており、幾分それよりも複雑である。精子と卵子がそれぞれ対になった染色体を有しているとすれば、受精によって我々は必要とする倍のDNAを細胞の中に持つことになり、次の世代も倍になり、これは際限なく続いていくことになる。もちろん、このようなことはあり得ない。これを防ぐため、精子と卵子はそれぞれの染色体の1個のコピーだけを持っており、受精が起こると、父と母からの染色体が結合して、成長する胚の細胞の中で再び対になった染色体を作る。このことがそれ自体で、子どもたちがそれぞれの親から一方ずつの染色体を受け継いでいるので、両親と違った容姿になることを確実にする。固有の人間を作り出す上で生じる全ての相違は、母方もしくは父方から受け継がれたこれらのわずかな変化によるのである。

しかし、我々を他人から区別する唯一の存在ならしめることを助ける、別の素晴らしい出来事もある。それは、配偶子（精子または卵子）の形成中に、対になった染色体の間で起こるDNA断片の交換である。父親もしくは母親の中で、これらの細胞が発達中に、「組み換え」と呼ばれるプロセスによって対になった染色体の間でDNA断片が交換される。典型的には、ヒト染色体は、各対当たり平均1回もしくは2回しか交換は起こらない。一旦この生殖細胞の発達の段階が終了すると、その細胞は分裂してわずか1個だけの染色体を持つ配偶子をさらに生じ、新たに修飾された染色体は別の配偶子の中に無作為的に混ざっていく。先に述べたように、対になった染色体のそれぞれは必ずしも同一ではない――ある場合には、それらのヌクレオチド配列には機能に違いを生じさせるわずかな違いがあるかもしれない。従って、組み換えは、「遺伝子の混合」の効果、つまり変異した遺伝子がその成果を示す新しい機会を持った新しい染色体を生みだす効果を持つ。遺伝子の機能は、異なったサッカー・チームの間での高価な選手の交換が、チームの他のメンバーの質によって極めて異なった結果をもたらすように、それらが保つ集団によって規定される。ゲノムは卓越したチームとしての協力の賜物である。

集団のゲノムにおいて変化を生じる第三の、そして非常に重要なメカニズムは、遺伝子流動と呼ばれるものである。もしも、雑繁殖した動物の小集団が、同じ種の別の集団から隔離されると、雑繁殖によって全体の遺伝子プールが均一化されていくので、その集団の個々の間で遺伝子の違いは徐々に小さくなっていく。血統書付きのネコやコンテストで優勝した雄牛を、その血統を継続させるために、同系交配した場合にも、同じことが起こる。同系交配は、品評会で賞を得るために良いかもしれないが、遺伝子の多様性から得られる恩恵と引き換えに、免疫システム（ウィルスや細菌の攻撃から守る役割）のためには良くないことがしばしば起こる。「遺伝子流動」とは、隔離された集団と、別の地域から移動してきた動物との間で交配が起きる時に使用される用語である。訪問者は新しい変異遺伝子を持ち込み、それが以前は隔離されていた集団の中へと広がり始める。次の世代で生じた新しいゲノムは、その環境をもっと上手く克服できる動物を生みだす。このことは、血統書付きのネコが逃げ出して野良猫と異系交配した際に、実際に起こる。野良猫から起こった遺伝子流動は、たとえ賞を取らなくても、もっと健康的な子猫をもたらすであろう。

これまで進化は、1個のヌクレオチド塩基対で起こる「点変異」による、時間がかかる足取りが重い変化が関係していると、しばしば誤解されてきたので、ゲノムへ変異を導入するこれらの三つの主要な方法について、ページを割いて述べてきた。上で見たように、そのような考えは真実からはるかに遠い。新規性は、進化の過程で多くの異なった見事なメカニズムで生み出される。ゲノムは変化するようにデザインされている。もしそうでなかったら、我々はここに居らず、このことを議論するようなことはないであろう。

一旦変異ゲノムが生じると、次の大きなステップは、生命の工房で作り出された生命体をチェックすることである。このプロセスは自然選択として知られている。自然選択の主要な考えについての初歩的なことは既に述べてきたが、あと少し詳しい定義は有用であろう。「自然選択とは、二者択一的な遺伝子変異の差別的繁殖であり、その決定が、ある変異を受けた生命体が、他方の変異を受けた生命体よりも長生きする、あるいはもっと繁殖する可能性を増加させるので、有益であるという事実によってなされる。世代に渡って、有益となる変異は保存され増幅される、一方、有害な、あるいはそれと比べて有益性が低い変異は除かれていく(64)」。

実際には、ゲノムにおける多くの変異は、中性が選択されて「遺伝的浮動」を引き起こす。言い換えれば、当該生命体に何らの差異ももたらさない変異の類である。ある蛋白質を構成するアミノ酸の紐の816番目にあるアミノ酸が別のアミノ酸に変わったとしても、何らの違いももたらさない。したがって、その場所にあるアミノ酸は、益も害もその保有者に対して何の影響も与えずに、集団の中を（交配によって）喜んで浮動してまわる。しかし、その隣の変異、つまり同じ蛋白質の817番目のアミノ酸の変化は、実際に重要で、極めて効果がない免疫系になってしまうかもしれない(65)。

遺伝子の変異が実際に生命体に変化をもたらすとき、良きにつけ悪しきにつけ、自然選択が働き始め、生命体は長い世代に渡って、「繁殖成功」として知られるプロセス、つまり、より多く、あるいはより少なく子孫を残していく傾向を持つ。「適者生存」という用語が自然選択を表す言葉として使用されることがあるが、このプロセスにおいて生存が実際には主要な問題ではないことから、これは全く正確な言葉ではない。もちろん、生存なしに動物の繁殖はないが、自然選択の大事な点は、個人の遺伝子が次世代に引き継がれることを確実にすることに成功する、繁殖ということである。

以上のように、自然選択は、集団における遺伝子の変動の量を減らすための厳格なフィルターの役を演じている。このことは、大部分の遺伝子の変化は、中性でなければ、生命体に対して有害に働く可能性が高く、それらは繁殖成功を低下させるので、数世代を経た後――あるいはそれが致命的であれば直ちに――その集団から除かれる。一方、自然選択のフィルターを容易に通り抜けた、より少ない好ましい変化は、それらが受け手に対して生殖便益を与えることから、雑繁殖の集団の間に素早く広がっていく。

それらの便益とは何か。一般的には、生命体が特殊な生態的地位において、繁栄することを可能とする適合性である。このことは、ミシガン州立大学のリチャード・レンスキー（Richard Lenski）による有名な実験によって観察された。[66] １９８８年2月24日、レンスキーの研究室は、全てが一つの細菌に由来する12個の大腸菌（*Escherichia coli*）の集団をグルコースによって育成し始めた。元々の親細胞からのこれら細菌の異なった菌株の進化が、現在のところ25年以上にわたって追跡された。一日当たり6.6世代のE. coliが生じたが、これは、人間にとって100万年に相当する。毎日それぞれのフラスコで約5億の新しい細菌が成長し、その同じ数の細菌ゲノムが複製に関与し、細菌が分裂するにつれ、それぞれのフラスコの中では全部で約100万の変異が起こる。この細菌のゲノムには、わずか約500万の塩基対しかないので、このことは、新しい変異が有用であるかどうか、毎数日ごとに実質的に全てのゲノムが遺伝子解析にかけられることを意味する。実際には、大部分はそうではないが、いくらかの特別の成長をもたらす新しい変異が時折現れる。

これまでの全実験の間、この細菌の生殖適応度は平均70％増加したが、これは元々の集団で丁度1回複製する間に、平均1.7の倍加が起こったことを意味する。しかし、増加した適応度は、それぞれのフラスコで異なった有利な変異によるものである。最も興味あることは、12のフラスコの10年間以上の継代培養の後、３３、１２７世代で、かなり異常なこと――培養の一つが、食料資源としてクエン酸を使用することを「発見」した――が起こったことである。クエン酸はpHを安定化させるために使用されている化学物質で、最初から全てのフラスコに存在していたものである。それは、猫の集団が突然ウイスキーを好きになったようなものである（誰でも手に入ると仮定して）。このことは、細菌がもはやグルコースに依存しないので、成長する上でこの集団に大きな便益を与えたことになる。この決定的な出来事は、10年以上もかかって、12のフラスコのたった一つのフラスコに起こったのである。

さらなる研究から、クエン酸を使用する能力は、1回のステップで進化したのではなく、3回の変異が関わっていることが分かった。まず、2回の「裏方」変異が起こる必要があり、3番目の決定的な変異が、クエン酸が使用できるための3回の変異のアンサンブルを完成させ、コロニーにとって完全に新しく生きていくための道を切り拓いたのである。鍵となる変異には、2933の遺伝子文字からなる長く伸びたＤＮＡの複製が関与しており、もし変異がなければクエン酸を細菌の中に運び込む蛋白質をコードする眠ったままでいる運び屋を活性化したのである。結果は、コロニーの99％がクエン酸を使用し続け、約1％が頑固に元々の食料資源を見捨てることを拒む「グルコースのスペシャリスト」になった。この素晴らしい実験は、選択的便益を生むためには、数次にわたる変異した協力的な遺伝子が一緒に出現することが必要なこと、そしてまた、一つの鍵となる変異が、進化の可能性の全く新しい景観を切り拓くことができることを強調するものである。

一般的に、ある生物の遺伝子に選択的便益を与える一つの変異があると、後に続く世代のゲノムを急速に代表する方が良いので、ほどなくそれが、その集団を支配するようになる。このことは、「選択的一掃」として知られている。新しい変異が全てのメンバーに存在するようになると、その集団にそれが「定着した」と言われる。実際、新しい変異のグループは、長い世代を通してしばしば互いに便乗して、時には競争し、時には協力することが分かっている。[67]

蛾が、現在働いている自然選択の興味深い別の例を提供する。この研究を終了したすぐ後に亡くなった、ケンブリッジのマイケル・マジェラス（Michael Majerus）という遺伝学者は、濃い色と淡い色のオオシモフリエダシャク（蛾の一種）を4864匹、5月から8月まで6年間、毎晩一定の条件で彼の庭に放って（確かに科学者はオタクである！）、どちらの色の方が鳥から食べられやすいか、観察してこのことを明確に証明した。[68] この6年間、木の枝や葉の淡い色に対して目立つことから、濃い色の蛾の方が淡い色の蛾よりも多く食べられてしまった。このようにして、マジェラスは、オックスフォードのバーナード・ケトルウェル（Bernard Kettlewell）が、濃い色のオオシモフリエダシャクが、煤で黒ずんだ枝に止まって捕食動物から身を隠しやすい工業地帯で増えることを示唆した、以前の発見を確認したのである。いくつかの方法論的な問題が、ケトルウエルの当初の実験に投げかけられていたのであるが、マジェラスによる観察は、オオシモフリエダシャクが進行中の自然選択の有効な例を提供し続けていることを示唆するものである。濃い色のオオシモフリエダシャクの割合が英国において、２００１年の12％から２００７年に２％へ減少したが、この減少は、期間中に大気汚染が改善したことによるとされている（同慶の至り！）。

適合の別の例は、おおきなアリ塚の狭い割れ目を掘り下げて、あの小さなご馳走のアリを捕える長い口を持ったアリクイに見ることができる。アリクイの口は、ただ不利益よりも利益の方が優っている限り、幾世代にも渡ってずっと伸び続けてきた。割れ目の深さには限りがあるので、口はある長さまで伸びると、アリクイは捕食動物から逃げることが遅くなる。従って、ゲノムは、不利にならずに仕事をするために必要な丁度よい口の長さを作り上げ、平衡ともいうべき点に達する。丁度よい長さの口をもつアリクイは、アリを多く食べ、繁殖し、沢山の子孫を残しながら、有用なゲノムを世代にわたって受け渡していく。ここで注目すべきことは、この自然選択の過程は、アリクイが、ただ届かないアリにありつくために懸命に努力した結果、口が長くなり、その長い口を子孫に渡していくという考えとは、極めて異なるということである。このようなことでは決してない！

上記の「特殊な生態的地位において」というキーポイントになる文節について考えてみたい。もしもある理由でアリが突然いなくなったとしたら、長い口を持ったアリクイは困ってしまうであろう。別の選択への圧力が働き始めて、アリクイが他の食料源にありつけることを可能とする別の適合性が発達する。どのような種類の適合性が発達するのかを明確にするのが、まさに生態的地位である。アリクイの長い口は、北極クマにとっては何の役にも立たない。

ヒトの集団におけるある見事な例が、いかにして地域的な適合が実際に働いているか、そしてさらには、進化が今も起こっているかを示す。毎年4億人の人がマラリアに罹患し、200〜300万人の人がこの病気で死亡している。犠牲者のほとんどは子どもである。世界でマラリアが流行している地域では、高いレベルの確かな変異遺伝子が集団の中にあり、この変異体を持つ人は、蚊から刺された後に起こるマラリア原虫による感染から助けられる。これらの変異遺伝子は、一般的には単一コピーとして存在している。つまり、変異遺伝子は、対になった染色体の一方のみに起こる。単一コピーでありながらも、遺伝子の生産物は防御を与えることができる。この良い例を、赤血球の中で酸素を運搬する役割を担っているヘモグロビン蛋白質をコードした、ある種の変異遺伝子に見ることができる。遺伝子の変異体の一つがヘモグロビンSをコードしている。それが2倍量存在すると（変異遺伝子が両方の染色体に存在する）、変異ヘモグロビンSは、赤血球がその形を変形して（形が鎌のようになる）体組織に酸素を送る毛細血管を塞いでしまう鎌状細胞貧血を起こす。約80％の鎌状細胞貧血患者は、繁殖する以前に死んでしまう。では自然選択は、なぜ集団からこの有害な遺伝子を取り除かないのであろうか。それは変異遺伝子が1倍量であるとマラリアに対する防御を助けるからであり、このことはマラリアが一般的であるアフリカの集団で多く、マラリアが希な地域で少ない。二人とも変異遺伝子を持つ者同士が子どもを持つ場合のみ、どの子どもも4回のうち1回、鎌状細胞貧血を進行させる2倍量の遺伝子を持つことになる。このような事は頻繁に起こらないことから、変異遺伝子はその集団から取り除かれることはない。

多くの人が悲しいこととしてよく知っている別の実際に起こっている進化の例は、メチシリンや他の関連した抗生物質など、全てのペニシリンに対する抵抗性をコードしている遺伝子を獲得し、「超強力細菌」として知られる、メチシリン耐性黄色ブドウ球菌（MRSA: Methicillin-resistant *Staphylococcus aureus*）である。ＭＲＳＡは１９６１年に英国で最初に発見されたが、今では病院施設に広く広がり、何百人もの入院患者が死亡している。これは、各種の抗生物質に抵抗性を獲得した多くの細菌の一つの例にしか過ぎない。抵抗性は、染色体の主要部から離れてきた円形のDNA分子であるプラスミドによって、細菌の間で広がることができ、その抵抗性遺伝子と共に一つの細菌から別の細菌へと渡されていく。抗生物質は、ある細菌の系列を殺菌するため広く使用されているので、結局いつか、何十億という細菌のうち1個が抵抗性を持つ変異遺伝子を獲得することになる。この細菌とその子孫が繁殖の競争の中で勝ち進んでいくことは驚くに当たらない（大部分の細菌は、単に無性細胞分裂によって増殖していくことは前に述べた通りである）。それと同時に、それが増殖するに従って、新しく獲得された抵抗性遺伝子がプラスミド移動によって広く受け継がれていく。これは実際に起こっている急速な――余りにも早すぎて安心できない――自然選択である。

従って、現代の生物学者が進化を見たと語る時、それは集団における遺伝子の頻度に変化を感知したことを意味する。遺伝的多様性と自然選択を結び合わせると、進化の全体のプロセスは、以下のように簡潔にまとめられる。

・遺伝子の変異
・個々における選択
・集団の進化

これが、進化の意味するところである。ある人たちは、基本的にそのように簡単な2段階プロセス（上記の最初の二つのプロセス）が、生物界のどこにでも見られる全ての創造と複雑さにどのように結びつくのか、困難を覚える。このことが如何にして起こるかについて、後でさらに例を上げて説明することにして、今しばらくは、「何かを沢山作り、それから仕事をするために最善のものを選択する」という生物学的な原理が、全ての生物、とりわけ我々の体に当てはまるということに注目していきたい。卵管を泳いでいく何百万の精子が競争に打ち勝って一個の卵子に受胎し、最終的に個人となる。哀れにも、何百万の精子は最後の競争テープを切ることができずに無駄に終わる。受胎のプロセスは、グランド・ナショナル（英国人でない読者のために――これは英国で最も人気がある競馬）[訳注7]どころではない。しかしもちろん、泳いでいく精子のゲノムを検査する方法を提供することから、これは素晴らしいシステムである。ある場合には（全ての場合ではない）、最適なゲノム以下の精子は、早く泳ぐことができないか、あるいは道端に倒れるので、このプロセスにおいては、おそらく自然選択が強く働いている。人間の工兵が余りにも運を頼りにしているように見えるかもしれないが、勝者が全てを勝ち取るシステムは、創世記1章28節で与えられた命令を人類が果たす上で、極めて有効に働いている。(69)

他の生命体の繁殖の仕方を見回すと、多く作って選択するという同様の原理が至るところで働いていることが分かる。激しい嵐の際に、プラタナスの有翼果実が森の中を飛び回って湿った落葉の地面に落ちるが、我々は、それらのうちでほんのわずかしか新しいプラタナスにならないことを知っている。たんぽぽの種が、暖かい夏の日に、白く霞んだ雲のように芝の上を漂う時も同様である。雑草がない芝の庭を保ちたいと思う者にとって（もちろん、それは成功しないのであるが）、幸いなことに、全てのたんぽぽの種が、新しいたんぽぽになるわけではない。イエス自身、同じ考えを用いて、良い収穫を得るためには、種を撒く人は、発芽させるよりも多く撒くことが必要であることを語っている（マタイによる福音書13章3節以下）。

我々の脳の発達も、豊富な生産と選択に依存している。脳は、約10の11乗個の驚くほど多くの神経細胞を有しており、全部で10の14乗以上の相互結合がある。脳を形成するために、胚発生の初期段階で、神経細胞は正しく結合しなくてはならず、このプロセスは、小児期の早い時期に活発に続く。神経細胞は、別の神経細胞に言わば偵察体を送り出して、このことを実行する。もしも結合が適切で上首尾であれば、受手側の神経細胞は、送り出す側の神経細胞に「全て良好、そのまま続けるように」というメッセージを送る。もしも結合が良い結果をもたらさないものであれば、送り出す側の神経細胞は萎んで死ぬ。信じられないかもしれないが、大人の脳に発達するまでに、造られる神経細胞よりは死んでしまう神経細胞の方が実際には多い。2個の造られた神経細胞のうち、わずか1個の神経細胞が生き延びて、もう一方の哀れな結末を語る。我々の脳の形成においては、膨大な「自然選択」が関わっているのである。このことなしには、筆者はこの項を書くことはないであろう。

別のタイプの自然選択が、我々の体で、特に細菌や寄生生物による病原体の侵入が関わった場合に起こっている。これには、我々の免疫システムのB細胞――抗体（外からの侵入者と結合してそれを破壊する蛋白質）を作るスペシャリストの白血球――が関わっている。B細胞が増殖している間、我々のゲノムの特別な領域は、抗体蛋白の異なった部分をコードしたDNAの断片について、無作為的な切断や再結合を活発に行う。このことによって、それぞれが侵入者のタイプに対応し、B細胞のたった一つのクローン（よって単クローンと呼ばれる）から作られた数百万という異なった抗体を生み出す。しかし、このような膨大な数の特定の抗体でも、我々を滅ぼそうとしているばい菌や寄生生物の軍に勝つには十分でない。そこで、「親和性成熟」として知られるさらなるステップがある。それぞれの単クローン抗体はB細胞の表面に配列する。抗体が侵入者に結合すると、B細胞が活性化されて、自己複製によってそれ自身のコピーを多く作り始める。そうすることによって、別の変異メカニズムが働いて、その表面に、この抗体の非常にわずか異なった型を生じさせる。侵入者と最も強く結合したものが、B細胞を生きさせ、活動を続けさせる。侵入者との結合があまり効果的でない抗体にくっついたB細胞は、死んで除かれる。従ってその結末は、一つの外からの特殊な侵入者に優れて効果的に結合することができる、単クローン抗体を作るB細胞のクローンということになる。このことは、DNAの中で無作為に起こされた変異の後に最適の生成物の選択が続く、我々自身の体の中で実際に起こっている正真正銘の「自然選択」である。

進化――より広い絵

多くの人は、進化は何十億年か前にバクテリアのような単細胞から始まり、それ以来生命体は複雑さと多様性を絶えず増していき、最終的に現在我々が見るような多様性のレベルに達したという印象を、どことなく持っている。これらのうち、最初の部分の仮定は正しいのであるが、残りの部分は全く不正確である。事実、進化は、全く順調な軌跡を描く物語ではなくて、長い期間に渡って新しいことは何も起こらないが、時折、独創的に新規なものが場面に突如として現れる見せ場が散りばめられた物語である。ある国における人間の歴史が順調に進むことは希で、長い平和がいろいろな種類の社会的な激変に見舞われるように、進化の歴史も、神の主権のもとに同様なパターンで特徴づけられる。

進化というレンズを通して歴史を見渡す一つの有効な方法は、46億年の地球の全部の歴史を、わずか1日に押し込んで考えてみることである。

鳥瞰図的に1日を見なして、24時間の時計が零時から始まり、現在が真夜中だとしたら、その間、創造主は何をなしたであろうか。単純な形の生命が午前2時40分までには既に出現を始め、単細胞生命体（原核生物）が、およそ午前5時20分までには繁殖しているであろう。藍色細菌（青緑色藻）が地球に広がり、広大な海の世界の色が変化し始める。同時に、1日の残りの時間に渡って様々な生物が生み出されていくための遺伝子コードが定着していった。

この早朝の出来事のあと、核を持った単細胞生命体（真核細胞）が見え始めるまでには、昼食頃まで長い間待たなければならない。さらに7時間後、つまり夕方8時15分までには、多細胞生命体（1個以上の細胞を持つ生命体）が海に出現し始める。およそ30分後に、シアノバクテリアと緑色藻が地上にも広がり、その結果、地球の色が変化する。

この後、生物学的な足取りは早くなり、忙しい夕方になる。カンブリア爆発が午後9時10分に始まり、それぞれ身体構造的に特徴がはっきりした生物の体制を有する夥しい種類の「門」がわずか3分の間に出現し、それらの門の多くは真夜中まで続いている。20分後に植物が地上に最初に出現し始め、そのあと直ぐに最も初期の地上動物が出現する。午後9時58分に、デボン紀の大量消滅が起こる。午後10時11分に、爬虫類が地上を動きまわり始めるが、30分後には古生代の終了を告げる大量消滅が起こる。午後10時50分までには初期の哺乳類と恐竜が出現し始めるが、5分後には、再び大量消滅が起こり、ジュラ紀が始まる。

午後11時15分までに始祖鳥が飛び回り、数分後には空は鳥で曇ってしまう。午後11時39分に、次の大量消滅が起こって、恐竜は消滅してしまう。

真夜中の丁度2分前に、ヒトが現れ、さらに真夜中のわずか3秒前に、身体構造上の現代人がこの場面に登場する。今日までの人間の歴史の全記録は、真夜中の5分の1秒、つまりヒトの瞬きほどの時間にしか過ぎない。この後半の生物の多様性が生じていく様子を、あまり劇的ではないが**図6**に記す。

この説明の一つの注目すべき特徴は、地球が始まって後、細胞の生活が比較的短期間の間に（地球的な意味において）動き出したということである。細胞が35億年前に存在していたという確かな証拠があり、38億年前には既に始まっていたというかなり確かな証拠がある。それはこの惑星が最初に居住可能になってから「わずか」2～5億年――実際には実に長い期間である――に起こったことになるが、細胞は極めて複雑な実体である。いかなる細胞の組織においても、「簡単」なものは何もない。最終章において、今日我々の体で使用されている遺伝子コードと全く同じものが如何にして確立したかということと合わせて、最初の生命の形が如何にして存在するようになったかについて述べる。

24時間的思考実験における別の注目すべき点は、最初の多細胞生命体の出現は、午後8時15分まで、極めて長い間待たなければならなかったということである。地球上の生命体は長い時間に渡って、極めて小さいものであった。大きくなったのは、最近の現象である。タイム・マシンで進化の過去へ旅することができたら、生物学者は大いに興奮するであろうが、普通の人にとっては、最初の25億年間は地球上の生命は直径で1ミリ（針の頭程度）

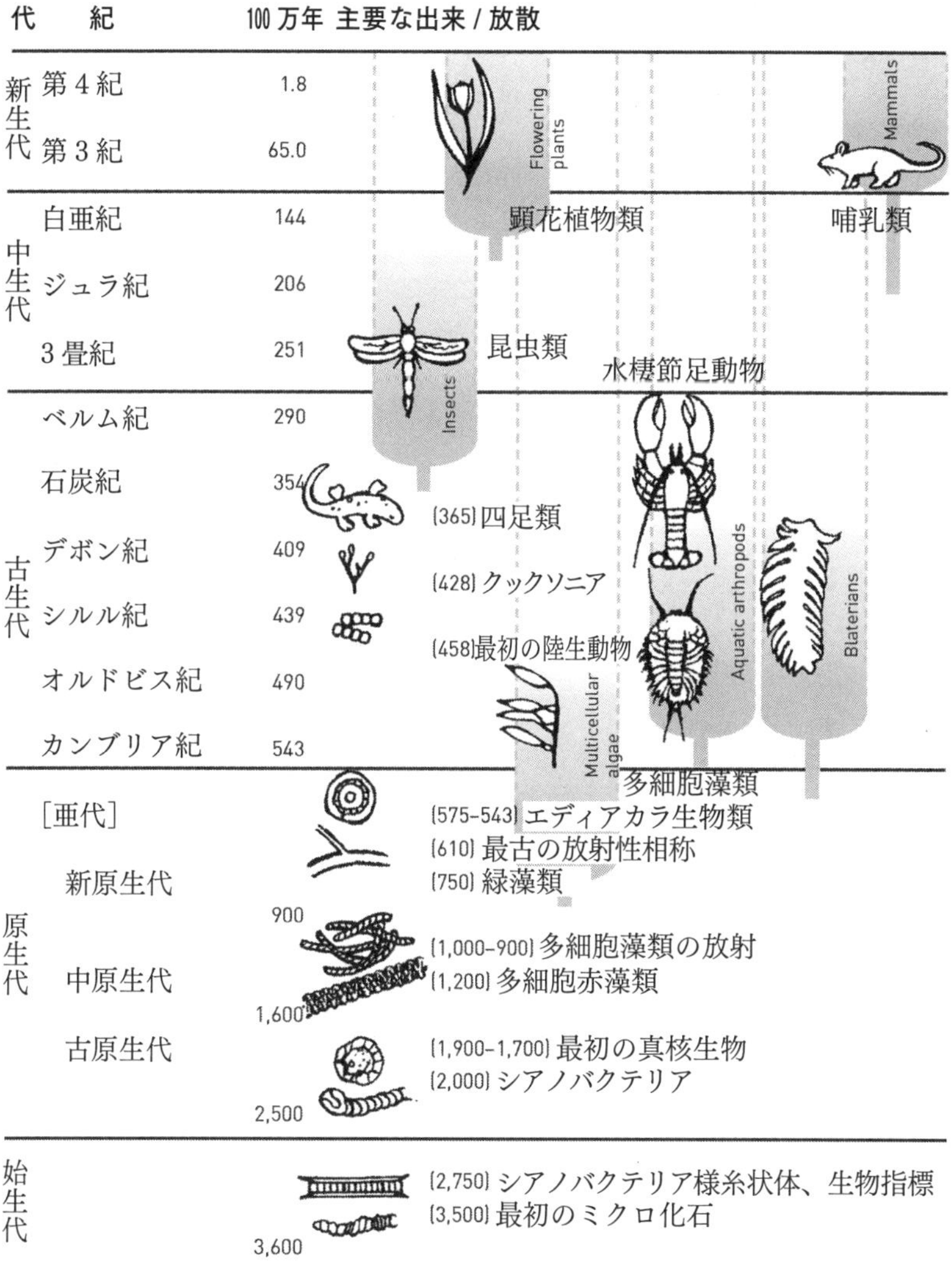

図6 主要な進化の出来事の歴史；動物のあるグループの最初の記録を、ある分類の展開（放散）と共に示す。100万年は、現在から100万年前を意味する。Macmillan Publishers Ltd の許可により、*Nature* 409, 1102–1109, 2001 より転載。

を超えて成長するものは滅多になく、とても退屈な旅になるであろう。[70] 鳥もおらず、花もなく、動物たちが歩き回ることもなく、海には魚もいないが、遺伝子レベルでは、今日我々が見ている、より大きな、そして（我々にとって）より興味のある全ての生物を後に作り出す大部分の遺伝子を生み出しながら、多くのことが進行しているのである。

多細胞生命が出現した後にようやく、センチメートルまではいかないまでも——一般的にはミリメートルのレベルではあるが——生命体は大きくなることを始めた。後にエディアカラ動物群（これらの動物の化石が最初に発見されたオーストラリアの山からこの名前がつけられた）が栄えた5.75～5.43億年前から、センチメートルのレベルへと移って行った。5.25～5.05億年前、いわゆる「カンブリア爆発」になって初めて、海綿動物や藻類が5～10センチメートルまで成長し、その時以来、動物のサイズが劇的に大きくなり始めた。カンブリア爆発は、5.25億年以降に始まった新しい動物生命体と生物体制の「爆発」を意味し、実際に今日我々にとって馴染みの深い全ての動物がこのことに由来することから、特別に興味深い。

カンブリア爆発は、進化に際して「適応放散」——新しい生命体の出現の後、多くの場合それから少し遅れて、非常に多くの新しい生物が異なった生態的地位を埋めていく現象——として知られている一つの例を提供したに過ぎない。このことは、ある環境によってもたらされた食物や他の資源を利用することに、新しい生命体が適応していく時に起こる。例えば、カンブリア紀やデボン紀における（約4.0～3.5億年前）昆虫類の出現の後、膨大な種類の昆虫が続き、白亜紀の後半（1.44億年前以降）において顕花植物が、そして第三紀の初期（6千万年前以降）に哺乳類の放散、等々が起こった。新規なものの発生は、生命体がある生態的地位において繁栄する新しい機会への道を開き、ひいては適応放散へと繋がっていく。

進化の歴史の大きな絵に焦点を当てる時、複雑性が増していく特徴が明らかになる。生物学において（他の所でも同じように）、「複雑さ」という用語は、多少掴みどころがない用語ではあるが、異なった身体部分の数とそれら部分の間の相互作用の数を含むこととして捕える。単細胞生物に比べて、多細胞をコードするために必要な蛋白質をコードした遺伝子の数は一般的に増加していくことは、既に述べた。もっとも、既に述べたように、遺伝子の数と体の複雑性との間には直線的な関係はない。とは言え、単細胞バクテリアは五千以下の遺伝子でやりくりするが、哺乳類のような多細胞生命体はおよそ2万の遺伝子が必要である。異なった生命体を構成する細胞のタイプについても、バクテリアのわずか1タイプから、キノコ類（進化的に古代キノコ）の7、ミバエの約50、そしてヒトの200以上まで、その数は増加する。

適応放散の結果は、世界の大陸や島々を旅行し、そこに住んでいる動物や植物を研究すると容易に見出すことができる。それぞれの大陸には、それぞれに明確な生物の集団がある。[71] アフリカではサイ、カバ、ライオン、ハイエナ、キリン、シマウマ、キツネザル、細い鼻と（掴むための）巻かない尻尾を持ったサル、チンパンジー、そしてゴリラが生息するが、アフリカと極めて類似した緯度に位置し、多くの同じような生物が住んでいる南米には、このような動物は一匹もおらず、代わりに、ピューマ、ジャガー、バク、ラマ、フクロネズミ、アルマジロ、そして広い鼻と巻き付く尻尾を持ったサルが生息する。かつてアフリカと南米は、その全てがゴンドワナとして知られる超大陸であったが、およそ1.5億年前に、それぞれが属する地殻プレートが分裂を始めた。古い地学の本を本棚から取り出して、アフリカと南米をハサミで切り取ると、ジグソーパズルのように、アフリカの西海岸と南米の東海岸が見事に合わさる。それは単純に昔、二つが一緒だったからである。しかし、一旦それらが自分たちの道を歩み始めると、今日我々が見るように、動物たちは別々に進化し、極めて異なった動物を生み出すようになった。

同様にオーストラリアは、異なった一連の特徴的な動物群を持つ。他の大陸で特徴的な有胎盤哺乳類——成長している子どもに胎盤で供食する[72]——に代わって、オーストラリアは、カンガルー、モグラ、アリクイ、タスマニアオオカミのように、外部にある袋の中で初期の発達が起こる有袋動物によって支配されている。

小さな島々が他の陸地から孤立し、その上、別の生態的地位を埋めるための競争がない場合には、最初にそこへやって来るわずかな種は極めて優位なことから、より劇的に異なった動植物相さえ示す。そこに備えられた資源を上手く使って、さらに多様化していく。例えば、ハワイは北米から2000マイル以上も離れており、島固有の多くの種を含む他の世界では見出すことが出来ない完全に異なった動植物相を示す。世界の1500種の既知のショウジョウバエ属のミバエのうち、およそ3分の1がハワイで見られるが、このようなことは世界のどこにもない(73)。一方、蚊やゴキブリは全くいない(ああ、何という至福!)。島に住む3750種の昆虫のうち、ほとんどが島固有のものであり、94%の顕花植物と1.1万種以上の陸生巻貝は、同様にこれらの島々で独特の進化をしたものである。これに反して、ハワイ諸島には地元の哺乳類は全くいない。恐らく彼らにとって、泳いだり、浮遊したり、あるいは漕いで渡るには、余りにも遠いから……。

全ての科学的学説と同じように、進化は、観察される事柄に対して最適な説明を探す学説である。進化論は、世界に存在する生物学的多様性について、最も道理に適っている。しかしそれは、種の中でのわずかな変化の説明にだけ関わるのであろうか。もっと大きな変化についてはどうなのか。一つの動物あるいは植物は時間の経過と共に、全く違ったものへと変化することができるのであろうか。

第5章　進化とは何か？　――種形成、化石、情報の問題

種形成

　多くの人は、進化プロセスは既に議論してきたように、種の中で起こる変化の種類の説明には十分であるが、同様のプロセスは一つの種から別の種へ発達していくことには関わっていないと思っている。この議論は、「ミクロ進化」と「マクロ進化」という用語に結び付けられる。「ミクロ進化」は、伝統的に種の中での変化を指す場合に使用され、一方、「マクロ進化」は、種のレベルを超えた変化を指す場合に使用されてきた。

　まず最初に、「種」という用語について、生物学者はどのように理解しているのか明らかにすることが重要である。種とは、互いに交配するが、他の生物とは交配しない生物の集団を指し、従って、「隔離された繁殖」と言われている。明らかにこれは生きている種に対してのみ有効な定義である。消滅種に対しては、化石記録に基づいて、形態（体の形、体制、大きさ等）の違いをみることによって定義されねばならず、死んだ種の分類は信頼性が低いというリスクを孕んでいる。

　多くの種形成メカニズムは、非常によく理解されているが、ゲノムに関する知識が増していき、ゲノムの情報が生命体に翻訳されるもっと多くの異なった方法が理解されるにつれ、まだ見つかっていない別のメカニズムが

あるように思われる。種形成の別のメカニズムは、生物学者の間で活発な議論の対象として残っているが、以下に述べる3つ事実については全く疑問がない。第1に、種形成は間違いなく起こる。第2に、一人の生物学研究者の一生の間に、野生の中で起こるのを観察できる場合がある。第3に、種形成を説明するために、ただ一つのメカニズムだけではなく、別のメカニズムがある。

種形成は異所的メカニズム、もしくは同所的メカニズムのいずれかによって起こると考えられる。前者は、生物が地形的に越えることが出来ない二つの地域（あるいはもっと多くの地域）に集団が細分化する場合に起こり（例えば大陸漂流の結果、二つの陸塊へと分ける海の形成のような場合）、一方後者は、その発端が地形的に隔離されることなく、二つの細分化された集団が隔離された繁殖をする場合に起こる。

植物においては、染色体の増加（「倍数性」として知られる）によって、急速に起こることができ、親の種と同じ場所に住んでいながらも繁殖隔離が起こることから、同所的種形成が起こる。倍数性は以下のような方法で起こる。一つの種は、時折他の植物との間で受精して雑種を形成する。通常、雑種は繁殖不能である。それは、雌の家畜ウマは雄の家畜ロバと交尾してラバ（雑種）を作ることができるが、ラバが繁殖不能であるのと全く同じである。しかし、ラバとは異なって、ある植物の雑種においては、染色体数の倍加がそれに続いて起こり新しい種が起こり得る。例えば、北米のバラモンジン属（*Tragopogon*）――その根を野菜として食べることが出来るサルシファイとして知られている――について、この研究が多くなされてきた。20世紀の最初の数十年間の間に、3種のバラモンジンが北米に導入され、ワシントン州の東部とアイダホ地域で繁殖した[74]（**図7**を参照）。これらのうち二つは、Tドビウス（*T. dubius*）とTポリフォリウス（*T. porrifolius*）として知られ（Tは*Tragopogon*の短縮である）、両者は共に6対の染色体を持つ。１９５０年までに、オウンベイ（Ownbey）という生物学者が二つのバラモンジンの新しい種を発見したが、そのうちの一つがTミラス（*T. mirus*）と名付けられたものである。その後の解析の結果、Tミラスは、12対の染色体を持ち、その一セットはTトビウスで、あと一つのセットはTポリフォリウス由来で、それぞれの親とはもはや掛け合わせができないことが明確になった。つまり、互いに受精できる植物の新しい集団（このことが新種の定義）が生まれたのである。他にもいくつか、バラモンジンの種形成についての例が北米から報告されており、また、染色体の倍加が関係したバラモンジンの種形成の同じ出来事が、過去数十年に渡って、北米の別々の出来事として何度も起っている証拠も存在する。

約50％の現存する顕花植物種は倍数性によって生じたと考えられており、このような急速な種形成は植物界においては、極めて普通である[75]。加えて、植物種苗家たちは、新しい、そして時には商品として価値がある植物を人工的に作り出すために、ずっと以前から倍数性を利用してきた。ある植物の花粉が別の種の柱頭を彩り、それによって生じた雑種の植物は、倍数性を生じるコルヒチンと呼ばれる化学物質によって処理されて新しい種を形成する。人工的な雑種で最初に作られた種はプリミュラ・キューエンシス

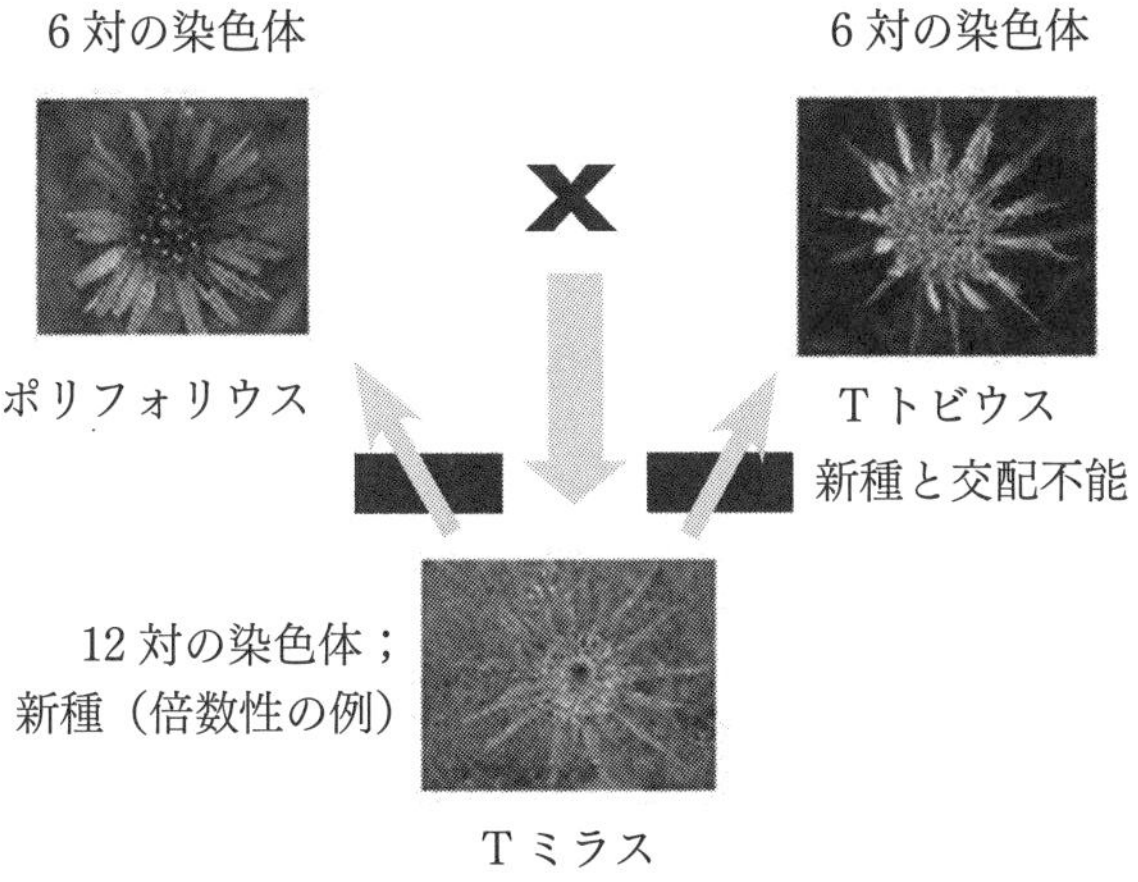

図 7　染色体倍化によるバラモンジン新種の生成；T ポリフォリウスと T トビウスの二つの親種が、20 世紀の初期に米国に導入された。新種の T ミラスが 1950 年までに発見され、最近の染色体解析から、この新種は両親由来の染色体を持っていることが示された。T ミラスは両親とは交配できないことから、新種としての重要な基準を満たしている。

(*Primula kewensis*) と呼ばれるサクラソウで、36個の染色体を持ち、それぞれが18個の染色体を持つ二つの異なった親プリミュラに由来する。この場合、染色体の倍加は自然に起こるので、実際にコルヒチンは使用されなかった。[76] 最近の種形成についてその成果を見ようと思えば、窓の外を見るだけでよい。庭にある植物の3分の1以上は、最近行われた人工的な雑種形成によるものである。

自然界における種形成の最速記録は、現在のところハウチワマメ（偶然にも筆者が好きな花の一つ）である。400～200万年前に南米のアンデス山脈が現在の高さに押し上げられた頃、植物や動物に新しい生息環境が与えられた。そのような地質学な出来事は、既に述べたハワイのような島々で起こったものと同じ放散と種形成の機会をもたらす。山々が隆起するにつれ（南米プレートの下にあるナスカ地殻プレートが動いた結果）、多くの低地に適応して住んでいた生物は繁殖することが出来なくなり、高地に適応でき、生じた生態的空間を埋めるため、新しいより強い種への道が開かれたのである。アンデスには約4.5万の植物種があり、北アンデス台地の高所で見られる60％にも上る植物は、ここだけで見られる固有種である（つまり、そこでだけ見られて、他では見られない）。植物学の現地調査とＤＮＡ配列の研究によって、最初のハウチワマメは、150万年前にアンデスにやってきて、その時以来、原種から81の種に進化したことが判明している。[77] このことは、平均すると、1.9万年ごとに1個の新しい種が起こったことになり、これは最も早い種形成で、後で述べるアフリカの湖に住むシクリッド魚に匹敵する。

動物における倍数化は、植物に比べてかなり少ない。しかし、オスによる受精なしで胚が成長する単為生殖のメスによる種の起源で説明されているように、それほど起こり得ないことではない。それらの種は、例えば、ある種のエビ、蛾、カメ、魚、サンショウウオ等である。

過去5千年にわたる7種の蚊（ガンビエ・ハマダラカ：*Anopheles gambiae*）の出現も、染色体変化によるものである。[78] これらはアフリカでマラリア原虫を運ぶ致命的な蚊であることから、活発な研究が続けられている。これらの新種は、人間の農業によって変化を受けた環境でのみ繁殖することから特別の興味が持たれており、これらの歴史は、アフリカでの人間の歴史と極めて密接に絡み合っている。アフリカでの活発な農業は、僅か約3千年前から起こり、マラリア原虫のより毒性のある菌株の出現と関係しており、さらに、その運び手であるハマダラカの急速な種形成とも関係している。この期間における7種のハマダラカの進化は、遺伝子的には倍数化ではなく、繁殖隔離を促進させてきた染色体の種々の反転によって特徴づけられる。繁殖に影響を与える遺伝子に影響を及ぼす反転が一旦起こると、蚊は同じ遺伝子反転をした蚊としか交配しないという傾向を持ち、このことは、それ自体の種に分裂した別の繁殖コロニーが確立するまで続く。

時折筆者は講義の中で、雄と雌の動物が新しい種を示す個体を産む時（質問者はそのように仮定しているのであるが）、有性生殖の動物で種形成はどのようにして起こるのか質問を受けることがあるが、恐らく、植物において種形成が極めて突然に起こり得るし、（いくぶん特別な）動物においてはそれよりも低い頻度で起こり得るからであろう。世界でたった一つしか（おそらく）いないのに、この新しい個体と誰が交配するのだろうか。生憎、この質問の背後にある仮定は全くのところ間違っている。

有性生殖を行う動物の間でずば抜けて一般的な種形成は、動物の集団がある種の障壁によって隔てられる、漸進的または突然に起こる繁殖隔離――主に異所性――によって起こると考えられている。雑繁殖したそれぞれの集団は、その後、最終的に、もしも元の鞘に戻ったら、集団はそれをよしとしないか、あるいは一緒に繁殖できなくなるまで、遺伝子変異の独自のセットを徐々に蓄積していく。言い換えれば、二つの新しい種は、長い過程を通して出現する。二つの種の間で特異的な違いを見出すまでには、何百世代も待たなければならないかもしれず、そしてさらには訓練された動物学者としての目が必要かもしれない。また「障壁」という用語は、大きさ、敏捷性等に応じて非常に異なるものであることを意味する。カタツムリにとっての障壁は、虎の障壁とは同じではない。大きな湖の一方の端に住む魚にとって、他の端までに広がる全ての水は、非常に大きな障壁を意味するかもしれない。アフリカと南米に分かれた大陸に住んでいた陸生動物にとって、両大陸の間に横たわる大海は、動物の大きさや形と関係なく繁殖に対して巨大な障壁を意味する。

しかしこの議論において重要なことは、親動物が新しい種を代表する子孫を突然生みだすことについて、疑問の余地がないとしている点である。進化について3つの要約を先に挙げたように、第3番目で強調されたことは、進化するのは集団だという事実である。雑繁殖の集団においては、様々な種類の遺伝子が蓄積していくにつれ――それらのあるものは長い足、厚い毛皮、大きな尾等々の有益な適応を生じる――、その集団は、新しい集団となるまで、親の集団とは次第に異なるものになっていく。

しかし、たとえ有性生殖における種形成が直ぐに起こらないとしても、動物の種形成は極めて早く起こり得る。急速な種形成の良い例は、ビクトリア湖やマラウイ湖のようなアフリカの大きな湖に生息するシクリッド魚に見ることができる。驚くべきことに、これらの湖に生息するシクリッドは、世界の淡水魚の種の10％以上を占めており、ある湖に生息するシクリッドの種は、別の湖に生息するシクリッドとは明確に異なる。これらの湖には、2000以上のシクリッド種が生息している。[79] ビクトリア湖とその周辺の湖や川だけでも、約600種のシクリッドが生息しており、それら全ては、恐らく10万年前に住んでいた一つの種から進化してきたものと最初は考えられていた。[80] しかしながら、最近の遺伝学と地質学の研究は、もっと複雑な様相を描き出したのである。地質学的な証拠によれば、ビクトリア湖は1.8～1.5万年前に部分的に干し上がり、それは魚の数の「ボトルネック」を引き起こして、ある種はキブ湖のような周辺の湖で生き延び、それが再び満たされた後に再び住み着き、[81] さらには、ビクトリア湖のシクリッドの最新の共通祖先は約400万年前に遡ることが示された。正確な順序とは関わりなく、ビクトリア湖に最近まで見出されていた多くの数のシクリッドは、種形成が急速に起こることの際立った例である。異なった種は異なった形態（体の構造や外形）を示すが、そのことは摂食習慣と結びついた。どの主要な食料資源も、実質的にいくつかの僅かな種によって独占されてしまう。ある種のシクリッドは昆虫を、別の種は甲殻類を、また別の種は植物を、そして別の種は軟体動物を……。それぞれの新しい種は、それ自身の生態的地位を見つけてきた。

実際、ウェルコメイ（*Haplochromis welcommei*）という一つの種は、別の魚の尾を剥ぎ取ったウロコを餌にするという不思議な習慣を持っている。丁度4千年前にナブガボ湖という小さな新しい湖が、狭い砂州によってビクトリア湖から別れたが、この湖は既に7種の異なったシクリッドが生息しており、そのうち5種はビクトリア湖では見られないものである。このことは、この4千年の間に進化した可能性が非常に高い。ナブガボ湖とビクトリア湖の種の間で最も異なるのは、オスの色である。このように、二つの湖におけるシクリッドは、良い環境が与えられると、種形成が急速に（地質学的な時間において）、そして豊富に起こり得ることを示す生々しい例を提供している。

屋外研究において別の目を引く種形成の例は、いわゆる「輪状種」によって提供される。ヨーロッパの野鳥観察家は、白い頭と灰色の背を持つセグロカモメと、もっと濃い色のニシセグロカモメを見ることができる。これらは明確に別種で、雑繁殖をしない。ところで、北米ではセグロカモメしか見られないが、北米から西にシベリアへ向かって旅を続けていくにつれて、セグロカモメの色は変化し、シベリアの中央部までいくと濃くなって、ニシセグロカモメとして分類することができる。このように、カモメは北半球を回る古典的な「輪状種」を形成しており、それぞれの種が融合して、異なった種のスペクトルの中央に雑繁殖の集団を形成し、一方、その端において、明確な種に進化している。

この過程を想定する一つの方法は、西へ進むに連れて次第に変化する東にいる雑繁殖の集団と共に大陸を東から西へ横切る一本の直線を描き、次に、この線を曲げて円を作ってみる。もしも、繋がり合っているにもかかわらず、西の集団が東の集団と交配しないなら、それは輪状種である。カモメの例において、2つの種（セグロカモメとニシセグロカモメ）が雑繁殖をすることなく混じり合って出会ったのは北ヨーロッパである。これは、我々が実際に目にするところの種形成である。

上記のカモメのように、必ずしもきれいな輪になることは実際にはないが、このような類の輪状種形成の例は他にも多く見ることができる。鳥類は長い距離を移動することができるので、有用な輪状種形成の例を提供する。異なった鳥の歌声——ずばり言って調子はずれでセクシーでない——でさえ生殖隔離された集団を生みだす。中央アジアにおいて、木がないシベリア台地に円状に分布する、小さな緑色の昆虫を捕食するヤナギムシクイ(*Phylloscopus trochiloides*)という名前で楽しませてくれるウグイスがいる。この種は、南方——おそらくインド——から移動してきて、さらに台地の東と西の周りを移動する。最後に集団はシベリアの中央で再び出会うが、その間に異なった歌声を進化させることから、もはや東の集団と西の集団は雑繁殖をしない。[82] こうして、ラドヤード・キプリング(Rudyard Kipling)の有名な一節「ああ、東は東、西は西。二つは決して出会うことはないであろう」の新しい捻れが生じるのである。[83]

動物も同様に輪状に種形成をする。カリフォルニアで見られるオオサンショウウオ(*Ensatina*)がその好例である。南カルフォルニアには、強い斑点を持つ*E. klauberi*と、もっと明るく均一な斑点と明るい目をした猛毒のイモリ擬態の*E. eschscholtzii*の2種がいる。これらの集団は、ある地域において共存しているが、雑繁殖をしない別種である。この場合、輪の「中央」は、原種の単一オオサンショウウオが住むサンホアキン谷の北端にある。オオサンショウウオは南にいくにつれ、谷の両側に沿って二つのグループに別れていき、一方はシェラネバダで斑点の色を濃く進化させ、他方は沿岸に沿って、次第に明るい斑点になっていく。これら二つのグループの分離は絶対的なものではなく、この地域において、雑繁殖はある程度起こって雑種ができてはいるが、これらの雑種は、捕食動物とうまく行かず、またパートナーを見つけることが苦手なことから、繁殖が困難である。これら二つの要因によって、雑繁殖をするにもかかわらず、2つの種は融合することはない。

南カリフォルニアに到達する頃までに、オオサンショウウオの2種は、この分離によって十分に異なった二つの集団へと進化し、繁殖的に隔離される。ある地域では、二つの集団は共存して「輪」を閉じるが、雑繁殖することはない。このようにして明確な二つの種へ進化したのである。[84] 20年以上にも渡ってオオサンショウウオを研究している生物学者のデイビット・ウェイク（David Wake）は、「全ての中間段階は、普通は見られないが、ここでは保存されており、本当に素晴らしい」と述べている。

種々の種形成メカニズムは、終わることがないように見える。寄生蜂の場合には、腸の中にいるばい菌さえも関係している。[85] もしも宿主―細菌の関係が特に有益なら、他の繁殖適合は相当に低くても、別々の集団が起こって、結局は種形成を起こすことができる。

これまで見てきたように、科学的な見地から、そしてゲノムについての理解が深まっていくことから、種形成はことさら特別なことではなく、ミクロ進化とマクロ進化の区別もあまり有用でなくなり始めているようである。実際のところ、異なった種の間よりも、同じ種の間での形態の違いが大きい例は多く見られる。例えば、交配をコントロールすることによって風変わりなものから素晴らしいものまで、あらゆる種類の飼い犬が存在しており（シェパードからチワワまで）、あまり実行されてはいないが、それらは全て原理的に雑繁殖が可能である。350から1000種類のイヌがいると推定されており、世界で4億匹いるとされているイヌのうち――その大部分はペットであるが――6.5千万匹は米国にいるとされている。[86] イヌはオオカミから進化したが、考古学的な証拠によると、その家畜化は1.4万年前に起こった。広い範囲のイヌの種類に関する遺伝子配列の比較から、それぞれは、およそ1000個のヌクレオチド塩基当たり1個の違いがあり、これはヒトの個々人の間での違いに匹敵する。それにもかかわらず、イヌにおける大きさ、形、行動の違いは、ヒト集団のそれよりも大きい。アイリッシュ・オルフハンドは、チワワよりも50倍も大きい。犬の身長と体重の約80％の違いは、犬のゲノムの単に7領域の違いによって説明される。このように、外形が大きく異なる生命体でも、同じ種に属し、非常に似たゲノムを持つことができる。

これと対照的なのが、エレガンス線虫（*C. elegans*）とブリグサ線虫（*C. briggsae*）という名の二つの種である。エレガンス線虫は、毎日何かをしているという理由からではなく、そのゲノム配列が最初に決定された栄誉により（1998年）、敬意をもって取り扱われるべきである。訓練された線虫学者でも、これらの線虫を見分けることは非常に困難である。事実、この二つはほとんど同じに見えるばかりでなく、非常に似通った生態と発達過程を持っている。驚くべきことに、ブリグサ線虫とエレガンス線虫のゲノムは、ゲノム当たり、蛋白質をコードしたおよそ2万個の遺伝子のうち、800個に大きな違いがあるそれぞれ独自の遺伝子を持っている。[87] 実際これらは、1.1～0.8億年前には、同じ先祖を持っていたようであるが、このことは、種々の飼い犬が生まれるのに1.4万年しかかからなかったことと、著しい対照を示す。従って、「マクロ進化」という用語は、外形と行動が事実上同一でありながらも実際は異なった二つの別種である線虫のゲノムを意味するのか、あるいは、同じ種でありながら、二種の線虫よりももっと似通ったゲノムを持っている、別の血統の間にある大きな違いを指すのであろうか。

この疑問に対する答えは、この地球には、以前考えられていたよりももっと多くの「隠蔽種」があることが解ったことから、さらに困難になる。隠蔽種とは、同じ外見を持ちながらも、遺伝的には極めてはっきりと異なる動物を指し、全ての種の30％にも上る動物がこの隠蔽種と判別されるであろうことが示唆されている。[88] 隠蔽種には、アフリカゾウも含まれており、２００１年には、アフリカゾウが、アフリカ草原ゾウとアフリカ森林ゾウの２種の雑繁殖をしない種からなることが判った。セセリチョウは、以前は単一種と考えられていたが、現在は10種からなることが判っている。現代遺伝学は、種についての景観を変えつつある。

このように、別のタイプの変異と比べるとき、生物学的にこのように明確な別の種になることは特別なことではない。もちろん、種形成についての種々のメカニズムは、生物学における活発で魅力的な研究領域で有り続け、また種についての概念自体は、生物学において重要である。しかし、「不適切」な歌が新しい種への道筋に繋がるとしたら、そしてその一方では、800個もの異なった遺伝子でも、やがて隣の線虫と非常に異なって見えるために必ずしも十分でないとしたら、伝統的なマクロ進化とミクロ進化の区別は、必ずしも非常に有用とは言えないであろう。

種の驚異的多様性

我々の多くは自分の周囲では、限られた数の動植物しか見ることはできない。ＴＶの自然番組からでも、あと数百が加えられる程度であり、このことから、地球上における種の数はそんなに多くはなく、おそらく何万か何十万で、100万まではいかないと思う向きが多いのではないだろか。しかし実際には、確実に数百万のオーダーである。

地球上における正確な種の実際の数は、誰も知らない。既に分類されているものだけでもおよそ150万である[89]（原核生物、細菌のような単細胞生物を除く）。２０１３年のライフ・インデックスのカタログによれば、哺乳類で4835種、鳥類で約１万種、魚類で約3.2万種、顕花植物で25万種、菌類で4.6万種が既に記載されている[90]。それでもこれらの数は、現在までに名前が付けられている昆虫類の86万種――その内20万種は甲虫類――と比べれば霞んでしまう。陸生及び水生の両方の種のうち、85～90％はまだ名前がなく分類もされていない[91]。従って、最終的には、地球上の種の数は、200万どころか、もしも隠蔽種がある種の人たちが考えているように多いとすれば、１千万ぐらいに達するであろう。創世記２章19～20節において、アダムはあらゆる動物に名前を付けるよう神に命令されたが、我々が神の命令を最終的に果たすには、まだ遥かに遠い。

未だ分類されていない種に比べて少ない数ではあるが、それでも毎年約1.7～2.0万種が新しく分類されており[92]、新しい情報学とゲノム学の方法によって、種の発見と分類の全プロセスは加速されてきている。「生命、生命の樹木、海洋種の世界登録の百科事典（*Encyclopedia of Life, Tree of Life and World Register of Marine Species*）」のようないくつかのオンラインのカタログプロジェクトが、コンピュータの力を借りて、全ての地球上の生命に関する最新のカタログを提供している。バーコード・オブ・ライフ・イニシアチブ（Consortium for the Barcode of Life）は、生物種の同定のための世界基準として、ＤＮＡのバーコード化を開発するための国際的な組織で、２０１３年時点で、約20万種がバーコード化されている[93]。ＤＮＡのバーコード化は、種レベルで同定する分子診断として、ゲノムにおいて、標準化され合意された位置からの短いＤＮＡ配列を使用する新しい手法である。ＤＮＡバーコード配列は、全ゲノムに比べれば非常に短く、かなり速くまた安価に得ることができる。これらのプロジェクトは、他のいろいろなものと相まって、種同定の速度を今後格段に早めていくことと思われる。

我々は、新しい種が絶えず現れる動的な世界に住んでいるが、悲しいことに種の消滅速度は、出現速度を上回っている。ヒトが出現する前の標準消滅速度は、年間100万種当たり0.1～1種であったが、現在はそれの100～1000倍程度になっているようで、それは主に自然の生息環境が失われていることによる。

種の消滅

生命体の多様性の主要な発展に関する限り、進化の歴史には起伏がある事実をこれまで強調してきた。地球の歴史において、比較的頻繁に起こった（地質時間において）大量消滅は、種の多様性の新しい引き金の重要な役割を担ってきた。**図８**は、過去５億年に海洋生物において起こった大量消滅のピークを示したものである。地球上にいた全ての種の99％以上は、現在消滅している。このことは、これから述べる化石の記録で知ることができる。例えば、現在地球上に１千万種が住んでいるとするなら（議論上）、少なくとも10億の異なった種が過去のある時に生きていたことを意味する。

現在から遡ると、最初の主要な消滅は、恐竜の消滅へ繋がったと考えられているあの有名な出来事である。この大量消滅は、6.5千万年前の白亜紀と第３紀の境界――いわゆるＫ／Ｔ境界[94]――で起り、約60～75％の種が消滅した。この消滅の原因は正確には分っていないが、メキシコ湾のユカタン沿岸の堆積地帯の下に、直径約1800㎞、深さ約500㎞の巨大なクレーターを残した恐らくは直径が15㎞にも及ぶ巨大な小惑星が地球に衝突したことによるという説が最も有力である。[95] この衝突は、100～1000テラトンのＴＮＴが生じるエネルギーを生み出したと推定されており、クラカトア火山の少なくとも50万回の噴火に相当する。[96] このクレーター（チクシュルーブ・クレーター）と

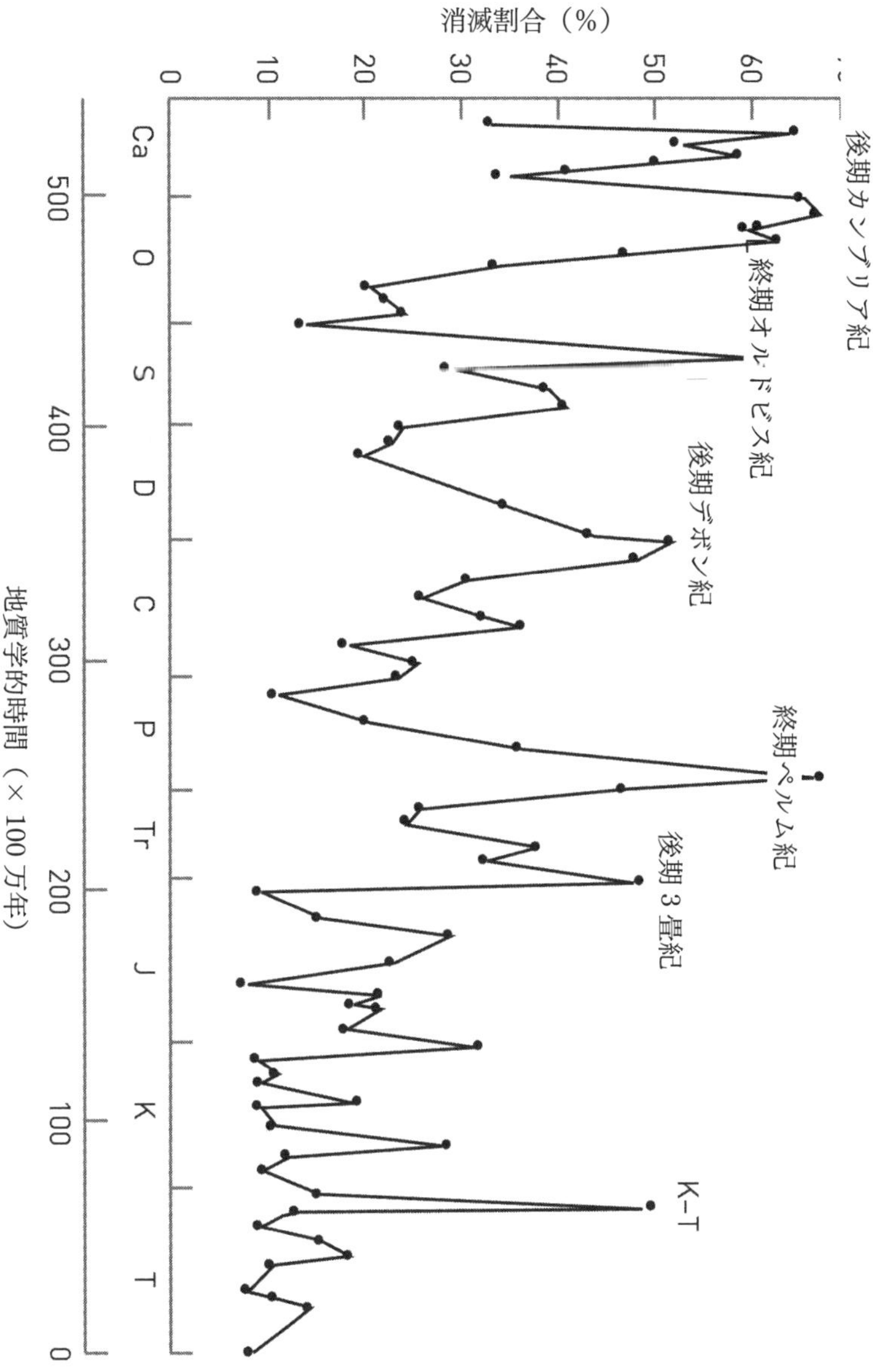

図 8　過去 5.5 億年にわたる大量絶滅のピーク：
M. Ridley, *Evolution*, Oxford: Blackwell 3rd edn, 2004, p. 649.]

して知られている）が発見される以前にも、小惑星の衝突を示唆する主要な発見が既にあり、高濃度のイリジウムのような希土類元素が、世界の100箇所以上で、K／T境界に特徴的な粘土層に見出されている。このような元素は、濃縮された状態では地球上にはなく、宇宙飛行体の中に見られるものであり、その時期の岩石から時間を決定する紛れもない「署名」は、小惑星衝突モデルと確かに一致している。強烈な衝突に晒された岩石に特徴的な別の地質学的な試料――例えば衝撃石英――も、チクシュルーブ・クレーターや別の箇所で見出されている。

1883年にクラカトア火山が爆発した際に、18㎦の塵と灰が大気に放出された。風によって運ばれた塵によって地球全体が覆われ、太陽の光が遮られた。しかし、この爆発もメキシコ湾に落ちた大きな小惑星の影響に比べれば、取るに足りないであろう。太陽が隠れた結果、極地の冬がもたらされ、最初のカタストロフィを生き延びた多くの種はその後、飢餓によって消滅した。

恐竜は1.45億～6500万年前の白亜紀に栄えたが、K／T境界の時代に他の何千の種と共に消滅した。地球がそのショックから回復し、気候も回復していくに連れて適応拡散のための新しい機会が生じた。大量消滅の後の状況は、アンデスが新しく隆起した時、あるいは創始者である種が最初に入植したハワイと比較できる。生態的地位は空であるか、あるいは疎であり、食料に対する競争は通常の時と比べて激しくはない。以前に居た捕食動物はもはや居ない。

白亜紀が終わる以前に地上を支配していた恐竜の消滅は、哺乳類の進化に決定的な役割を果たし、そして、K／T境界まではトガリネズミ様の小さな哺乳類が走り回っていたが、彼らは恐竜の餌であり、生存競争が余りにも激し過ぎたので、それ以上繁殖しあるいは多様化することはなかったことが指摘されている。しかし、小惑星のカタストロフィを生き延び、恐竜も死滅してしまうと、それらは、今日知られている夥しい数の哺乳類の種へと進化していった。

このような指摘は、いくらかの支持を受けているが、哺乳類の起源についての疑問に関して言えば、結論は未決のままであり、生物学者の間で盛んに議論されている。[97] モンゴルにおける7500〜7100万年前の良好に保存された化石を含めて、多くの白亜紀の哺乳類化石が、現在でもまだ多く発見され続けている。[98] 一方、大掛かりな研究によって、86の現存哺乳種と12の化石種の約4500の特徴について表現型が決定され、恐らくK／T境界の後、間もなくして起こった爆発的な拡大が、哺乳類の多様化に繋がったと考えるのがよいと結論づけた。[99] この件の最終的な決着がどのようになろうとも、K／T境界の大量消滅が、哺乳類ばかりではなく、世界中で他の多くの種の適応放散の新しい機会を与えたことは明らかである。

K／T境界の消滅よりももっと大きな消滅が、2.51億年前のペルム紀に起こった。それは並外れて大規模で、実に80〜96％に上る種が消滅したのである。消滅は数万年にも渡ったが、地質学的な基準に照らすと突然であり、消滅の原因について、火山や小惑星から温暖化や大気圏における酸素量の変化まで、いくつかの興味深い推測を生んだ。[100] イエール大学のロバート・バーナー（Robert Berner）は、現在21％ある酸素濃度は、3億年前の石炭紀には30％以上にも増加したが、大量消滅の直前のペルム紀の後半には僅か13％にまで低下したとする学説を最初に提出し、それは現在広く認められている。高濃度の酸素レベルに適応していた動物、植物、水生生物は、酸素濃度の低下に打ち勝つことが出来ず、急激に消滅していったと考えられる。正確な原因は何であれ、三葉虫やその他の主要な動物群、そして多くの植物が拭い去られた。昆虫類も激減したが、それは昆虫類の種の数が落ち込んだ唯一の期間である（筆者は、もしも核戦争が起こったとしたら、恐らく地球上に最後に生き残るのは、3億年に遡る化石記録を持つゴキブリであろうといつも考えている）。

ペルム紀の大量消滅は、今日見られる生命体の多様化を生みだす主要な影響をもたらしたと考えられる。リストロサウルスという名の哺乳類様の爬虫類は、陸上においてカタストロフィを生き延びた数少ない動物の一つであるが、紛れもない日和見主義者で、直ぐに多くの空白になった生態的地位を埋めることに成功し、世界中の至る所で群を抜いて栄えた。他の種は、生物多様性へ向けて適応拡散を再度行うことになった。

カタストロフィは、進化の壺を激しくかき混ぜることを意味する。それは、新規な生命体の増殖への新しい機会を開く。全ての種の内、90％の消失は確かに激変に見えるが、この破滅から、ひいてはさらに偉大な多様性が現れる。カタストロフィは、種の進化の歴史において、豊かなゴブラン織物の一部である。

遺伝子化石

化石と呼ぶとき、それは死んで埋められており、もはや役に立たないという意味に取られがちである。しかし筆者は、「遺伝子化石」という用語を、進化が、信じられないほど「スコットランド的」だという事実を指して用いている（筆者がこう言うのは、アレクサンダーという名前から分かるように、筆者の多くの遺伝子がスコットランド由来だからである）。言い換えれば、何か有用なものを見出したなら、それは将来の世代に注意深く保存すべきである。「倹《つま》しいスコット人（canny Scot）」は、無駄なく物事を利用する方法を知っている。今日我々は、使い捨て文化の中で生活しているが、筆者の母が、同じ靴下の綻びを、その進化歴史の独特の痕跡を生みだすまで、何度も繰り返し繕ってくれたことをよく覚えている。

ゲノムは倹しいスコット人のようなものである。もしも上手くいく遺伝子を見つけたら、失うまいとする。直ぐには使用できなくても、後のために取っておく。あるいはゲノムをガレージに例えることができる。車を入れる代わりに、いつか使えるかも知れないと、ガラクタをしまい込む（正直に言えば、男はそういうものだ）。そして、確かに役に立つ。

生物学者から見た進化について最も大事なことは、他の学説では説明できない全ての多くのことが、非常によく説明できるということである。それは、共通の祖先が関与する進化のプロセスによってよく説明することができる生命体のゲノムが、ガレージに似た構成を持つことによる。進化の時間を深く遡っていくと判明するのであるが、最近進化してきた生物の全てのゲノムには、昔の遺伝子が散りばめられ、それは現在も使用されている。ところが一方では、もはや使用されていない遺伝子の遺跡や、さらには機能しないＤＮＡ、例えば、細胞が分裂する度にＤＮＡの中で単純に複製し、進化歴史の消去できない署名を提供するレトロウィルス由来のＤＮＡのようなものに溢れている。

これまでに生きた全ての種に関して、上の方の枝に哺乳類や顕花植物を持ち、下の方の枝にバクテリアや酵母のような単細胞生物を持つ樹木をイメージすると、直ちに３つのことに気がつく。まず最初に、多くのものが消滅したという単純な理由から、今日生きている種は、これまで生きてきた全ての種の一様な代表ではないということである。しかしそれにもかかわらず、生命の起源へと近づいて遡っていくのに十分な種が存在しており、それらのゲノム配列を決定してゲノム学に基づく「樹木」を作り上げることが可能になる。[101] 二番目に、樹木の根は、生命と最初の細胞が出現した時に存在していたはずの生物を示す。これらの内で、痕跡を留めないものもあるが、この問題と、生命の起源に関するもっと広い問題については、最終章で取り上げることにする。三番目に、これら全ての生物のゲノムは結びついているということに気づく。もしも、樹木モデルが正しいなら、上の方で哺乳類や植物の小枝を見ながら、長い年月の故に靴下のように繕っているにも拘らず、木の母体において単細胞生物からの多くの遺伝子が見いだせるはずであり、事実そうである。と同時に、下の方では見られない新しい遺伝子が上の方で見いだせるはずであり、またそのことも事実、その通りである。これらの全てに加えて、レトロウィルスや他の寄生的な非機能性ＤＮＡの小枝が、樹木のいろいろと異なる高さで現れ始めると、下方へは行かないが、より高い枝への「上昇流」が起こるはずであり、事実その通りである。この後半部分は大変重要であり、我々自身の進化歴史の問題に突き当たった時に、別途述べることにする。

樹木全体は、同じ遺伝子コードを持つことによって結ばれていることが分かる。アミノ酸のコードが３個のヌクレオチド・コドンからなっていることは、幾つかの小さな変異を除いて、全ての生物に渡って普遍である。全ての独立した生物は、それ自身をコードするためにＤＮＡを用いる。樹木全体は同じ暗号システムを共有することによって結ばれている。遺伝子工学によって、ヒト遺伝子を取り出してバクテリアの中に挿入することができると、そのバクテリアはヒト遺伝子を喜んで「読み取り」、ヒトの蛋白質を作るようになるであろう。それはパソコンからファイルを取り出して、マックで動かすようなものである。同様に、ヒト遺伝子を取り出して、その遺伝子がマウスで発現するように遺伝子的に操作できれば、多くの場合マウスの遺伝子として同じ働きをするようになるであろう。

一旦確立された暗号システムを変えたくないのは、いかなる変更も致命的になり得るからである。遺伝子コードは、今筆者が叩いているラップトップのキーボードが、クワーティ（QWERTY）になっているようなものである。[訳注8]初期のタイピストは別のキーボードを使用していたが、旧い形式のタイプライターでは余りにも早く打ちすぎるので、幾つかのキーが動かなくなってしまった。この問題を解決する過程で、キー列をクワーティにしたことが、今日まで続いてタイプライターの進化歴史を作ってきたのであって、これを自分勝手に変えてはならない。

全ての細胞は、分割したり、壊れたＤＮＡを修理したり、食物を小さくしてエネルギーとして使用したり、外部からの攻撃に備えるなど、ある種の「家事」をする必要がある。遺伝子がこのように一旦進化すると、その多くは、何十億年という進化歴史の中で、多少の違いはあったとしても同じ仕事をする。もし遺伝子が上手く働いているなら、なぜ変えなければならないのか。多くのそのような例がある。例えば珊瑚のアクロポラは（珊瑚と呼ばれる物質は小さなアネモネ様の動物によって作られる）、5.4億年前の先カンブリア紀に栄えた。この古代生命体の1300の遺伝子配列のサンプルから、その内90％を下らない遺伝子がヒトの遺伝子に存在していることが分かった。このことは、脊椎動物に固有と考えられていた多くの遺伝子が、実際には、もっと古い起源を持っていることを示唆するものである。[102]

パンを家で焼くことが好きな人は皆、酵母を知っていると思うが、それは真核生物の菌界に属する単細胞生物で（植物や動物でもない）、非常に小さく、１グラムの酵母は２０、０００、０００、０００個、つまり200億個の生きた細胞を含む。酵母は他の多くの菌類と共に明確な種として先カンブリア紀に出現した。酵母はＤＮＡが収納された核を持っており(バクテリアとは異なる)、我々のような多細胞生物に見られる細胞と同じように分裂する。ポール・ナース（Paul Nurse）は、このことを見出してノーベル賞を受賞した。癌は、分裂を止めることが出来ない細胞によって引き起こされる。ナースはモデルとして酵母を用い、正常な細胞がいかにして分裂するかを研究する危険な仕事を専門とすることに踏み出した。当時（１９８０年代）、多くの人は、酵母の細胞は動物と非常に異なっており、どこが悪くて癌になるか、何も分かることはないだろうと考えていた。しかし、実際はそれと反対であった。ナースは、他の科学者と共に、キナーゼという重要な酵素群が、細胞分裂の全ての段階をいかに制御しているかを発見したのである。これは癌を知る上で決定的に重要な洞察であった。遺伝子がコードする蛋白質のこの基本「工具セット」が、我々を含めて世界の全ての真核細胞で、細胞分裂を制御していることが判明したのである。ナースはノーベル賞を得ると共に、王立協会の会長になった。正しい疑問を選択することは、多くの場合、科学者にとって最も大きな挑戦である。

　進化時間において、酵母よりもさらに古いのは、およそ9億年前に別の種として出現した単細胞の襟鞭毛虫である。約150の種がいるが、むち状の鞭毛を持っていてそれを用いて自由に泳ぎ回り、食物を引き寄せる。襟鞭毛虫は、多細胞生物の先祖がどのようであったかを知る代表と考えられる。従って、研究者たちが、上述とは別のキナーゼをコードしているMBRTK1と名付けられた襟鞭毛虫からの遺伝子を同定した際の喜びは格別であった。それは、我々を含む多細胞生物のゲノムに広く分布する、最初の「従兄妹」キナーゼであった。[103] 現在の我々の観点から見ると退屈に見える、このような何百万年にも及ぶ進化歴史の初期において、実際には、今日の全ての生物の細胞機械を動かすための、基本工具セットを整えるための働きが活発になされていたのである。

　ガレージにガラクタを貯め込むことは、それが使用されない場合にはマイナスであり、ついには、「虫が食ったり、錆び付いたり」して、[訳注9]捨てることになる。しかしゲノムは、もはや役に立たなくなった古い遺伝子を捨てることをひどく嫌悪している。例えば、我々のゲノムは、どこから来たのかはっきりしている機能性遺伝子に極めて似た一連のDNA――「偽遺伝子」――を持っている。この偽遺伝子は、実験室で確かめられているが、蛋白質を作ることができなくなるように多くの変異がなされたものである。我々自身のゲノムの中には、1.4万個以上の偽遺伝子が同定されている。(104) この分野のもっと興味あるいくつかの例ついて、次節、そして9章においてさらに述べる。

新しい遺伝子情報はどこから来るか？

進化がいかに働くかを考える生物学者以外の者、特に生物的なシステムに見られるものとは非常に異なった情報の保存や処理装置を研究する数学者や、技術者、コンピュータ科学者は、これらの情報がどこから来るのか、しばしば不思議に思う。「情報」はその文脈に応じて多くの異なった意味を持つ。問題は、一つの文脈での意味を別の文脈へそのまま移そうとした時に発生する。

明らかに、DNAに見られる遺伝子には有用な情報が含まれているが、このことは、そのDNAが、まず最初にどこから来たのかという問題を提起する。この問題については後で議論することにして、生物学的な用語における新しい情報は、常にゲノムから来ており（そして出ていく）、それは進化の歴史だけではなく、我々自身の生命においても同様であることに、しばらく注目していくことにする。

蛋白質の中のアミノ酸の配列に変化を起こさせる遺伝子の変異が、新しい情報をもたらすことは断言できる。ゲノムもその生産物も以前と同じではない。それによって生じる生物は、微妙に、あるいは劇的に異なる。調節遺伝子についても、もしも遺伝子の機能に変化を起こすなら同様であり、また、それ自体で重要な情報をコードしている新しい種類のRNA分子をコードしている、ヒトゲノムの1400以上の配列も同様である。[105]第3章で述べたように、細胞から娘細胞へ、あるいは世代を超えて受け継がれていく、新しい情報を生みだす非遺伝子的な変化も起こり得る。遺伝子の流れも同様に、交配によって集団から集団へ新しい情報が移る。これらの全てにおいて、遺伝子の情報内容は、その仲間と非遺伝的制御の現状——つまり構成する全オーケストラ——によって決まることは前に述べた通りである。新しい情報は、同じ遺伝子が新しいゲノム環境に置かれた時に生じる。そしてしばしば遺伝子は、別のチームに移されると、新しい役割を果たすように組み込まれる。新規性は、新しい遺伝子をゲノムへ付加したからではなく、既に存在していたものを新しい組織の中に置かれた時にしばしば生じる。カンブリア爆発の間に新しく複雑な体制を作り上げるのに必要な全ての遺伝子は、この多様化の期間よりも約0.5億年遡る。このことはこの期間よりも以前に生存していた種のゲノムの解析によって明らかになった。[106]この場合、「古い遺伝子」に、決定的に新しい役割を担わせたように思われる。しかし、新しい遺伝子がゲノムの能力範囲に加えられると、その情報の潜在的能力範囲は格段に増加する。3万の遺伝子を含むゲノムへ新しい1個の遺伝子を加えた場合には、実に10の287乗という膨大な新しい機能の可能性が生じると推算される。[107]

また、継承された遺伝子の複製は、新しい情報の源になり得る。「追加的」遺伝子は、その親遺伝子がそれまで問題なく働いているので、自然選択の圧力が弱いであろう。新しく複製された遺伝子は「遺伝的浮動」によって次世代に変異の蓄積を開始することができ、このようにして生物にとって有利な新しい機能を獲得し、自然選択を成し遂げる。同様のことが、植物の文脈の中で述べた全ゲノムが複製する染色体の倍加の際に起こり得る。今や1個の複製された遺伝子ではなく全ゲノムが自由に、変異的に浮動し、新しく素晴らしい仕事をするので、新規性のさらなる大きな可能性を生みだす。実際には、しばしば大きなゲノムはもっと使いやすいサイズに整えられるが、それは以前とは全く異なることになる。事実、脊椎動物の進化において一度と言わず何度も、全ゲノムの倍加が関与した良い証拠がある。従って、これらの複製は全て新しい情報を生みだすことに関与している。

このことが実際にはいかにしてなされるかその例を、手際よいリバース・エンジニアリングを用いた過去の進化の出来事を再構成する過程を通して、既に述べたHox遺伝子に見ることができる。約5億年前、新しい脊椎動物の進化が本格的になったカンブリア爆発の頃、今日生きている脊椎動物の先祖のゲノムは、進化の過程で先に述べた倍加を2度続けることによって4倍になったようである。その時までに、体の発達を制御する13のHox遺伝子があり、それは4倍化することによって52になった。後に有用な仕事をするように変異しなかったものは、ゲノムから失われ、その結果、今日哺乳類は39のHox遺伝子を持つに至っている。

そもそも同一のコピーであった遺伝子の二つは（非常に似たＤＮＡ配列を持つことからこのように言える）、祖先のHox1遺伝子由来のHoxa1、Hoxb1と呼ばれており、今日、哺乳類ではそれぞれ異なった仕事をしている。Hoxa1は初期の胚芽において脳幹の発達を制御しており、一方Hoxb1は、顔の表情を制御する脳の領域において神経成長を管理している。二つの遺伝子は同一の蛋白質を作るが、脳の別の場所において、胚芽の発達の初期の異なるタイミングであることから、遺伝子の間で異なっているのは遺伝子の制御領域であって蛋白質を作る領域ではないことが分かる。そこで巧みなリバース・エンジニアリングの話が始まる。研究者たちは、遺伝子的に修飾されたマウスの系統において、古い先祖のHox1遺伝子を再構成することによって、進化の時計を元に戻すことができるかどうか調べることに興味を持った。そこで胎児発達の間に遺伝子のスイッチを押す役割を持つHoxb1遺伝子の制御部分を取り出し、それをHoxa1遺伝子にくっつけて最初のHox1遺伝子を再構成した。次に、遺伝子工学によってHoxa1とHoxb1の両方が取り除かれた（日常の実験室言葉で「ダブルノックアウト」と呼ばれている）マウスの系統に組み込んだ。結果として、そのマウスは正常に発達して、祖先のHox1遺伝子は完全にうまく機能していることが示されたのである。[108]

ここで、進化におけるこのような倍加は、ゲノムにおいて結局のところ正味で情報の増加をもたらすのかどうかという興味深い問題を提起する。ある意味では、一個の祖先遺伝子は進化した両方の遺伝子の仕事をするので、答えは〝ノー〟である。しかし、別の意味では、我々は哺乳類で以前よりもより安全な制御システムを持つに至ったので、〝イエス〟である。以前には全ての正常な発達を拭い去ってしまったであろうHox1遺伝子の一回の変異は、今や二つの異なった場所に広げられた情報によって守られているのである。有害変異は顔の表情に影響するかもしれない。それは確かに歓迎されるものではないが、それはもっと重要な脳幹の発達に影響することはない。今やゲノムは、以前とは僅かに異なった情報を持つ装置となったのである。大西洋を飛行機で渡る時、翼に二つのエンジンがあると安心でき、もしもそのうちの一つが働かなくなったとしても、安全に着陸できるようなものである（そのように、飛行機会社はいつも言っている）。

進化歴史の中のある時に、個々の遺伝子の複製によって生じるよりも、特別で大量の情報がゲノムへ流入する場合がある。古典的で、恐らく最も劇的な例を、細胞の中に恐らく共生することを始めたバクテリアの中――即ち、その両者にとって有利なライフスタイルを見出し、永久的な居住者となって、我々が今日見るミトコンドリアやクロロプラストに発達していく中――に見ることができる。既に強調したように、我々の体の中には、我々自身の細胞よりもおよそ10倍以上も多くのバクテリアが住んでおり（大雑把には、我々の10の13乗に対して10の14乗）、我々は皆、共生と共に生きている。バクテリアは、我々無しでは生きていくことが出来ないし、我々もビタミンや他の栄養を供給してくれるバクテリアを必要としている。我々が今日持っているミトコンドリアは、多細胞動物全ての細胞の細胞質（核の外側にある領域）に見られる小器官で、細胞が成長していくために、食物からエネルギーを生みだす、細胞における〝発電所〟の機能を果たしている。クロロプラストは植物細胞に見られる光合成に関わる小器官で、異なったエネルギー源ではあるが（太陽）、やはり〝発電所〟の機能を果たしている。細胞によるミトコンドリアの獲得は、より複雑な多細胞生物にさらに進化していく上で、決定的に重要な役割を演じている。[109]

ミトコンドリアもクロロプラストも、核において見られる主要なＤＮＡの倉庫から離れて、夫々のＤＮＡを持っている。我々のミトコンドリアDNAは、全部で2.1万ある遺伝子のうちで僅か37の遺伝子を持っているに過ぎない。ミトコンドリアのDNAは、受精後その内容物と共により多くの細胞を作るために使われる卵子の細胞質であり、精子からのミトコンドリアはこの過程で失われることから、母親からのみ受け継がれる。このことは、後の章で人間の進化について述べるが、先祖を調べようとする遺伝学者にとって極めて有用である。しかしここにおいて重要なことは、微生物を細胞の中に取り込むことによって流入し、後に小器官になって永久に存続する特別な情報である。もしも巨大な製薬会社が開発中の薬を僅かしか持たない場合、新しい技術を持ち、かつ期待できるリード薬物を持つ小さなバイオテクノロジーの会社を買収することは通常取られている戦略であり、これによって、両者は共に利益を得る。

では、初期の進化において、吸収合併を通してミトコンドリアとクロロプラストが存在するようになったことを、いかにして知ることができるのであろうか。科学者を最終的に確信させたのは、これらの小器官と細菌の間に見られる非常な相同性であった。19世紀後半にミトコンドリアが発見されると直ぐに、細菌に極めて類似していることが注目されたが、現在において、それらが細菌由来であることを示す多くの証拠がある。この膜の構成は細菌に特徴的なものであり、自分自身のゲノムはおまけ程度で、宿主のゲノムよりは、親としての細菌のゲノムにより似通っているのである。１９９８年に、スウェーデンのシヴ・アンデルセン（Siv Andersson）は、ミトコンドリアのゲノム配列が、やっかいな発疹チフスを引き起こす好気性菌のリケッチアープロワツェキイ（*Rickettsia prowazekii*）と極めて類似していることを見出した。このことは、我々のミトコンドリアが、この細菌そのものの菌株に由来することを意味するものではなく、それに似たある者から由来していることを意味する。これらの細菌が代謝において酸素を用いることを指すことから、ここで「好気性」という用語が鍵である（「嫌気性」とは酸素無しで生存可能なことを意味する）。最終的にミトコンドリアと呼ばれるものになったのは、初期の細胞の中に好気性菌を取り込んだことによるものであり、それは酸素を使用する能力を細胞に与えるためであったと考えられる。このように、有用な遺伝子情報の計り知れない流入は、進化歴史に大きな影響を与えたのである。同じような傑作が、クロロプラストＤＮＡが藍色バクテリア――進化歴史を24時間で喩えた午前6時に、水を緑に変えた海洋や淡水に住む光利用バクテリア――で見出されるＤＮＡに似ていることで示された。ここで注目すべきことは、ミトコンドリアとクロロプラストの両者のＤＮＡが、核ＤＮＡと全く同じように自然選択を行うことである。この過程によって細胞ゲノムに入ってくる遺伝子の変異は、確かに尋常ではなかったが、それから生じる変異は、それでも自然選択の通常の圧力のもとにあった。

有性繁殖も新しい遺伝子情報の発生に関与している。世界中のどの子供のゲノムも、一卵性双生児は別として固有である（誕生の際に既にあった非遺伝的相違によって、最初に考えられていた程には同一でないことがさらに判明した）。筆者は、二人ともコンピュータ科学者である結婚したカップルと話していて面白く思ったことがある。二人は、自分の子供たちが互いに明らかに異なって走り回っているのを見ながら、生命体において新規性を生みだす通常の進化過程の能力に関して疑問を呈した。まさに配偶子形成の際の組み換え過程は、その後に続く男性と女性の染色体の接合と相まって、ゲノムに新しい変異が導入される別の方法なのである。

普段我々は、ウィルスと言えば、インフルエンザやその他の病気と関係づける。しかし、全てのウィルスが我々にとって有害という訳ではなく、遺伝子情報の巨大なプールの役割を果たしている。ウィルスはある種のＤＮＡまたはＲＮＡと、僅かの蛋白質が一緒になって宿主の細胞に感染し、そこで寄生しながら宿主の分子形成機械を利用して、それ自身のコピーを量産する。現在、世界中の極めて多岐にわたるウィルスについての理解が進み始めている。ウィルスは、地下2千メートルから、サハラ砂漠、そして氷の湖まであらゆる場所に存在している。地球上には10の31乗のウィルス粒子がいると推定されており、[110] それは天文学的な数である（特に、宇宙にはおよそ10の22乗の星があることと比べても）。1キログラムの海底の泥には、遺伝子的に異なった100万にも上るウィルスが含まれていることが分かった。ヒトの臓腑は1200種類にも上るウィルスを含有している。既に述べたように、およそ8％

のヒトのゲノムは、長期に渡って寄生するRNAウィルスのDNAコピー由来である。これらのあるものは、マウスとヒトの両方における胎盤の通常の発達のために不可欠なウィルス遺伝子のように、有用な機能を持つことになる。細菌は、それらに敵対する者を殺すための毒素を含めて、もっと有用な遺伝子をウィルス感染によって取り込んできた。この世界のどこかで、毎秒10の24乗個の新しいウィルスが作り出されていると推定されている。これらの大部分は、宿主の細胞（多くの場合細菌）に完璧に感染することが出来ずに、実質的に直ぐに死滅してしまう。しかしながら、生み出される数が余りにも多いので、素早い変異速度はかなりの頻度で新しい遺伝子の形成を可能にし、他の生命体のゲノムの中に取り込まれていくことになる。従って、世界における膨大な数のウィルスは、新しい情報を絶えず生み出す――その内のいくらかは、別のゲノムに取り込まれて適応する――巨大な遺伝子製造の工場と見なすことができる。

遺伝子情報はゲノムから失われることもある。偽遺伝子はその良い例である。使われていない車は、結局のところ機能不全になる。与えられた生態学的地位において、生命体が繁殖するための必要要件を越える遺伝子は、自然選択の圧力を受けないことから、変異を蓄積し、遂には蛋白質を作ることを止めるであろう。例えば、ヒトの嗅覚器官の63％以上の遺伝子は、永久的にスイッチがオフになっている。現在までに調べられている全ての哺乳類のゲノムは、匂いに関して約1000の遺伝子を有する。従って、ヒトの嗅覚遺伝子の63％は、ゲノムの中で何もしないで横たわっている遺棄遺伝子であるが、それでも細胞分裂に際しては忠実に複製され続けている。この章を読み始めてから、読者自身、何マイルにも渡って偽遺伝子のDNAを作り続けているのである。それは、工場でもはや使用されることがない遺棄された多くの機械が横たわっているのを見るようなものである。それらは時代遅れかもしれないが、工場の進化についての多くの情報をもたらしてくれるであろう。

新世界サルの同じ嗅覚器官もしくは匂い遺伝子は、1000の遺伝子の内、ほとんどが使用されており、約5％だけがスイッチオフになっている。それは、サルの生存と繁栄において匂いが極めて重要な役割を果たしているからである。マウスのゲノムにおいては、20％の遺伝子がスイッチオフになっている。このように、繊細な嗅覚を必要とする種においては、ほとんどの嗅覚遺伝子は活発であり、一方生きていくためには、ピザとカレーの区別さえ出来ればよい、ヒトのような種では、大部分の嗅覚遺伝子は活発ではない。それが実際に意味するところは、変異は、それらを機能不全にした遺伝子において起こったが、実質的に種として生物学的な成功のために真に重要でないことから、これらの機能不全遺伝子は問題なく受け継がれているということである。

このように、ゲノムは、情報の固定されたレベルを伴う静的な実体ではなく、様々な理由により、情報の内容がある程度常に変化している動的なシステムである。個人的には、筆者はこのことをとても喜んでいる——誰がクローン人間になりたいであろうか。この後、我々の極く初期の進化歴史や、インテリジェント・デザイン、生物学的に複雑なシステムの問題に達した時に、新しい情報や新しい生物学的システムの発生についてさらに述べることにする。

伝統的な化石

進化についての説明は、必ず化石と共に始まる時期があった[11]。まず進化論が離陸するためには、確かに化石記録の研究が決定的に重要であった。本章において、後半部分でこの問題を取り扱うのは、決してそれを軽視しているからではなく、ゲノム研究の出現によって進化についての議論の性格が大きく変えられたという事情による。事実、もしも化石が全くないとしても、多くの進化の歴史は、遺伝学からだけでも構築できるであろう。また、化石記録と異なって、遺伝子記録には空白部がない。このことは、これまでに住んできた全ての種の全てのゲノムの完全な記録を、保持していることを意味するものではない。もちろん、そのようなものを保持していないし、これからも同じである——何故なら、DNAサンプルを取ることができる99％の種は、もはや存在していないからである（しかしながら、数十万年前の試料のＤＮＡ解析は現在可能である）[112]。それでも、使用されていない遺伝子化石を含めて、残された１％のＤＮＡ記録から、生命の夜明けへ我々は戻ることができる。

しかしもちろん、「伝統的な化石」は同様に重要である[113]。化石は過去の生命の痕跡である。大部分の化石は、骨、歯、殻、そして陸生植物である木の組織、昆虫の角質のような体の硬い部分である。化石は、巣穴や泥の中の足跡のような動物の活動の痕跡、そして異なった生命体によって作られた化学物質も含む。生命体が死ぬと、普通その体はバクテリアを含む掃除夫の生命体によって食べられてしまう。従って、虫や植物のように、主に柔らかいもので出来ている生命体は、硬いもので出来ているものに比べて化石が残り難い。柔らかい部分の化石も存在するが、それらは例外的な状況において堆積するか、大量の生命体が保存された場合に起こる傾向がある。時として、太古の組織蛋白質が保存される。２００７年にクリスチャンの古生物学者であるマリー・シュワイツァー（Mary Schweitzer）は、恐竜（*Tyrannosaurus rex*）の化石の中で見つかった柔らかい組織から蛋白質が単離されたことを報告した[114]。そのような太古の化石試料の中に元の蛋白質が保存されることは疑わしいことから、当初、その発見は多くの議論を呼んだが、それ以降、シュワイツァーの発見は、別の研究者たちによって極めて明確に確認されている[115]。

同様に、硬い部分の元の無機構成物――多くの殻は炭酸カルシウムで、骨はカルシウムヒドロキシアパタイトのようなもの――が、ある場合には保存され、また別の場合には、周囲の多孔性の岩石を通して水が染み込んで骨格物質を溶かし、その隙間を結晶性の無機物が満たして元の化石の鋳造物を形成することもある。これらの鋳造物は、しばしば元々生きていた物質を正確に再現する。アリゾナのペインテッド砂漠には、２億年も後の今日まで徐々にシリカや他の無機物で置き換えられた組織を持った木々からなる石化した森がある。それらの木々は石でできているが、それらの多くは元々の細胞の詳細を未だ示している。スコットランドのリニー村周辺の丘では、4.1億年前に火山から流れ出たシリカ分を多く含んだ水で覆われたことによって全生態系が保存されており、そこでは化石の木がその細胞を見せながら現在も真直ぐに立っている。昆虫類は、驚く程詳細に保存されており、それらのあるものは、彼らが当時生存し、かつ死んでいった植物の幹に、現在でもしがみついて保存されている。[116]

どの化石がどの岩石に含まれるか？

地質学者によって認識されている3つの主な岩石がある。火成岩は溶流岩に始まり、溶岩になる。変成岩は深い地殻の中にあって、別のタイプの岩石が変成したものである。石灰岩や砂岩のような堆積岩は、他の大きな岩石や貝殻のような硬い物質によって次第に砕かれて小さくなったもので出来ている。砂や土砂、あるいは粉塵の懸濁物として運ばれたこれらの小さな粒子は別の場所で堆積層として沈殿する。堆積物は固められて次第に岩石になる。大部分の化石は、このような堆積岩に見られる。

化石化は稀で、堆積層から遠い種ほど化石化が起こり難い。海底の海洋生物のように堆積のすぐ上に住む種は、海面に住む魚よりも化石化しやすい。最も化石化が起こり難いのは、陸生動物であろう。

有機物が一つの堆積の中に圧縮され、均一な物質として堆積層自体の大部分を形成することがある。例えば、石炭紀に形成した石炭は、その時代に栄えたシダやそれに関係した植物に由来するが（3.54～2.90億年前の石炭紀の名前はこれからきている）、それらの上に堆積した岩石層による膨大な圧力によって、次第に貴重な化石燃料へと変化していったものである。

白亜は、プランクトンと呼ばれる非常に小さな単細胞の海洋生物が、無数に集まって固められた石灰岩の一種である。従って、それはミクロの化石から成っている。例えば、見えるものとして、ドーバー海峡の白い崖のような巨大な白亜層は、405メートルの厚さがある。白亜を作っている石灰岩の堆積速度は、1000年当たり1～10センチである。従って、最も早い速度であったとしても（あり得ないことであるが）、ドーバーの白亜層ができるまでに、400万年要したことになるが、実際、南部英国に特徴的な多くの白亜層の堆積期間は3500万年である。これらのことは、一夜にして起こることはない。大部分の白亜層は、1.0～0.6億年前の白亜紀に堆積した。白亜紀の白亜は、不純物が少ないので他の石灰岩に比べてより白い。白亜紀においては、海面が非常に高く、その生地を黒くするような他の沈積物を供給する陸地が近くにほとんどなかったからである（多くの中の一つの理由であり、ちなみに、白亜は世界的な洪水によってもたらされた沈積によるものではないことは判っている）。

35～30億年前の最も初期の化石は、数ミリから10㍍以上にわたるストロマトライトとして知られるバクテリアの化石堆積層である。ストロマトライトはバクテリアが細胞表面で巨大なコロニーとして成長し、細胞の上または間に沈殿して無機化して何層にも積み重った層構造を持つ。ストロマトライトは、光合成をする藍色バクテリアから、今日においてもまだ作られている（例えばオーストラリアのパースの近く）。しかしおそらくは、当時はいなかった捕食動物によって、この豊かな食物資源が摂取されることから、古代ほどではない。35～25億年前に作られた多くのストロマトライトに見られる特徴的な円錐状の形は、現在のストロマトライトにおいても作られている。今日のストロマトライトが真に古代の化石化したバクテリアと同じかどうかについて議論もあったが、ごく最近のデータは上記の説明を支持するものである。(117)

我々は、22～18億年前の核を持つ細胞（バクテリアはそのような核を持たないことは既に述べた）の化石データを持っている。それらの細胞はバクテリアよりも大きいことから主に確認することができる（10倍以上大きい）。多細胞生命体の最も古い化石的証拠――この場合藻類――は12億年前のものである。10億年前までには、陸上で微生物の化石が見られるようになった――それまでは全ての生命は海中にあって、陸上は不毛であった。

6.7～5.5億年前までには化石記録の萌芽が始まり、オーストラリアのエディアカラ紀化石や、同じような化石が世界の他の地域でも発見された。これらはクラゲや蠕虫《ぜんちゅう》のような柔らかい水生動物であった。この時期に新たに出現した動物の多くの化石が、ブリティッシュ・コロンビア州にある、カナディアンロッキーのバージェス峠の黒頁岩にその名前が由来する、バージェス頁岩で最初に発見された。バージェス頁岩だけでも10門以上にわたる約140種の動物を含んでいる。[118] この解析の世界的な専門家の一人が、王立協会のフェローでケンブリッジ大学の古生物学の教授であり、化石記録に対する我々の理解に大きな貢献をしているクリスチャンのサイモン・コンウエイ・モリス（Simon Conway Morris）である。雲南省の徵江など中国で発見された同様の頁岩化石層は、バージェス頁岩よりもさらに古い（1500万年）見事な化石を提供した。エディアカラ紀の動物は、カンブリア紀の初期まで続いたが消滅し、生物学的な分類に問題が生じる結果となった。

その頃、あるいはそれ以前に、体制の左右対称——動物に特徴的な腕や足の鏡像関係——が出現し始めた。最初の「左右相称動物」と総称される動物が、中国の貴州省で6.0～5.8億年前の岩石から発見された。[119] 髪の毛ほどの幅しかない左右相称動物化石であるベルナニマルキュラ（*Vernanimalcula*——小さな春の動物の意）は、小さいながらも鏡像体制を持つ左右相称動物の一級品である。これらの小さな生物は、当時海底を覆い尽くしていた微生物を餌として泳ぎ回っていたと思われる。

種の進化の最も完全な化石記録があるのはカンブリア紀以降である。骨格や他の硬い部分が進化していくにつれて、化石化して残された数も急激に増え、記録の質も向上した。古い岩石が下に、若い岩石が上になった様々な堆積層は、この惑星における生命の歴史についての貴重な記録を提供する。この所謂「地質柱状図」は、採鉱に際しての観察とビクトリア時代の博物学者たちによって科学として確立した現代地質学の結果、19世紀に揺るぎないものとして確立した。地質柱状図の確立に貢献した主要な人物の一人が、福音聖職者であり、33歳でケンブリッジの最初の地質学教授となったアダム・セジウィック師（Adam Sedgwick: 1785～1873）である。地質学の歴史的起源は、神学的土壌の中に深く根ざしている。

特定の岩石に見られる化石は特徴を持っていることから、化石は地質学の初期の頃から、堆積層を特定するマーカーとして用いられた。このことは、「化石による岩石の時代決定と岩石による化石の時代決定」の間の循環論法のように見えるかもしれない。最初に化石と地層との関係を開発したのは、技術者であるウイリアム・スミス

（William Smith: 1769～1839）で、彼は理論的な仮定は全く置かず、ただ単に、土木作業によって顕にされた地層を見て、関連の一致性があることに気づいたのである。セジウィックは、歴史上、他の誰よりも遥かに多くの地層を確立した人物であるが、3次元的幾何学によって、古生物学研究に基づく裏付と修正をしながら、「基線」から地層を組み上げた。基本的な地質柱状図は、ダーウィンが「種の起源」を発刊した1859年の数年前に完成したので、進化論がそれに依存していたことは全くないと言ってよい（セジウィック自身、進化を信じていなかった）。そして、20世紀に放射性同位元素による時代決定の開発によって、これらとは無関係に、初期の層化は実際に正確であったことが確認された。地質学におけるライエルの「斉一説」（地質学的な変化の速度は均一であるという専断的な仮定）に長期間に渡って翻弄された後、現在、地質学界は、セジウィックや彼の同僚たちによって主張されたものと非常に似通った「天変地異説」――本書はこの仮定に立っている――へ、立ち返ったのである。

従って、同じタイプの地層から同じタイプの化石が、今日世界の至る所で発掘されている。デボン紀の岩石はどこで発見されたとしても、英国デボン郡の「古くて赤い砂岩」のように、地質学者であれば――素人の地質学愛好者でさえも――容易に認識することができる。それはまさに学者が、以前に知られた文書と比較して、死海文書に組み込まれたイザヤ書を容易に識別できるように、地質学者は、その中に見出される化石によって岩石を識別することができる。[120] 時折、火山の爆発のような大きな地質学的な変動によって、柱状が逆になることはあるが、通常は何が起こったか、かなりはっきりしているので、このことは標準というよりは、例外である。

カンブリア紀からの化石と生命の歴史

5.25～5.05億年前の岩石から、手足、触角、目、尾を持った複雑な動物が突然多く見られるようになった。それは、実際今日の生命体において馴染み深い「完全な工具セット」である。これが動物の進化におけるビッグバン、つまりカンブリア爆発である。この時代からの化石は、節足動物（蟹のような）、脊索動物（ヒトのように背骨を持つ生命体）、軟体動物など、現代の集団の全ての代表を含んでいる。

５億年前には、現在のものとは大きく異なって、体を守るための骨質の硬い皮膚を持つものや、頭に顎骨を持たない魚の化石も見えるようになる。5.0～3.5億年前の岩石には、顎を持った魚が見えるが、カエルや爬虫類のような両生動物の化石は見ることができない。3.5億年前になって初めて、岩石から化石化された陸生動物、両生類、昆虫が現れ始め、3.0億年前から爬虫類が出現する。2.30～0.65億年前には、恐竜が世界の支配者となり、彼らはその時代の陸生化石記録の目玉となる。1.5億年前になると、鳥の化石が見られるようになり、恐竜が消滅するまで、胎盤哺乳類が化石記録の中に現れることはなかった。(121)

同様に、植物の進化も化石記録の中に広範囲に渡って書き込まれている。胞子化石は、おそらくそれよりかなり以前からと推定されるが、4.75億年前の岩石に既に現れ始めている。単に胞子ではなく、完全な植物の最も古い化石は、4.30億年前からである。最も古い陸生植物は根や葉がなく、枝分かれした幹だけで、そこで全ての光合成が行われた。葉を持つ化石化した植物が現れたのは3.90～3.50億年前からであるが、それは大気中の炭酸ガスの90％が減少した時期と一致しており、これらは互いに関係していると思われる。(122) 化石化した顕花植物が現れ始めたのは、1.25億年前からである。

多くの引出しを持った書類整理棚があって、夫々の引出しに化石が一杯に詰まっているようなものである。下の引出しには、多くは現在もはや存在しない種の、非常に小さく単純な生命体だけが入っている。上に行くにつれて、化石は複雑さと多様性を増し、最後のいくつかの引出しには、今日見られる馴染み深い典型的な種の化石が詰まっている。この隠喩的な棚の引出しは、異なった堆積層の岩石のようなものである。そのような記録は、生命の大きな樹木の全ての小枝や枝が、全体の樹木が拠って立つ根や幹に辿りつく同じ祖先を持つ進化歴史と一致している。

海から陸へ

整理棚から一つの引出しを取り出し、そこにある全ての化石を、一つの種から別の種へ変化し、それらを繋ぐ中間についても分かるように、もっと詳しく順序よく分けていくとすれば、このことは、グーグル地図で我々の町や市を拡大していくと、道路が我々の隣近所と全て繋がり合っていることと多少似通っている。

多くの人は生命の地図でまだ繋がっていない箇所があると思うかもしれないが、それは何を意味するかによって変わる。「全ての一つ一つの道路（種に相当）が書かれていて、それらが全ての別の道路に繋がっている進化の『市』全体の完全な地図があるか」という質問に対する答えは、「否。全ての道路の名前の完全な一覧表は無いし、ましてや完全な市を作るため、どのように互いに繋がり合っているかなどなおさらです」ということになる。しかし、質問がもっと扱いやすく「主要な地域が繋がり合っていることが分かる、『市』の非常に少ない地域について詳しい地図があるか」という質問に対しては、答えは疑いもなく「然り」である。もちろんある意味では、二つの種の間で過渡的なものを示す中間的化石を発見する度に、埋めなければならないさらに二つの隙間ができることになる。しかし、つい最近発見された化石が加わった結果、我々は、一つの生命体から極めて異なった生命体への進化を示す、詳細ではっきりとした段階的かつ過渡的な化石記録を、今日確かに持っている。

紙面の都合上、確立された種々の化石順位について、全て記すことはできないが、その考えを一つだけ、魚が海から出て陸生動物になった経過を例として述べることにする。他の確立された例は、哺乳類の進化、クジラの進化（これは、パキセタス[*Pakicetus*]、アンブロセタス[*Ambulocetus*]、そして完全な哺乳類の後肢を持つ化石クジラであるバシロサウルス[*Basilosaurus*]を経て陸から海へ戻った哺乳類である）、カメの進化、等々である。(123)

魚から四足類――陸に住む動物――への進化は、以前あったギャップを埋める最近の劇的な発見にも助けられ、過去数十年の間に渡って確立された（図9を参照）。現代の硬骨魚は、豊富な条鰭類《じょうきるい》（スジ状のヒレを持つ）と、あまりいない総鰭類《そうきるい》の主要な二つに分けられる。四足類は総鰭類から進化した。現在も生きている総鰭類は、アフリカと南米に見られる肺魚類である。これらの魚は淡水魚で、湖が干上がった場合や、水中の酸素が低下した場合に、空気を吸入することができる。このことは、暑い季節に干上がり易い水環境に住む魚が繁殖していくために、自然選択がいかに行われているかを示すものである。総鰭類は、前肢と後肢と同じ基本的な体の配置――対になった長い骨を結合し、続いて対になった小さい骨を結合している――を持つ筋肉が発達したヒレを含めて、四足類と多くの類似の体制を持っている。3.70億年前には、総鰭類は現在よりも多様であり、肺魚よりも四足類に類似する、消滅した化石サンプルが発見されている。

例えば、パンデリクティス（*Pnderichthys*）は、ラトビアで見出された3.85億年前の中期デボン紀のもので、明確に魚の様に見えるが、幾分ワニにも似ており、胸ヒレの骨格と肩帯が総鰭類と四足類との中間の形をしている。従って、浅い水ではぎこちなく歩くことができるが、乾いた陸上では恐らく歩くことは出来ないであろう。

英国とフランスの海峡トンネルを作る作業員が、化石記録の両側から始めて、その中間で出会うようなものである。イクチオステガ（*Ichthyostega*）やアカントステガ（*Acanthostega*）は、後の時代の四足類に特徴的な平たい上面の骨格を持った明確な四足類で、前肢と後肢には指があるが、間違いなく魚の尾を持っている。[124]グリーンランドで発見されたもので、3.65億年前のものである。約3.85～3.65億年前の四足類に関する化石記録のギャップは、さらなる化石を求めるカナダ人研究者たちを、北部カナダの数次にわたる研究旅行へと駆り立てた。ヘリコプターで丁度北極点から1427キロのエルズミーア島へ渡ったが、4回目の旅行は厳しく、掘削する手は凍え、北極クマから守るために銃が必要であった。[125]しかし、彼らの忍耐は驚くべき発見によって報われた。それは、2006年に発表されたが、後期デボン紀の新しい種で、ティクターリク（*Tiktaalik*：イヌイット語で「大きな淡水魚」を意味する）と名付けられ、四足類進化歴史の中間部にまさに当てはまるものである[126]（図9を参照）。ティクターリクはワニとほぼ同じ大きさで、魚のような鱗を持つが、同時に肢のようなヒレと地面から押し上げる肘関節も持っており、発

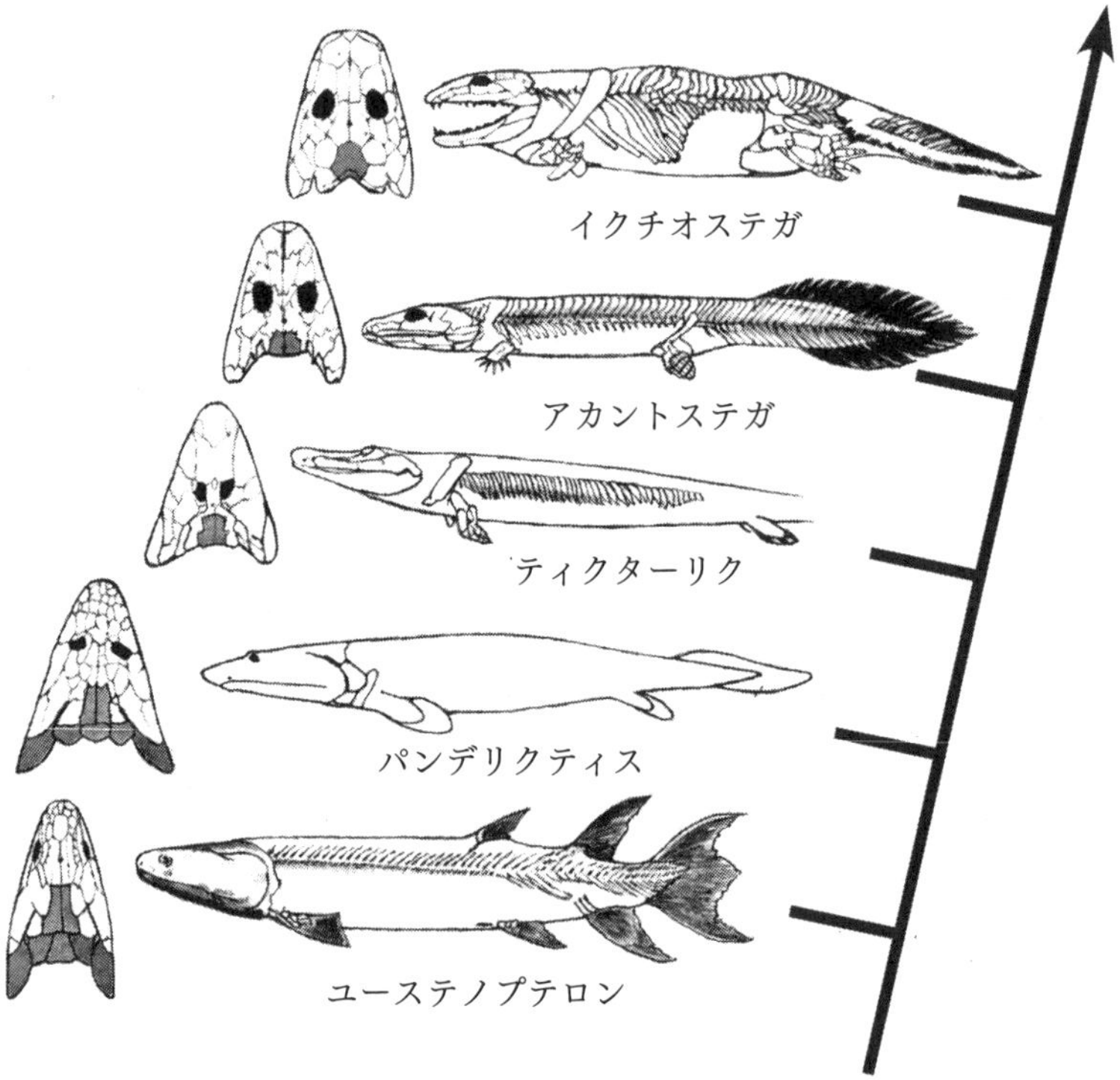

図９　魚と四足類（陸生動物）の中間化石（Macmillan Publishers と Academies Press, Washington, D.C. の好意により、National Academy of Sciences の転載許可を得て、Ayala, F. from *Nature* 440: 747–749, 2006. から引用）

見したチームの一人は「持ち上げることが出来る魚のようだ！」と記した。

　現在、これらの初期の魚は、デボン紀に、初めて地球上において、岸辺や川に沿って木々が茂ることによって発達した豊穣な湿地を利用したと理解されている。ティクターリク化石は北部カナダで発見されたが、4億年の大陸浮動は、それらの魚が今日のミシシッピ川デルタ地帯と同じ環境の赤道に近い場所に住んでいたことを意味する。遠い浅瀬と近辺のぬかるんだ湿地で幸せに暮らしていたティクターリクは、流行の先端者であり、確かにその後、陸地は次第に混み合ってきたのである。

　このように化石記録にギャップがあるにもかかわらず、これまで得られた進化順位の証拠は十分に素晴らしく、これから続く発見は、この物語をさらに完成へと導くのに役立つであろう。生命の樹木を、サッカー場に広げられた巨大なジグソーパズルパズルに喩えてみると、うまく組み合わされたパズルを見るが、それでもまだ適切に組み合わされていない箇所（例えば、エディアカラ紀の動物相のように）が残っている。しかしもちろん、進化生物学者たちは、多少未解決なことが残っていることを喜んでいる。それは魅力的な挑戦であるばかりでなく、喜んで従事できる仕事にまだありつけるからである。

第6章　進化に対する異議

科学コミュニティに属することの楽しみの一つは、研究結果とその意味についてしっかりと議論できることである。科学は、意見の相違と議論が歓迎される、開かれた交わりの中で健全に育つが、その逆の場合には、そもそもしぼむ傾向があるか、あるいは決して上手くいかない。進化論はそのような議論と無縁ではなく、時として、そしてそれは延々と続いたり、学界で火薬の臭いを記事にすることしか考えない大衆紙を巻き込んで、刺々《とげとげ》しくなったりすることとさえある。しかし、そのような議論は、進化が起こったかどうかではなく――そのことは学界に身を置く生物学者は実質的に誰も疑っていないのであるが――、仕組み、解釈、分類などについてであり、実際正直なところ、針の頭で何人の天使が踊ることができるかという議論［訳注10］の方が、真面に思われるような喧嘩にしばしば陥ったりする。

筆者は、科学界の外にいる評論家から、生物学者にとって進化はいかなる犠牲を払っても守り抜かなければならない「聖なる牛」なので、進化論を傷つけるようなデータの発表は実現しないだろうと言われることが時々ある。しかし正確には、それは全く逆である。大切にされてきた学説を驚かすような発見をすることは、全ての生物学者の夢である。もしもそれが実現したら、その人のキャリアは一生続く。もしも先カンブリア紀にウサギの化石を発見したら、あるいは同じ堆積層にヒトと恐竜の化石の明白な証拠を発見したら、あるいは異なった遺伝子コードを示す新しい生命体の証拠を深海の底で発見したら、あるいは獲得した特徴の継承に関する動くことがない証拠を発見したとするなら、その論文はネイチャーやサイエンスの冒頭を飾ることは確実で、その後、その人は幸せに暮すことができるであろう。

この世の深い不思議の一つは、エディアカラ紀動物相の起源よりもずっと不思議なことであるが、人々が教会の周囲を歩き回りながら進化論を信じないと語っていることである。ある学説に異議を唱えることを望む場合、最善の科学的伝統を尽くしてそれに当たるなら、それは素晴らしいことで、また尊敬に値することである。しかし、科学的な批評を加えるためには確立されたやり方がある。それは科学的な研究団体の会員になり、結果を見出し、それをその学説に異議を唱える論文審査がある雑誌での発表という厳しい過程を含む。これが理論の検証のやり方であり、このことが科学界において尊敬を得る唯一の道である。世論、大衆誌、政治的圧力、宣伝、そして有名な牧師による訓戒でさえも、科学的な意見に対して何ら影響を与えないであろう。何故なら、それは、科学のやり方とは異なるからである。従って、進化に対する異議は、もしもあるのなら、信頼できる科学雑誌に確固とした結果を発表するという厳しいが、適切な方法で提出されねばならない。

もちろんこのことは、クリスチャンが進化に対して重大な疑問や反対を持ってはならないということを意味するものではなく、これらのことについて、友好的精神に基づいて意見を交換することは全く正しいことであり、この章はそのことを意図するものである。しかしそのような課題に取り組むに当って、科学的活動自体がどのようにしてなされているのかを想起することは、重要なことである。

以下に挙げる異議は、理論的な疑問ではなく、科学と信仰に関する講義を通じて筆者自身に投げかけられた疑問であったり、進化に対して批判的な本で読んだりしたものである。本章の主要な目的は、一連の問題として提示された科学的な異議をさらけ出すことにある。科学を正しく捉えることによって、神学的な心配も同時に解決することもあるが、それには、いくつかの神学的な関心も含まれている。最も大きな神学的な関心は、アダムとエバ、死、そして堕落に関するものであり、これらの白熱する話題については、別個に章を充てることにする。

「進化は偶然プロセスであり、このことは、神が意図した創造の計画を成し遂げる聖書と相容れない」

この問いかけが非常にしばしば出現するのは興味深い。何故なら全体として、進化は偶然プロセスでは決してないからである。リチャード・ドーキンスのような無神論生物学者もシモン・コンウエイ・モリスのようなクリスチャンの進化生物学者も等しく、進化プロセスは偶然の産物ではないと結論づけている。しばしば見逃されていることは、ドーキンスが自身の著書『盲目の時計職人（The Blind Watchmaker）』の緒言で、「ダーウイン主義は『偶然』説であると熱心に信奉されている神話を打ち壊すこと」が、その著書の一つの目的であると述べていることである。

ここでの鍵は、「進化を全体として見た場合」という用語である。このことを考えるに当って、我々の生命について、また様々な意味を持つ掴みどころのない「偶然」という言葉のこの文脈における意味について、少し掘り下げて考える必要がある。我々のこれまでの人生について考えて見ると、もしも読者であるあなたがクリスチャンであるなら、人生の細部に至る全てに渡って――生まれる前からでさえも、神の摂理による配慮のもとにあったことを信じている。このことは、特定の精子が特定の卵子と時に適った特定の瞬間に受精し、その人たらしめる固有の遺伝子を持つ個人を生み出していることを含む。最も早く卵子に到達するまで、その競争には何百万という精子が関わっており、そこにおいて、今のあなたとは別の性、あるいは身体的に全く別の特徴を持つことが容易に起こり得たのである。受精は、まさに偶然プロセスである。それでも、あなたは、あなたを存在せしめたこれらの全ての不確かな出来事が、神の主権のもとになされたことを信じている（望ましくは！）。

生物学から離れて、我々の人生に神の意志をもたらすために、著しく複雑なタペストリーに織り込まれた数え切れない出来事について考えてみよう。そのあるものは苦痛を伴うもの——恐らく自分ではどうすることもできない出来事——であった。他のものは、全く日常的なものであったが、それでもその結果や事象に大きな違いをもたらした。

映画の『スライディング・ドア』は、ある人がロンドンの地下鉄の電車に乗る前にドアが閉まって乗れなかった場合と乗れた場合に応じて、その人の一つの人生が二つの異なった運命に展開していくというものだが、それらが映画の中で巧みに織り合わされている。人生における一見些細な違いが、途方もない違いを生みだすという点で、この映画は正しい。一つの考え方として、それは偶然のたまもの——だれも決して予測することができないもの——であるが、クリスチャンは生起する全ての出来事も、最終的に神の支配下にあることを信じているのである。

聖書は、多くの人が偶然として捉えている出来事が神の主権と計画の境界の内にあることを、一貫して教えている。預言者ミカヤが、アハブ王がラモト・ギレアドで殺されることを預言した時（列王記上22章15～18節）、それは実際に起こったのであるが、一人の兵が「何気なく弓を引いたところ、イスラエル王の鎧の胸当てと草摺りの間を射貫いた」のであった（列王記上22章34節、傍点は筆者）。箴言は、16章33節で「くじは膝の上に投げるが、ふさわしい定めはすべて主から与えられる」と、このことを鮮やかに指摘している。聖書は、神の働きは、自然界の「法則のような」働き（詩編33編6～11節）から、偶然的な出来事（箴言16章33節）、そして天気のコントロール（詩編148編8節）——それは今日カオス理論で記述されているが——まで、種々の活動の顕現の全てにおいて、平等に起こるとしている。聖書には、神の働きにおいて、自然界の出来事のある種のものが、他の出来事よりも多いあるいは少ないとするような、ほのめかしは一切ない。

しかし、偶然とは何を意味するのか、そしてその理解が進化とどう関係づけられるのであろうか。不幸なことに、「偶然」という言葉には明確に異なる三つの意味があり、議論をする場合に、必ずしもこのことがはっきりとわきまえられている訳ではない。第1番目には、原理的には予測可能であるが、実際的ではない出来事のようなものである。例えば、卵子に受精する何百万の精子のそれぞれについて十分な情報があり、そして環境の完全な記述が与えられているとするなら、理論的にはどの精子が競争に勝つか予測できるであろう。しかし、第2番目の偶然において、それは量子レベルで典型的なものであるが、我々は将来起こることに対して完全に無知である。放射性原子が崩壊する時、次の高エネルギー粒子がいつ放射されるか知る由もないが、このことは、原理的にそしてまさに実際的にも、我々には予測能力がないことの反映である。ある人々は、この種のものを「純偶然」と名づけている。第3番目は、「形而上学的偶然」と呼ぶものである。これは他のタイプの偶然と極めて異なっているものであるが、宇宙が道理や意図もなく「偶然に」生まれたとするような、究極的な意味において哲学に注意を向かわせる。

進化については、最初の二つのタイプの偶然が関係する。その理由は、DNAにおける変異は、既に述べたように、DNAの修理酵素が「校正」過程において誤植を時々見逃して、上手く働かないことによるものである。これは第1番目のタイプの偶然の例であり、もしもシステムの詳細について十分な知識があれば予測可能であるが、実際にはそうでない。しかし、DNAの変異は、放射線が当ることによっても起こり得るので、この場合には、第2番目の例ということになり、理論的にも実際的にも予測不可能である。しかし、これまでのところ、進化のメカニズムに関する限り、変異が第1の偶然であろうが、第2の偶然であろうが、構わない。いずれも遺伝子配列に変化をもたらし、もしそれが生殖細胞（精子や卵子）に起これば、それは次世代に引き継がれ、その変化はいずれ繁殖成功の「フィルター」によって考査される。既に見てきたように、多くの点で進化は非常に保守的なプロセスで、何百万という複製と何数百万年という進化の間に、自然選択はある遺伝子を非常に注意深く保存しており、その結果、ヒトとウサギのコードされたある蛋白質は、同一のアミノ酸配列を保有している。

このように進化の全プロセスを見る時、「形而上学的偶然」という概念からは、実際のところ極めて遠い。それは、厳密に規定された生態学的地位において食物連鎖が確立される、厳密にコントロールされた一連の出来事である。このプロセスは、寒さ、暑さ、光、闇、湿気、乾燥というようなパラメータによって特徴づけられる特殊な環境の中で起こっており、そこでは、動物や植物の大きさや形を決定していく上で、重力の制約が重要な役割を果たしている。ゾウが飛ばないもっともな理由がある。目が一度に進化せずに、進化の過程で何度も起こったことにはもっともな理由がある。進化歴史の中で、同じ器官あるいは生化学的な経路が、独立した血統の中で何度にも渡って進化した、「収斂」という現象について、後でさらに深く考えることにする。

従って、進化のメカニズムは究極的な意味において、「無作為」と通常考えられているプロセスのようなものでは決してない。ＴＶが故障して、画面のプログラムに筋が入ると、究極的な意味を考えることなく、それが正確に「無作為ノイズ」であると考える。しかし、進化プロセスで生じる生物学的多様性は、無作為ノイズのようなものとは大きく異なり、ある種の元素と物理法則を伴った炭素質世界でのみ可能なメカニズムが、高度に組織化されたものの集積の賜物である。宇宙の物理的な性質はビッグバンの後の最初の数千兆分の1秒に決定され、進化のプロセスもその一連の性質に完全に依存しているのである。それ無しには、我々は今ここに存在しないであろう。

従って、クリスチャンとして、進化プロセスは、神が、我々を含めて生物学的多様性をもたらすことを選んだやり方であると、単純に理解することができる。現実はこのようなものであり、科学者としての仕事はこの現実――つまり神がこの広大な生物学的多様性をもたらすために何をなしたか――を記述することである。ただ一つ確かなことは、いかなる究極的な形而上学的意味においても、進化プロセスは、宇宙が偶然的プロセスであると考える根拠を提供するものではないということである。後で考察するように、事実は全く逆である。この惑星の生命体の複雑さと多様性に、そしてさらには、進化歴史において我々がヒトとして地球上に住む全ての生命体と不可分に結びつけられていることに、生物学者として驚嘆するものである。

このような省察から、偶然は何もしないということは明らかである。「偶然」とは、事柄の性質についての信仰のために、人間が用いる便利な表現に過ぎない。「形而上学的偶然」のような動作の主体はないが、ある人々によって保持されている、宇宙は究極的な意味を持たないという信仰はある。しかしながら、科学的学説の名声を利用した特殊な信仰システムを支えようとする人たちにとって、進化論の中には気休めのかけらさえも見出すことはできないであろう。

「進化論は実験室で再現できる実験とは無関係なので真の意味で科学的ではない」

この問題の背後には、「真の科学」は実験室で白衣を着た科学者によってなされるものであり、それ以外のものは真の科学ではないという考えがある。偶々、筆者は白衣を着た生物学者の集団に属しているが、どの学問分野であれ、全ての科学者にとってはっきりしていることは、有効な科学をするためには多くのやり方があるということである。宇宙学、地学、考古学等、科学の多くの分野では、個別の発見や現象に一貫性を与えるために、膨大な歴史的データをきめ細かにつなぎ合わせる作業を伴う。「歴史科学」と、人文科学における歴史の間の大きな違いは、前者が過去に起こった事柄に関するものであるのに対して、後者は人々に何が起こり、人々は何をしたかということに関するものということである。そのような定義にもかかわらず、境界線は多少曖昧であるが、考古学は人間の起源や行動を科学の範囲内で研究するので、人文科学で研究される歴史と同じではない。決定的な違いは、前者は種としてのヒトの特質に関するが、後者は個人としてまた国家としての人間の行動——特に文書記録がある場合——に関っていることである。

科学者が働くやり方は法曹のそれと多くの点で似通っている。裁判手続きにおける証拠法則の目的は、事件が起こったか起こらなかったかを、合理的に疑いの余地を残すことなく確立することである。法曹は真実と過誤を区別するために、一連の細かい基準を何世紀にも渡って開発してきた。もちろん、誤りも有りうる。しかし彼らの仕事は、手に入るデータから事件が起こったのか起こらなかったのか、誰によってもたらされたのか、どのようにして行われたのかを確立するための準歴史的運動である。裁判官や陪審員が最終的に納得するまで、説得力のある主張を少しずつ構築していく。

生物学者は進化論に関して非常に似た状況にある。彼らは何百万年にもわたる漸次的な進化や、種形成に繋がる全ての逐次的ステップのいずれにおいても、それを観察するために居合わせたわけではないが、入手可能な豊富な証拠に基づいて、確固とした結論を引き出す「最善の説明への推論」を構築することができる。進化論が非常に力強いのは、それによって非常に多くのことが非常に上手く説明できるからであり、これまでの章は、日常的に評価されている証拠の形式を記述することに関して、氷山の一角を示したに過ぎない。種の地域的な分布、現在も進行中の種形成事象の存在、化石記録、比較身体構造学、そして何よりもゲノム学。これらの全てが、変化を伴う共通の祖先を支持することに説得力を持つ膨大なデータを提供しているのである。まだ発見されていなかったり、明確にされていない多くの事柄があるが、この事実をもってしても、現実に進化論の核心に影響を与えることはない。

進化のように全く異なった膨大なデータを説明する強力で大きな学説は、それを展開するためには必然的に多くの年月にわたる作業を要する。知識の隙間は、学説それ自体への挑戦としてではなく、さらなる研究への挑戦として捉えられる。学説そのものへの挑戦は、既に述べたように、それを否定するデータが露わになった場合にのみである（先カンブリア紀のウサギ化石や、異なった種における異形の遺伝子コードのようなもの）。

ついでに、生物学者が「進化論」について語る時、一般的な会話の中でよく使われる「それは理論（学説）に過ぎない」というようなことではなく、その信憑性を疑っていないということを指摘しておきたい。科学における「理論」という用語は、ある一連のデータを正当化する考えの包括的な仕組みを指す場合に用いられる、やや技術的な意味合いを持つ。例えば、物理学者が「相対性理論」について語る時、アインシュタインの偉大な発見について疑問を呈しているのではなく、ここでの「理論」は、それが非常に大きなものであろうが小さなものであろうが、物理的挙動を理解することを助ける一切合切（難しい数学を含めて）を指しているのである。科学的な理論は、全く異なった事実や観察を結びつけ、一貫した筋書きへと織り込んだものである。科学的な理論は、複雑な地形の中で、様々な特徴を結びつけ理解することによって、道を見出すことを助ける地図のようなものである。

実際には、進化論を明確化、あるいは支持するデータを生みだすために、多くの実験が過去においてなされ、それは現在もなお続いている。野生の動物や植物集団についての野外研究がなされている。繁殖成功度は生存能力がある子孫と、それに関した個々の間の遺伝子変化の成功を数えることによって測定することが出来る。明確に定義された種の集団を明確な環境の中において、その結果を追跡するために管理された実験が行われている。新しい化石が発見されている。新しい種が同定され、分類され、進化の系統の中に組み込まれる。そして何よりもゲノム学が物凄い速さで進んでおり、それは全ての生命体のゲノムに書き込まれた化石記録に、驚くべき新しい洞察と、遺伝子が特別の環境にある生命体をコードする方法についての刺激的な新しい理解をもたらしている。ゲノム学は既に述べたような実験を含んでおり、マウス系統の「リバース・エンジニアリング」は祖先の遺伝子機能の再構築を可能としている。そして、ちょうど宇宙学者が、何百光年も離れた宇宙の向こう側にある星から放たれた光を望遠鏡でじっと見つめるように、生物学者は自分たちの遺伝子をじっと見つめて、数十億年という進化の過去を遡って、遺伝子の古代言語を読み解いていくのである。

「進化は熱力学第2法則に逆行する」

熱力学第2法則は、系のエントロピーは常に増大していくと語る。エントロピーとはエネルギー分布の均一性の指標である。よって、エントロピーの増大は系における秩序の破壊が進むことに関係している。氷の溶解は典型的な例である。太陽を含む完全な熱力学的な系の中で、部屋が太陽によって暖かくなって氷が溶けてエントロピーの純増加がもたらされる。実際に宇宙の最終的な状態の予測の一つは、熱力学第2法則が最終的な決定権をもって、全てのものがずんずん遠くへ離れ、無秩序へと進んで、エントロピーがその極大に達して「熱死」するというものである。

この課題の背後にある懸念は、複雑さと秩序が増していくという点において、進化は「登り坂」のように見え、それは第2法則に反するというものである。しかし、もちろん系（システム）は、それ無しでは生命が不可能な太陽と地球の両者から来るエネルギーを含む全体として見なければならない。太陽からのエネルギーが、植物の中にあるクロロフィルという化学物質を用いて、細胞のエネルギーへと翻訳される光合成は典型的な例である。さらに、この惑星の溶融した内部からは、熱が地殻を通して常に放出されているが、また同時に海底の通気孔からも放出され、そのエネルギーによるエコシステムが豊かに営まれている。よって、ここで大事なことは、事実、系のエネルギーは、第2法則の式において太陽を含めて全体としては増大しているが、一つの系（太陽）では「下方」に働き、別の系（生命）では「上方」に働くということである。従って、熱力学第2法則とは何ら矛盾はない。

「恐らく、物事は実際にはもっと若いが、神が高年齢に見せて作られるのは、我々の信仰を試すためではないか?」

この質問、あるいはこれに類したものは、善意から来ている。全てのクリスチャンは、神を全能の創造者として信じている。では、なぜ神は、例えば1万年前に6日間というように、全てを突然出現させずに、高年齢に見えるように作られたのであろうか。ここで、この質問が善意から来ているというのは、この質問の目的が偉大な創造における神の力と威厳を強調していることから来ていて、全く賞賛に値するからである。

この質問を心に抱く者には、良い友人がいる。それは、「水族館」という言葉の発明者で、ビクトリア時代に最もよく読まれた博物学者の一人である、王立協会特別フェローのフィリップ・ヘンリー・ゴス（Phillip Henry Gosse, 1810~1888）である。ゴスはダーウインの手紙友達であり、彼が『種の起源』を書いた際に、カワラ鳩の細々な行動に関する質問に対応した。ゴスは、熱心なクリスチャンでもあった。彼の著書『水族館――深海の謎を解く（1854）』の中で、「自然科学は多くの有用な知識を教え、ある意味において神の存在へと我々を導くが、……それが我々を救いへと導く訳ではない。救いは、キリストの血と神の書かれた言葉によってのみなされる」と書いている[127]（伝記作家の要約の中で）。ゴスはかつて、「私は聖書を一方の目で見て、自然を別の目で見ることは出来ない。どちらも一緒に見る」と書いて、科学で活躍しているクリスチャンに模範的な助言をした。熱心なクリスチャンとして知られている訳ではないが、ステファン・ジェイ・グールド（Stephen Jay Gould）は、ゴスについての同情的なエッセイの中で、ゴスは「彼の時代のデイビッド・アッテンボロー（David Attenborough）」であると書いている。

ダーウインが「種の起源」発行を準備していた時、ゴスは全く異なった別の本――それは彼が書いた本の内で、完全に失敗であったと分かった唯一の本で、もっともこのことが主な理由で彼は記憶され、そして本書の中でも取り上げられているのであるが――を書いていた。種の不変性を固く信じていたゴスは、「聖書の宣言と地質学の結論」を一致させる学説を見出すことに、極めて楽観的であった。彼はギリシャ語で「へそ」を意味する『オムファロス』という本を書いたがそこでの中心テーマは、「アダムにはへそがあったか」とういう問いかけであった。ゴスは創造が文字通り6日間で起こったとは信じておらず（その後の彼の息子の主張に反して）、創世記の出来事が長期にわたるという解釈を好んでいた。にもかかわらず、その時代に多くの仲間の科学者が信じていたように、ヒトを含めてそれぞれの種は、神によって別々に創造されたと信じていた（ゴスの本は、ダーウインの『種の起源』が出現した1859年より以前に書かれたことは既に述べた通り）。

種の不変性と創世記の最初の章をそのまま直解的に読むことを信じるゴスの主張は、想像力を働かせない限り何もない。皮肉にも彼のこのような見解は、宇宙には始めと終わりがあり、その間に神の時間軸があるという理解を育んできた聖書の教えに反して、時間の非直線性の見解を受け入れることへと繋がっていったのである。ゴスは、全ての自然界のプロセスは循環して動いており、「……全能の神が、ある特定の生命体を創造することを提案したら、始めも終わりもない無限に回る円のように、その生命体の進路は神の考えに沿う」と主張した。従って、生物多様性を含めて創造の全ては、歴史の中で、ある瞬間に創造が実現する神聖な「ご裁可」を下される神の心の中にある。ゴスは、創造の劇的な瞬間に、「世界は、その後生命が長く存在する惑星の構造的な体裁を、瞬時に表した」と書いた。創造のメリーゴーランドは、笛が鳴るまで見ることは出来ず、鳴った途端、それは年輪を持った木として、背中に甲羅を持ったカメとして、またへそを持った人間として出現するのである。バートランド・ラッセル（Bertrand Russell）が後に、「神は、記憶と靴下の穴を含めて、2分前に我々全てを創ろうと思えば創ることができた」（『心の分析』の第9章で、はっきりさせた公けの主張）と述べたが、彼は確かにゴスのこの著書を読んでいたのである。

彼の時代の評論家が『オムファロス』について語る時、最も寛大な言葉は「独創的」という言葉であった。しかし、もっと一般的なものは、ゴスの理論は「信じるには余りにも奇怪だ」というウェストミンスター・レビュー誌によるものであった。ゴスのクリスチャンの友人たちの反応もはっきりしたものであった。彼の友人で英国国教会の聖職者であったチャールズ・キングスリー（Charles Kingsley）は、この素晴らしい理論は、神を壮大なスケールのペテン師に仕立て上げていると（キングスリーは、「君は、神がペテン師だとしている」と書いた）、かなりはっきりと指摘した。また、その本を読むことによる自分の子どもたちの信仰を心配して、この本を書いたゴスの意図が、懐疑論者たちに対して聖書を守るためであるとするなら、おそらく彼はそうしないであろうが、「たとえ1千ポンドを貰ったとしても、自分の子どもたちに彼の本を与えることはないであろう」と述べている。

ゴスの本は全く売れず、多くはパルプになった。この大敗の後、ゴスは科学論文を書く事に戻り、当時『オムファロス』は彼のキャリアを傷つけることはなかった。しかし、このことは、善意から出たものではあるが、科学的にも神学的にも未熟な着想による性急な主張が引き起こす結果について、注意深くあるようにとの警告として記憶されるであろう。何故なら、キングスリーが正しくゴスに反対している通り、もしも神が、実際には全てのものは僅か数千年の年令であるが、木の年輪、氷床コア、順序よく並んだ堆積岩の中の化石、そして我々の中にある遺伝子化石の全てを、完璧に高年齢の姿で作るとしたら、このことは神を壮大なスケールのペテン師としてしまうからである。それは、出生証明書と、家族写真、それに最初の歯を後ろのポケットに入れて、神がアダムを瞬時に作り出したようなものである。だが、我々クリスチャンは聖書から、「主は岩、その御業は完全で、その道はことごとく正しい。真実の神で偽りなく、正しくてまっすぐな方」（申命記32章4節）、「神は人ではないから、偽ることはない」（民数記23章19節）神を信じている。

実際には年取っていないのに、あたかも年取っているかのごとく創造されたのは、神が人間を欺くためであるという考えは、神の本性は誠実であるという聖書の理解を損なう可能性があり、また科学活動にとって危険である。もしも神がある分野で欺くとすれば、他の創造された秩序のいずれかでも欺いているのではないかという疑問を生む。もしそうだとすれば、如何にして科学をすることができるであろうか。科学活動は、物の性質やエネルギーの創造、展開、維持における神の誠実さに完全に依存しており、このことによって「法則」と呼ばれるこれらの性質を記述する一般的な原則を見出すことが期待出来るのである。創造における神の誠実さの故に、物の性質の再現性を期待することが出来、実験を繰り返して行って、（望むらくは）同じ結果を得ることができる。このような確信がなくして、科学自体は成り立たない。事実、我々の研究結果は信頼できるものであり、自然界の原則には一貫性がある――つまり、神は我々を欺いていないのである。

このように、この項の冒頭で述べた質問は、一見純真なように見えるが、よく考えて見ると、その科学と信仰の両者において、潜在的に憂慮すべき意味合いを持つものである。

「半眼は役に立つか？」

以上述べてきたように、進化論の重要な特徴は、逐次的自然選択のそれぞれの段階で好ましいとされた遺伝子が、その集団でより多くなって新しい性質が出現することにある。このことは、我々の体において今日の構造的な正確さを持つものへと多くの段階を経て到達した、複雑で多くの部品からなる眼のような器官に対して、どのように適合されるであろうか。半眼は役に立つのであろうか。他の複雑な器官についても同様であるが、眼は代表的なものであり、ダーウィンも気にかけていたことから、このことについて考えてみたい。

「半眼は役に立つか」という質問に対する最初の答えは「大いに」ということになる。光と闇の世界では、環境に対する認知を増大させる全ての感知システムは、自動的に生存と繁殖成功に大きな影響をもたらす。捕食動物の接近をぼんやりと見える方が、全く見えないよりも、好ましいことは明らかである。視力に欠陥がある人は、目が見えない人と比べて、限られた視力——素晴らしい利点——にきっと感謝するであろう。

加えて、進化プロセスのいろいろな段階を代表する眼を持つ生命体に多く基づいて、眼がどのようにして進化してきたかについての理解が進んでいる。

多くの単細胞生命体は、眼点として知られる感光性細胞のまだらをその表面に保有している。例えば、ユーグレナ（*Euglena*）——光合成をする単細胞鞭毛虫（クロロフィルを保有するので植物のように緑色をしている）——の柱頭は、光感知システムの役割を持っている。これによって、光合成をするために、光源へ向かってユーグレナは移動する。

感光性細胞の群を細胞表面に保有することの欠点は、光の存在については感知できるものの、光の方向についいてはそれ程には認識できないということである。次の進化プロセスは、表面に窪みを作って、そこに感光性細胞のまだらを収めることによってこの問題を解決した。感光性細胞の内側に並んだそのような「コップ」によって、光の方向に応じて、ある細胞は他の細胞よりも多く受光できるようになったのである。このような「奥目」は、カンブリア紀までには既に進化しており、いくつかの古代の巻貝や、プラナリアのような淡水性扁形動物に見ることができる。プラナリアはクロロフィルを保有していないので光合成をする必要がなく、実際、奥目を使って光から遠ざかって移動する。奥目は色素が濃く沈着した網膜細胞を保有しており、それによって、感光性細胞が、光に対する一つの開口部を除いて、全ての方角からの光へ晒されることを防いでいる。

幸運にも、現在生きている軟体動物から、目の進化プロセスの主要な段階の全ての例を見ることができ、それによってこれらの段階を詳細に調べることができる（図10を参照）。カサガイは、前に述べたような単純に引っ込んだ形の目を保有する、動きが非常に遅い軟体動物で、岩の上で生活する。未発達の「目」に影が落ちると大きな影響を及ぼし、カサガイは信じられないほど強い力で岩にしがみつく。

「色素コップ」は、割れ目型の殻を持つ軟体動物であるオキナエビスガイ（*Pleurotomaria*）において増大し、さらには、海洋において繁栄したが現在では大部分が消滅している古代アンモナイトの生きた例で、浮上する巻いた殻を持つオウムガイ（*Nautilus*）に見られる旧式の「ピンホール」カメラにおいてさらに増大する。ピンホールの目は、ウニ（*Haliotis*）のような海洋性巻貝においても見ることができる。ピンホール式の目には、角膜も水晶体もなく、分解力も小さくてぼんやりとした像しか見ることができないが、それでも初期の眼点からは大きな進歩である。

進行する目の進化歴史の中で、感染症から守り、かつ栄養を与えるため、開口部を覆うようにして透明な細胞が成長し始めた。やがてこれらの細胞は、その間に液体を含む2層へと分化した。その液体は、当初は酸素、栄養、そして水を補給するための循環液として機能していたが、固体と液体との間の界面数の増加に従って光力を

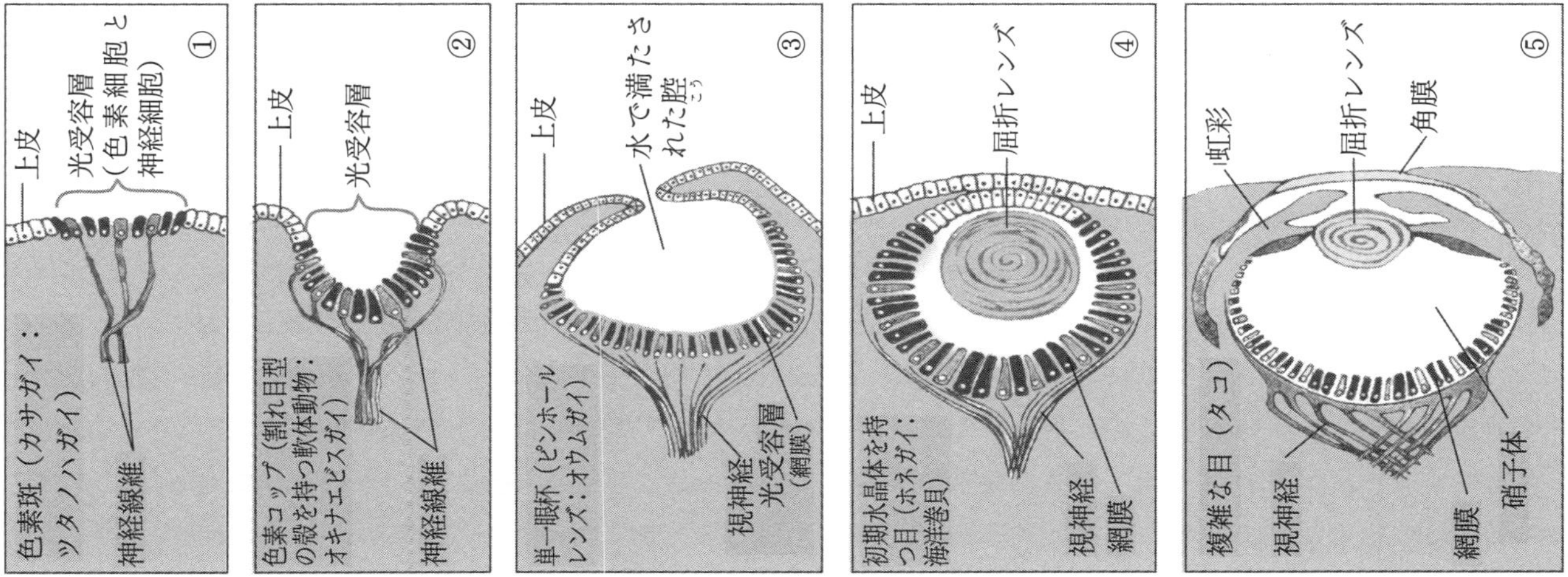

図 10　現存の軟体動物の眼；最も単純な目は、カサガイで見られ（①）、いくつかの色素細胞と典型的な上皮（皮膚細胞）からのみなっている。割れ目型の殻を持つ軟体動物は（②）、わずかに進歩した器官を持っており、コップの形をした色素細胞からなる。オウムガイとホネガイにおいて、複雑さが増す（③、④）。さらにタコにおいて複雑さが増して、人の目の構成要素をほとんど含む（⑤）。
(National Academies PressPress, Ccpyright 2007 の転載許可を得て、F. J. Ayala, *Darwin's Gift to Science and Religion* から引用。)

増して、より広い視角と解像力を可能にしていった。上皮細胞層が発達し、海洋巻貝であるホネガイ（*Murex*）に見られるような、クリスタリン蛋白質（後述）を取り込んで水晶体となった。水晶体が導入されたことによって、屈折力が著しく増加し、不活性な物質であるクリスタリンは、目を良い状態に維持するための「維持費」を減じる。

やがて水晶体は、角質と虹彩として知られる二つの特殊化された層へ分化し、開口部がより多くの光を取り込むため、再び広くなっていき、それにつれて、角質は外側の覆いとなって、古いピンホールは取り残されていった。これがタコの目であり、角質、虹彩、水晶体、網膜、視神経、及び水晶体と網膜感光性細胞との間を満たす房水（血漿と同じアルカリ性液体）からなる、屈折力が増加した、基本的に我々自身の目と同じ図面になる。タコの目は、我々の目と異なって「盲点」がない。我々の目は、神経線維が眼窩の内側に集められており、視神経は脳に到達するために網膜を横切る必要がある。このことによって、小さなギャップができるが、実際には脳が失われた情報を簡単に埋めてしまう。しかし、タコにおいては、神経線維と視神経は眼窩の外側に集められているので、もっとスマートに網膜を横切らなくて脳に達することができる。このことは、我々の器官が時としてそれ自身の特異な進化歴史を、いろいろな方法で反映していることを示す良い例である。

図10は、脊椎動物に特徴的なカメラ様の目の進化に関するものについてのみ示したが、カニ類や別の多くの動物による複眼は、やや異なった進化の段階を進む。また、図10に示す順番は、これらのうちのいくつかの種は並行的な進化の過程の中にあるので、ある種から別の種への直接的な順番を意味するものではない。一連の軟体動物において重要なことは、「半眼」、そして事実「四分の一眼」、「10％の眼」——これらは強い選択の圧力の中で進化してきた——が、動物において著しい利点をいかにして持つことができるかを示すことにある。事実、目は大きな利点を授与することができるので、まず最初に、高々数百万年というかなり早い速度で（進化時間で見る限り）進化してきた。数学モデルによれば、タコの目のようなものを完全に進化させるためには、40万世代の間に2千段

階が必要であったことが示唆されている。懐胎期間を1年と仮定すると、目が原始的な初期から進化するためには50万年を越えることはなかったであろう。[128]

また、目の進化は、「ガレージのがらくた」現象——概念的には前適応と同じで、もっと正式の用語を用いればコ・オプションとして知られている——のいくらかの良い例を提供する。通常、「コ・オプション」という用語は分子において、また、「前適応」は形態（体型と体制）において用いられるが、両者は、新しい機能を実行するために、以前から存在した実体を進化の過程において、取り込むことを指す言葉である。目の水晶体を作り上げる結晶性蛋白質は、コ・オプションの素晴らしい例を提供する。主要な因子であるように見える分子それ自体ではなく、水晶体の中で蛋白質の濃度勾配になっているので、多くの異なった蛋白質が水晶体蛋白質として機能することができる。このことは、進化歴史の間になされる取り込み（コ・オプション）には、風変わりな蛋白質を含めて、あらゆる種類の蛋白質が関与していることを意味する。ヒトの目の水晶体は、他の脊椎動物と同じように、細胞をストレスから守る蛋白質の非常に豊富な群の一つである熱ショック蛋白質に極めて類似したα-クリスタリンを含んでいる。α-クリスタリンをコードした遺伝子はほとんど確実に遺伝子複製によって生じる。ワニばかりではなく、幾らかの鳥は、ε-クリスタリンとして知られる別の形のクリスタリンを使用している。この蛋白質は、運動で筋肉に生じた乳酸を代謝する際に重要な役割を果たす乳酸脱水素酵素という別の名前を持ち、十分に確立された機能を持つ。鳥や爬虫類の普通のクリスタリンは、別の重要な代謝酵素であるアルギノコハク酸リアーゼである。この種の例は、まだたくさん上げることができるが、用語学では迷路に入り易い。ここで強調したいことは、体のシステムは、「ゲノムのガレージ」の中で既に散らかっているガラクタを用いて、しばしば進化するということである。仕事を上手く行うために一旦積み込まれると、新しい遺伝子を進化させる必要はないのである。そしてまた大事なことは、Pax-6が、扁形動物から脊椎動物まで、全ての種類の目の発達を制御する鍵である「マスター遺伝子」ということである。この遺伝子や他の調節遺伝子が一旦配置されると、それらは再び進化を続ける必要はなく、目を作るためのレバーを引いたり、スイッチを押したりするために利用される。

さらにこの後で、進化が、比較的限られた数の可能な経路の流れに沿った、高度に組織化され、かつ律せられたプロセスであるという事実を強調しながら、独立した個々の系統において、目がいかにして何度も進化したかについて見ることにする。

「もしも進化が正しいのであれば、神は御言葉で単純にそう言って下されれば、このような議論は不要だった」

我々が知らねばならない全てのことは聖書のページに含まれているという考えに、事実、心が惹かれる。そしてもちろん、我々の救いと、キリストにおける成長のためには、全くその通りである。筆者がトルコを旅行している列車の中で、イスラム教徒と喋っている際に、彼らが、一般相対性原理、ビッグバン宇宙論、遺伝学、そしてその他諸々を含めて、事実上全ての科学はコーランのページに含まれていると断言する場面に数多く出合わせた。筆者はコーランの関係する箇所を調べてみたが、科学のそれらの側面と関連しているという彼らの主張は、到底説得力があるとは言えないと言わねばならない。

しかし聖書の目的は、ある特定の事柄について知りたいと思うことを告げることではない。17世紀のピューリタン司教ウイルキンス（第2章で引用）は、まさにそのことを指して、「もしも聖書は、意図されたあの目的のために、完全であることで、我々が満足できるのなら」それの方がよく、そして「それを、我々自身の精励と経験によって見出される自然の道理の裁判官にまで拡大しないことである」と語った。神は、神の創造について調べ、理解する心と能力を、神の賜物として我々に与えた。子を愛するどのような親も、皿に盛って子どもが必要とする全ての知識を与えることはしないが、子どもの教育を続けて、彼らが自分自身で世界を調べ、発見することを期待する。
もしも神が、自からの創造について、神学的ではなく、科学的に説明することを選んだとしたら、いずれにしてもそれは誰も理解出来ないし、また、聖書も現在よりは、約10倍は大きくなるであろう。大事なことは、我々の科学的理解が成長してきたのはごく最近であり、科学は新しいデータが出現するので、常に陳腐になっていくが、一方、神の救いについての啓示はいつもあるということである。同時に、もしも聖書が創造についての科学的理解を詳細に伝えようとするなら、神の人類に対する救いのメッセージは、完全に見失われてしまうであろう。地球と人類の創造についての目的を、あのように圧縮された優雅な神学的言葉で表現することによって、神は、救いのために必要なことに我々がまずしっかりと集中できるように取り計らったのである。まさにウイルキンス司教が語ったように、残りのことは自分で見出すようにと、神は人類に残したのである。

「恐らく神は特別な行為で原始のものを作り、それから、今日我々が見る、種の多様性を生みだす急速な進化が起こったのであろう」

地球はおよそ1万年前に創られて若く、その後に多くの異なった「種類」の動物が個別に創られたと信じる人たちは、今日の多様性と、若い地球創造論者たちが描く、牧歌的で、力によらない堕落以前の世界においては、不必要であったであろう明らかな捕食構造の両者について説明しなければならない。
皮肉にも、若い地球創造論の創始者であるヘンリー・モリス（Henry Morris）は、そのような構造を説明するために、主流の進化生物学者が述べるよりも遥かに速い自然選択による進化の形式を信じなければならないことになった。自然選択による進化が何百万年かけても複雑な器官を作り出すことができないと主張することによって、攻撃と防御の複雑なメカニズムが僅か数千年の間に進化出来ると信じなければならないので、彼の主張は、全く混乱に導くものであった。例えば、ホソクビゴミムシは、有毒な防御液体を爆発的に噴射する緻密な化学メカニズムを決して進化させることは出来なかったと主張したので、若い地球創造論者たちは、牧歌的なエデンの園でなぜそれが必要だったのか、もしもそうでなければ、もちろん、堕落の後に自然選択で進化したことを説明しなければならない。

そのような筋書きにはいくつかの重大な問題がある。穏やかに言えば、まず最初に、年代決定の方法は化学と物理学を支配する同じ法則や原理に基づいているので、今日の年代決定方法の否定は、今日のこれらの学問を否定することを意味する。放射性同位元素による年代決定もガン治療で用いられる放射性同位元素も同じ物理学に依存しており、年代決定に使用される科学を一方で否定しながらも、健康に有用なものは保持することは出来ないのである。

話題を関連する生物学に向けると、このように夥しい生物学的多様性を、この短い時間に生み出すメカニズムは、単純に言って無い。この地球惑星には現在、既に述べたように、推定して900万を越える異なった真核種が存在している。[129]従って、いかに多くの「種類」を作りたいと思っても、(例えば)1万年の間に86万の進化する昆虫の種を持つことはできない。前述の「非常に速い種形成」の例でさえも、ビクトリア湖のシクリッド魚の別種形成で400万年、[130]目の進化で50万年の期間を示唆しているのである。また、1万年を遥かに越える、ヒトを含む既知の種からの古代DNAサンプルを多く保有しているが、[131]もしも若い地球創造論者たちが正しいとすれば、膨大な量の新しい多様性を生みだすために必要であろうと予測される急速な配列の変化のようなものを示す遺伝子記録の証拠があるはずだが、ない。最近、保存されていた70万年前の馬のような先祖の脚の骨から全ゲノムが抽出され、配列が決定された。現存の馬のDNA配列との比較によって、最も現代に近い馬の共通の祖先は、1万年前よりもはるか昔の、約400~450万年前に生きていたことが推定されている。[132]

従って、非常に若い地球の考えに固執することは、基本的に現代科学の全部を放棄することに繋がる。もしもクリスチャンがそのような袋小路に陥ったなら、それは、最初に戻って再度やり直す時であり、創世記の冒頭の数章に戻る良い瞬間であろう。

第7章　では、創世記は？

ある人々は、創世記の最初の数章は、これまでの章で描いてきたような進化の筋書きと一致しないと信じている。この章では、本書の最初の部分で既に紹介した聖書解釈の一般原則を用いながら、そのような確信が正しいかどうかについて考えてみたい。このことに留意しながら、アウグスティヌスの思慮に富む次の言葉は、熟慮に値する。

ぼんやりとして我々の視力が届かない事柄において、それが聖書の中で取り扱われている場合であっても、我々がこれまで受けてきた信仰を損なうことなく、別の解釈をすることは、時として可能である。そのような場合に、もしも真実の探索のさらなる進歩がそのことを正当に損なっているなら、我々もまたそれと共に倒れるので、我々は軽率に急いで一つの側にしがみつくべきではない。それは聖書の教えのための戦いではなく、我々のものが聖書の教えに一致することを欲するべきであるのに、聖書の教えが我々のものと一致することを欲する我々自身のためである。(133)

前置きとして、二つの点を強調しておきたい。まず第1に、神の言葉の権威の優越性である。筆者個人は、信仰と行いの全ての事柄において、聖書を最終的な権威として受け取っている。13歳でクリスチャンになってから、常にそうであった。筆者にとって神の言葉は、物事における最終的な命令である。もちろん、我々の聖書解釈は自己の教会独自の伝統に影響されるが、どの方向から来ようが、他のどのような権威の下にも置かれるものではない。筆者の生物学研究のコミュニティでの全40年間に渡って、そのような疑いを持つ理由に出会ったことは一度もない。

第2に、現代科学は聖書の記述に光を当てるかも知れないが、両者には微妙な違いがあり、聖書の記述を解釈するための道具として、それを用いてはならないということである。実際、筆者は、リアリティの別の側面を研究する別の学問に関する論文よりも、科学論文の方が優れた真実を提供していると間違って仮定し、古代文書をあたかも科学の教科書のようにしてモダニストの目で読む人たちを批判してきた（2章）。同様に、現代科学の発見の詳細を創世記1~3章と調和させようと試みる「調和主義者」の解釈は、助けにならない。これは神学的な文書であり、そのようなものとして、それ自身の規範の中で取り扱われるべきものだからである。

従って、創世記についてのここでの議論の目的は、進化論の方向からの「問い合わせ」に対して、聖書が如何に答えているかを見るためでは全くなく、創世記の記載を、聖書の他の部分との文脈、またそれが古代近東の文化の中で書かれた文脈の中で、我々が理解することにある。このような理由から、ダーウィンよりも何世紀も前に、創世記について書いた聖書学者たちについても言及する。なぜならこうすることによって、19世紀の後半に、進化論が保守的な聖書学者に（総てではないが多くに）、そして教会にもっと広く受け入れられるようになって聖書に加えられた新しい解釈ではなく、昔からのクリスチャンによって取られた解釈の立場を見ることを確かなものにできるからである。

創世記1～2章――より広い文脈において(134)

聖書の特定の記述箇所に直行する前に、まず、その箇所を文脈の中に置くことはよい考えである。創世記は、いくつかの家族に関する記事である。つまり、人格を持つ神として神を知っており、かつ拝む者たちによってなりたっている神の最初の家族についてであり、そしてまた、同じ契約関係の中で、神によってつき従うように呼び出された別のいくつかの家族に関する。

創世記の構造はいろいろな方法で理解できるが、この記事の全体の目的を指摘するとき、それらは全て有用である。構造の一つの目立った特徴は、「これらは子孫である」、「これは家族の歴史である」、または「これが説明である」と翻訳することができる、ヘブライ語の *elleh toledot*（以下、トレドスと略記する、［系図］のこと）という用語が11回出てくることである。通常、この言葉の後には、記載しようとしている家族または世代の鍵となる代表人物の名前が続く。例外は、「これが天地創造の由来である」と記載された創世記2章4節である。このことから、ある解説者は、このトレドスは、先に起こった創造を遡って説明することと指摘している。しかし、この定型句は、創世記の残りの部分についての導入として明らかに用いられており、創世記2章4節においても、そのように取ることが最も安全であるように思われる。それは、「天と地によって何が創られるかを記述したに違いなく、それら自身が如何にして創られるかを記述するものではない」のである。(135) トレドスの定型句が使用されている残りの10の箇所は、以下の通りである（括弧内に紹介する家族の名前が示されている）――5章1節（アダム）、6章9節（ノア）、10章1節（ノアの息子）、11章10節（セム）、11章27節（テラ）、25章12節（イシュマエル）、25章19節（イサク）、36章1節及び36章9節（エサウに対して二度用いられている）、37章2節（ヤコブ）。よって、創世記の構造が、後に続くトレドスの定型句で紹介される、それぞれ長さが異なる10のエピソードのプロローグ（創世記1章1節～

2章3節）であることに気づく。これらのトレドスに関わる部分は、恐らくは、もともと別々の家族歴史として保有されていたものが、創世記の一つの記載の中に一緒に取り込まれたものであろう。このことは、創世記5章1節「これはアダムのトレドスの書（*sefer*）である」の言葉によって強く示唆される。

創世記は読者を、アブラハムを召命することになる神に紹介し、さらに、偉大な家父長の物語から、旧約聖書の残りの部分でイスラエルの歴史の記事へと導く。創世記1～11章における原初史は、創世記12章以降で詳細に述べる、自分の民への神の契約目的を理解するために欠く事ができない背景である。神の誠実な契約的約束は、この記事の偉大なテーマを理解する鍵を提供する。

創世記1章1節～2章3節はどのような種類の文書か？

創世記1章をいかに解釈するかは、読もうとしている文書の種類についての我々の考えと、聖書の他の部分でその箇所が如何に取り扱われているかに、明らかに大きく影響される。何世紀にも渡って、精密で正確な意味を見出すための夥しい試みがなされてきた。しかし、この章は、聖書の他のどの箇所とも明らかに異なってユニークであり、本書の2章で既に述べた理由から、一般化された文学ジャンルに押し込もうとする試みは、恐らくそれほど助けにはならないであろう。それは、現在我々が科学文献という用語について理解するところの科学文献とは明らかに異なる。聖書の他の記載が科学文献でないのも同様である。言葉の現代的、科学的理解を、そのような文献が存在さえしていなかった時代のいかなる古代テキストに押し付けようとしても、それは全く不適切である。

創世記1章は、詩的な共鳴を持っており、共同体の礼拝で讃美歌として用いられていたかもしれないが、ヘブライ語の詩文でもない。それは、誰かがそこに居合わせて記述することができる以前に起こった創造の出来事を記述したもので、決して通常の意味での歴史ではない。テキストの中に多くの内観があり、以下に考察するように、そこに書かれている言葉は比喩的に捉えられなければならないことが示唆される。「高尚な散文」が、これまで創世記1章のために使用されてきた用語である。当時近東において支配的であった、多神的神々と著しい対照をなしている、唯一の真実な神の明確な創造の性格を述べる鍵テキストであることから、「神学的エッセイ」、さらには「神学的宣言」という用語も使用されている。創世記1章は、実に、聖書の残りの部分全体の基礎をなしており、これらの節で現されている神は誰であるかを理解することなしに、聖書の残りの部分のメッセージを捉えることは不可能である。

創世記1章は、神が神聖な言葉を用いて、空から秩序をもたらしたことを我々に告げる。創世記1章2節において、*tohu vebohu* ――「形もなく、何もない」あるいは「混沌として、空虚」という状態を強く表現するヘブライ語――の状態にある地から始まる。これらの言葉が旧約聖書の他の箇所で使用されるのは、イザヤ書34章11節で、「主はその上に混乱（*tohu*）を測り縄として張り、空虚（*bohu*）を錘として下げられる」、またエレミヤ書4章23節で、「わたしは地を見たが、それは形がなく（*tohu*）、またむなしかった（*bohu*）」の箇所である。創世記1章で *tohu vebohu* は、連続した6日間の神の創造の行為がそこから始まった「基線」のようにして働く。この章の残りの部分は全て、非常にきつく命令されている。また、英語の翻訳ではあまりはっきりとはしないが、ヘブライ語では明確に分かる方法で、テキストがある数字の周囲で完全に組み立てられており、全ての言葉が数えられた、文学的に細やかな構造になっている。(136) しかしヘブライ語の読者にとって、テキストの構造は、*tohu vebohu* と記述された無秩序（disorder）の状態から、まさに「命令する (order)！、命令する (order)！」[訳注11] と叫ぶことであった。(137)

日時それ自体は、創世記の解説書を使用する人は誰でも知っている文学的構造を用いて表されているが、完璧さを期すためにここで繰り返すことは有用である。この構造において、1日目から3日目まで *tohu* の問題に取り組んで、新しく創造された秩序の一般的な形を提供する。次に4日から6日まで *bohu* の問題に取り組んで、この創られた異なった形を各種の素晴らしい植物や動物で満たした。この「形と充足」の構造は以下の通りである。

地球は

tofu（形がない）――形が創られた　　bohu（空）――充足が創られた

第1日――・光と闇の分離　　第4日――・昼と夜を支配する光（太陽と月）の創造

第2日――・水を分けて空と海を創造　　第5日――・空と海を満たす鳥と魚の創造

第3日――・乾いた陸地から海を分離・植物の創造　　第6日――・陸地を満たし、植物を食べる動物と人間の創造

第7日――・大地の創造が完成して、神は休息した

創世記1章における「日」という用語が比喩的に使用されていることは、説話として作られたこの箇所の文脈と、聖書の他の箇所でどう扱われているかを見る時、その両方から明らかである。現代科学以前の何世紀にも渡って書いてきた、初期のユダヤ人やクリスチャンの解説者たちも、これらの日は比喩的に解釈すべきであると説明している。これら昔の著者を引き合いに出すのは、彼らの神学的な主張が必ずしも正しいからではなく――実際にはそれからほど遠い――、現代科学が現れるずっと以前に、聖書の原句に取り組んでいた例を提供するためである。

例えば、ユダヤ人の哲学者であり神学者であるフィロン（Philo: BC15頃~AD50頃）は、イエスやパウロと同時代人であるが、確かに創世記はモーセによって書かれた神の聖なる言葉であると信じていた。しかしフィロンは、神は、これらのことの全てを瞬時に創ったのであり、よって6日間にわたる創造は、モーセが神の創造が秩序だって行われたことを説明するための方便を提供したのだと教えた。アウグスティヌス（Augustine: AD354~430）やオリゲネス（Origen: AD185頃~AD254）のような初期のクリスチャン解説者も、創世記の前段部では、比喩的な言葉が使用されていると読者に説明した。オリゲネスは、このことを、次のようにはっきりと指摘している。

第1日目、第2日目、第3日目に、太陽も月もない状態で朝と夜が存在し、しかも第1日目には天もない状態であることについて、知識ある人はどう思うか、私は訊ねる。神が農夫のやり方で「エデンの東の方の園で木を植える」ことを信じるほど馬鹿なことはあるであろうか……。これらのことが、歴史を装ったある種の奥義を示す比喩的な表現であることを疑わない人はいないであろう。(138)

オリゲネスは、意味を理解するために文脈を用いるという、どの聖書解釈者も取るべき原則をここで用いた。太陽と月という「大いなる光」が第4日まで作られていないので、これらの日は、通常の24時間を指すのではなく、よって、この用語は比喩に違いないと、オリゲネスは明確に推論したのである。
最終版が紀元401年から415年の間に出版された、『創世記の字義的解釈』と題する評論の中で、(139)アウグスティヌスも創世記の日について、はっきりと比喩的な解釈を採用している。事実、創造の厳密な時間配列と24時間という日の観点で解釈される「逐語的」という用語を見出すことを期待して、この書に来た21世紀の読者は驚かされるであろう。それどころか、アウグスティヌスは、神の創造活動を二つの異なった側面を持つものと見なしている。

……ある仕事は、彼が全てを同時に創造された目に見えない日に属しており、また別の仕事は、言わば始原の包袋から時間を追って進化するものはどのようなものでも日毎に作り出す日に属している。[140]

アウグスティヌスの説明の中の「見えない日」とは、創世記1章に書かれた日であり、彼の理解によれば、時間軸に沿ったものではなく、同時に成された神の創造行為の全ての一覧のようなものであった。そして次に、この一つの行為は、やがて全ての多様な創造された秩序を生み出した。もちろん、アウグスティヌスが「進化」と翻訳された言葉を用いるとき、現代科学の意味として取るべきではない。アウグスティヌスは、創造された秩序の潜在的可能性の全ては、神の一撃によって作られた「始原の包袋」の中に網羅されていることを確かに信じていたようである。

創世記1章の解釈について、ジョン・ウォルトン（John Walton）は、彼の著作『創世記1章の失われた世界』の中で、興味深い示唆を与えている。[141] ウォルトンは創世記テキストを近東文献の枠組の中で見ることを強調しているが、それは有益である。彼は、古代宇宙論は機能（function）指向であり、よって創世記1章を一連の有形物の創造というよりは、機能の創造として捉えるべきだと語る。創造の記事は、*tohu vebohu* という語句によって典型的に表される非機能性（non-functionality）から始まり、第1日から3日目にわたる神による機能（functions）の確立、さらに第4日から6日目にわたる機能に仕える者（functionaries）の投入へと続くが、それは上述した文学的な経過の構造に適合するパターンである。機能と機能に仕える者の創造は、「聖なる空間」――創造された秩序自体、つまり、神の神殿として描かれた神の主権のもとにある宇宙――で行われた。ウォルトンが述べる通り、「……神殿は、古代世界では、神が神の規則の中心を持つことができるように造られている」。[142] 従って、彼によれば、創世記1章の7日間は、7日間にわたる神殿の落成を指す。世界を宇宙神殿とする考えは、現代化学の創始者であるロバート・ボイルが1663年に、「では、世界を神殿と仮定すれば、人間はそこにおいて司宰する祭司であると推察する。

従って、被造物の長子として、彼自身と全被造物のために、創り主に感謝を捧げ、誉め讃える義務を負っている」と書いた中に既に見られ、それを反映したもので興味深い。

創世記1章の比喩的かつ神学的理解は、ボイルからの引用が示唆するように、17世紀に全くなかった訳ではないが、少なくとも14世紀までは、ユダヤ人とクリスチャンの両方の解説者の間で支配的なアプローチであった。20世紀になって初めて、モダニストのテキスト解釈が起こるに連れて、特に1章で見てきたように、ヘンリー・モリスのような評論家の著作において、その記載があたかも現代科学の言葉で書かれているかのようにして解釈する傾向にあることが分かる。

創世記のテキストに戻るが、これらの説話の文脈の中で「日」という言葉が異なって使用されていることに気づく。1章5節で神は、光を「日」[訳注12]と名付けたが、24時間の日を意味するものではないことは明らかである。その後、2章4節で「これが天地創造の由来である。主なる神が地と天を造られた日」[訳注13]と続くが、ここで日と訳されたヘブライ語の *yom* は、1章のそれと全く同じである。よって、この場合の「日」は、1章で記載された神の創造行為の全てを振り返って指している。

またしばしば気づくことは、第1日目から6日目までは、「夕べがあり、朝があった。第○の日である」という言葉で終わっているが、神が休まれた第7日目には、この言葉が無いことである。このことが何を意味するか、イエス自身も、ヨハネによる福音書5章17節の安息日の癒しについての批判に対して「わたしの父は今もなお働いておられる。だから、わたしも働くのだ」と、反論することで示している。つまり、イエスは第7日を、創造における神が成した全ての業を指して、比喩的に解釈しているのである。イエスは別の箇所で、「安息日は、人のために定められた。人が安息日のためにあるのではない」と語っている（マルコによる福音書2章27節）。創世記1章における第7日目の核心は、宇宙を維持するための働きを、神が実際に休んだことにあるのではなく、イエスが指摘しているように、人間は肉体的にも精神的にも新たにされた状態を維持するためには、週ごとに労働から休む必要があるということである。6日間働いてその後で1日休養するという創世記のパターンは、我々のためであって、神のためではない。つまり、安息日原則は、我々の健康で幸せな生活のために本来備えられ、かつ必要なものであり、「能動的休息」概念――自分の時間を創造的に用いる――を、導入するものである。神の似姿に創られた者として、我々が従うべきパターンを神自身が用意して下さったのである。日や月や年と異なって、労働と休養の週ごとのサイクルパターンは、太陽と月の特殊な物理学的サイクルに基づくものではなく、我々の日常生活パターンのために、聖書によって特に現されたものである。このことは、確立された定期的な休息のシステムがそれ以前にはなかった世界への、聖書からの偉大な贈り物の一つである。

創世記1章の言語の使用が、例えば文脈の中の「日」という単語の意味のように、比喩的性格を持つことを強調してきたが、説話の比喩的性格を全体として、さらに強調している人たちがいることも指摘しておきたい（この場合、「全体」とは創世記1章1節~2章3節を指す）。このことは、例えば、この記事が神殿の機能の落成を指しているので、なぜジョン・ウォルトンが、創世記1章の日を、24時間の文字通りの日として見ることができるのか、その理由を与える。若干異なった見方として、ベルファストのユニオン神学校のスティーブン・ウィリアムズ(Steven Williams)は、説話全体が比喩的なので、全体として取られるエッセイの文脈の範囲内で、日は通常の24時間として完璧に受け入れることができると示唆している。[143] これに類似するものとして、良きサマリア人の譬えのようなテキスト箇所があげられよう。ここで述べられているエリコとエルサレムは、その間に道が通っている実際の場所であるが、記事そのものは、地理学ではなく、明確に神学的である。このように記憶に残る比喩的説話の枠の中で、創造者としての神について、神学的な真実を提示することによって、霊に導かれたテキスト（1章で既に紹介したカルヴァンの言葉を借りると）の読者に、神が、神自身を適合していると、ウィリアムズは示唆する。その示唆は、創世記1章が、譬えであるということではなく（文学ジャンルは別である）、言語の使用が、譬えで使用される場合と同じように働いているというだけのことである。

そのようなアプローチは、出エジプト記20章11節（及び31章17節「これは、永遠にわたしとイスラエルの人々との間のしるしである。主は六日の間に天地を創造し、七日目に御業をやめて憩われたからである。」）を理解する上で助けになる。ある人たちは、「六日の間に主は天と地と海とそこにあるすべてのものを造り、七日目に休まれたから、主は安息日を祝福して聖別されたのである」を、創世記の日を文字通り24時間と解釈すべき「証拠テキスト」のようなものとして引用している。しかしこのことは、イスラエルの民がそのような教えを文脈の中でどのように理解したかという疑問に直に結びつく。彼らは、それが家族の全てと共に、週ごとの7日目に休息を取ることを、意味することは確かに知っていたが、創造者としての神と関連付けた教えについて、彼らがどのように思い描いていたかについては、我々は正確に知らない。もしも彼らが、創世記1章の教えを、ウォルトンが示唆するように、宇宙の神聖な空間の中で一連の機能の創造として捉えていたとしたら、神が7日目に休息したことは、確かにこの記事の主要な特徴であり、21世紀に議論されているような、起源に関する問題とは何ら関係がないであろう。一方、ウィリアムズが示唆するやり方で彼らがこのテキストにやってきたなら、神が、自身の「主要なメッセージ」の枠を、当時の読者層に容易に理解されるものへと適合させたので、全てのものが通常の6日間で創られたという「背景情報」として、結局は受け入れたであろう。しかし、神が休んだのだから、7日目に休んだ方がよいという「オチ」を彼らが見逃したなら、もちろん彼らは、全てのことを見逃したのである。常にそのような議論では、我々の心は科学と技術に強く影響された文化の中で形成されており、元々そのことを聞いた者には恐らく起こることさえなかった一連の質問や仮定を持って、我々がテキストに来ることを意味することを、肝に銘じたい。

このことは、現在の時間管理と時系列に対する思い入れ――これらは西欧社会における比較的最近の興味であり、そして多くは産業革命の結果である――にかなりはっきりと見ることができる。しばしば聖書の著者は、時系列とはほとんど関連性を持たせずに局所的なやり方で物事を組み立てる。代表的な例は、創世記の説話そのものの中にある。2章4節以降での2番目の創造説話は、アダムを最初に創って――この理由は次に記す――、創世記1章の順番を完全に逆にしたに過ぎない。列王記下13～14章に記されたヨアシュ王の歴史は、別の興味深い例である。列王記下13章10～13節は、「邪な王」ヨアシュの簡単な略歴を提供しているが、13節までに彼は既に死んで墓に埋められているのである。しかし、まさにその次の節で、ヨアシュ王は再び飛び出して、病の床にあるエリシャを訪問している。実際、13章13節の記録された死と14章16節の再び記録された死の間に、ヨアシュについて、またヨアシュが行ったことについて、11回言及がなされている。このことは、13章13節の後にヨアシュが復活させられ統治を続けたことを意味するのであろうか。そうではなく、10章10～13節は、このあとに続いて起こることの主要な記事を読者に準備する、我々が呼ぶところの要約（あるいは、別の言葉で言えば、メインの映画の予告編）なのである。

時系列での驚きに関する聖書における別の例は、ルカによる福音書4章とマタイによる福音書4章の試み説話に見られる。我々西欧人の耳にとって、両方の記事はいずれも、あたかも真直ぐな時系列説話のように聞こえるが、マタイは試みの順序をパン→神殿→高い山としているのに対して、ルカはパン→高い山→神殿の順に記載している。これらは間違いではなく、また彼らが、時系列または歴史を重要視していないことの示唆でもない。福音書は、驚くほど簡潔で精確に組み上げられており、福音伝道者は文学的構造を教えの道具として用いている。時系列的な異常、反転、並列は、働きの性格を決定づける神学的な目的のためにある。我々はそのような相違について心配する必要はない。それに従って行く時、神学的な豊かさと深さが我々のために開かれているのである。それは、著者たちが未熟、不注意、あるいは幼稚ということではなく、資料は歴史的であっても、彼らは「神学的」歴史を解き明かしているのであり、それは議会の議事録ではない。(144)

不必要な散漫に導く別の囮は、創世記1章12節「地は草を芽生えさせ、それぞれの種類（*min*）に従って種を持つ草と、それぞれの種類（*min*）に従って種を持つ実をつける木を芽生えさせた」の中で、「種類」と訳されている小さいヘブライ語の単語 *min* である。これが意図して再び強調しようとしていることは、*tohu vebohu* から秩序を生みだすということに他ならない。田舎に住む人が簡単な観察で分るように、動物や植物は、それぞれの種類に応じて繁殖する事実によって区別される。ここで再び、「種」や「門」のような現代生物学の分類を、*min* に遡って読み込むことは、全く間違ったテキストの使用である。[145] 前の章で述べたように、現在何百万という種――恐らく1千万を下らない――が地球上におり、*min* が生物学的な用語である「種」と同じことを意味するという提案は、はっきり言って問題である。たとえ *min* が、約1万年前に全て別個に作られた生物のより広い分類を指すとしても、今日生きているこの何百万という種を生みだすことが必要であり、そのような驚く程に速い進化の証拠に欠けることは、既に見てきたところである。いずれにしてもこのような類の解釈は、ヘブライ語テキストの誤用に関わると言うだけで十分である。

数字の7と創世記1章

さらに、創世記1章テキストの数字的構造は、比喩的で神学的な説話として解釈することを強調する。この章を英語で読んでも、テキストの構造が7という数字を巡って構成されていることを見逃すことはない。7日間を別としても、7回に渡って、「そのようになった」と「神は、これを見て良し（極めて良し）とされた」を、繰り返している。しかしこれは、緻密な注意深さで原本のヘブライ語を一旦調べるときに現れる、テキストの数字的な構造と比べるとものの数ではない。例えば、ゴードン・ウェンハム（Gordon Wenham）は、ヘブライ語の節は7の倍数の単語でなっており、1節は7語、2節は14語からなり、最後の箇所で、要約でもある2章1〜3節は、35の単語を含む。「神」という単語は35回（5×7）、一方、「地」そして「天・大空」は、それぞれ21回（3×7）出てくることを指摘している。

なぜこの7という数字に惹かれているのであろうか。一つは、後でさらに述べるように、創世記1章1節〜2章3節は、紀元前2000〜500年に近東で広く流布していた、バビロニア人やシュメール人の創造物語に対する、反論もしくは攻撃として読むことができるかも知れない。バビロニア人の一つの伝統によれば、各月の7、14、21、28番目の日は不運だと見なされたのに対して、創世記1章では、神の祝福、つまり神に捧げられた休養で特徴づけられた、特別の日として聖別されたのが7番目の日なのである（2章2～3節）。イスラエル人の安息日は、この月に関連したサイクルからの意図された代替として、導入された可能性があるように思われる。凶兆どころか、安息日は創造主によって祝され、特別に聖なるものとされた日である。物語が数字の7を巡って構成されているのは、読者にこの重要な点を強調するためである。詩編作者が、「主はあなたを見守る方、あなたを覆う陰、あなたの右にいます方。昼、太陽はあなたを撃つことがなく、夜、月もあなたを撃つことがない」と約束する時（詩編121編5～6節）、日焼けではなく天体の邪悪な意図から、神によって守られることが暗示される。

汎神論創造物語に対する批判としての創世記1章

創世記1章の明確な特徴の一つは、唯一の真の神が聖なる言葉を話し、その言葉に従って、物質的、あるは機能的であるかを問わず、全てのものが日毎に現れてきたという断固とした主張である。このことは、近東の古代文献において支配的であった多神教と著しい対照を示す。別の神、あるいは、別の日に別の創造活動を任されて縄張り争いをする神々の寄せ集めではなく、創世記1章は例外なく全てのことを司る唯一の神に固執する。汎神的パンテオンで拝まれ、また恐れられている神として、そのような中心的な役割を演じている太陽、月、星は、創世記の記事では、4日目にようやく現れる（サッカーの2部降格どころの話ではない！）。そしてそこでは、昼と夜に適切な光を与え、また「季節のしるし、日や年のしるし」（14節）としての機能――当時のほとんどのメソポタミア文献で与えられている高尚な地位と比べて全く低い機能――を果たすために、神によって創られた対象物として単に紹介されているだけである。この節で使用されている太陽と月を指すヘブライ語の「光、灯火」は、ユダヤの幕屋で用いられる常夜灯をも指す。そこで、この著者は、天からのこのような「灯火」によって、日と季節に導入された神による秩序は、幕屋の管理を特徴づける神によって与えられた秩序と並行していることを、この言葉を使用することによって指摘しているのかもしれない。16節の、神は「また星を造られた」というほとんど付け足しのような書き方は、人間の出来事に何らかの役割を与えていると見る余地を全く与えず、あらゆる形の星占いを打ち壊す。イスラエル人は、その後の彼らの歴史において、何度も何度も太陽、月、星を拝むよう誘惑されたが、何度も何度も、創世記1章の純粋な唯一神へ戻るよう促された。神は、その民が約束の地へ向かっていた時、「目を上げて天を仰ぎ、太陽、月、星といった天の万象を見て、これらに惑わされ、ひれ伏し仕えてはならない。それらは、あなたの神、主が天の下にいるすべての民に分け与えられたものである」ことを思い出させた。（申命記4章19節）

創世記1章で反汎神論の批判が込められている別の例は、1章で既に述べたように、神が常に主語で、創造を意味する *bara* という言葉の使用に見ることができる。この言葉は、1節の「天地創造」において予想通り使用されている。人間の創造に際して神の業を強調する27節では、3度使用されているが、これも驚くことではない。しかし、21節の海獣の創造での *bara* の使用は、一見すると不思議に見えるかもしれない。創世記1章で *bara* という言葉はこの3箇所しか使用されていないのに、何故、これらの内の一つとして海獣のために用意されたのであろうか。アーネスト・ルーカス（Ernest Lucas）は、メソポタミアの創造物語で、創造主である神が、天と地を創造する前に、逆巻く海の中の海獣として描かれた闇の力と戦って、制圧しなければならないことを指摘している。創世記は、海獣はイスラエルの神によって創られた世界の一部にしか過ぎないということを強調することによって、この考えを拒否する。ここでは、戦いはなく、神は海獣をただ造った――それだけである。詩編104編26節にある「舟がそこを行き交い、お造りになったレビヤタンもそこに戯れる」も同じことを指摘している。ここで「レビヤタン」は、創世記1章21節の海獣と同類で、闇の力を代表するものであるが、神によってコントロールできない、あるいは怖いものではなく、戯れるものとして作られたのである。汎神論の読者は、この記述にひどい衝撃を受けたであろう。
創造についての創世記の記事を、他の近東の創造物語と照らして、神学的にさらに一般化すると、多くの明らかな差異がある。例えば、創世記1章で神は全ての創造の業を行い、物理的、霊的に必要なものを人類に与えたが、汎神論叙事詩では、人は神々の奴隷として創られている。バビロニアのエヌマエリシュ（「創世叙事詩」）によれば、神の一つのグループが別のグループに対して反乱し、打ち負かされた。その罰として、彼らは投獄され、勝利者たちの召使いとして働かされた。しかし、勝利した神々のうちの一人であるマルドゥクは、征服された神々をこれらの務めから解放し、代わりに人間を創って勝利者の召使いにすることを決断した。人間創造の同様の理由が、アトラ・ハシス叙事詩に見られる。

産むことが出来る女神、ベーレト・イリが居る——
彼女に死を免れない人間を創らせよ
そうすれば人間はくびきを負い……
人間に神々の荷を負わせよ！

これに対して、創世記では、男と女は奴隷としてではなく、彼らの幸福のために与えられ、かつ創られた秩序に対して、主要な責任を持つ自由な存在として創られた。（1章29～30節）
また、創世記の前段の章には、メソポタミアの物語には欠けている、強い倫理的で道徳的な要素がある。創世記では、物事は悪魔的ではなく神聖な承認による。ここでは、精神的なものが物質的なものよりも高い地位にあるという観念論のかけらもない。人類の創造は、驚く程世俗的な物質主義で記されている。アダムほど世俗的な名前はないのである。創世記2章までに、アダムは、従順か不従順、善か悪かの判断に直面する。悪の行いは、神のはっきりとした命令に全面的に反対することである。しかし、バビロニアの叙事詩では、神々は人間と同じように腐敗している。エヌマエリシュ叙事詩の主要な神であるマルドゥクは、反乱を起こした女神ティアマトを打ち負かし、彼女の頭骸骨を打ち砕き、動脈を切り、最後には彼女の巨大な体を二つに分けて宇宙を造った。そして、一方で空を、他方で地球を造った。素晴らしい仕事だとは、言い難い……。殺人から作り出された世界は、それに続くことがあまり良くないことを予兆し、結局のところ、神々は残忍な悪党の集団のように働き続け、大きな音を出したというような些細なことで、人類に悪性の伝染病を送ったり、奴隷に落とし込んだりする。

バビロニア神話で神々の血で造られた人間は、如何にして神々の性格を振り落とすことができるだろうか。創世記では、人類は神との交わりの中で、神の似姿に創られたが、道徳的選択によって堕落したのである。バビロニアの記事では、人間は道徳的に欠陥を持って造られているので、堕落の可能性はない。後の章で、アダムとエバの問題、そして堕落について追い続けることにしよう。

創世記2章4～25節

既に述べたように、厳密な時系列を心に描く者にとっては、創世記2章の2番目の創造の記事は、確実に頭痛をもたらす。創世記1章とはっきり異なって、説話はアダムの創造に始まり（7節）、続いて神が木を植えた園にアダムを置き（8～9節）、19節で動物を創り、女を創る（21節）という順で記している。

この時系列を創世記1章と調和させる試みとして、NIV翻訳では、これらの節を翻訳するに当って、例えば、「地上にはまだ野の木も、野の草も生えていなかった」（2章5節）、「主なる神は、東の方のエデンに園を設けていた」（2章8節）と、寛大に過去完了形を用いている。翻訳者の意図は、創世記1章の時系列をテキストの中に取り入れる試みとして、植物や園は人間の前に創られたことを示唆することである。同じことが、「地の塵から人」

の後に続く、「主なる神は、野のあらゆる獣、空のあらゆる鳥を土で形づくっておられた。人のところへ持って来て、人がそれぞれをどう呼ぶか見ておられた」においても見られ（2章19節）、翻訳者の意図が明確に分かる。過去完了形を用いることによって、人間の前に動物や鳥が創られた創世記1章と2章の間にあるギャップを埋めようとしたのである。

しかしながら、事実、新欽定訳（NKJV）や新改訂標準訳（NRSV）のような他の標準翻訳書では使用されていない過去完了形を、これらの節で使用することには重大な問題がある。まず、ヘブライ語は明確な過去完了形をもっておらず、創世記2章の「創る」と「形づくる」の動詞の時制は、1章と変わらない。従って、創世記2章8～9節の自然な翻訳は、例えば、「主なる神は、東の方のエデンに園を設け、自ら形づくった人をそこに置かれた。主なる神は、見るからに好ましく、食べるに良いものをもたらすあらゆる木を地に生えいでさせ……」とする欽定訳の方が、ヘブライ語テキストに近い。同様に、2章19節は「主なる神は、野のあらゆる獣、空のあらゆる鳥を土で形づくり、人のところへ持って来て、人がそれぞれをどう呼ぶか見ておられた。人が呼ぶと、それはすべて、生き物の名となった」と訳されている。つまり、創世記2章は、1章の出来事を異なった順番で、直截に説話形式で書かれており、ほとんどの翻訳書は、ヘブライ語が本来持つ意図に忠実である。

では、創世記2章の目的は何なのか。ここで、テキストの目的は、出来事の時系列を提供することではなく、別にある。時間管理記録と言葉の科学的使用の枠に固められた純朴な西洋人が、創世記2章を勉強している数千年前のエルサレムの学校の教室に念力で運ばれ、厳しい表情で先生から、2章の時系列は1章とどういう風に折り合いをつけるか問いかけられている場面を想像すれば……。もしも、同じ西洋人が、同じ教室にいるそこの人を、クリケットの試合を見せるため念力でロンドンに運んだとして、彼から、なぜ民衆は、硬い球を用いて敵に対する浄めの殺害（明らかに出来そうもない）をしているのか訊ねられたとしたら…。文化と時代の前提条件によって、テキストと出来事の理解は、実に大きな違いをもたらす。

2章の目的に対する最初の手がかりは4節で、「主なる神（ヤハウェ）が地と天を造られたとき」と、聖書に最初に出てくる神の固有名であるヤハウェの名前を用いた説明的紹介にある。この章では、「主なる神（ヤハウェ・エロヒム）」が11回使用されており、地球とそこにあるもの全てを人間に委ね、また創造された秩序の極めて重要な側面として結婚を規定した、神の創造の業を強調している。創世記1章は、人類が特別に神の似姿に創られたことを確立するが、2章は、神の似姿に創られた事実から生じる責任について説明する。最初に創られることによって、説話の焦点は人間に当てられ、その他の生物界は人間が世話をするために持ち込まれたものであり、人間の役割は地球を世話することにあることを強調している。創世記2章15節は、神聖な場所を世話し、動物と食物の生産を世話するという、男に与えられた様々な祭司的役割を紹介している。ヘブライ語テキストは、アダムは土（*adamah*）から創られ（2章7節）、神の土地管理人として配置された者であると、しゃれを用いて語っている。旧約聖書では、男に対して完全に良いヘブライ語があるが（*ish*）、創世記テキストでは、「こういうわけで、男（*ishû*）は父母を離れて女と結ばれ、二人は一体となる」と、2章24節まで使用されていない。これは、父と母を離れて結婚する全ての男の総称である。創世記1章と2章では、それまで全部で20回、男という言葉が出てくるが、テキストではいつも定冠詞がつけられ、アダムを指していた。従って土から創られたアダムと園の世話という世的な責任（2章15節）は、誰も見逃すことがないようにはっきりと強調されている。アダムが働き（2章15節）、動物に名前をつけ（2章19～20節）、結婚していくにつれ（2章22～24節）、神の似姿に作られたことの意味を彼が実際に立証する。

創世記2章の目的は、1章と同じように、神学を教示する。これらの章の字義の解釈は、後に続く聖書の全ての神学的な基礎となる。聖なる言葉によって良い創造をもたらし、さらに土地を世話しまた神に従うために神の似姿に人類を創造した、唯一の神がいるということの理解なしには、聖書の残りの箇所のメッセージを理解することは不可能であろう。これらの章は、聖書の基本的な枠組みと優先事項を示す冒頭の宣言である。もしも、このテキストを、あたかも科学文献のように、または生物の多様性を神がいかにして創ったかを語ることを意図したものとして、解釈を始めるなら、神学の中心的なメッセージを見逃す危険を犯すことになる。

全てのクリスチャンは、創世記の冒頭の章を比喩的に解釈している

創世記の冒頭の章の言語を、比喩的に捉えないクリスチャンに出会ったこともないし、また、そのように書いていない書物を見たことは全くない。このことは、ポール・マーストン（Paul Marston）が、既に述べたように若い地球創造論として知られている現代の運動の主要な創始者であるヘンリー・モリスの書物を上手く分析して、明らかにしている。モリスは、「聖書は、神は意味するところを正確に語っているので、実際のところ『解釈される』必要は全くない」と主張している。[146] だが、実際には創世記の冒頭の章をしばしば比喩的に解釈していると、モリスの『創世記記録』（1976）を引用して指摘している。[147]

例えば、モリスは創世記1章の「日」を厳密に24時間としているが、創世記2章4節では、「創造の全期間を指す」ことが出来ると言っている。創世記1章7節の「大空の上の水」について、「蒸気」を意味するものと解釈しているが、テキストは蒸気については何ら述べていない。蛇が3章14節で、「お前は、生涯這いまわり、塵を食らう」と呪われた時、モリスは「文字通り塵を食べることではなく、もちろん……話の生き生きとした表現の主な形式である」と解説している。そしてモリスは、蛇の呪いを「人間と蛇の間の物理的な反目を指す」こととして捉えている。

もっと続けていくことは出来るが、重要なことはモリスの解釈が間違っているということではなく、解釈が全てなされていることであり、まさにそうあるべきものとして、テキストの問題の箇所は、比喩的でかつ神学的に取り扱われているということである。筆者自身、創世記3章8節の「その日、風の吹くころ、主なる神が園の中

を歩く音が聞こえてきた」の箇所から、神が2本の足で園の中を物理的に歩き回っていたことを想起するクリスチャンに出会ったことはない。ヘブライ語のこの箇所を読むとき、火の中から語る時に形を見ることができないイスラエルの神が（申命記4章15節）、カタカタと音がする履物を履いて園の中を歩き回ったことを想起させるものはない。実際にここでは、それまで神との緊密な関係にありがながらも、今では裸でいること、そして不従順に陥って神から隠れている、罪の結果によって心が痛む人間の様が、生き生きと描かれているのである。人間に対して「どこにいるのか」と呼び出す神は、救いの手を自分から差し出す恵みの神である。創世記の後の章で「ノアは神と共に歩んだ」ことを学ぶが（6章9節）、このことは、ノアが神と霊的な関係にあることを指している。

もしも創世記冒頭の章を読んで進化の議論で終わるなら、完全に筋を読み違えているのである。これらが語ろうとしている大事なことは、進化とは無関係である。そこでのメッセージは、神の計画と人類に対する神の思いであり、それが人間によって拒絶され、その結果、神から離れて疎遠になり、そして、神が恵みの神として園において「どこにいるのか」と優しく、しかし断固として、神との連帯に戻るよう呼びかける福音である。

創世記冒頭の章が進化と何らかの関係があると思う人は、しばしば「進化」という言葉が、これまで用いてきた厳密に生物学的意味と比べて、実際にどのような意味を持つかについて別の考えを持っている人である。我々がこれから取り組もうとしているのは、このような異なった意味の源についてである。

第8章　進化的創造主義

「進化」という言葉の一つの問題は、多くの歴史的な荷をそれ自体が担っているということである。ダーウィン以降、様々なイデオロギーや政治的な理由によって、進化という言葉がどのように使用され、また濫用されて来たかを見る時、このことは驚くに値しないであろう。しかし、ダーウィン自身、『種の起源』(1859)で、彼の考えは厳密に生物学的理論であるとしており、さらに、この考えはいかなる宗教的意味合いを持つものではないとして、あらゆる懸念を和らげることに心を砕いた。

ある人々はダーウィンの著書に、神への信仰を覆す悪意を見るが、このことの歴史的証拠は何もない。ダーウィンは、ケンブリッジで神学を含む文学士としての学びの後、エジンバラで医学研究を試みたが失敗した。しかし、父が望んでいたように聖職者に叙任されることはなかった。彼は、その代わりに、ビーグル号での有名な航海に乗り出したのである。ダーウィンが『種の起源』を書いた時、彼はまだはっきりと理神論者――神は自然法則を確立したが、その他の点では創造のプロセスから距離を置いているという考え方を持つ者――であった。このことは、『種の起源』の最終版である第6版(1872)の最後の文章から明らかである。

生命に対するこの見方には、元々創造主がいくつかの力によって、数個の形または一つの形に息を吹き入れられた高貴さがあり、そしてこの惑星が定まった重力の法則に従って回っている間に、最初はとても簡単なものであるが、最も美しく最も素晴らしい形へと絶え間なく進化してきており、そして今も進化しているのである。

「進化」という言葉が『種の起源』の中で数箇所使用されているが、この箇所は、その内の一つという意味でも際立っている。事実、『種の起源』の初版には、「創造」、「創造主」、「創造する」という言葉が少なくとも104回は使用されているのに対して、「進化」という言葉は全く使用されていない。このことの一つの理由は、「進化」という言葉は、ダーウィンの時代の生物学においては胎芽の発達という意味が既に確立されており、彼自身、彼の理論を「変化を伴う血統」と呼ぶことを好んでいたことにある。しかしまたそれは、ヴィクトリア期の自然神学思考形式の中で「種の起源」を表現しようとした彼のやり方を反映しており、彼の思考には、世界の全ての生物多様性をもたらす自然法則の確立を創造主の働きに帰す傾向が常にあった。ダーウィンの理神論的観点からは、生命の起源の責任はまだ創造主にあり、それは、「数個の形または一つの形」へ命を吹き込むことによってなったのである。

ダーウィンは、決して無神論者ではなく、人生の後半の大部分において、実際に計画や目的がないという恐れと、あるかも知れないという希望との間で揺れ動き、明確な進化擁護論者であり彼の同時代人であったトーマス・ヘンリー・ハックスレー（Thomas Henry Huxley）によって発明された、「不可知論」を喜んで受け入れた。オープン大学の歴史学者ジェームス・モアー（James Moore）は、「ダーウィンの自然理解は神学的な観点を離れることは決してなかった。彼が死ぬ日まで、少なくとも彼の内の半分は神を信じていたと、私はいつも信じている」と述べている。しかし、当時の教会の力と尊敬に対する攻撃の手段として進化を持ち出すハックスレーの好戦的な態度を、あまり快く思わなかったダーウィンは、ヴィクトリア期の大家族と共にダウン・ハウスで隠遁的な生活を好み、世界中から膨大なデータを集め、ミミズやフジツボに関する論文を書いた。科学に対して宗教の「干渉」を反対する活動家としてのイメージは、19世紀後半におけるリチャード・ドーキンスであるハックスレーにこそ適しており、温厚で紳士的なダーウィンには全く不適切である。ダーウィンは、彼の人生の後半において、有神論と進化論は矛盾するのかどうかと聞かれた返事の手紙の中で、「熱烈な有神論者で、かつ進化論者」であることは実際に可能であると答えている。

クリスチャンはダーウィンの理論を如何にして受け入れたか？

真に新規な理論がそうであるように、ダーウィン主義は1859年に発表されると数年以内に、極めて広い範囲で反響を引き起こした。真に均衡が取れた見解のためには、いろいろと詳しく述べたいと思うが、ここではしないことにする。(148) この理論を自身の科学世界観の中に迷わず速やかに取り込む、宗教的な科学者と世俗的な科学者の両者がいた。科学的な根拠から、これに反対する科学者もいた。ダーウィンの理論を快く受け入れ、自然神学の伝統的な枠組みの中に素早く適合させる科学知識を広める人や、実際には少数派ではあったが、キリスト教道徳及び人間の価値と特異性についての考えを貶めるものとして強く反対する聖職者もいた。

ダーウィン主義を暖かく受け入れた一人のケンブリッジの学者に、興味ある手本をみることができる。1860年にケンブリッジの現代歴史の教授になった、小説家で社会主義者のチャールズ・キングスリーは、ダーウィンが『種の起源』の新刊見本を送った際に喜んで、「私が見たものに畏れを覚える」と書き、さらに「理神論の概念の高貴そのもので、自己発達ができるように、原始の形を神が創造したことを信じさせるもので……神ご自身が作った隙間を埋めるために、新しい介入の業を神が要求していることを信じさせるものである」と続けた。ダーウィンはこの反応に心を打たれ、『種の起源』第2版に彼の言葉を引用した。

ヴィクトリア期の別の熱心なダーウィン主義者で聖職者の大物は、オックスフォードのセント・ジョン・カレッジの評議員でオックスフォード植物園の園長も務めたオーブリー・モアー（Aubrey Moore）である。モアーは、ダーウィンが自然神学の極端な形を取り除くことを助けて教会のために大いに働いたと擁護し、「ダーウィン主義は敵対者を装って現れ、友人の働きをした」と、ダーウィン主義とキリスト教神学との間に特別の親近があると主張した。モアーは、この親近感の根拠として、ダーウィン自身の理神論を斥けながら、キリスト教神学で示されているように、神が創造に親密に関わったことを主張した。

神はご自身に介入できないので、自然に対する神の介入はないし、またあり得ない。神の創造の活動は至るところにある。神と自然の間、もしくは神と法則の間で労働の分割はなく……キリスト教神学者にとって、自然の事実は、神の行為である。

従ってモアーは、超越的な神が物事を存在せしめ、また存在させ続けることの両者に深く関わるという、創造についてのキリスト教教義を回復させるものとして、進化を歓迎した。モアーが主張した自然神学の余りにも強い強調の問題は、あらゆる点に完全に関わる（内在的）聖書の人格的な神というよりは、運動の法則を設定し、その後、創造から身を引くという離れた神の概念をもたらす傾向があることである。

神学者たちの間で、ダーウィンのある支持者たちの行き過ぎは、ほとんど当惑するほどである。ムーディ・アンド・サンキー伝道[訳注14]に深く関わったスコットランド人で福音主義者のヘンリー・ドルモンド（Henry Drumond）は、自然選択は「事実であり、かつ見事に自然神学に取り入れられ」、さらに「種の起源」は、19世紀に現れる「恐らくは、キリスト教の弁証学文献に最も重要な貢献である」と断言した。事実、ドルモンドは、彼の極めて大衆的な書物の中で、ダーウィンの学説をキリスト教信仰の弁証学の中に組み込んだ。

一方米国では、学者集団の中の多くの福音主義者の間で、ダーウィン主義は急速に受け入れられていった。ハーバードの自然歴史学の教授であり、熱心なクリスチャンであったエイサ・グレイ（Asa Gray）は、米国において『種の起源』の出版企画に関わったダーウィンの長い期間にわたる特派員であり親友であった。カルヴァンの伝統に忠実なニュージャージー・カレッジ（後にプリンストン大学）の学長であったジェームス・マコッシュ（James McCosh）は、自然選択の概念を強く保持していたが、同様に「種の自然的な起源は、自然における知的デザインもしくは世界の人格的な創造者の存在と合致しないことはない」と強く信じていた。ニュージャージー・カレッジの学長としての20年間を振り返りながら、マコッシュは「私は進化を擁護してきたが、そうすることによって、神のやり方として進化の適切な説明を与えてきた。そしてそのように理解する時、それが聖書と決して矛盾しないことを発見した」と述べている。ここでダーウィン主義の進化に言及するために、「知的デザイン」という言葉が19世紀に使用されていることは興味深い。このことについては、後に戻ってくることにする。

大西洋の両岸の多くの思想家に見られるように、進化は創造に関するキリスト教教義へ急速に広がっていったが、このことは、全ての創造の秩序の上に神の主権が完全に及んでいることを強調する摂理観神学によってさらに促進された。地質学者で、長い間氷河地質学の標準的な教科書とし使用された本の著者であり、神学者であったジョージ・ライト（George Wright: 1838~1921）は、熱烈なダーウィン主義者であったばかりでなく、モアーが指摘しているように、「実際、ダーウィンの業績は、自然を浪曼的、感傷的、楽観的に解釈することを退ける改革派信仰と連帯する」と主張した。ライトは、「ダーウィン主義は、自然に対するカルヴァン的解釈と呼んでも良い位である」とさえ書いた。もしも、神がこのようにして物事を創造することを選んだのなら、神はどのようにして物事を成したのか、神に訊ねることなどもってのほかということになる。

ミシガン大学の地質学と古生物学の教授で、メソジストの指導的な代弁者であったアレクサンダー・ウィンチェル（Alexander Winchell）は、学者としての道を歩いていくにつれ、ダーウィン的な進化理解へと進んで行った。ウィンチェルは米国において、科学としての地質学を組織化することに貢献した主要な一人で、米国地質学会の創設メンバーであった。1877年までウィンチェルは、『メソジスト四半期レビュー』の『ハクスリーと進化』と題する記事の中で、今や「動物と植物の型の派生的血統教義」を拒否するのではなく、受け入れることが好ましいことを、読者たちに伝え続けてきた。最初はダーウィン的な進化にいくぶん懐疑的であったが、後に受け入れた米国の別の地質学者である、エールの自然歴史学の教授で、米国科学雑誌（*The American Journal of Science*）の編集者でもあった、キリスト教正統派連盟のジェームス・ダナ（James Dana）は、1883年に進化に関して、影響力がある連続した講義を開始した。ダナの最初の講義での結論は、19世紀後半の米国でのクリスチャンの学者の間で影響力がある意見をはっきりとまとめたもので、参考になる。

1. 発達理論を信じることは、それと同時に、自然が神の意志及び継続する行為によって存在しているものであることを認めるなら、無神論ではないこと。
2. 第2原因に関する発見の最期の限界を突き止めた時を、誰も知ることはできないこと。
3. 神はいつも我々の近くにいて、自然の中および自然を通していつも働いていること……。

歴史学者ジェームス・モアーは、「ほとんど例外なく、英国と米国の指導的クリスチャン思想家は、ダーウィン主義と進化を極めて容易に受け入れた」と書き、[149]また、米国の歴史学者ジョージ・マースデン（George Marsden）は、「……ハーバードのルイス・アガシ（Louis Agassiz）を除いて、実質的に全ての米国プロテスタント動物学者と植物学者は、1870年代の初めの頃までに、進化のある形について受け入れた」と報告している。[150]

筆者が特に興味を持ったのは、1910〜1915年にロサンゼルス聖書研究所（Bible Institute of Los Angeles）から大量に発刊された『原理』――後に「原理主義」という用語の出現にも繋がったのであるが――という90のエッセイを含む12巻のシリーズの著者たちの間に、自分自身を「ダーウィン主義の超純水」と呼んだベンジャミン・ウォーフィールド（Benjamin Warfield）や、ジェームス・オア（James Orr）、地質学者のジョージ・ライトのようなダーウィン主義を固く信じていた多くの福音的な著者がいたことである。しかしこの時期までに、ライトは、進化という言葉が、「間違って、また有害的に神学と哲学の意味合いに注入されたことから、評判を落としたのは当然である」と述べている。

ライトは、この著作を著わした既に20世紀の始めに近い時までに、「進化」という用語は、進化自身の生物学的理論とは無関係な多くのイデオロギーを支持するために、乗っ取られつつあるという重要な点を、彼の著書の中で強調している。

生物学のイデオロギー変容

ビッグバン宇宙学や進化のような大きな理論が高度に成功すると、それに興味を持ついろいろな集団が科学的原理の評判を夫々のイデオロギーを支持するために利用しようとすることは、科学の歴史において全くありふれたことである。不幸なことは、その最終的な結果において、一般の意識の中で、その理論につけられたラベルの実際的な意味が変化して、「理論X」があらゆる種類の哲学的なフジツボを付けて、「理論X'」に社会的に変容してしまうことである。従って、我々はフジツボを叩いて落とし続け、科学的な原理が、その意図する仕事をできるようにしてやらねばならない。

進化は、このような推移によってひどく傷つけられ、資本主義、共産主義、人種差別主義、軍国主義、優生学、フェミニズム、有神論（theism）、無神論（atheism）、その他多くの「イズム」を支持するために用いられてきた。その上、それらのあるものは互いに排除し合っており、そのこと自体、社会的変容の推移が強力に起こっていることを我々に警告しているに違いない。既にダーウィンの時代に、哲学者であるハーバート・スペンサー（Herbert Spencer: 1820~1903）は、ダーウィン自身が不快に思った枠組の中で進化を提示している。ダーウィンが『種の起源』を発刊したかなり前の1840年代以降、スペンサーは壮大な社会システムの開発を始めていたが、1860年代から発行した『合成的哲学のシステム』と題する冗長な10巻へとさらに展開していった。『種の起源』が発刊された後、スペンサーは、全宇宙は厳然とした物理法則の働きを通して最終的な完成へと高められていくと主張し、進化を彼の壮大な図式の中に組み込むことを進めた。「適者生存」という言葉を造語したのは、ダーウィンではなくスペンサーであった。進化は単に生存ではなく、繁殖成功に関わるものであるが、彼はその進化の全過程について、明確に善悪という道徳的な意味あいを持った「適者」という言葉を、不適切であるにもかかわらず使用した。スペンサーの楽観的な進歩指向の哲学は、時代の潮流──特に進化を、一般の読者がスペンサーによって与えられた解釈のレンズを通して見た米国において──によく合致したので、非常に人気を集めたが、それは驚くべきことではない。しかし、ダーウィンは彼の自伝の中で、スペンサーの考えは、「自分にとって、何の役にも立たなかった」と書いている。

かつてジョージ・バーナード・ショー（George Bernard Shaw）は、ダーウィンは「腹に一物がある者たち全てを喜ばせることに一役かった」と、論評した。「経済的な適者」が生き残るという自由競争主義の資本主義の考え方に根拠を与えることから、保守党は自然選択を好んだ。1882年にスペンサーが米国を訪問した時、実業家のアンドリュー・カーネギー（Andrew Carnegie）は、彼の話を聞いた。後にカーネギーは、『富の福音』（1890）を著したが、その中で、現代文明の富と進歩は、競争の法則によってのみ、もたらされると主張した。カーネギーは、我々は「偉大な不平等……を受け入れ、歓迎しなければならない」とし、さらに「産業であれ商業であれ、事業は少数の者に濃縮され、これらの間における競争は有益であるばかりではなく、民族の将来の進歩にとって不可欠なもの」と書いた。何故なのか。それは資本主義だけが「適者生存を保証する」からである。J・D・ロックフェラー（J. D. Rockefeller: 1839~1937）は、「大企業の成長は単に適者生存に過ぎない」とし、資本主義は「自然の法則と神の法則の単なる結果に過ぎない」と主張した。

負けじとばかりに当時の社会主義者たちも、進化は社会の進歩と共に一つの階級が他の階級を打ち負かすという階級衝突の理論を支持すると主張した。カール・マルクス（Karl Marx）は、「ダーウィンの本は非常に重要で、自然科学の観点から、歴史における階級闘争を支持するという私の考えによく合う。もちろん、粗雑な英国の言説には我慢が必要だが」と、ラサール（Lassale）に書き送った（1861年1月16日）。エンゲルス（Engels）は、1883年のハイゲイト墓地でのマルクスの追悼の中で「ダーウィンが有機的自然の発達法則を発見したことと全く同じように、マルクスは人間歴史の発達法則を発見した」と宣言した。英国の社会主義者たちも同様であった。ブラッドフォード労働轟音は1871年に「社会主義とは夫々の部分が全体のために、全体が部分のために働く新しい社会の組織でなくて何なのか。それは、まっすぐに進化と繋がっている」と、大袈裟に問いかけた。フェビアン協会のアニー・ベサント（Annie Besant）は、この時代のパンフレットの中で「私は進化論を信じているので社会主義者です」と宣言した。

進化は植民地主義者の側でも支持された。F・C・セロス（F.C. Selous）は、彼の著書『ローデシアの太陽と嵐』（1896）の中で、「英国の入植者は、どうすることも出来ない法則――それは、有機生命体が最初に地球上に進化して以来この惑星を支配してきた法則であり、ダーウィンが適切に『適者生存』と名付けた、動かし難い法則――を実行するに際して、責任を問われない原子に過ぎず、これは最も広い意味での慈善活動が避けることができない定めである」として、黒人は白人の支配を受け入れるか、それに抵抗して死ぬべきであると、植民地支配の残虐性を正当化しようとした。

「どうすることも出来ない法則」の中での「責任を問われない原子」でいることは、他の国を抑圧する時に取る人間の非常に便利な役割である。第1次大戦中、ドイツの拡大主義は、「力は正義なり」という視点に立つドイツ軍国主義の剛勇を誉めそやす皇帝将校たちによって正当化された。昆虫学者で当時の指導的な進化生物学者である、スタンフォードのヴァーノン・ケロッグ（Vernon Kellog）は、米国が公式には中立であった大戦の初期の頃、ベルギー人解放の国際的取組みの高官としての立場から、ドイツ軍参謀本部を非難した。彼の素晴らしい著書『参謀本部の夜』は、皇帝軍将校との夕食での会話に関する記述であるが、多くの将校たちは、戦争の前は大学の教授であり、従ってケロッグと同じバックグランドを持つ者たちであった。ケロッグは次のように書いている。

フォン・フルッセン教授は、ほとんどのドイツの生物学者や自然哲学者と同じようにネオダーウィン主義者である。激しくかつ競争的な闘争に基づく自然選択の全能の信念は、ドイツ知識人の福音であり、それ以外のものは全て幻想と呪いであり……。この闘争は、それが自然法則の故に続けなければならないばかりか、この自然法則が、人類の救済への冷酷で避けがたい方法の中で働くように続けなければならない。

恐らくこれらの内で最も悪名が高いことは、進化が「不適」なものを根こそぎにすることを狙った、優生学を支持することに使用されたことであろう。これは、20世紀の前半にいくつかの国で正式な政策として法律化され、遂にはヒトラー（Hitler）のホロコーストの恐怖の中で頂点に達した。スペンサーのような19世紀の著述家たちは、このことを既に頭の中に描いていた。スペンサーの論文の中心的な部分は、異なった民族は異なった段階の「文化的進化」もしくは発達の途上にあり、ある特定の集団にある人々の知性のレベルを評価する際には、このような「事実」を考慮に入れる必要があるということであった。

英国では、ダーウィンのいとこであるフランシス・ガルトン（Francis Galton）が、「優生」（ギリシャ語の「生まれの良い」からの派生）という言葉を造語し、かれの著書『遺伝的天才』（1869）を通して、この考えを強力に推し進めた。彼の自伝の終わりの項で、ガルトンは、現代の人間の進歩した心でもってすれば、「私は、『自然選択』をもっと慈悲深く効果的な別の方法で置き換えることは、彼の領域の中にうまく合致していると思う。これがまさに『優生学』の目的である」と結論づけている。しかし20世紀の初期までに、優生学は無慈悲そのものになった。1895～1945年の間に、米国は優生学の立法への道を開いた。1907年にはインジアナ州で、三人の医師の委員会で治療不可と宣告された状態にある「確定犯、痴呆、強姦犯、知的障害者」について、強制的に不妊治療を施すという米国における最初の法律が制定された。次の10年間に、別の15の州がこれに続いた。1914年までには、半分以上の州で精神的に欠陥がある人たちの間での結婚に対する新しい規制が制定された。遺伝学者であるチャールズ・ダベンポート（Charles Davenport）は、以下のように主張した。

米国社会は、知的障害者、酒類常習者、貧民、性犯罪者、常習犯罪者が、同じような者、いとこ、あるいは精神異常の家系に属する者と結婚することを禁止すべきである。実際的には、そのような人間は1世代に渡って隔絶することがよいであろう。そうすれば、欠陥の発生は実質的に無くなるであろう。

一般的に指導的な米国の生物学者は、優生学運動を支持することはあっても、少なくとも反対することはなかった。米国の立法行為に多くの国が習ったが、とりわけナチス・ドイツは、統合失調症、躁うつ病、先天的な視覚または聴覚障害、高度な飲酒癖など、広い範囲の遺伝的病気に、不妊治療を強制する法律を実施した。有名なドイツの生物学者であるアーウィン・バウアー（Erwin Baur）は、「これらの劣った人間が子孫を残さないようにしなければならない」と述べ、「私は誰よりも新しい不妊治療の法律を認める者であるが、それらは始まりに過ぎないことを繰り返し強調する」と宣言した。[151] 1933～1939年の間に、30万人の人がこの法律によって不妊治療を受け、その後、それは知的障害者を「祖国」から除くことを意図した安楽死計画へと置き換わった。ヒトラーは、彼の晩餐会の客に対して、「選択に関する法律は、適者生存を認めることによって、この不断の闘争を正当化する」とはっきり言明した。

優生学運動が主に進化論によって触発されたとすることは、誇張があるかもしれない。ナチスの政策に関しては、なおさらのことである。19世紀の教育されたヴィクトリア期の多くの紳士たちの間には、この世界を自分たちのイメージに沿って造り上げていくという気風を含む、多くの絡み合った糸があった。しかし同時に、スペンサーの適者生存という概念を含んだ進化に関する様々なイデオロギーの変容が、当時現れた優生学の計画に科学的な支持を提供した。多くはヒトラーの国家主義者的な純血神話によるものであり、このようなイデオロギーの変容が主要なきっかけではなかったとしても、このことが、ヒトラーの恐るべき政策と無関係であると主張することはできない。

ここでの主要な点は、科学の大きな理論の名声が――この場合には進化であるが――、本来その理論とは関係がないイデオロギーを支持するグループによって、容易に濫用されるということである。その過程において、「進化」という言葉の真の意味が、上で述べた恐ろしい人間の心と一体になるまで変わる。もしも進化はそのようなものだとするなら、それに反対する人も当然いるであろう。筆者は、進化が人種差別、優生学、むき出しの資本主義に等しいとする考えに、断固反対する者である。

ダーウィン主義者たちの進化についてのイデオロギー変容は、まだ終わった訳ではなく、実際に、英国の生物学者リチャード・ドーキンスや米国の哲学者ダニエル・デネット（Daniel Dennett）のような「新無神論者」の手によって、ルネッサンスのように今、蘇りつつある。デネットは生物学的多様性の複雑さの起因は、「偶然を食物とするアルゴリズム過程の絶え間無い流れ以外にあるだろうか。もしそうだとすれば、誰がその流れのデザインを作ったのだろうか」と、自身で修辞学的な質問をこしらえておいて、「誰もいない。それ自身が、盲目的なアルゴリズム過程の産物である」という解答を与え、さらに「進化は我々を作るために計画された過程ではない」と述べている。デネットは、彼自身の著作「ダーウィンの危険な思想」の中で、進化を、その過程において、生命における意味と目的に対する基盤を溶かしてしまう「万能酸」として描いている。

同様にドーキンスも、一般的に科学、特に進化は、宗教を信じる人に対抗する説明を与えるものだという立場を取る。ドーキンスは、「無神論はダーウィン以前にも『論理的に』耐えることができたかも知れないが、ダーウィンは、知的要件が満たされた無神論を可能にした」と主張する。[152] ここでドーキンスは、進化を「単なる」生物学的理論としてではなく、特殊なイデオロギー的課題として取り扱っている。彼の修辞学的なやり方は、世界を見る見方には、ダーウィン主義、ラマルキズム、神の僅か3つしかなく、読者に対して激しい選択肢を置くためである。[153] 後の2つは世界を適切に説明することはできず、唯一の選択肢はダーウィン主義だとしている。

私は、他にラマルキズムと神しか選択肢がない中で、これらが説明原理としての働きが出来ないことから、ダーウィン主義をとる。宇宙における生命はダーウィン的なものか、まだ思いつかれていない他の何かである。[154]

もしも修辞学を超えて調べていくなら、進化論はそのようなイデオロギー的装いの重みを、実際に我慢するであろうか。

進化、無神論、進化的創造主義

進化の生物学を扱ったこれまでの章は、この章で述べた「イズム」と比べて非常に異なった趣を持っていた。遺伝子や、多様性、種形成のメカニズムに代えて、この章では人種差別や、優生学、無神論のような話題が取り上げられてきた。実のところは、これらのイデオロギーは全て、生物学的進化論それ自体からは、決して合理性をもって由来することはなく、もっともらしく見せるために、それぞれのイデオロギーを生物学的理論に繰り返して結びつけ、それに寄生するものである。カール・マルクスはかつて、長期に渡って物事を繰り返していけば、人民は何でも信じるであろうと語った。これは、ドーキンスのプロパガンダのやり方のようである。もしも、「進化」という言葉が「無神論」という考え方に十分長く結びつけられるなら、人々は、結局それらは同じと思うようになるであろう。

皮肉なことに、若い地球説創造論者は、ドーキンスに同意しているのである。ディベートで反対に対極する者は、それぞれが気づく以上に似通っていることは多くある。創世記の冒頭の章が科学を表していると解釈するクリスチャンは、神学を科学と混同させることによって、ドーキンスの意図に完全に合致する間違った有神論を引き起こして、ドーキンスの思うツボにはまっている。しかし第2章の「聖書は科学を教えているのか」で述べたように、決してそのように意図されていない科学的な意味を説話にこじつけるのではなく、神がいかに人間や世界に関わっているかという疑問に答えるものとして、聖書は神学的な説話を提供していると見なすことがより適切である。

よりよい道は、B・B・ウォーフィールド、エイサ・グレイ、ジェームス・マコッシュのような、初期の聖書信仰クリスチャンが辿ったものである。彼らは、自分たちを進化創造論者、即ち、聖書の権威と聖書の創造に関する教義を全く受け入れているが、長い進化過程の全てにわたる神の神聖な目的と手作業を辿る者、と見なした。それは、既に第2章で概観したように、クリスチャンは創造された秩序の全ての点において親密に関わる神を信じるからである。科学者は、神が創造において成し、そしてそれを続けていることを理解する上で、多くのギャップを感じるかも知れないが、神が世界と関わることに関しては、何らギャップはない。創造を一冊の本のように考えて見ると、テキストを流れているものは、如何にして神が生物学的多様性をもたらし、全ての瞬間から瞬間に渡ってそれを保っているかを語る進化の説話的糸のようなものである。それ以外にも、多くの説話——国家の歴史、神自身の民に関する記述、そして事実、我々自身の一代記——が全巻に渡って語られている。神学的には、これらは世界における神の紛れもない創造の業の異なった側面である。確かに神の創造における偉大な業は、素晴らしい贖罪の計画とは明確に異なるが、大事なことは、全巻が神の本であるということである。全巻を通して流れる様々な説話は、全て同じ著者に由来する。進化創造論者とは、創造と贖罪の両方において、神の計画と目的が明らかになる全ての創造された秩序に、神の主権を信じる者である。

無数のクリスチャンがダーウィン時代から行ってきたように、一旦進化に洗礼を与えてそれをキリスト教の世界観の中に取り入れるなら、進化論を、邪悪な侵入者や、今日デネットやドーキンスが考えているような「万能酸」と見なす必要性はもちろんなくなり、むしろ神の主権によって、現在見られるような驚く程多くの生物学的多様性の全てを生み出す過程として見ることができるであろう。実際にそのようなしっかりとした有神論は、創世記1章がバビロニアの創造神話を覆したように、ドーキンスの妄想をも確実に覆すのである。何故なら、ドーキンス主義は、前の章で述べた創世記1章27節の海の獣のようなものだからである。無神論的多神教の力と神秘的雰囲気を、創造のある側面に当てはめることは脅威と不安を与えるように見えるが、一旦進化を、神が生物を創造するために選んだ方法以外何ものでもないと見抜くと、もはや化け物ではなくなり、神の創造の素晴らしさの中に共にあることになる。

もっとも、進化的創造主義を取れば、全ての問題が一挙に片付くというわけでは決してなく、これらのあるものについては、後のいくつかの章で述べることにする。しかし、進化的創造主義は、神の言葉の世界と神の働きの世界を結び続け、共に正当化される枠組みを提供するであろう。

一旦このように考えると、イデオロギー的な意図を支えるために「進化」を持ち出すという策略は、説得力を失う。例えば、進化論の中に無神論を支えるようなものは、何も見つけ出すことはできない。もちろん、進化を無神論のレンズを通して見ると、進化論についてドーキンスが「計画も、目的も、悪魔も、善もなく、盲目的で非情な冷淡以外の何ものでもない」と書いたような枠組みの中で解釈する以外にないことになる。なぜそのようになったのか。それは、最初の前提が結論の中に組み込まれているからである。このことは、無神論的世界観がもたらすものであって、進化自身がもたらすものではない。

明らかに、進化的創造論者は、彼らの倫理観を引き出すために創造された秩序に関心を寄せるのではなく、神の言葉、つまり聖書に関心を向けるであろう。我々の生命の選択を司ることに適した原則を確立する基盤は、啓示にあって、我々を取り巻く世界の中における生物学的過程から倫理的な根拠を推定しようとするものではない。もちろん、神の倫理的な基準を適用するためには、関係する様々な問題について理解するために懸命に働くと共に、熱心に祈り、考え、時には他人から助言を求めることが必要であるが、最終的には、我々の倫理的基準は聖書にあって、自然にはない。このことは、ダーウィン前であろうがダーウィン後であろうが、いつもそうである。

もしも、窓の外で猫がネズミと戯れるのを見たとき、最初の世紀であろうが21世紀であろうが、動物や人間に対する我々自身の道徳的行動は、猫の行動に倣うことにはならないであろう（望むらくは）。動物があることを行う、あるいは行わないという事実は、神が聖書において我々のために設けた道徳的な基準とは無関係である。同様に、感謝なことに、進化のメカニズムや過程は、我々がそれに従うために提供されているのではない。

進化は自然主義か？

ある特定の言葉の使用は、議論を進めていく中で事態を混乱させるが、「自然主義」というかなり融通が効く用語はまさにそのような典型であろう。創造なのか進化なのかを問いかける記事や本を読む者、あるいは後の章で詳しく考察しようとしているインテリジェント・デザインを擁護する本を読む者はなおさらのことで、「自然論的説明」や「方法論的自然主義」といった用語に出会うであろう。このような用語に出会ったなら、それらは多くの仮定と好ましくない意味を抱えており、我々の多くの神経細胞の中で赤信号を直ちに点滅させることが必要である。けだし、「わしが何か言葉を使う時には、その言葉は、ちょうどわしの言おうと思ったことを意味することに決まっておるのだ」は、ハンプティ・ダンプティの不朽の名言である。[155]

哲学において「自然主義」は、極めてはっきりとした意味を持っており、「超自然的なものあるいは霊的なものを排除した世界観」と定義されている。[156] 芸術や建築においては別の意味を持つが、哲学ではまさにこのままである。現代の科学では、議論の中で、伝統的に「神」を持ち出さない。この伝統は、自然哲学者たち（当時科学者をこのように呼んでいた）が、当時の宗教論争に巻き込まれずに研究ができることを多少は意図していたが、宇宙はいずれにしても賢者である創造主によって全て創られていることから、小さなごたごたを説明するのに、神を持ち出すことは無意味であると考えた王立協会の初期の創設者たちによって育まれた。

初期の自然哲学者たちは、この点で皆が同じように一致していた訳ではない。ニュートンにとって、神は彼の創造神学の中心ではあったが、科学においては、よく知られているように、惑星の運動において、「エーテル」を通過する時に起こると考えられる摩擦がもたらす不規則性を、時々神は「矯正」すると主張した（現在は、エーテルは存在しないことが分かっている）。当時でさえも、ドイツのルーテル派哲学者や数学者のゴットフリート・ライプニッツ（Gottfried Leibniz: 1646~1716）は、ニュートンの考えは、神が創造の欠陥を繕うために時々奇跡を引き起こすという考えであるとして、彼を非難した。ブルック（Brooke）の言葉を借りれば、ライプニッツは「奇跡は恵みの必要を満たすために起こるものであり、二級品の時計を修理するためではない」と主張したという。[157] 事実、18世紀の終わりまでに、フランスの数学者ラプラス（Laplace）とラグランジュ（Lagrange）は、惑星軌道で起こる不規則性について、自己修正が可能なことを示した。明らかに、神の折りにふれての修正など必要ないのである。

このような科学歴史の例から、ニュートンが用いたような種類の議論は、聖書的創造神学のしっかりとした有神論の適用を怠ると、将来起こるかもしれない面倒を容易に背負いこむことがあることを学ぶ。一旦「神」が、現代科学知識のある種のギャップを説明するために持ち込まれると、何が起こるであろうか……。科学はそのギャップを埋めるために進歩して、時間の経過と共にいわゆる「神」の縮みが起こる。これは、クリスチャン、無神論者の両者の書いたものに、相も変わらず未だに登場する、恥ずべき「隙間の神的な議論」である。

全てのものを創造し、神意によって命令し、それらを持続させる神を信じる聖書的な有神論は、そのような立場を完全に覆す。従って、科学的な知識において今日ギャップがあろうがなかろうが、神の創造の業に疑問が及ぶことなど有り得ず、我々の知識のギャップを神の業についての議論に利用することなど決してすべきではない。クリスチャンにとって、科学の無知の中に、隠された神学的な意味などないのである。

今日信仰を持つ科学者は、3つのはっきりした神学的な理由により、日常的な科学議論の中に神を持ち込まない。まず第1に、神を持ち込むことによって、欠陥のある「隙間の神的な議論」を推進する危険──「ニュートンの危険」──を犯すからである。第2に、そのような考えは、多くの世俗的な説明がある中で、説明の一つの道具に神を貶める。神は創造に関する全ての記述の著者であるか、そうでないかのいずれかであり、両方ではない。以前に述べたことを繰り返すが、大切なことは、聖書的思想には、創造主である神とそれによって創られた全てのものという偉大な「二元論」がただ一つあることである。神を科学的な議論の中に持ち込んではならないと強調する第3の神学的理由は、もしそうするなら、科学研究のもとにある別の創造の側面に神はより少なく関与していることを直ちに意味するからである。

クリスチャン科学者が科学論文を書くということは、「自然主義的説明」をしているということであろうか。もちろんそうではない。クリスチャンは、全ての生物学的記述は例外なく、神の世界を理解する試みであると信じている。科学者は、神が創り維持している宇宙を旅する、発見の旅人である。我々は神が既に創ったものを見出すだけである。何故なら、それ以外には何もないからである。

これで、あるクリスチャンが、科学は「自然主義的説明」を与えるものだと言う時、何を言おうとしているかを理解することができる。彼らは先に述べた様々な理由で、科学的説明の中に神の助けを求めないということを単に欲しているだけである。しかし、この文脈の中での「自然主義的」という形容詞の使用は、極めて不適切であることを指摘しておきたい。科学者が実験室に入るとき、突然神を信じることを止めるのであろうか。断じてそうではない。彼は神の世界の素晴らしさの上に掛かっているベールを除き、もっと明らかにすることを求めて実験室に入るのである。発見すればするほど、創造された秩序の中にある神の考えが明らかになり、神の栄光をますます誉め讃えるのである。

医者に風邪を引いていると告げられる時、神学的な言葉を期待しないし、自動車整備士が車を整備する時に、聖書のテキストを持ち出したりしないように、我々はクリスチャンの会計士が、会社の帳簿をチェックする時に、神学的用語を用いないからといって「自然主義者」とは呼ばない。神についての言及がないからといって、我々の生活が突然「自然主義的」になることではない。全く逆であって、聖霊の働きの中で神と共に歩くクリスチャンは、日常の生活のあらゆることに、神の存在と、導き、浸透があることに、気付き過ぎるほどに気付いているのである。自然主義は、そもそも神がいないとする哲学であって、無神論者だけが何事につけても、真に自然主義的な説明を与えることができる。

同じ理由から、個人的な信仰と関わりなく科学者が科学研究をすることを指して、「方法論的自然主義」と呼ぶことを良しとしない。その用語が強調していることは、科学者は日毎の研究の過程において、前述の様々な理由から、事象の説明に神の助けを求めないということである。この考え自体は正しいものである。不必要なのは用語である。なぜなら、ここでも、この用語の背後には、クリスチャンは、実験室のドアの向こう側ではいくぶんとも信仰から離れることが意図されているからである。ところが正確には逆である。このようなことから、「方法論的自然主義」という用語は、このような文脈において誤解を生むので、使用を止めるのがよいと考える。単に、事象の「科学的説明」としたらどうであろうか。それだけで十分に用を足せるし、説明を提供する科学者の個人的な世界観について中立を保つことができる。

神は進化プロセスを如何にして創造するか？

もしも、我々が自分自身を「進化的創造論者」と呼ぼうとしたら、当然のこととして、神はこのプロセスを実現させるために、世界にどう関わっているかという疑問が湧く。しかし、明らかに我々は、時間的限界の中にある被造物の非常に限られた視点からのみしか状況を認識できず、また、我々が観察を試みようとしている創造プロセスの一部であることから、この疑問に対して満足に答える立場にない。この疑問に対する答えを探すためには、数巻にわたる作業と多くの議論が必要であり、短いいくつかのパラグラフで解答を出すことを意図するものではない。

一つだけはっきりしている事は、「神は世界とどのように関わっているか」という疑問に対する唯一の適切な答えは、「いかなる時も、あらゆる場所で、全ての方法で」ということである。パウロがアテネで快楽主義と禁欲主義の哲学者たちに宣教したように、神は、「すべての人に命と息と、その他すべてのものを与えてくださり」（使徒言行録17章25節）、また「神は一人一人から遠く離れてはおられず、『我らは神の中に生き、動き、存在する』」ということである。（使徒言行録17章27〜28節）

本書の第2章で、神は聖書において語ることによって創造の業を行い、創世記1章はその主要な例であることを強調した。我々が人間として語る時、世界は変わる。冷静に考えると、口を開いて語った後は、それ以前と全く同じということはない。もしも神が語ったとしたら、力にあふれた言葉を通したトップダウンの因果関係によって物事が存在するようになるのは、なおさら当然のことである。テーブルの上にある塩を回すように誰かに頼むことは、物理法則に反することはないので、トップダウンの因果関係で働く我々の言葉は、そのまま要求された反応をもたらすが、比べものにならない高貴なレベルで、神は意図と目的をもたらすために語るのである。

従って、神を、ここでは時々変異を与え、別のところでは種を消滅させる微調整者と見なすことは、神がプロセスの別の側面には関わりが少ないことを不可避的に暗示することから、あまり有益なことではない。創造された秩序に内在する神という時、それが意味するところは、地上において多くが起こらず（我々の見地から）また物も小さかった数十億年間、生命がおびただしく多くなると共にもっと多様化して面白くなった（これも我々の見地から）カンブリア爆発、そして同様に生命が再び多くなると共に比較的速い速度で進化が起り、最終的にこの惑星において今日の我々の姿に導いた、進化プロセスの全てに渡って例外なく神が働いているということである。言い換えれば、神は創造の全説話の内の僅か一部ではなく、全体を通しての著者ということになる。

このことは、物語の全部の個所が等しい価値を持っていることを意味しない。次の章でより詳しく述べるように、創世記の記事において神の似姿に作られたのは、人間だけである。人間の著者が小説を書くとき、主要なストーリーの文脈を提供するために背景を述べるが、本筋が変わることが無ければ　別の書き方がなされるであろう。78ページで主人公がコーヒーの代わりに紅茶を飲んだとしても恐らくあまり重要なことではない。しかし、もしも144ページで彼が殺されたとしたら、小説全体は、それが無い場合とは異なった展開となる。それは神の創造説話においても同じである。その過程における多くの詳細も同じように異なっており、ある場所は神学的見地からそれほど重要ではないが（科学者はこれらのことに嬉々として拘わる――それも悪いことではないが）、別の箇所では決定的に重要である。まさにこのことが、ダーウィンが、ハーバードの植物学教授であるクリスチャンのエイサ・グレイに書き送った有名な手紙において、彼自身によって提起されている。「つばめがブヨをついばんだ時、神がそのつばめに、そのブヨをその瞬間についばむことを計画したと信じますか」という彼の問いに対して、グレイは、創造された秩序に神が関与するということは、そのような意味においてではないと、適切に返答した。

第1原因と第2原因という用語は完全ではないが、この時点においては助けになる。神は宇宙を構成する全ての物質の性質を決定し、エネルギーを与える第1原因である。神は、この空間と時間の連続体との関係において超越的であり、内在的である。そして、エネルギーと物質の性質を維持することに全く忠実であり、そのことによって、エネルギーと物質がそれらの性質を持ち続けるのである。もしそうでないなら、我々は、「物理的法則」について語ることは出来ないし、科学も不可能である。第1原因としての神は、宇宙の性質の保証人であり、我々が、次に起こることがいつも不確実な憶測でしかない自分勝手で魔術のような宇宙ではなく、首尾一貫した宇宙に住んでいる基いである。

第2原因は、我々が科学者として研究の中で追求し記述するもの、つまり宇宙における全ての物理的エネルギーと物質の間で起こる無数の相互作用の全てを指す。いかなる科学者であっても、できることは、神が優雅にもたらした物事の性質を記述するだけに過ぎない。

地球を訪問した火星人が初めて車を見て、それが人間のなせる業であると気づいたとしよう。もし、それが工場でロボットによって作られたが、そのロボットは人間が工夫し作ったものだと聞かされたら、それをデザインした人間に対する尊敬は減少するどころか、第1原因に喩えられる人間が、第2原因であるロボットを通して目的をもたらしたことを発見して、むしろ増加するであろう。

創造における神の働きに対するこのような理解は、理神論ではない。理神論は、神は原始において宇宙を練り上げたが、物理的な法則を設けた後は、時折奇跡を行うこと以外には、創造との関係から退くという思想である。我々がここで述べていることは、これとは非常に異なる有神論――宇宙のあらゆる原子に緊密に関わって、開始し、定め、創造された秩序を維持する創造主たる神の聖書的理論――である。

ある種の人は聖書が、神の創造の働きに関して、一般的にその開始あるいはその継続において、第2章で述べたように、「奇跡」という観点から記述していないことに失望する。彼らは、例えば創世記1章で並べられた神の創造についてのそれぞれの言葉に、奇跡を挿入したがる。[158] しかし、聖書はこのことのために、奇跡という言葉を用いない。よって、我々も用いない。聖書において奇跡は、多くの場合、自分の民の生活におけるある種の恵みの徴として神によってもたらされる。進化を信じる者、信じない者にかかわらず、動物や植物など全ての生物が創られる間、人間がいなかったことに関しては、一致する。従って、生命の起源の間、そして植物や動物の創造の間、神が自分自身の恵みを奇跡という特殊な手段を用いて示そうとしても、それを示す人間はいなかったのである。

このことは、創造における神に対する我々の感謝と賛美を多少たりとも減じるものではない。何故なら、通常の創造のプロセスであろうが、ラザロの死からの蘇りのような個人的な命に関わる劇的な介入であろうが、それらは全て神の働きであり、神に栄光を帰すべき事柄だからである。中世の教会は、奇跡に対して不健康な過剰興味を助長したが、宗教改革者たちは、全ての奇跡を否定するのではなく、神の摂理について我々が目に見えるものによらず、信仰によって歩く（コリントの信徒への手紙二 5章7節）という事実を強調する世界における神の働きについてもっと幅広く認識される、聖書のより良いバランスに、クリスチャンを引き戻したのである。神自身がその言葉の中で奇跡と呼ばないことを奇跡と呼ぶことは、神を讃えていないということである。

従って今日の進化的創造論者は、ダーウィンの時代の19世紀における聖書を信じる先達と同じように、進化プロセスを通して現在の創造された秩序をもたらすために払われた神の忍耐と力の両者を理解することを含めて、神の創造のあらゆる側面を喜ぶ大いなる特権を有している。同時に、科学者の集りにおいて、生物学の研究において、あるいは科学的心を持つ友人との交わりにおいて、活発に振舞う事ができ、また、いかなる新事実が科学によって見出されようとも、喜んでそれを受け入れるばかりでなく、全ての創造主である神をさらに賛美するのである。

第9章　アダム、エバとは何者か？——その背景

アダムとエバが誰であったかを見出すためには、聖書テキストから始める必要がある。進化的な物語から始めて、それを聖書テキストに押し付けるのではなく、むしろ反対方向——聖書が何を語ろうとしているのかを聞き、次に聖書の神学的教義がいかにして進化の説明との対話へ持ち込まれることができるのか——から進めていく。まず聖書テキストを読んだ後、本章では遺伝学に焦点を当てながら人間の進化について考え、化石と人類学的証拠について次の章で見ていき、最後に、夫々の語り口の相互作用を見る様々なモデルを用いて、科学と聖書の説明を互いの対話として見ていくことにする。従って、進むに連れて両者の説明が極めて異なるように見えたとしても、最後には合体されるように注意が払われているので、心配は無用である。しかし世の常として、神学と科学の二つの物語をしっかりと理解することなしには、それらを関係づけることはできるはずもない。

聖書の文脈の中でのアダムとエバ

創世記の冒頭の章で、ヘブライ語の「アダム」は3つの異なった観点で使用されている。このような使用の微妙な違いを明らかにするために、説話の神学的な側面と比喩的な側面を強調する第7章で用いられたと同じ解釈

の方法を採用することにする。

神の似姿に作られた人間としてのアダム

聖書の中で「アダム」と言う言葉が最初に出てくるのは創世記1章26〜27節で、神が「我々にかたどり、我々に似せて、アダム（人）を造ろう。そして海の魚、空の鳥、家畜、地の獣、地を這うものすべてを支配させよう」と語り、「神は御自分にかたどってアダム（人）を創造された。神にかたどって創造された。男と女に創造された」とあるように、その意味は、紛れもなく「人間」である。アダムが人間を指していることを明確にするために、これらの節が、第2番目の由来・系図（ヘブライ語のトレドス）である創世記5章の冒頭で（1〜2節）、「神はアダム（人）を創造された日、神に似せてこれを造られ、男と女に創造された。創造の日に、彼らを祝福されて、アダム（人）と名付けられた」と、繰り返されている。

創世記1章26〜27節を、聖書がそれからスタートする「神学的宣言」の文脈の中で捉えると、3つの主要なキーポイントが直ちに浮かび上がる。第1に、動物と異なって、創造の全ての日々の内で、この第6日の創造の働きだけが「極めてよい」（31節）とされていることから、人間の創造が説話のクライマックスとして描かれていることである。さらに、「極めてよい」は、これらの日々の全ての創造のプロセスをも指しているであろう。第2に、テキストは、男も女も神にかたどって作られたことを強調することに配慮していることである。第3に、人間が神の似姿に作られたことの強調は、生物を支配する命令と共に与えられ、これらが極めて近接していることから、この二つの間には連結があると結論せざるを得ない。地の獣たちが造られるやいなや（1章25節）、人間がそれらを支配するために創られたのである。（1章26節）

何世紀にもわたり、「神のかたちに作られた」という用語の正確な内容について、多くの議論がなされてきた。「かたどってと、似せて」という用語が一緒に出てくるのは、この箇所と、創世記5章3節のアダムの息子セトの箇所だけで、この二つは互換性があって使われている。ここでの目的のために、「神の似姿」の概念の二つの側面を強調することができる。まず第1に、人間に全く新しい地位を与えることを暗示しながら、神聖な権威を与えていることが、26節の「支配」と28節の「従わせる」という用語と相まって、この用語の大切なポイントのように見える。古代メソポタミア社会において、彼らの運命は、惑星、太陽、月と共に星によって治められていた。そのような階層社会では、支配者や奴隷は社会的な役割が固定され、社会政治的な秩序は、神々のより大きな世界の小宇宙とみなされていた。大部分の人間にとって、恐らくは異なった種類の未来に対する個人的な責任を持つ考えは、思いもつかないことであった。唯一神による啓示と人間に対する神の平等主義的な見方とは、驚くべき対比を示す。ここでは、神の似姿に作られ、尊厳と価値をもって創られた人間は、地を支配し、創られた秩序を世話するという委託された王的役割を演じるために、男も女も同じように呼び出される。古代の読者にとって、創世記のテキストに由来する彼らの役割の理解は、周囲の国家によって崇められる勢ぞろいした多神教的神々の一つの神的イメージとして王を語る、多くの同時代のテキストによって補強されたであろう。[159] さらに、近東文化において、自分の力と権威を表すために、王が領土の境界に自分の像を建てることはありふれたことであった。1979年に北東シリアで業績が刻まれた紀元前9世紀の王の銅像が発掘されたが、そこにはアッシリア語とアラム語の二つの同意語でその王の「似姿」として言及されている。[160] 「神のかたち」にあるということは、王的表現であった。創世記では、ライバルの多神教的世界観における神々によって僅かの特権的な者にあてがわれていた王的で祭司的な役割が、唯一の神によって全ての人間に託された。*Imago Dei*（神の似姿）は民主化されたのである。今や地上の生活の舞台で重要な役者になるのは、新しい責任を帯びて、支配する任務が与えられた人間であった。詩編作者としてのダビデは、詩編8章5～6節で、「神に僅かに劣るものとして人を造り、なお、栄光と威光を冠としていただかせ、御手によって造られたものをすべて治めるように、その足もとに置かれました……」と、王的な言葉を用いている。

「神の似姿に作られた」ことの結果は、神との関係にあるということである。創世記1章で、神はどの動物にも話しかけてはいないが、28節で人間を祝福して声をかけた。ここで、それまで地には存在しなかった新しいタイプ、つまり神の声を聞く人間が出現したのである。そして29節で、「全地に生える、種を持つ草と種を持つ実をつける木を、すべてあなたたちに与えよう。それがあなたたちの食べ物となる」と、人間に贈り物を与えた。神の似姿に作られたことの隠された意味は、創世記2章で、労働と、結婚と、地上の世話を通してはっきりとする。そのような関係を示す言葉はさらに続く。主なる神は自らエデンの園に男を置き（2章15節）、命令し（2章16節）、結婚のパートナーを与え（2章22節）、堕落の後、その男に「どこにいるのか」と訊ねた（3章9節）。バビロニアの創造神話では、人間は神々の奴隷として創られているが、創世記の神は、人間に注意を払い、そして人間のために与える。神の似姿に作られた者たちとの関係を求める人格的な神に、我々は招かれているのである。

「その男」として、また個人的な名前としてのアダム

創世記2章の目的は、広い「創造宣言」を示す1章とは異なって、創造の文脈の中で神の似姿に作られた人間の役割に焦点を当てることにある。従ってアダムの創造は、創造の最初に置かれており、最後ではない。以前にも強調したように、創世記の冒頭の二つの章を、神学的観点を抜いて時間軸で見ると、頭を抱え込んでしまう。創世記2章では、命についての劇のカーテンが巻き上げられ、地上における神の特命大使である王が登場する。しかし、この王は、「主なる神は、土（アダマ：*adamah*）の塵で人（アダム：*adam*）を形づくり（ヤツァル：*yatsar*）、その鼻に命の息を吹き入れられた。人はこうして生きる者となった（ネペシュ：*nepesh*）」とあるように（2章7節）、泥にまみれた王である。人間を含む創造の業が極めて物質的な性質を帯びていることが、8節で、男を「東の方のエデンの園」に置いた後、神は「あらゆる木を地（アダマ）に生えいでさせ」と記述することにより強調されている。

これらの節には、多くの重要な点が詰め込まれている。まず第1に、「人」に対してヘブライ語で完全に良い単語（イシュ：*ish*）があり、この単語は旧約聖書において人を表す最も一般的なものである（実に1671回）。よって、人に対して「アダム」という言葉を選択したことは、読者に対してアダムはアダマから生じたばかりでなく、アダマを世話するために、神から重要な任務――土地から作られたアダムが神の土地の管理をする――を帯びていることを説明するための教育的意図を持っていると思われる。

第2に気づくことは、アダムの前には定冠詞が付けられているということである。従って、正しい英語訳は「その男」であり、「再び妻を知った」とある創世記4章25節まで、常に定冠詞が付けられている。ヘブライ語で個人名には定冠詞が付かないことから、ここには特別な神学的意味が込められている。つまり、ここでの「その男」は、それは誰でもよい古い男ではなく、特殊な男、原型的な男、恐らくは全ての他の男の代表を意味するであろう。ともかくも、定冠詞の使用方法を学ぶ者にとって、このしっかりと織られたテキストの中で、創世記2章と3章で「その男」が20回以上使用されていることの中に、明確な目的があることに疑を挟む余地はない。

しかし、アダムという言葉は、曖昧さも同時に持っている。恐らくそれは、「アダム」が個人名として最初に使用された時を隠すための意図された曖昧さである。[161] 例えば、いくつかの節――創世記2章20節、3章17節、3章21節――において、アダムの前に定冠詞を置く代わりに、「対して」や「のために」と訳される、ヘブライ語で「非分離前置詞」と呼ばれるものが使用されている。アダムが、いつから個人名として使用され始めたかについては、異なった翻訳が、文脈に依存して、それぞれの独自の解釈に適用される。従って、テキストの中で、代表的な人間としての「その男」が、個人名を持つアダムにいつ変形したか、正確な時について過度に拘らない方がよいであろう。この点については、後でまた戻ることにする。

第3に重要なことは、創世記2章7節で「主なる神は、土の塵で人を形づくり、その鼻に命の息を吹き入れられた。人はこうして生きる者となった――あるいは別の翻訳では「生きる魂」――」と、強調されていることである。塵から作られたということに関して言えば、もちろん詩編作者は、幼子がいかにしてこの世に来たかをよく知っていたが、それにもかかわらず旧約聖書は、我々は全て塵から作られたと教える（詩編103編14節）。ここで、創世記2章7節の「命の息」は、死んでいるものから生きているものを特徴づけるものであり、創世記1章30節で、同じ表現が全ての生きた被造物を指して用いられている。[訳注15] 創世記2章7節にあるこの「魂」という言葉は、あるクリスチャンたちに、「そのアダム」が創られる時に吹き込まれた不死の魂を想起させた。しかし、聖書の他の箇所の教えがどうであろうと、この創世記の箇所からそのような考えを主張することは困難である。ここで使用されているヘブライ語はネペシュであるが、それは文脈に応じて、命、命の力、魂、息、感情と切望の源、被造物または人間の総称、自身、体、そしてある場合には死体という意味を持つ。創世記1章20節、21節、24節、2章19節は、ヘブライ語で全く同じ「生きるネペシュ」と書かれているが、この創世記2章の「そのアダム」で使われたように、動物に対して「生きる物」と訳出されている。そして、アダムがネペシュになった時、それ以上のものは何一つ与えられなかった。よって、創世記第1章の「生きる物」と同じように、テキストのこの箇所は、アダムの命と息が完全に神の創造の業に依存していることを、ただ単に指摘しているだけである。以上より、この箇所において、非物質的な不死の「魂」がアダムに与えられたと考える余地は全くないのである。

筆者がクリスチャンになって間もない頃、「魂」と「霊」という言葉が、いろいろな説教者やクリスチャンの著者たちによって、様々に使用されていることに全く困惑したことを覚えている。そこで、そのような場合にいつも行ったように、聖書のどのような文脈においてそれらの言葉がヘブライ語またはギリシャ語で使われているか、注釈書を参考にしながら、自分自身で単語調べをした。そこではっきりしたことは、聖書の中で何百にもわたる使用の中で、次の二つのことであった。

第1は、「魂」と「霊」は、ヘブライ語テキストでは互換性があり、それらの間ではかなり自由な行き来があるということである。第2には、聖書は人間の本質を、体＋魂＋霊の3部分構造ではなく、体―魂―霊の統合体として考えるように奨めていることである。そして、新約聖書へ来ると、永遠は魂とではなく、体の復活と結びつく（コリントの信徒への手紙一15章53～54節）。創世記2章で、我々に紹介された地の塵から作られ、土と関連づけられる物質的なアダムは、聖書でその後に続く人間の本質の神学的な展開の基盤をなす。このことを十分に議論するためには、もちろんここで許される以上の紙面が必要だが、聖書テキストの個人的な探索を行うことが有効に思われる。そうすれば、この事柄に関する我々自身の仮定が、聖書が実際に教えていることから如何に異なっているかを見出して、驚くであろう。しかし、ネペシュという言葉は、ヘブライ語旧約聖書で695回使用されており（文脈は異なった意味を与えるので、それらのうちのほとんどは、今日の英語テキストで「魂」とは訳出されていない）、そのような研究は全く時間を取られるものである！

女の創造

創世記2章における「その男」の創造が、神の似姿に作られた者として彼の役割を強調する特別の創造の業であるのと全く同様に、「女」の創造についても、テキストは神の人間への連帯の計画と目的を満たす特別の創造の業として描く。説明の中心は、結婚が神によって定められた権威ある定めであるということである。創世記2章18節は、結婚が、神の考え――「そのアダム」が一人でいることを孤独だと考えたのは神であり、19～20節で「そのアダム」が生き物を世話する責任を遂行したが、適当なパートナーを見出すことが出来なかった――であることを我々に告げる。伝統的な中東文化は、あらかじめ定められた結婚である。そこで、神は主導権を発揮して「そのアダム」を眠らせて、彼のツェラ（*tsela*）――実際は、彼の二つの側の一つを意味するが、伝統的にあばら骨と翻訳されてきた――を一つ抜き、それを用いて女を作り、そして彼女を「そのアダム」の所へ連れてきた（22節）。ここでも、23節と24節で二つのジョークのオチを生みだすために、「人」に対する二つの異なったヘブライ語を混ぜこぜにすることを始めているが、ヘブライ語テキスト――「その男（アダム）は言った。『ついに、これこそわたしの骨の骨、わたしの肉の肉。これをこそ、女（イシャー：*issa*）と呼ぼう。まさに、男（イシュ：*ish*）から取られたものだから。』こういうわけで、男（*ish*）は父母を離れて女（*issa*、文脈から妻の意）と結ばれ、二人は一体となる」――を参照しないと、重要なニュアンスを見落とすことになる。土から作られた「そのアダム」や動物と異なって、まさに女は「そのアダム」から直接作られたのである。2章19節で「そのアダム」の前に連れて来られた動物たちはヘブライ語でハヤー（*hayyah*）であったが、どれもハッヴァー（*havvah*）には適さず、その男の新しい妻が最終的に3章20節で名付けられた。これら二つの言葉はいずれも「生きる」を意味するハヤ（*haya*）を語源としており、ここでもテキストは、英語翻訳では失くしてしまった言葉遊びをしているのである。

この明らかに比喩的で文学的な記述――全てが言語的遊びと合わさっている――を、神が麻酔を与えて手術を行い、男のあばら骨を抜いて女を作る古代の近東における手術を指しているのだと、近代主義者のメガネを通して読むと、テキストの言わんとすることを見逃すであろう。いずれにせよ、テキストは、このことはアダムが眠っている間に見た何か、幻であることを明確にしている（2章21節「主なる神はそこで、人を深い眠りに落とされた。人が眠り込むと、あばら骨の一部を抜き取り、その跡を肉でふさがれた。」、15章12節「日が沈みかけたころ、アブラムは深い眠りに襲われた。すると、恐ろしい大いなる暗黒が彼に臨んだ。」と比較せよ）。もしも、我々がこの大事な個所を非比喩的に取るなら、結婚の基礎を語っているテキストを愚弄する真の危険を犯すことになる。

結婚は神による権威ある定めであって、自分勝手にもてあそぶものではない。それは神が人間のために計画した連帯的生活の一つの要素であり、そのことが、記述の最初に、神自身が「人が独りでいるのは良くない。彼に合う助ける者（エゼル：*ezer*）を造ろう」（18節）と、状況を判断したことによって強調されている。旧約聖書におけるエゼルという言葉は、主に神自身を記述する時に使用される言葉で、事実21回のうち15回は、神が人間のエゼルである。申命記33章29節で、イスラエルの民は呼び集められ、「あなたのように主に救われた民があろうか。主はあなたを助ける（エゼル）盾」と、祝福を受けた。詩編の作者は「我らの魂は主を待つ。主は我らの助け（エゼル）、我らの盾」と祈った（詩編33編20節）。このように、女は男と一緒になって働き、地を従わせるという畏れ多い責任を果たすように召されており、それは神が我々を助けるのに似たようなものである。

男の側が抜かれたことは、女が連れて来られた時に発した感嘆の声（「わたしの骨の骨、わたしの肉の肉！」）と相まって、男と女が互いに補い合う関係にあることを強調している。よく言われていることであるが、女は「男を支配するために頭からではなく、男に仕えるために足からではなく、男と同等の者であるために横から取られた」のである。ここで暗に示唆されていることは、神を知り、神の命令を受け、「神と共に歩く（3章8節を参照）」ことにおいて、女は男と共にいるということである。ここで我々は、両者が信者である場合の結婚関係の中心にある、深遠な神学的真実を表現する生き生きとした隠喩的言葉に接する。イエスは、それぞれの男と女の個人名ではなく、男と女の代表として強調しながら、「『あなたたちは読んだことがないのか。創造主は初めから人を男と女とにお造りになった。』そして、こうも言われた。『それゆえ、人は父母を離れてその妻と結ばれ、二人は一体となる』」（マタイによる福音書19章4～5節）と、この箇所を引用した。このように創世記2章を、結婚を神の定めた儀式ではなく、あばら骨の手術を述べたものとして終えるなら、大切なことを全く見逃すことになる。

特別の名前を受けなかった「そのアダム」と異なって、創世記3章20節で、「彼女がすべて命あるものの母となったからである」とあるように、女はハッヴァ（*havvah* ＝エバ―命）と名付けられた。(162) この節の正確な意味については、解説者によって多く議論されてきた。ハッヴァの名前は、さらなる命と希望を、むしろ苦悩と疎外に満ちた堕落（このことは次章で述べる）の暗い絵画に導くため、ここで導入されたのかもしれない。話し手が付け加えた「彼女がすべて命あるものの母になったからである」という遡及的な言い回しは、15節に書かれているように、信仰によって約束を果たす神を知ることによって、最終的に新しい命を経験することになる者すべての母になるというエバの役割に言及しているのかもしれない。いずれにせよ、アダムが原型的な男であるように、エバも原型的な女である。

聖書の他の箇所でのアダムとエバ

さらに多く読むまでもなく、当時周囲にいたのは、「その男」と「その女」だけではなかったと、創世記がはっきり示唆していることに気付く。カインが弟のアベルを殺して神に呪われた時、カインは、「今日、あなたがわたしをこの土地から追放なさり、わたしが御顔から隠されて、地上をさまよい、さすらう者となってしまえば、わたしに出会う者はだれであれ、わたしを殺すでしょう」と、神に訴えた（4章14節）。15節から明らかなように、カインが恐れたのは野獣ではなく、他の人間であった。その3節後に、カインが「町を建てていた」とある。[163] これでは、誰もいない世界のようには見えない。

従って、この後に続く記述は、この系図に載っていない他の人々と異なって、堕落しながらもなお、土地を管理する偉大な責任を神から与えられているアダムとエバの「神の系図」を示すものとして解釈するのが、最も適切ではないだろうか。4章25節で、セトがアダムに与えられたのは、殺されたアベルの代わりであるとアダムは考えており、セトの家族の成長が、「主の御名を呼び始めたのは、この時代のことである」というコメントと関係づけられているのは、恐らく偶然ではないであろう。このフレーズは、族長に関する創世記の他の箇所で使用されているが（12章8節、13章4節など）、神礼拝の制度を指していると思われる。

「アダムの系図の書」を紹介する創世記5章の冒頭のトレドスの中に、アダムが神の似姿に創られたことが記載されている。さらに、「自分に似た、自分にかたどった男の子をもうけた。アダムはその子をセトと名付けた」と記した後、この章の全部をセトの系図の記載に費やしている（アダムとセトの系図は、歴代誌上1章1節で再び取り上げられている）。これは、創世記6章2節の「神の子らは、人の娘たちが美しいのを見て、おのおの選んだ者を妻にした」というやや難解な記事を理解する上で助けになるかもしれない（4節と比べるとよい）。この説話の文脈の中で、「神の子ら」は、ルカによる福音書3章38節で「……エノシュ、セト、アダム。そして神に至る」とあるように、再度描かれているアダムに遡る神の系図を指しているのかもしれない。もしも、このような解釈が正しいなら、この箇所は解釈が非常に困難なことで有名なので、敢えて言えば、神のコミュニティの外側と結婚することの危険に注意を向けているということであろうか。今日で言えば、不信仰の者と結婚をしてはならないということであろう。正しい解釈がどうであれ、6章5節以降の洪水に関する記事にあるように、そのあと続いて、神の裁きがあったことは、はっきりしている。

セトに始まる神の系図は、5章32節のノアとその家族においてその頂点に達するが、「神に従う無垢な人であった。ノアは神と共に歩んだ」というノアのトレドスの中で、家族歴史と似姿が再び取り上げられている（6章9節）。ノアは、アダムとエバが堕落の直後に怠った「神と共に歩む」ことを続けた（3章8節）。このこと――神に従うこと――が、神の系図の一部であることの真の意味である。神がノアとその家族を洪水から守った後、契約が更新されて神のコミュニティは続いていく。曰く、「あなたたち、ならびにあなたたちと共にいるすべての生き物と、代々とこしえにわたしが立てる契約のしるしはこれである。すなわち、わたしは雲の中にわたしの虹を置く。これはわたしと大地の間に立てた契約のしるしとなる。」（創世記9章12～13節）

この後、人アダムについて、旧約聖書では言及がない。[164] 新約聖書に至って、アダムはちょうど9回言及されているが、大部分は堕落の文脈の中で、キリストの救いの業の背景として取り上げられているものである。これらの点については、後の章で述べることにする。エバは全聖書に渡って僅か4回しか言及されておらず、その内の2回は創世記3章と4章であり、他の2回は新約聖書である。使徒言行録において、パウロはアテネで、NIV訳によると、[訳注16]「神は、一人の人からすべての民族を造り出して、地上の至るところに住まわせ……」と宣言したが（使徒言行録17章26節）、ギリシャ語原典では、「人」は無く、単に「一つからすべての民族を造り出して……」となっており、恐らくパウロは、聴衆に対して共通の人間性を持ち出すことにより、より一般的なもの――この説教の主要テーマ――にしようと考えたのではないだろうか。

人間の進化――遺伝学

聖書のアダムとエバについての教えと、人間の起源に関する進化論との間に、少しでも関係があるのかどうかを見る前に、人間の進化に関して現状を理解することが重要である。非常に簡単に述べるので、さらに調べたい読者のために参考文献を挙げた。[165]

まず最初に、我々は類人猿と共通の遺伝的形質を持っているという事が、今日の生物学の最も確かな結論のうちの一つということを強調せねばならない。その根拠は、第3章で紹介した比較ゲノム学という類のものによる。我々の進化の過去の記録は、我々の全ての細胞のDNAの中に消えることなく刻み込まれている。実に我々は皆、歩く遺伝子化石の博物館である。類人猿との共通の遺伝的形質を否定する人が、100万×100万の10倍（10の13乗）もの進化歴史のコピー（夫々の細胞の中のDNA量）を持っていることは皮肉なことである。一つのコピーで十分であるが、実際、10の13乗ものコピーを持っているのである。

「類人猿と共通の遺伝子」という用語は、身体構造学的に現代人（我々）が直接類人猿の子孫であることを意味しない。ここで意味することは、我々は、かつて類人猿と共通の祖先を持っていたということだけである。事実、我々の最後の共通の祖先は、600万年前に住んでいたと推定され、その後、我々の系列は、多くの段階を経ながら広範囲に多様化していった。現在、我々の完全なDNA配列ばかりか、大型類人猿（ゴリラ、チンパンジー、ボノボ、オランウータン）やアカゲザルのような多くの霊長類の完全なDNA配列、そして他の多くの霊長類のゲノムの部分的配列の情報も持っており、数年前と比べてさえも、異なった遺伝子と配列の進化歴史を追跡し、またそれぞれの種を特定できる、より強力な立場にいる。[166]

このことをさらに詳しく見る前に、いくつかの定義が有用である。ホモ・サピエンス（*Homo sapiens*）、つまり我々は、約200の現存の霊長類——まとめて霊長目——の一つであり、さらにそれは、現存の22の哺乳綱の一つである。[167]霊長類は、恐竜が消滅した後、約5千万年前にもっと一般的に見られるようになった、ある同一の性質を持つ動物の集りである。今日生存する200種の霊長類は、恐らく全部で6千種を生じた適応放散の残りを代表するものである。霊長類は、手と足の特異的な骨格、全体としての運動の様式、視力、知能、生殖解剖構造、生活史、歯の構造によって特徴づけられる。現存の霊長類は、80グラムのネズミキツネザルからその2千倍もあるマウンテンゴリラまで、そのサイズにおいて大きく異なっている。これらは大きく4つのグループに分類出来る。

・キツネザル、メガネザル、ガラゴを含む原猿類。キツネザルは特にマダガスカルで見られる。
・ホエザル、クモザル、マーモセットのような新世界サル。これらは、中央アメリカ及び南米に限られる（名前の由来）。
・アフリカや東アジアに見られるマカクやヒヒのような旧世界サル。
・類人猿やヒトからなるヒト科。類人猿は同様にアフリカや東アジアに見られ、ヒトはどこにでもいる。類人猿はチンパンジー、ゴリラ、オランウータン、テナガザルのような動物を含む。ちなみに、「サル」という種はいない——チンパンジーなど、別のタイプのサルだけがいる。自分の子供に「サルのようなことを止めなさい！」と言いたい時には、小言をもう少し正確に洗練した方がよいかもしれない（例えば、「テナガザルのようなことは止めなさい！」とか）。

現代遺伝学によって、上に述べたよりもさらに高度な分類システムになっているが、これらの用語は、現在も一般的に用いられている。別の一般的な用語は「ヒト亜科」で、これは「ヒトファミリー」の中の様々な種を指しており、類人猿と最後の同じ先祖からのヒトの進化を辿る化石記録の中に1940年以降に書き込まれた約20

の新しい種の全てはもはや生きていない。従って、20万年前に現れ始めた、身体構造学的に現代の人類であるホモ・サピエンスは、現存するヒト亜科の唯一の生き残りである。従って、生物学の文献で「ヒト」という用語は、一般的にはヒト亜科の化石種としての属性を記述する語として用いられているので混乱しないようにして欲しい。しかし、この言葉は比較身体構造学の文脈の生物学的意味において使用されていて、人が「神のかたちに作られた」ことを云々している訳ではないので、ここでは言葉の価値判断はしない。

いくつかの定義ができたので、現代遺伝学が、類人猿と共通の遺伝的形質をどのようにして確立していったのか、合理的に疑問の余地がないいくつかの例について見ていくことにする。

偽遺伝子

実際であれ仮定であれ構わないが、最初のいとこがあなたの母親の妹の娘であったとする。彼女にはえくぼがある。あなたにもえくぼがある。これらのえくぼは遺伝で受け継がれてきたものである。そこで、祖母、つまりあなたの母の母の少女の時の古い写真を探し出して見ると、確かに祖母にもえくぼがあった。ここで、あなたの母親側の家族の最後の共通の祖先は、あなたの祖母ということになる。もちろん、あなたは全ての遺伝的な特質を同じように辿ることができる。例えば、あなたの両手を握りしめて、あなたの両方の親指を見てみよう。どちらの親指が上にきているだろうか。あなたの親類でない友人とは異なるかもしれないが、あなたの血縁者または子どもは、その逆ではなく、恐らく右親指の上に左親指を重ねているのではないだろうか。

このような遺伝された特質は、実際には多重遺伝子によるもので、えくぼをコードした遺伝子は、他の顔構造遺伝子によって薄められていくので、えくぼは永久に家族樹木の上を辿っていくことはない。では、ある全体主義的な政権ができて（あってはならないことだが）、全ての人の腕にそれぞれ30桁の固有の番号を刺青するように命令し、それぞれの子供、さらにその子供と、何世代にも渡って同じ番号を刺青したとする。そしてもう一つ、全ての結婚で、女性の番号を優先し、全体主義政権の開始時に全ての女性に異なった30桁の無作為番号を刺青したとする。

数百世代後には、どうなっているであろうか。はっきりしていることは、いかなる理由であれ子供がない場合があるので、ある数字は無くなるであろう。そこである数字は次第に消え始め、他方別の数字は「成功」して、増えていくであろう。数百世代後の数千年後、個々人は個別の番号を腕に刺青した人によって、世界のどこでも全ての遠い親戚を容易に見つけることができるであろう。さらに、最初に個別の番号をつけて「出発」した共通の祖先を見出すことは至極簡単なことである。

さらに、腕に刻印をする代わりに、ゲノムの中にヌクレオチド塩基配列で規定される独自の数字をちりばめることを思い描くと、共通の祖先を見つけだす遺伝学の威力が分かり始める。実際、何百あるいは何千という文字の長さのDNA文字の配列に組み込まれる時、遺伝子アルファベットである4個のヌクレオチド塩基文字の配列の中に組み込まれた特異性と比べれば、30桁の番号は非常に小さい。物理学や化学から見ると生物学はデータの正確性が十分でないと批判された時もあったが、長く伸びたDNAの素晴らしい特異性は、今や科学のどのようなものと比べても全く見劣りするものではない。ヒトDNAの部分配列は、個々人で大きく異なって「遺伝子指紋」となり、他の人が同じ配列を持つ確率が極めて小さく、このことが法医学分析として用いられる理由である。今日、遺伝子データは裁判所において有罪判決を確定するために、しばしば用いられている。

同様に、偶然である特定の配列が二度生じることは非常に稀であることから、特定のDNA配列が同じであるということは、共通の祖先を見出す強力な証拠となる。このことは、蛋白質をコードした遺伝子には当てはまらない。なぜなら、蛋白質は、生命体の健康、生存、生殖繁殖にとって極めて重要であり、これを生じる遺伝子は強い選択圧力を受けているからである。一方、我々のゲノムの一部を占める非機能的な、トランスポゾンのような寄生DNAや、機能を失ってしまった偽遺伝子は別である。時として非常に稀にトランスポゾンが有用な機能を獲得して機能的遺伝子になったとしても、機能を持たずに（次第に機能性へと変異していく僅かなものを除いて）動物やヒトのゲノムに入り続けるトランスポゾンに比べれば、その数は圧倒的に少ない。

はるか昔の祖先において機能的であり、それらの血統の代表においてはその機能を保持しているが、我々のゲノムにおいては働くことを止めており、遺棄された機械のように生き生きとした進化歴史を思い出させる偽遺伝子については第3章で述べた。これらは、過去にDNAの中に挿入されたトランスポゾンである「プロセス型偽遺伝子」と対比して、時々「単一型偽遺伝子」と呼ばれている。単一型偽遺伝子は、もはや遺伝子が適切にmRNAへ転写できない、または切り取られた遺伝子が転写される、あるいは機能不全蛋白質が作られるというような小さい変異の積み重ねによって非機能性を達成する。時として、文章の間に突然ピリオドが入るように、早発性の「終止コドン」が遺伝子の間に導入され遺伝子を不能にする。遺伝子は、DNAが適切にスイッチオンされるために、「プロモーター領域」を必要とするが、この領域が変異を受けても偽遺伝子が生じる。一つの変異がDNA文字の配列を「アウト・オブ・フレーム（読み取り枠のずれ）」にしてしまい、完全であった遺伝子の文章が滅茶苦茶になってしまうこともある。多くの偽遺伝子は容易に確認できるが、あるものは損傷が激しく、それらを同定するためには高度なコンピュータプログラムが必要となる。[168] 稀に、プロセス型偽遺伝子（トランスポゾン）は、機能性をもたらす新しい変異を得る。しかしこのことは、元々の遺伝子が別の種では明らかに機能的であるが、ヒトにおいては無能で明確に非機能的である単一型偽遺伝子には当てはまらない。[169]

ヒトゲノムには、少なくとも11，000の偽遺伝子があることが分かっており、その同定数はさらに増え続けている。何よりも、2013年のENCODE計画の改訂データでは、全てが確認されたわけではないが、全部で14，181の数に上っている。[170] このことは、遺伝子化石の探索作業を行うことによって、それらが我々自身の進化歴史の中で、どこから来ているのか非常に正確に辿ることができるという実際的な利点を与える。それぞれの変異した偽遺伝子は固有であり、二度と起こらない独自の出来事から生じているので、歴史探索に有用である。

これまで調べられた全ての哺乳類は、嗅覚に関与している約850の遺伝子を持っていることは既に強調した。ヒトの嗅覚遺伝子のうち、ちょうど50％以上のものは、スイッチがオフの状態、即ち偽遺伝子になっている。[171] これに対してラットやマウスは、ヒトと比べてもっと多く、1000以上の嗅覚遺伝子を持っている。この違いは齧歯動物が、彼らの生存や生殖成功を嗅覚にいかに強く依存しているかを考える時、驚くべきことではない。我々のような霊長類の多くは、いくつかの細やかな嗅覚の機能を、命や手足の危険を犯すことなく、失うことが出来る。よって、変異嗅覚遺伝子は、自然選択の篩によって取り除かれずに、我々の遺伝子博物館のかび臭い棚の中で多くの偽遺伝子収集物として役立っている。[172]

遺伝子は如何にして偽遺伝子に変化するか、一つの嗅覚遺伝子がよい例を提供する。これから述べることを理解するためには、DNAのアルファベットには4個のヌクレオチド塩基（A、C、G、Tと略記）があり、それらの3個がコドンと呼ばれるものになって、蛋白質を構成するアミノ酸をコードしたり、あるいは遺伝子の終了を指示する（文章の中の終止符のようなもの）ということを知っておくことが必要である。さらに知って欲しいのは、20の異なったアミノ酸があり、それらはDNAのA、C、G、Tの3塩基コドンによってコードされて、蛋白質の中に組み込まれるということである。それぞれのアミノ酸は、別のアルファベットによっても現されるが、どの文字がどのアミノ酸に対応するかについては、以下の議論において不要である。

問題になっている嗅覚遺伝子はチンパンジー、オランウータン、テナガザルにおいては100％働いているが、ヒトではGからTへ変異している。[173] この変異は、11番目の3塩基GAA（グルタミン酸というアミノ酸をコード）に起こって、TAA（停止信号〝*〟）になる。そこで、嗅覚遺伝子の関係部分における蛋白質のアミノ酸配列は以下のようになる。

ヒト　　MANENYTKVT*FIFTGLNYN……

チンパンジー　　MANENYTKVTEFIFTGLNYN……
ゴリラ　　MANENYTKVTEFIFTGLNYN……
オランウータン　　MANENYTKVTEFIFTGLNYN……
テナガザル　　MANENYTKVTEFIFTGLNYN……

このことは、約600万年前の類人猿と共通の我々の祖先の以降、ある週のある日、あるヒト亜科の生殖細胞においてGからTへの変異が起こり、全てのヒト集団がそれを受け継いで、変異の「停止」信号によって非機能性蛋白質となったことを意味する。このような配列は、前述の腕に刺青をするという独自の数字のようなものである。我々のゲノムは過去の進化の刺青を持っている。決定的な変異によって、何百というアミノ酸を持つ非機能的な嗅覚遺伝子が「どこにもないところ」から出現する確率はとてつもなく低い。唯一のつじつまが合う解釈は、我々は、現在機能不全の遺伝子を、我々の動物の過去から受け継いでいるということである。

我々は、それがもはやスイッチオンできないフォーマットであるにもかかわらず——そのことは多くの場合有難いことであるが——、自身のゲノムの中に潜んでいる遺伝子プログラムが何であるかを発見して驚く。例えば、我々のゲノムは尾を作る遺伝子プログラムを持っている。このことは、初期胎児発達の期間、着床に続く31~35日の間に、我々の尾が極めてはっきりしていることから知ることができる。我々にとって幸いなことに、尾を作る遺伝子はそこでスイッチオフされるが、稀にこれが起こらず、容易に手術で取り除くことができる小さく突起した退化した尾を持った子供が生まれることがある（実際に筆者が思うに、我々は教会の椅子に座るために進化したことは明確であり、個人的には、尾を持たないことをとても喜んでいる。椅子に座った時に、それをどこにしまったらよいか?）。それらが実際に我々の進化過去の痕跡でないのなら、尾を作る遺伝子は、我々のゲノムの中でいったい何をしているというのであろうか。

同じことが、我々のゲノムの中に今もつきまとっている、産卵遺伝子についても言うことでできる。この場合、少なくともいくつかの遺伝子が同定され、配列が決定されている。例として、肝臓で作られる卵黄を作るために必須の蛋白質であるビテロゲニンをコードした3種類の遺伝子がある。ヒトは産卵しないが、鳥はする。ニワトリにおいて、ビテロゲニン（VIT1, VIT2, VIT3）をコードした3種類の遺伝子は、全て十分に機能しており、これらは、ニワトリ染色体8の上のクラスターに見出される。1種類以上のVIT遺伝子を持つことは、量的効果をもたらす。よって、3種類のVITを持つことによって、より多くのビテロゲニン蛋白質がもたらされる。進化の過程を通して胎盤性になり、もはや産卵をしなくなった種においては、機能性遺伝子の数は次第に減少して、ついにはヒトゲノムにおいては、鳥と我々のような胎盤動物の共通の祖先で見られた元々の遺伝子の非機能性の名残を残すだけとなった。[174] ヒトにおいては、VIT1遺伝子は偽遺伝子として最も容易に同定できる遺伝子で、犬や、豚や、オランウータンのような他の種において見られるものと同じ非機能を与える変異を含んでいることから、明確に共通の子孫であることがわかる。これらのうちで、最も目を引くことは、共通の祖先を予測するまさにその場所において、VIT1偽遺伝子がヒトゲノムの中で見られることである。[175] ヒト偽遺伝子VIT1の一方の側には、血管の生成に関わるELTD1[176]として知られている機能性遺伝子があり、これはELTD1とこの場合には機能性VIT1が、互いに同じ位置にあるまさにニワトリのゲノムとよく一致する。VIT1の他方の側には、DNA配列もヒトとニワトリの間で保存されている。異なった種からの広い染色体領域の間での、DNA配列のこの保存は、「シンテニー」として知られている。よって、ヒトにおいて元々は卵を作ることに関わっていた非機能性偽遺伝子を、ニワトリと同じように、すぐ隣に機能性遺伝子と共に我々は持っていることになる。このようなデータは共通の祖先によってのみ説明可能であり、他のどのような説明も無意味である。

別の例として、昔の船員たちが長い航海で壊血病に罹ったことについて考えてみたい。海上で数週間もいると果物が尽きて、壊血病の予防に不可欠なビタミンCが不足してくる。では、ほとんどの他の哺乳類はビタミンC

を自分で作ることが出来るのに、なぜ我々には出来ないのであろうか。ネズミのような哺乳類は、L－グロノ－γ－ラクトンオキシダーゼ（GLO ── グロ）と呼ばれる酵素をコードしたグロ遺伝子を持っている。しかし、4、000万年よりも以前に霊長類に起こった変異により、グロの非機能性偽遺伝子を持つことになり、健康を保つためにはみかんを食べ続けることが必要になったのである。その理由は以下の通りである。(177)

	80	90	100
ラット	GAGGTGCGCT	TCACCCGAGG	CGATGACA
ヒト	GAGGTACGCT	TCACCCG_GA	CGATGACA
チンパンジー	GAGGTACGCT	TCACCCG_GA	CGATGACA
オランウータン	GAGGTGCGCT	TCACCCG_GA	CGATGACA
マカク	GGGGTGCGCT	TCACCCG_AG	CGATGACA

上記図は、変異を受けた部分の遺伝子のヌクレオチド配列（80～107番目）である。ラットは機能性 GLO 酵素の配列を持っているので、健康を保つために、みかんを食べる必要はない（しかしモルモットは、我々とは異なるが、無能化変異がそれらのグロ遺伝子にも起こったので、必要である）。右記図から分るように、霊長類は、ラットとほとんど同一の配列を持つが、97番目のヌクレオチドでAを欠いている。この無作為で非常に起こり難い変異が、調べられた全ての霊長類にあるということは、このことが、大型類人猿とマカクの祖先においてただ一度だけ起こったことを意味している。同じ変異が遺伝子の何千という長い文字の中で、全く同じ箇所で一度以上起こる確率は、ここでも極めて低い。

ラットと同じ祖先を持っているなどとんでもないと言う人もいるかもしれない。しかし、他の生物世界と共通の祖先を持っていることは、少なくとも我々を謙虚にさせてくれるに違いない。我々のゲノムの中に1.1万以上の偽遺伝子があることから、我々の祖先を描くための何百という同じような探索例が進行中で、多くの発表が続いている。[178]これら全ての例は、我々のゲノムの中に、消すことができない進化の過去が刻印されていることを示している。いくつかのプロセス型偽遺伝子が機能性を持つように変異したからといって、そのような機能を持つことがなかった何千というプロセス型偽遺伝子も、何千のもっと多い単一偽遺伝子——別の種では機能的だが、我々においては非機能であるビテロゲニンまたはGLOをコードしたようなもの——のいずれについても、遺伝子化石としての有用性を無効にするものでは全くない。

転移因子

第3章で、我々のゲノムのほぼ半分を占める転移因子または跳躍遺伝子の考え方について述べた。これらは、時々上述の「プロセス型偽遺伝子」として知られている、機能性を持たないDNAの「コピー・アンド・ペースト」配列で、我々の進化歴史を辿る貴重な遺伝子化石を提供する。それらはほとんど機能を獲得することがなく、[179]よって、そのような仕方においてゲノムの全体の機能化に貢献しているが、進化の過去を現す「署名モチーフ」は、そのような歴史を確立するために、まだ有用である。もしもこれらの配列の一つが別の種のゲノムのある特定の場所に挿入されているなら、これらの種が、同じ先祖の子孫であると明白に証明されたことになる。我々はほとんど全ての（99%）これらの化石化された挿入を、チンパンジーと、マカクの大部分と、そして遠くにある関連の哺乳類の多くと、我々のゲノムの中に共有している。最も普通に見られるタイプの挿入は全部で300万ほどあるが、多くが6千のヌクレオチド塩基対に届く長さである。言い換えれば、これらの配列が我々の祖先とは無関係な無作為的プロセスによって我々のゲノムに入ってきたとは考え難い。

そのような見方が、我々の祖先を理解する上でいかに力があるか、次の**図11**によって知ることができる。

この例の中で、「跳躍遺伝子」は「Alu挿入」として知られているもので、その長さは数百のヌクレオチド塩基対の長さである。ヒト、チンパンジー、ゴリラの共通祖先のゲノムの非蛋白質コード領域に挿入されたが、オランウータンのDNAには存在しない。このことは、1.2〜1.5万年前にオランウータンから我々の血統が分かれた後に、この挿入が起こったに違いないことを明確に物語っている。

正確なAluの挿入位置の同定が容易にできることを示すために、図12に、それぞれの種のゲノムにおける正確な挿入位置を示す[180]。

証拠は明白である。ヒト、チンパンジー、ゴリラの染色体に沿ったDNA文字（ヌクレオチド塩基）を見ると、「Alu挿入」は、挿入位置にある配列に僅かの違いはあるが、それぞれのゲノムの同じ位置になされている。これに対してオランウータンには、中断されていない配列を示す同じ位置への挿入は見られない。探偵が好きな人は、数分間、**図11**と**図12**を見比べると分かることだが、ゲノムは捜査して何が起こったかをはっきりとさせる偉大な場所である。

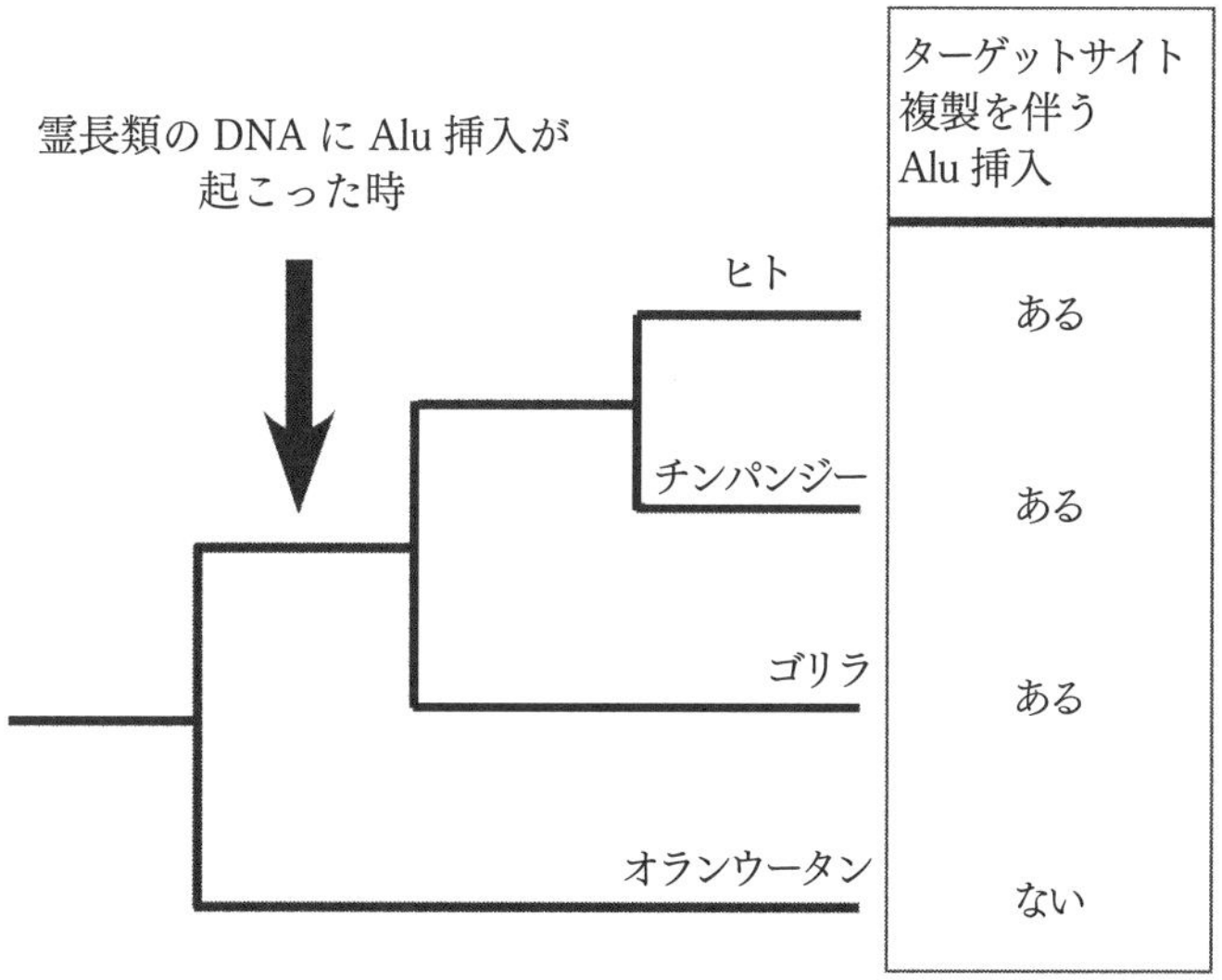

図11　我々の祖先についての理解

このような類の作業を何千回もやっていると、遺伝子化石が我々の進化の過去を表す強力な手段であることが分かるようになる。霊長類のゲノムの中には120万以上のAlu挿入のコピーがあり、これらの大多数はヒトとチンパンジーの間で共通のものである。Alu因子だけでもヒトゲノムの約10％を占める。ここでは一つの例を上げたが、科学文献の中には多数の例があり、それらの全ては、我々が類人猿と共通の祖先を持っていることと合致する。[181]

レトロウィルスの挿入

ヌクレオチド塩基の長さとして8千〜1.1万の、挿入されたレトロウィルスからなる我々のDNAの8％によって、もっと多くの捜査が見逃すことなく可能になる。HIVのようなレトロウィルスの感染は、その感染した人の細胞にレトロウィルスのDNAが取り込まれることによって起こる。このような手段で侵入するHIVの標的細胞は、ウィルスの攻撃に対して防衛の役割を担っている体のT細胞である。HIVがあのように恐ろしいのは、体の防御システムを破壊するから

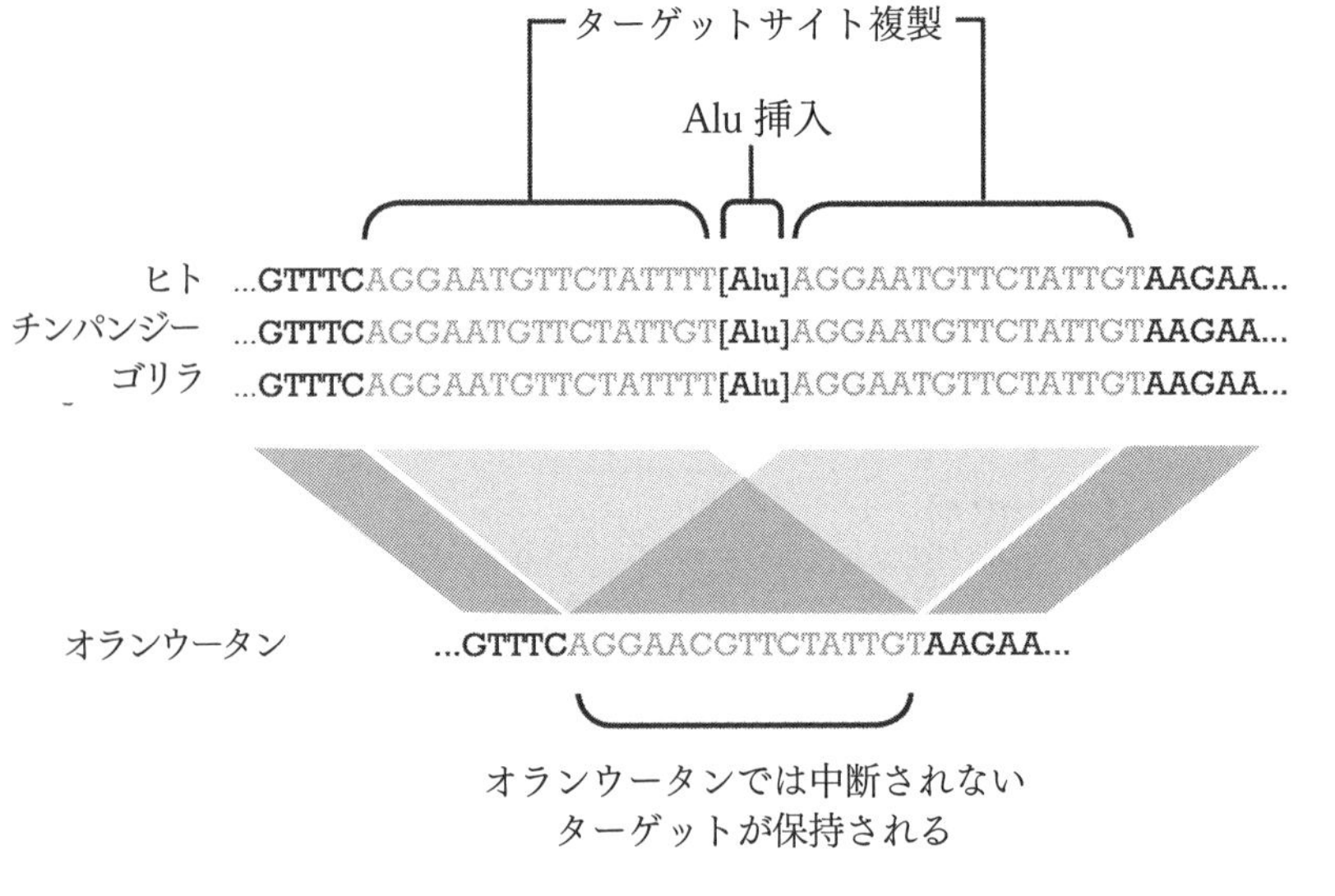

図12 ヒト、チンパンジー、ゴリラ、オランウータンのゲノムでの挿入箇所

である。しかしほとんどの場合、レトロウィルスは、そのDNA情報を無害で個々のゲノムへ送り込む。時折、このDNA情報は、感染によって生殖系の細胞に挿入され、単一の種の全ての子孫にとって永久のゲノムになる。

このようにして、我々の細胞は再び、何百万年にも遡る興味深い進化歴史を忠実に再現する小さな歴史書のようになる。一つの例がこのことを示す。

ヒト　　　　CTCTGGAATTC[HERV]GAATTCTATGT
チンパンジー　CTCTGGAATTC[HERV]GAATTCTATGT
ボノボ　　　CTCTGGAATTC[HERV]GAATTCTATGT

これは、数千のヌクレオチド塩基対の長さを持ち、ここでは［HERV］として記され、K105として知られているレトロウィルスの挿入位置を示すものである。その位置は、我々自身のゲノムにおいても先祖においても、全く同じである。[182] 霊長類の記録を進化時間で十分に長い年月を遡っていくと、ゲノムの中にK105はもはや見られなくなるであろう。言い換えれば、何百万年前のある年の、ある週のある日に、このレトロウィルスのDNAが我々の先祖のある生殖細胞に侵入し、それ以来ずっとあり続けたことになる。我々は日常の生活の中で、何百万というそのコピーを、全く正確に、毎日作り続けていることになる。これは驚くべきことである。

染色体融合

我々ヒトは23対の染色体を持っているのに対して、大型類人猿は24対持っている。この「失われた対」の物語は、類人猿と共通の祖先を示す歴史的捜査のもう一つの例を提供する。この物語を理解するためには、染色体とはどのようなものか、まず知る必要がある。**図13**に見られるように、染色体の末端はテロメアと呼ばれ、中央の二つの染色体が結合した部位はセントロメアと呼ばれる。進化の過程で二つの別の類人猿染色体（2pと2qとして知られている）が融合して、ヒト染色体のうちで2番目に大きい染色体2になる。ここでは、「頭-頭」融合、つまり二つの小さな類人猿の染色体のテロメアがそのテロメアと融合してより大きな染色体になる[183]（**図14**を参照）。

図14の中で、三角はテロメアを示し、右側の2重三角は融合が起こってヒト染色体が生じた場所を示す。ヒト染色体のDNA配列は、このような設定から期待されるものと全く一致している。テロメアはTTAGGというヌクレオチド配列の多くの繰り返しからなっており、二つのテロメアが融合したヒト染色体の融合点においては、この配列は「頭―頭」であることが分かっている。染色体2の機能性セントロメアは、チンパンジーの染色体2pの染色体セントロメアと完全に一致する。先祖である類人猿の染色体の一つからの重複したセントロメアの名残りを、図で示すように見ることが出来る。残りのヒト染色体2のDNA配列は、融合に関わったチンパンジーの別個の二つの染色体2pと2qの配列と全く一致する（別の「シンテニー」）。これらのデータを総合すると、ヒト染色体2は二つの類人猿先祖の染色体の融合に由来するであろうことは明らかであり、ここでも我々が類人猿と同じ先祖を持っている不動の証拠を見ることができる。

神はペテン師か？

これまで、我々が類人猿と共通の祖先を持つことを証明する何百かの例のうち、僅か数例を示してきた。腕に彫り込んだ30桁の番号の刺青のように、我々の腕は、類人猿に直接遡ることが出来る何百の独自の番号で覆われている。

もちろんこの圧倒的に説得力があるデータの塊りを信じない人は、「神は、人間を類人猿とは別に創り、ただこれらの何百万の異なった独自の配列をヒトゲノムの中に入れて、本当はそうではないのに、あたかも我々が類人猿と同じ先祖を持っているかのようにしたに過ぎないのだ」と言ったりするものである。神が紛らわしい「分子

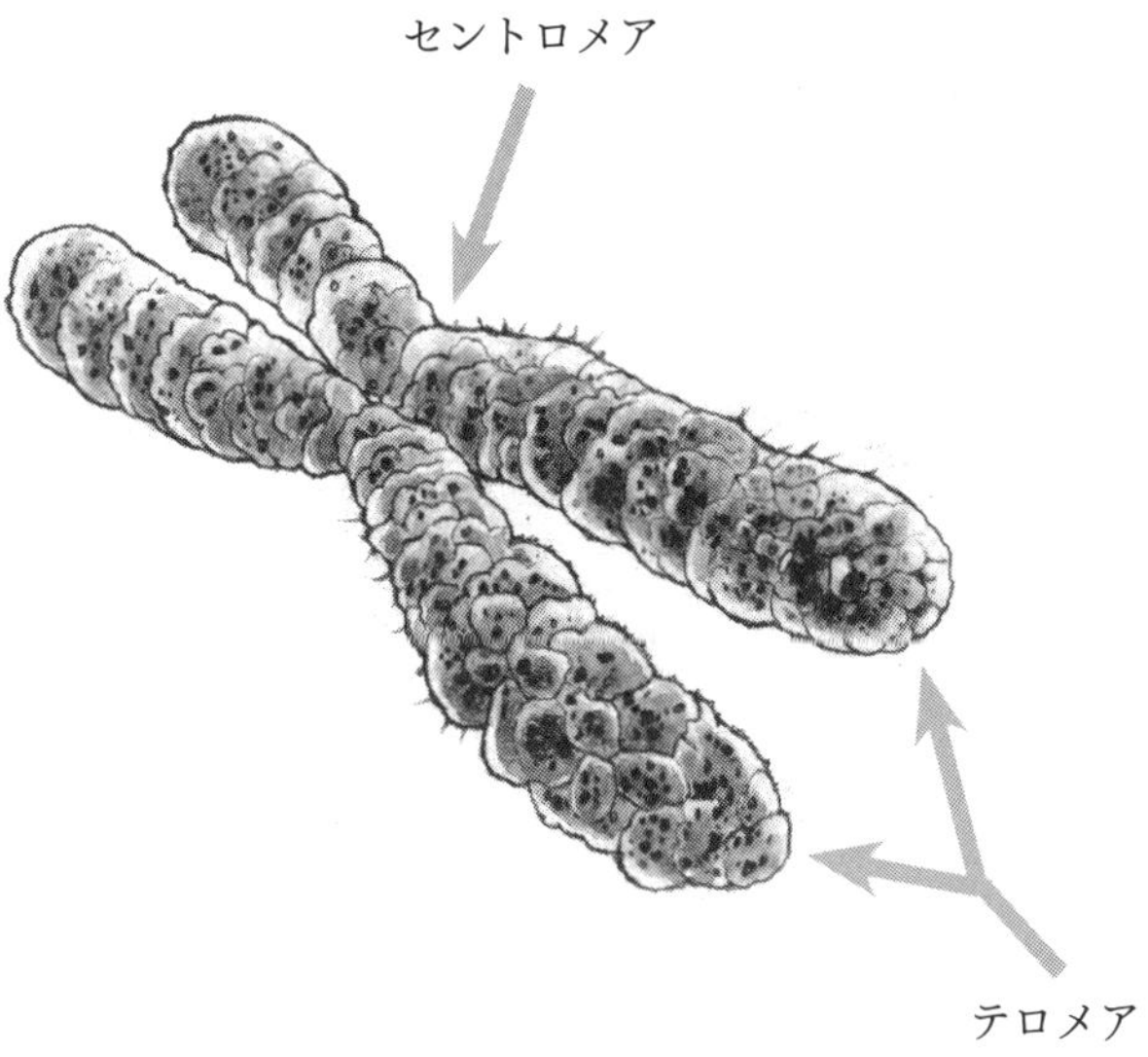

図 13　セントロメアとして知られる位置で結合した染色体対

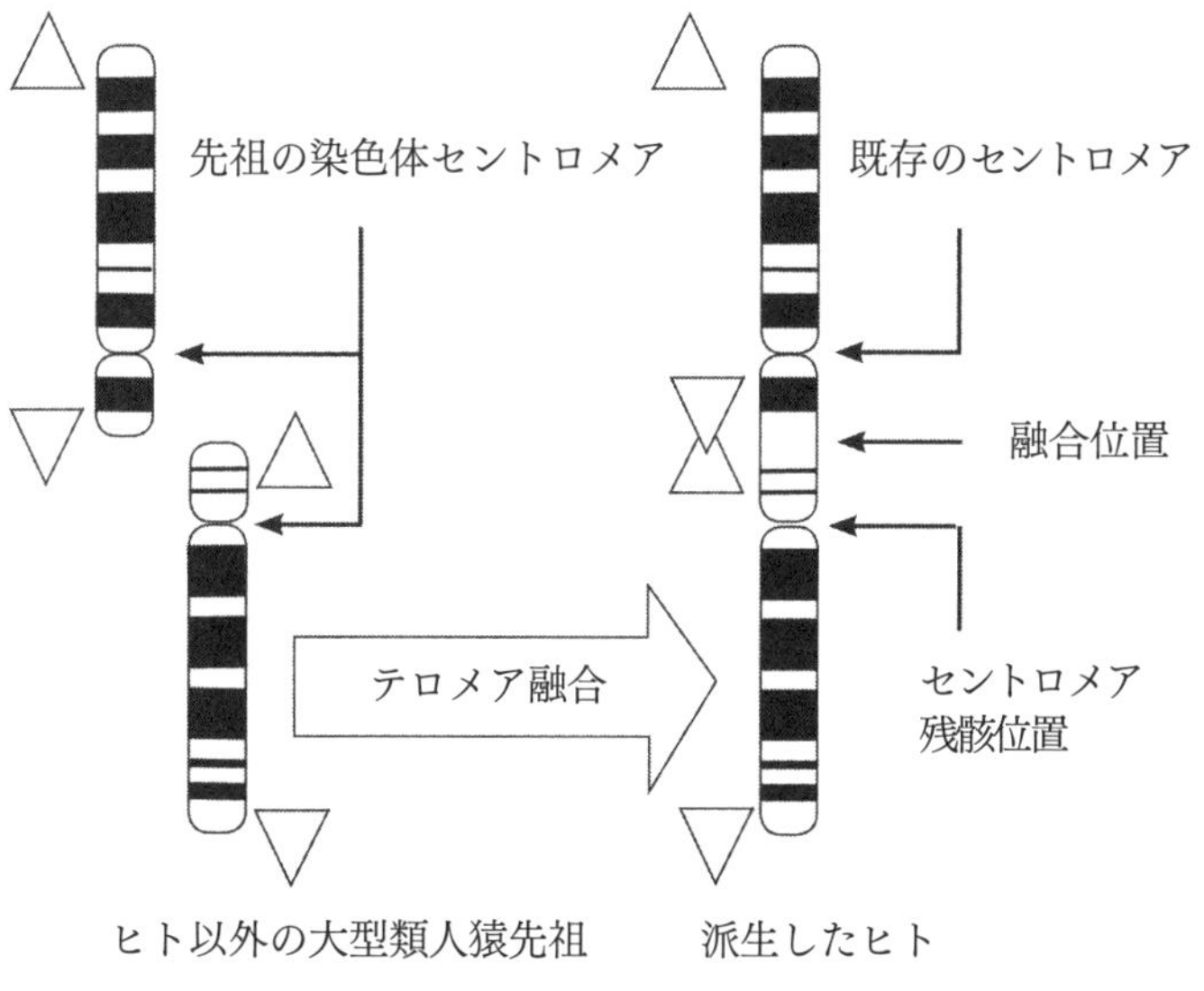

図 14　染色体の融合

化石」を我々の体に植え込んだという指摘は、神が紛らわしい物理化石を岩石の中に組み込んだのは、我々の信仰を試すためだという指摘と相通じる。そのような指摘における明らかで深刻な問題は、第6章で述べたように、神が壮大なスケールのペテン師だということである。人々を意図的に混乱させる神を信じるということは、実際はそうではないのに、類人猿と共通の祖先を持っていることが確かなように見せかけているということを意味するであろう。

そのような騙す神は、「御言葉は正しく、御業はすべて真実」（詩編33編4節）である聖書の神ではない。もしも神がそのようなペテン師であるなら、いかにして神の偉大な契約による約束を堅く信じることができるだろうか。私たちに対する永遠の救いの偉大な約束をいかにして確信できるだろうか。我々は決してそのような道を辿ることはできない。なぜならそれは、「誠実で真実な証人、神に創造された万物の源である方」（ヨハネの黙示録3章14節）とある、キリストを通して聖書に示された神の啓示を歪めてしまうからである。神の創造について真実を語ることは、我々の重い責任であり、また礼拝の一部である。

第10章　アダム、エバとは何者か？——創世記と科学の対話

ヒトの進化——全体の絵

これまでは、他の生物と我々が生物学的に結びついていることを証明する遺伝子データのみを見てきた。しかし、我々の進化物語を語るのは、このような種類のデータだけではない。見事なジグソーパズルの主要な絵画部分ははっきりしてきたが、化石記録を完成させるためには、まだ多くの埋めなければならない箇所が残っている。ヒトの進化は、新しい種の出現の項でも馴染みの「進化樹木」のようなもので、そこでは、ヒトは重要な枝ではあるが、多くの小枝の一つにしか過ぎない。

今日とは異なって、2.5千万年前に、炭酸ガスの大気圏中のレベルが低下して大地は冷え、世界のいくつかの地域において熱帯森林が消滅していった。アフリカを除いて、霊長類はもはや広い地域に住むことが出来なくなった。アフリカでは、霊長類のはっきりとした血統として類人猿が現れ、ついには中東とアジアに広がった。テナガザルは約1.8千万年前に別の血統として分かれたが、別の類人猿の血統は大きくなって「大型類人猿」という用語を生み出し、そしてこれは、進化樹木の小枝として今日一種のみ、オランウータンがインドネシアにだけ生存している。アジアにいた、3㍍の背丈と500kg以上の体重があったと推定され、暗闇では遭遇したくない、巨大な

ギガントピテクス（*Gigantopithecus*）のような他の大型類人猿は消滅してしまった。

我々自身の進化歴史の中で、次の大きな枝別れは、800万年以前にゴリラの先祖から我々の血統が起こり、その後、我々に最も近い今でも生存している親類である、チンパンジーやボノボから再び枝分かれしたと考えられている。遺伝子データは、ヒト、チンパンジー、ボノボの最後の共通の祖先が、およそ600万年前後に生きていたことを示唆している。[184] ここで覚えて欲しいことは、我々はチンパンジー等の子孫ではなく、我々の血統と彼らの血統は、それ以降別個に進化したということである。我々も彼らも700万年前には存在せず、ただ共通の祖先を持っているだけである。

図15は、その後に起こったことを示す一般的なイラストである。最も早く確認可能なヒト亜科は、およそ600万年前からであり、後頭部が極めてチンパンジーに類似しているが、歯はもっと後のヒト亜科に近い、サヘラントロプス（*Sahelanthropus*）のような一群の種である。古代化石で最も良く保存されているのは多くの場合歯であるが、歯についての古生物学の詳細な研究から、多くのことが判明している。アルディピテクス・ラミドゥス（*Ardipithecus ramidus*）は、１９９４年に発見された440万年前に住んでいた類人猿に似たものと、もっと後代に近い特徴を兼ね備えた化石種で、しばしば「モザイク種」と呼ばれている。[185] アルディピテクスが、どのように進化物語に適合するかについては諸説があるが、ある科学者たちは、この種はヒト／類人猿のアフリカ分岐よりも早く、ヒト亜科よりも類人猿に近いと主張している。**図15**は、これらの初期のヒト亜科は、現代人へと続く同じ血統にある印象を与えるが、このことはまだ実際に判明した訳ではなく、いくつかのヒト亜科の血統が類人猿から分岐し、そのうちの一つが現代人になった可能性がある。過去600万年にわたる我々の進化は、多くの枝を持つ樹木である。

ヒト亜科の種の次の主なグループであるアウストラロピテクス（*Austral-opithecus*）が、400～200万年前に現れてから、事態は次第にはっきりとしてくる。これらを含む多くの初期ヒト亜科の化石は、エチオピアの大地溝帯で発見された。１９７３年に320万年前の女である最初のアウストラロピテクスが、その40％が無傷で発見された。こ

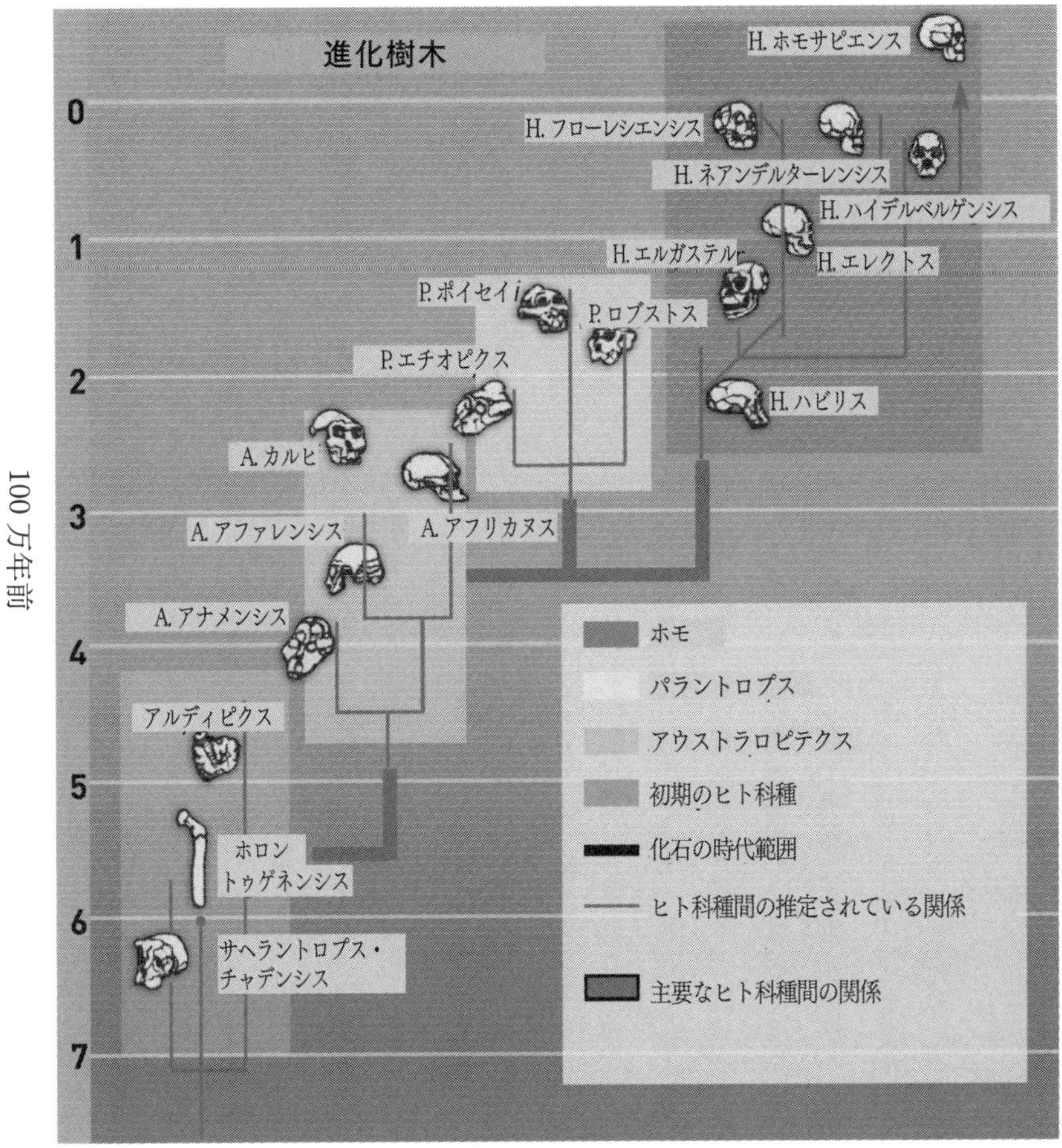

図 15　過去 700 万年にわたるホモサピエンスの進化の歴史：囲いは、この分野で働く大部分の科学者によって確認されている、ヒト科種の 4 つの主要なグループを示す。囲いを繋ぐ濃い色の枝は、グループの関連について一般的なコンセンサスがあることを示す。

（Zimmer, C. (2006) *Where Did We Come From?*, Hove: Apple Press, p. 41 より引用）

の大発見がなされた時、キャンプでは、当時流行していたビートルズの「ルーシー・イン・ザ・スカイ・ウィズ・ダイアモンズ」の曲が流れており、これにちなんでこの女はルーシーとニックネームで呼ばれた。その後ほどなく、同じ種の別化石で、身体構造的に類人猿と現代人の混じりあった特徴を持つアウストラロピテクス・アファレンシス（*Australopithecus aferensis*）が発見された。[186] ルーシーは数フィートの背丈で、体重は30 kgを越えるほどの小さい女であった。その種の男の脳は、現代人のほぼ三分の一の僅か450 cc（化石頭蓋骨より測定）であった。ルーシーは、身体構造的に直立で二足歩行性であった（即ち、我々と同じように2本の足で歩く構造を持っている）。タンザニアのラエトリの火山灰で見つかった、350万年前の二足の足跡は、恐らくルーシーのようなヒト亜科のものであろう。ルーシーは、同時にチンパンジーのような長い腕と、鈎状の指と、ヒトよりもチンパンジーに近い胸の特徴を保持していた。

しかし最初に好んで2本足で歩き始めたのは、ルーシーやその類縁ではないようである。ケニヤで２００２年に発見されたオロリン・トゥゲネンシス（*Orrorin tugenensis*）と呼ばれる600万年前のヒト亜科の骨は、二足性移動を示唆し、同じ時期のサヘラントロプスから見つかったのは頭骸骨だけではあるが、これらの化石だけでも、彼らが直立であったことを示唆するに十分である。脳が脊髄神経に繋がる大後頭孔として知られる、サヘラントロプスの頭蓋の後ろの部分の孔は、類人猿が頭蓋の後ろにあるのに対して、ヒトと同じように中央の下にある。このように早くから二足性を示しているにもかかわらず、ヒト亜科の脳のサイズは、その後何百万年の間、チンパンジーのそれを上回ることはなく、上回ったのはおよそ200万年前である。さらに最初の石の道具が現れ始めたのは、260万年前である。従って、二足性それ自体は、「文化革命」を起こすには不十分で、それは脳のサイズが200万年に渡って大きくなるに連れて起こったのである。さらに発達した道具の制作と使用が、複雑な社会構造の発達と相まって、脳のサイズの増大に重要な役割を果たしたと考えられている。[187]

我々自身の属であるホモ（*Homo*）は、300～200万年前にアフリカで現れた。ホモへ通じる正確な血統については、まだ多くの議論がある。一つの可能性は、ルーシーが属するアウストラロピテクス・アファレンシス種に直接繋がっているというものであるが、別の可能性もある。それは、いくつかのホモ種が同時に生じたというものである。H・ハビリス（*Homo habilis*）は、160万年ほど前までアフリカで生存しており、脳の大きさは680ccほどで、アウストラロピテクスもずっと大きく、現代人のほとんど半分ほどのサイズである。長い腕と短い足を持っていて、いくらか類人猿の特徴を保持しており、木の中で生活もしていたようである。これは、約180万年前に化石の中で現れ始めたH・エルガステル（*Homo ergaster*）とは異なる。H・エルガステルは、背丈は180cmにも伸び、長い足と細い尻を持ち、ルーシーやチンパンジーに見られる濾斗状の胸郭ではなく樽状の胸郭を持っていて、H・ハビリスよりもより現代人に近い。頭蓋骨も現代人に近くなり、脳のサイズも現代人の約三分の二まで増加している。一つの可能性として、H・エルガステルは、アフリカのサバンナで狩猟をする群れの中で、長距離ランナーとして自然選択によって繁殖成功して現れたと考えられる。

H・エルガステルに近い種としてH・エレクトス（*Homo erectus*）があるが、これらは極めて類似しており、人類学者の間でも、これらは全て同じ種の変種とする意見もある。一つの可能性は、H・エルガステルは約200万年前にアフリカで起こったが、後にアジアへ移動してH・エレクトスに進化したというものである。正確な順番がどうであれ、H・エレクトスは、約180万年前にアフリカから離れて移動した最初のヒト亜科であり、その化石は、東はインドネシアからヨーロッパの一部まで広く見られ、最終的にごく最近の3万年前に消滅した。H・エレクトスの風貌は、道具がより高度に発達するに連れて変化していった。それまでの単に石を砕いて先端を鋭くすることから、前もって決めた形へ削る多彩な道具へと展開して、それらの道具が最初に発見されたフランスの町サンタシュルに因むいわゆるアシュール技術へと繋がっていった。この進歩した技術と関連して脳のサイズも850～1100ccへと増大していった。

最近まで、H・エルガステルとH・エレクトスは、H・ハビリスから進化してきたと考えられていた。しかし、最近発見された化石から、Ｈ・ハビリスは、144万年前にケニヤのトゥルカナ湖の近くで、Ｈ・エレクトスと共存していたことが分かった。このことから、両者は共通の祖先を持ちながらも、進化樹木の別の枝に属しているものであるようである。類人猿との最後の共通の祖先からＨ・サピエンスへ至る血統の進化を辿る上での問題は、ある意味では、化石サンプルの欠如によるものではなく、発見物が時間と場所において広く分布している事実による。このことは、発見物が正常か極端かを見分けることがしばしば不可能であり、このことはジグソーパズルの小片をはめ込む別のシナリオに導く。ヒト亜科の残りの化石がさらに発見されるに連れて、ジグソーの詳細がもっとはっきり見えるようになる。いずれにしても、ヒト亜科の進化の樹木は、10数年前よりもさらに茂っているようにさえ見える。

道路の角を曲がった時に、びっくりすることにしばしば遭遇する。２００４年に、インドネシアのフローレス島の洞窟を掘っていた人類学者たちは驚くべき発見をした。背丈が約90㎝、脳の大きさが我々の約三分の一でチンパンジーほどしかない、いくつかのヒト亜科の化石が見出されたのである。[188] 最も驚くべきことは、これらの化石が9.5万年～1.8万年前と、極めて現代に近いことである（いくつかの未発表の結果によれば、それらの消滅は、1.8万年前よりも前であろうと示唆されているが）。採掘に関わった人からホビットと愛称が付けられたが、科学界で大きな議論を巻き起こした。それは、Ｈ．フローレシエンシス（*Homo floresiensis*）と名付ける新しい種であるとする説と、我々と同じ種で成長不良を引き起こす遺伝子欠陥による、小頭症あるいは先天性の甲状腺機能低下症であるとする説に分かれた。本書を著述中の今現在、まだ判決は下されていないが、観察結果からは、Ｈ・フローレシエンシスは、ジョージアとインドネシアからのＨ・エレクトスと身体構造的な類似点を持っているが、現代人の小頭症とは身体構造的に異なっていることが示唆されている。[189] 従って、Ｈ・フローレシエンシスは、フローレス島に定着して、そこの島の生息環境に適応する種によく見られる進化現象として、次第にそのサイズが減少したＨ・エレクトスの集団を代表しているように思われる。最近発見された最も現代に近い「ホビット」サンプルから、解析のためのDNAの単離ができるだろうから——もっとも、この島の温暖気候によってサンプルの劣化が真に憂慮されているが——、この問題についても、いずれ決着を見るかもしれない。

H・エレクトスは、世界の様々な地域において、異なった時に、最終的に消滅したが、ある地域においては、新しくアフリカのホモ移民の波によって置き換えられた結果であった。これらの新種は、H・ハイデルベルゲンシス（*Homo heidelbergensis*）で、旧H・サピエンスとしても知られている。アフリカで約60万年前に出現し、身体構造的にH・エレクトスとは明確に異なっており、とりわけ脳のサイズが平均的な現代人よりも僅かに200cc少ない1200ccとさらに大きくなっている。旧H・サピエンスは、アフリカからヨーロッパ全域、そしてアジアを横切って中国まで広がった。狩猟に長けており、共同して狩猟することによって、敏捷性と忍耐、そして精神的、文化的な発達がもたらされた。40万年前の木製の狩猟用槍先が、ドイツの古代湖から発見され、そこに近い場所から屠殺された馬の骨も発見された。既に30万年前までには、大きな石の切片をナイフのように形取った、ルヴァロア道具と呼ばれる新しいタイプの石器を作っていた。このような石器の使用は、100万年の間に起こった実質的に最初の技術変化であり、それはあたかもH・エレクトスの技術が単に行き詰まってしまい、そのような進歩に繋がる創造性と熟慮を可能にするために、旧H・サピエンスの脳において重大な変化を必要としたかのように見える。だが、死者を埋葬したという証拠も、芸術のいかなる兆しも見出すことはできない。

ネアンデルタール人

カルヴァン主義者で聖書教師であったヨアヒム・ネアンデル（Joachim Neander: 1650~1680）は、ドイツにおける宗教改革後の最も優れた賛美歌作家であった。次の素晴らしい讃美歌を書いたのは、彼であった。

主をたたえよ　力みつる主を

わが心よ　御使いと共に
諸人　声を合わせて　ほめ歌を歌え[訳注17]

彼の短い、しかし非常に活発に制作活動をした生涯の間（結核のため30歳で死くなった）、ネアンデルは彼が教えていたデュッセルドルフで、いつもデュッセル川沿いの美しい谷を散策することを楽しんだ。事実彼は、土地の信者たちを集めて、その谷で屋外礼拝をすることを常とした。そしてその谷は、19世紀になって、ネアンデルの谷（ネアンデルタール――「タール」はドイツ語で「谷」の意）と名前が変わった。１８５６年に近くの洞窟で、古い人のものと見える遺骸が発見された時、それらは、その谷の名前から、「ネアンデルタール人」と名付けられた。次に「主をたたえよ、力みつる主を」と讃美する時に、このことを思い出してみたらどうだろうか……。

現在我々は、進化樹木のこの小枝が、約40万年前にヨーロッパに現れたことを知る。ネアンデルタール人は、H・ハイデルベルゲンシスの子孫である可能性が最も高く、彼らはヨーロッパにおける氷床の進行と、氷河期以降の後退という厳しい気候条件にうまく適応した。ネアンデルタール人は、しっかりとした長い頭蓋骨、人間と同じ大きさの脳、大きな鼻、眉の上の大きな骨、樽状の胸、そして現代人と同じ背丈で、30％以上重い体重を持っていた。ネアンデルタール人は少し怖いが、我々の最初のいとこである。彼らは巧みな狩猟家で、特に鹿やバイソンを好んだ。彼らの化石には、関節炎、刺し傷、折れた骨が見られる。ネアンデルタール人は、構造体住居よりも、洞窟で小さな集団として暮らした。長い間、死体を埋めていたとされていたが、この推定の元になっているデータの解釈について、最近になって、異議も出ている。[190] どのようにこの問題が落着しても、それが埋蔵であったか埋葬であったかを――必ずしも前者がそうでないとは言えないものの、後者は宗教的信仰の証拠になり得るので――区別することも重要である。現在までのところ、ネアンデルタール人が埋められていた場所には、死後の信仰を示唆するものは含まれていない。ネアンデルタール人が芸術を作り出していたかどうかも、現在、活発な議論の対象となっている。[191]

スペインのエル・カスティーヨ洞窟で見つかった古代洞窟壁画は、恐らく現代人がヨーロッパに住み着く前の、4.5〜4.1万年前であることを根拠として、ネアンデルタール人によるものとされてきた。この分野の別の専門家は、現代人は以前考えられていたよりも早くヨーロッパにやってきたと断定して、そうではないと主張している。[192] また、たとえ壁画がネアンデルタール人によるものであったとしても、彼らは現代人から学んだと主張する。よって、議論は紛糾し続けている。ネアンデルタール人が言語のようなものを持っていたかどうかについても、同様に、激しい議論の最中にあり、我々は実際答えを知らないというのが、簡単な答えである。[193]

ヨーロッパにおける広範な氷河期の後、ネアンデルタール人は、8万年前からレヴァント[訳注18]へ移住し、5万年前にヨーロッパへ戻り、3万年前までに消滅した。彼らの全範囲は広く、西はイベリア半島（現在のスペイン）から東はウズベキスタンまで及んだ。しかし有効個体数は、恐らく決して多くはなく、遺伝子研究から、およそ3千から1.2万ぐらいではないかと推定されている。[194] 彼らの消滅の理由は不明であるが、現代人がネアンデルタール人とヨーロッパで少なくとも1万年間共存しており、同じ洞窟を引き継いでいることから、彼らが最終的に消滅したのは、厳しい気候条件の中で同じ食料資源をヒトと争った結果の可能性がある。しかし、病気や気候変動も同様に考えられることから、これらの3つの要因が絡んでいるのかもしれない。

遺伝子データから、ヒトとネアンデルタール人の最後の共通の祖先は、およそ58.9〜55.3万年前に住んでいた。[195] 3.8〜7.5万年昔に住んでいたヒトとネアンデルタール人の3つの骨の試料について、２０１０年に、かなり完全なゲノム配列が得られ、[196] より完全な配列が２０１４年に得られた。[197] これらの比較における興味ある結果は、ヒトとネアンデルタール人の間のＤＮＡには、ヒトとチンパンジーの間よりも、極めて高い類似性があるということである。事実、全部で86ある蛋白質をコードした遺伝子のうち、ネアンデルタール人の配列が全ての他のヒトの配列と異なっている僅か96の位置があり、さらにコードされていない領域において異なる３５、５０２の位置——そのうちのいくつかは遺伝子制御に関わる——がある。ヒトとチンパンジーの間よりも、ヒトとネアンデルタール人の間のゲノム類似性が高いということは、チンパンジーと我々の最後の先祖が約500〜600万年前に住んでいたが、ネアンデルタール人との先祖は、60万年前よりも後に住んでいたことからもたらされたものと推定される。

ホモ・サピエンス

20万年前に現れた身体構造的に現代人であるH・サピエンスは、H・エレクトスやH・ハイデルベルゲンシスと同じように、まずアフリカで進化が起こり、その後、世界各地へ移住していった。H・サピエンスは、H・ハイデルベルゲンシスのような旧H・サピエンスから進化したという説が最も有力であるが、詳細は不明である。身体構造的に現代人であるよく調べられた最も古いH・サピエンスの化石は、南エチオピアのキビッシュ層から見出されたが、それは19.5±0.5万年前のものと推定されている。[198] アルゴン同位体によって16万年前のものとされ、よく保存された別の頭蓋骨化石が、エチオピアのヘルト村で見つかった。[199] 間違いなくH・サピエンスのものである頭蓋骨の一部がイスラエルのスフールやカフゼーで見出されたことから、限られてはいるが、我々の種の広がりは、既に11.5万年前までにレヴァントにまで及んでいたことが示される。しかしアフリカからの実質的な移動が起こったのは、6万年前以降で、5万年前までにはアジアとオーストラリアへと移動し、そして再び戻って、4.5万年前までにはヨーロッパへ移動した。これがクロマニヨンとして知られているものである。1.8万年前までにはベーリング海を渡って北米へ辿り着いた。[200]

H・サピエンスの進化と移動の追跡に果たした遺伝学の貢献は大きい。16、569のヌクレオチド塩基対と37の遺伝子を持つミトコンドリアDNAは、このことにおいて二つの理由で特に有用である。第1に、DNA修復が非効率的なために、その変異速度は核にあるDNAに比べて約10倍速いので、変異の蓄積を時間で大まかに計算できる「遺伝子時計」を生じ、さらには、ミトコンドリアのDNA配列の変異したものが、相違または類似とどのように依存するか、その目安を提供する。第2に、精子からのミトコンドリアは、受精の後、直ぐに受精卵から失われるが、我々の体の全ての細胞になる全てのミトコンドリアの源として母親のミトコンドリアが最終的に残るので、ユダヤ人であることと同様に、ミトコンドリアのDNAは母親からだけ受け継ぐ。従って、性的生殖の過程で常に混合されていく核のDNAと異なって、ミトコンドリアDNAからは、世代を超えて蓄積された変異の変化を直接的に読むことができ、また異なったヒト集団の間での特徴を知ることができる。

簡単な家系の木によって、今日世界に住む全ての人のミトコンドリアDNAは、ただ一人の女、「ミトコンドリアのエバ」から生じたことを容易に示すことができる（図16）。ミトコンドリアは細胞の小さな発電所で、核の外にあり、それ自身の小さいDNA部分を持っている。最初にその概念が1980年代に発表された後、「ミトコンドリアのエバ」は大衆誌に多く使用されるようになった。しかし、当時、この女だけしかいなかったということでは決してないので、ある意味において、誤解を生む言葉である。これは、十分に長い世代に渡って遡っていく時、最終的に一人の女に行き着くということであり、その女が全てのミトコンドリアの起源という意味である。以前述べた「腕に刺青をした番号」の例を想起していただきたい。何千世代にわたるとき、一つの番号を除いて他の全ては無くなって、全住民の中にただ一つの番号のみが残ることになる。この番号を持った最後の共通の祖先が、「ミトコンドリアのエバ」である。しかし、このことは、核にあるDNAは両親からのDNAによって世代ごとに変異されたものとして大幅に再編されるので、大半のDNAには当てはまらないことは、以前述べた通りである。

世界中の人間のミトコンドリアのDNA配列を徹底的に調べた結果、ヒトの進化について二つの非常に興味ある事実が判明した。その第1は、最近の一つの推定によれば、「遺伝子時計」は、「ミトコンドリアのエバ」がおよそ9.9〜14.8万年前にアフリカにいたことを示し、[201] これは、前述の化石データによるH・サピエンスの出現と一致することである。この知見は、ヒトの進化の議論が揺れ動いている中で、「アフリカ起源」モデルを強力に支持するものである。[202] 例えばもしも、H・サピエンス集団と、H・サピエンスと幅広く共存する時があったもっと古い

H・エレクトス集団の間で、頻繁に交配があったとするなら、このミトコンドリアのエバは、もっと前になったであろう。ヒトのミトコンドリアDNA配列研究から分かった第2に重要な点は、アフリカ以外の世界のミトコンドリアDNAは驚くほど似通っているのに対して、アフリカの異なった集団間のミトコンドリアDNAには、変異の大きな違いが見られるということである。アフリカの異なった地域から得られた個々人の核DNAの配列も同じことを示唆している。非アフリカ諸国からの集団の遺伝子多様性は、アフリカの集団で見られる遺伝子多様性の部分集団を表している。事実、今日調べられている多くのアフリカの集団は、互いに別れて、10万年以上も住んでいたようである。[203] 全てのデータは、6~20万年前にはアフリカでは多くの場所で様々なヒト集団が住んでいたが、6万年前以降、恐らく数千人以下の比較的少ない人間がアフリカから移住し、彼らのDNAが受け継がれながら非アフリカの人口が世界中に広がり現在に至ったという説と一致する。事実、遺伝子データは、およそ2~4万年前に、繁殖可能な個体が1千人ほどまでに減少する「集団の消滅」を示唆している。[204]

今日我々は、非常に多くの人口に慣れてしまっているので、初期の大部分の時代において人口は実に少なかったことを忘れてしまっているが、遺伝子データは、我々の全てがアフリカ人だったころ、全ての現代人の先祖であった創設者の人口は、僅か9.0~12.5千の生殖可能な個体しかいなかったことを示唆している。[205] 科学的な見地からは、有利な遺伝子が急速に広がるので、小さな集団で進化がより速く起こりうるという点で、このことは重要である。神学的な見地からは、我々もネアンデルタール人のように容易に消滅することも可能であったが、人類がこのように保たれているのは、神の愛による侵すことが出来ない計画と目的の徴である。

ミトコンドリアDNA以外の他の遺伝子研究は、ヒト進化の研究に有用な方法を提供し続けている。例えば、男だけがY染色体（ゲノムの約1％を含んでいる）をもっており、これを別の男に伝えるので、この染色体のDNA配列は、男性版ミトコンドリアDNA解析のようなものとして調べることができる。様々な推定値があるが、世界中から集めた男のY染色体の遺伝子解析から、現在の全てのY染色体が由来するその男は、約20~18万年前にアフリカに住んでいたことが示唆されており[206]、再び最も古い現代人化石の年代と一致している。ここでも留意しなければならないことは、**図16**で女のミトコンドリアDNA伝達で述べたように、このことは当時、この男だけが生きていたことを意味するのではなく、当時生きていた他の男からの子孫が、その血統から無くなったことを意味しているだけだということである。また、我々の（男の）Y染色体の全てが由来するこの男が、ヒトの出現の正確な時を必ずしも意味するのではなく、その時に、現在のY染色体の起源である男がたまたま生きていたことを示しているに過ぎない。また、これらの発見が、現代の男の（ほと

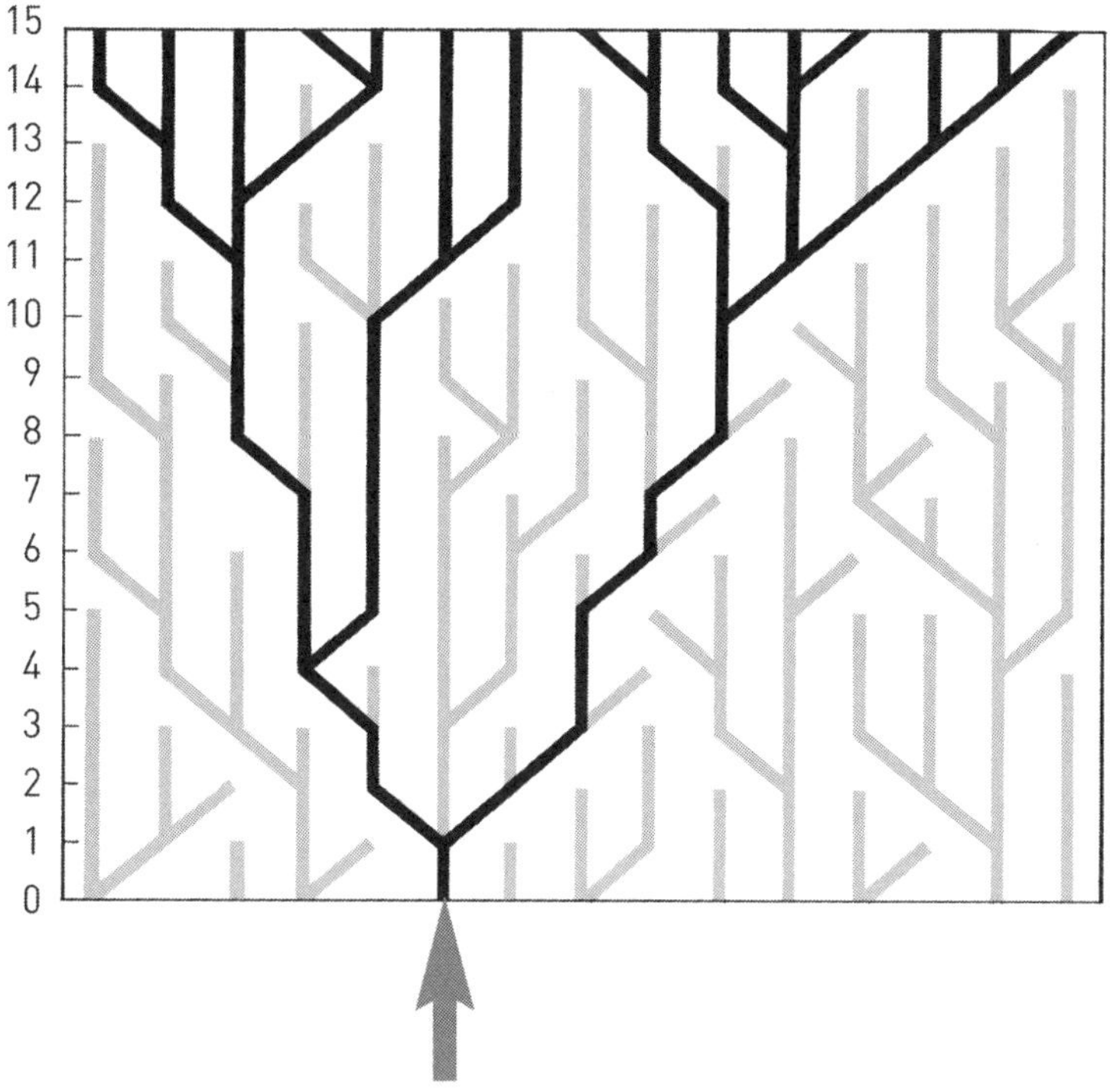

図16　我々のミトコンドリアDNAが、いわゆる「ミトコンドリアのエバ」という一人の女からいかにして引き継がれてきたかを示す（単純化するために、15世代のみを記した。「ミトコンドリアのエバ」がいた当時、多くの他の女がいたが、それらの家系は死に絶えたことに注目して欲しい。）

んど）全てのY染色体の由来であるその男、いわゆる「Y染色体アダム」（メディアはこのような用語を好む）が、いわゆる「ミトコンドリアのエバ」と同時に住んでいたことを意味するものでもない。実際のところ、まだ配列が決定されていない他の全てのY染色体と全く異なる稀なY染色体が、今日の男の人口の中に存在するようである。これは、一つのアフリカ系米国人ファミリーの男性のメンバーにおけるケースである。[207] そのメンバーのY染色体の配列から、現在想定されている「Y染色体アダム」よりもずっと以前の、それは33.8万年前の起源であることが判明した。アフリカ人のほぼ6千のY染色体のデータベースを調べた結果、11が一致しており、それらは全て西カメルーンの非常に狭い地域に住む男からのものであった。一つの可能性は、このY染色体は、そのような古代ヒト亜科がまだ生きていた時代に、現代人と交配した原始ホモ種に起源を持つということである。

ミトコンドリアDNAまたはY染色体を使用する「家族の木」を想定することの一つの利点は、生殖細胞を生みだす減数分裂の時に起こる染色体対の間でのDNAセグメントの交換、つまり組み換えによって複雑になることを避けながら、関連するDNAを遡って追跡することができるということである。しかしもちろん、実際にはゲノムの99％はそれぞれの世代において、そのような混合が起こる。それにもかかわらず、「家族の木」は、選択した核DNAセグメントのいかなるものについても構築することができ、ある特定の「DNAセグメントX」を、セグメントXの「合体する出来事（合祖事象）」まで、つまり世界の全ての人間がセグメントXを受けたその人まで遡って追跡することができる。事実、そのような研究に基づいて、それぞれが潜在的に異なった個人へ遡って繋がる、およそ10万の「ヒト家族の木」が構築できると推定されている。[208] これは、いわゆる「ミトコンドリアのエバ」や「Y染色体アダム」に関する大げさな宣伝文句を正しく見直す助けとなる。人間のアイデンティティに興味を持つのであれば、核DNAの99％に興味を持つべきである。しかし、ゲノムの観点から見てみると、現代人の構成DNAは、それぞれが異なった古代の先祖を持つ何千という断片からなるジグソーパズルであることを見出すであろう。

さらに、組み換えの故に、実際に我々の遠い先祖の全てからDNAを必ずしも受け取らないことは覚えておく価値がある。このことは、直感とは相容れないように見えるが、組み換えの結果について考えると、納得がいく。我々は両親から染色体の対当たりただ一つの染色体を受け取り、またこれらの対のそれぞれの一つに組み換えが起こるので、減数分裂の間に我々が引き継がない染色体へ遺伝子変異体が転移して、その変異体が失われた染色体を容易に引き継ぐことになる。もしもこの過程を長い世代にわたって重ねていくと、最終的に、(例えば)17世紀からの家族の木において、我々にそのDNAを何ももたらしていない、我々が名前をつけることができる実際の先祖がいることを容易に見ることができる。この所見は、「始原カップル」からの遺伝子継承が、神学的な意味を持つと主張している立場を後で議論する際に重要になる。

ヒトDNAの他の部分についても、ヒト進化——その詳細をここで述べることは出来ない巨大な研究分野——を調べるために、活発に使用されている。例えば「マイクロサテライト」は、2~5の塩基対のヌクレオチド配列の繰り返し部分を持つ短いDNA断片で、変異を素早く蓄積することから、法医学でDNA解析に有用で、個々人の「遺伝子指紋」を提供する。広く異なった地域に住む人たちから集めたこの配列を調べた結果、全てのマイクロサテライト配列は、15.6万年前に住んでいた一人の起源によることが判明した。以上述べてきたこと、そして他の遺伝学的研究結果は全て、我々が比較的最近の過去20万年の間に、別個の種として出現したことと一致する。

500~600万年前に、最後の共通の祖先を持つチンパンジーから、何が我々を異なるものへと変化させたかに焦点を絞った、遺伝子レベルでのさらなる研究が行われている。遺伝子の消失ばかりでなく、遺伝子の制御における進化的変化も全てが、この物語の重要な部分であることが明らかになってきている。情報の取得と消失は、共に重要である。[209]

デニソワ人等

技術の進歩は、しばしば新しい科学の大躍進へのドアを開く。2004年に、最初のヒトゲノムの配列決定が発表された時、そのコストは、約30億ドルであった。ヒトゲノム配列決定のためのコストは、今日約1千ドルである。同時に古代DNAの配列決定の方法も、格段に進歩した。2013年までに発表されたもののうちで、よく保存された試料のゲノムDNAの配列決定の最も古いものは、70万年前の馬である。[210] さらに北極の氷床コアから得られた植物や無脊椎動物の試料から部分DNAではあるが、80万年前のものの配列が報告されている。[211] 冷凍されなかった最も古い試料は熊の骨からで、30万年前のものである。[212] 消滅した4.3万年前のマンモスの骨からのDNA配列が決定されたが、その断片が、発掘されたその場所で現在生きているバクテリアから取られたDNA配列の中で見出された。[213] この新しい版が出版されるまでに、決定された古代DNA配列の年代は、さらに昔へ遡っていることは疑いない。

新しいDNA配列決定の技術は、ヒト亜科の最近の進化に関して、また現代人と進化樹木の他の小枝との間の相互作用に関する我々の理解に大きなインパクトを与えた。2008年に本書の最初の版が出版された頃には、それの全体図は比較的単純であった。上述のように、初期の現代人がアフリカで起こり、世界の他の場所へと移住して定着し、当時住んでいた旧人と交配することなく彼らに取って代わる、いわゆる「置換モデル」であった。しかし、最近の結果は、もっと複雑な様相を示している。

第1に、ネアンデルタール人のゲノムの配列決定は、アフリカ系人間よりも非アフリカ系人間は、ネアンデルタール人とより近いという刺激的な結果をもたらした。事実、ヨーロッパ人とアジア人は、アフリカ人にはない、ネアンデルタール人からの1.5～2.1％のDNAを持っており、遺伝子流動のほとんど全部は、ネアンデルタール人からヒトへ起こりその逆ではないようである。[214] それはなぜか。最もあり得るシナリオは、ネアンデルタール人と、6万年前の後にアフリカから移住して住み着いた集団の属するヒトとの間に、性的繁殖がいつか起こったことによって、アフリカ人にはないが、ネアンデルタール人にあるDNAが見つかったというものである。

それ以来、ヨーロッパ人やアジア人集団に対する、ネアンデルタール人のゲノムの寄与は続いた。このようにして寄与しているネアンデルタール人の遺伝子のいくつかは、免疫系で知られている役割を演じることが分かったのでなおさらである。このことは、プラスの選択の中にあるのかもしれない（つまり、「繁殖成功」を増大させる傾向[215]）。一方、ネアンデルタール人からの他の遺伝子は、2型糖尿病へのリスクの増大と関係する細胞運搬系に関わる変異遺伝子のような、病気のリスク要因として働いているようである[216]。これまで見てきたことを総括すると、いずれにせよ、我々の遺伝子は、ネアンデルタール人、チンパンジー、そしてマウスのような他の哺乳類と非常に似ているということである。我々は、「哺乳類を作るにはどうすればよいか」というマニュアルを分かち合うものであり、我々の間にある比較的小さい相違（共通して持っているものに対して）は、我々をマウスや、チンパンジー、ネアンデルタール人と異なったものにする、言わばケーキの上の粉砂糖のようなものである[訳注19]。

第2に、数年前にロシアのチームが、シベリアの奥深いアルタイ山脈のデニソワ洞窟として知られる洞窟で、指の骨を発見した。彼らは、3.0～4.8万年前に洞窟にしばしば現れたネアンデルタール人のものかもしれないと考えて、それを保存した。骨から抽出されたDNA解析から、それはヒトともネアンデルタール人のものともはっきり異なることが分かった[217]。指は、ネアンデルタール人と最後の同じ先祖を持っているヒトよりももっと現代に近い（44.5～47.3万年前）新規のヒト亜科に属していて、全体として遺伝的にはヒトよりもよりネアンデルタール人に近いもののように見えるものである[218]。いわゆる「デニソワ人」は遺伝子データから、別の種を代表するが、この問題を明確にするためには、もっと多くの化石データが必要であろう。さらに結果は、デニソワ人のDNAの1～6％がメラネシア人、オーストラリアのアボリジニ族、ポリネシア人、西太平洋の関連グループに寄与しているが、アフリカ人やヨーロッパ人にはないことを示しており、このことは、ある限られた交配がデニソワ人とこれらの集団の先祖との間に起こったことを示唆する。デニソワ人は、ネアンデルタール人や、3万年以上も前にアジアに住んでいたが消滅した別の原始人――ヒトでもネアンデルタール人でもなく、H・エレクトスかもしれない——とも交配した。[219] 遺伝子データは、これらの原始人集団の人口は、極めて少なかったことを示唆している。これらの知見に加えて、我々、ネアンデルタール人、デニソワ人は全て、前の章で述べた類のレトロウィルスの挿入をＤＮＡの中に持っており、このことは、我々の進化の過去のある段階において、これらが最後の共通の祖先を持っていたことが指摘される。[220]

第3に、不思議な別のＤＮＡサンプルが、スペインの「骨の採掘坑」（シマ・デ・ロス・ウエソス）の中で発見された40万年前の骨から得られた。[221] 骨は、当初はネアンデルタール人のものと考えられていたが、ミトコンドリアＤＮＡの解析結果は、ネアンデルタール人や現代人よりも、デニソワ人に類似していることを示した。前にも述べたように、ミトコンドリアＤＮＡは母親からのみ継承されるので、これらの結果は、この個人によって代表される集団が、デニソワ人と何らかの交配をしたということを必ずしも示すものではないが——いずれにしてもデニソワ洞窟とは何千マイルも離れている——、両方の集団が、それら自身の「ミトコンドリアのエバ」を遥か遠い昔のある時に分かち合っていたことになる。核ＤＮＡの配列が入手できるようになれば、少なくともこれらの謎のいくつかの解決の助けになるであろう。

3〜8万年というつい最近まで、ヒト亜科の全ての種が同時に住んでいたかも知れないという、全体としての絵がようやく現れてきた。それらのうちのいくつかは、多くはないが、現代人ゲノムのそれぞれの中に、彼らの「名刺」を残すに十分な程度で現代人と交配した。従って、もはや厳密な意味での「置換モデル」は、証拠によって、十分に支持されないようである。むしろ、現代人が約6万年前以降にアフリカから移住するに連れ、地域の他のヒト亜科集団と僅かではあるが交配し、現代人と他のヒト亜科との「ハイブリッド」を形成したようである。従って、生物学的な種の非常に厳密な定義——別の集団から繁殖によって分けられた集団——に固執するなら、現代人が完全に分かれた種になってから、僅か約3万年しか経っていない。

ホモ・サピエンスの文化的発達

最初の20万年間にわたるヒトの文化的、社会的生活に関する我々の情報は乏しいが、着実に増え続けている。はっきりしていることは、現代人の身体構造と「現代人の行動」が同時に起こったのではなく、身体構造上の現代人は、漸進的な文化的、行動的進化を進めていったということである。この点の詳細については、未だ熱い議論のさなかにある。[222] 我々人間は狩猟採集民であった。幾らかの道具を発明したが[223]、そう多くはなく、手斧、棍棒などに頼った。[224] 16.4万年前までには、ヒトはアフリカの海岸沿いの様々な場所に定住し、魚を取ったり、貝を集めたり、アザラシを捕獲した。[225] 道具や物の交換が、恐らく何百マイルも離れた地域との間で起こっていたようである。このことは、鉱床が正確に確認することができる黒曜石の刃物が、採掘された所から非常に離れたタンザニアとエチオピアの洞窟のいずれでも見つかったことから推察される。[226] 今日の狩猟採集民は、食料や物を、自分の居住する所から通常50マイルを超えて探し求めないことから、交易のネットワークが確かにあったことが示唆される。7万年前までに、別のH・サピエンスのグループが、異なったタイプの道具を別の地域で作り始めた。

この時代において、象徴的または芸術的感性の証拠は乏しい。信仰について意義があるのかどうか不明であるが、死体埋葬に際して、死後の準備についての可能性を示唆する証拠がヘルト人の中にある。[227] 南アフリカの南岸のピナクル・ポイントに、16.4万年以前、小型の石器や食料でない貝と共に、恐らく彼らの皮膚の彩色のために使用したと思われるオーカー（ヘマタイト）57点を残したヒトがいた。[228] 7.5万年前までに、その近くのブロンボスで、象徴的に彫られた赤いオーカーや、最も古い装飾具として知られている、恐らく首の周りに架けたであろう穴が開けられた39の巻貝を作り出す文化が始まった。[229] また、首飾りとして使用された彩色され、穴が開けられた貝類が、レヴァントの9万年前の集落から発見された。

約5万年前からのいわゆる前期旧石器革命になって始めて、実質的な人間の文化的工夫が、現代人が世界に住むようになるアフリカからの移住と並行して、見られるようになった。それは、骨、石、木から作られた、より高度で広い範囲の道具の導入と、槍投げ器や、弓などの複雑な投射武器を含むものである。[230] そして4～4.5万年前から、芸術的な表現が開花し、特にヨーロッパにおいて――大部分はフランスやスペインであるが――150点以上の4.5～1.2万年の間の素晴らしい洞窟芸術が発見された。それらの内で最も古いものは、フランスのアルデシュ村のショーベ洞窟やイタリアのフマネ洞窟で見つかったものである。[231] これら全ての芸術は、この地域にいたネアンデルタール人の後に起こった後期クロマニヨンであるマドレーヌ人と関係している。[232] 同時期に、一般的に象牙や石で作られたブローチ、彫った動物、多くの小さい「ビーナス」像が見つかっている。これらついて、部族の女神を表すものとする意見もあるが、真の目的は、単なる装飾あるいは豊穣のシンボルであったのかもしれない。[233] ドイツで見つかった後期旧石器時代である約3万年前の、有名な、「獅子頭の男」の小さい像は、進歩した象徴主義、抽象的思考と創意の証拠といってよい。

その後直ぐに意図的な埋葬の最初のはっきりとした証拠が2か所で見つかった。最も早いものは約2.5万年前のもので、現在のチェコの二つの場所で、クロマニヨン人の骨である。有名なロシアのスンギールからは、約2.2万年前のもので、頭と頭を合わせた二人の子供を含むいくつかの人骨の埋葬が発見された。その子供の一人は、約5千個のビーズで覆われており、その子の衣服の一部であったことが強く示唆される。さらに、およそ250程の孔が開けられた北極キツネの歯が腰の周りに、あたかもベルトのように巻かれていた。子供の喉の近くには象牙のピンがあった。スンギールは装飾品が人骨の周囲で見つかった最も古いケースである。この場所や別の場所における高価な装飾品は、証明することはできないものの、当時これらの共同体において、死後に対する信仰があったことを示唆する。もちろん、必ずしも死後の世界を信じなくても、手厚く埋葬したかもしれない。例えば象は、葉や枝で覆ったり、時には人間を含めて他の種に対して、死んだものにかなりの興味を示す。しかしだからといって、我々は象が死後の世界を信じているとは見なさない。[234] 逆に、今日、ヒンズー教のようなある種の宗教において、そして実際にキリスト教においても、物理的な死は最終的な生命の終わりではないとしながらも、死体を埋めずに火葬にするものもある。

言語の発達

ヒトの血統において、正確にいつ言語が発達したかについては、熱い議論の中にあり、明確な答えはまだない。この問題を解決するための3つの主な要因がある。第1には身体構造上のものである。ヒト亜科は話すための身体構造を発達させたのであろうか。これに関係する構造箇所は化石の頭蓋骨で測定可能な舌下神経管の大きさである。これは、頭蓋骨の下部にある孔で、神経がこれを通して脳と舌を結びつけている。話を制御するためには、脳から舌、顎、唇を動かす筋肉へ膨大な情報が流れる必要がある。より多くの情報を流すためには、より大きな神経が必要である。事実、人間の舌下神経管は、アウストラロピテクスや大型類人猿よりもかなり大きく、旧H・サピエンスの頭蓋骨のそれとよく似ている。このことは、この神経器官がおよそ50万年前以降から働きはじめたことを示唆する。しかし、公平に言えば、いくつかの研究は、これらの異なった種の測定にはかなりの重複部分があることを示唆しており、舌下神経管の大きさの測定は、直接的な解答を与えるものではない。恐らくもっと関係しているのは、現代人に見られる、話すために必要な呼吸のコントロールを可能にする、身体構造的な変化であろう。喉頭の位置も重要である。大人が低い声で話す時には、喉頭が首の低い位置にあることが必要で、この点においては少なくとも旧H・サピエンスと明らかに共通している。

言語自体に不可欠の神経回路だけではなく「心の理論」を含む正しい心的装置を持つことも、言語を発達させるために重要である。[235] これは、他人も我々と同じように考え、さらには、我々と同じあるいは異なった意図や目的を持っているかも知れないことをキャッチできる心の能力を指す。我々はこの「心の理論」を、全く当然のこととして受け入れているが、実際にそれは、人間であるための極めて重要な要素である。共同体の宗教的な信仰に参加するためには、例えば、いくつかの志向性の次数、実際には4、または、おそらく5の次数が要求される。

ロビン・ダンバー（Robin Dunbar）は、志向性のそれぞれのレベルに次のように番号をつけた。［1］私は想定する、［2］あなたは以下のことを思うと。それは、［3］私は神がいると信じており、［4］その神は我々の将来に影響を与えることを望んでいる神である。［5］なぜなら神は我々の願望を理解しているから。一般的に人間は5番目の志向性までが限度のようで、僅かの人たちだけが6番目まで対処できる。ヒト亜科において、脳の大きさと志向性の数との間には、**図17**に示すように、ほゞ直線的な関係があるように見える。ダンバーは、4番目の志向性は、旧H・サピエンスが出現した約50万年前までは現れておらず、5番目の志向性は、恐らくは言語と共に、身体構造的に現代人と共に現れていると推定している。

言語の発達を解明するために活発に行われている第3の研究分野は、遺伝学である。２００１年にオックスフォードの研究チームが、ある特徴的な言語障害を持つパキスタンの家族の FOXP2 遺伝子に変異があることを発表し、大きな興味を持って受け取られた。この遺伝子についてさらに研究した結果、我々の血統が類人猿から枝分かれして以来、急速な進化が起こっていたことが明らかになった(即ち、その配列がより多様化した)。また、FOXP2 は、他の遺伝子の多くを制御することに関わる蛋白質をコードしていることも判明した。これらのうちの一つは、Srpx2 と呼ばれるもので、[236] この遺伝子は、脳にある神経細胞と他の神経細胞の連結の制御に関わっている。[237] このことは、それ自体で言語の出現を促進する単一の「言語遺伝子」がないという事実を強調するものである。現代人の出現以来、「遺伝子の仕上げ」が起こったのかも知れない。言語がいつ発達したかについて、人類学者の推定が50万年前から5万年前と様々に異なる事実自体が、このことについてほとんど何も分かっていないことを示すものであるが、全ての研究は、人間の言語は5万年前までにあったということで一致しているようである。一つの可能性は、言語の発達は引き金として働き、あるいはそれ自体で刺激して、その時代の頃から人間の文化が開花したということである。

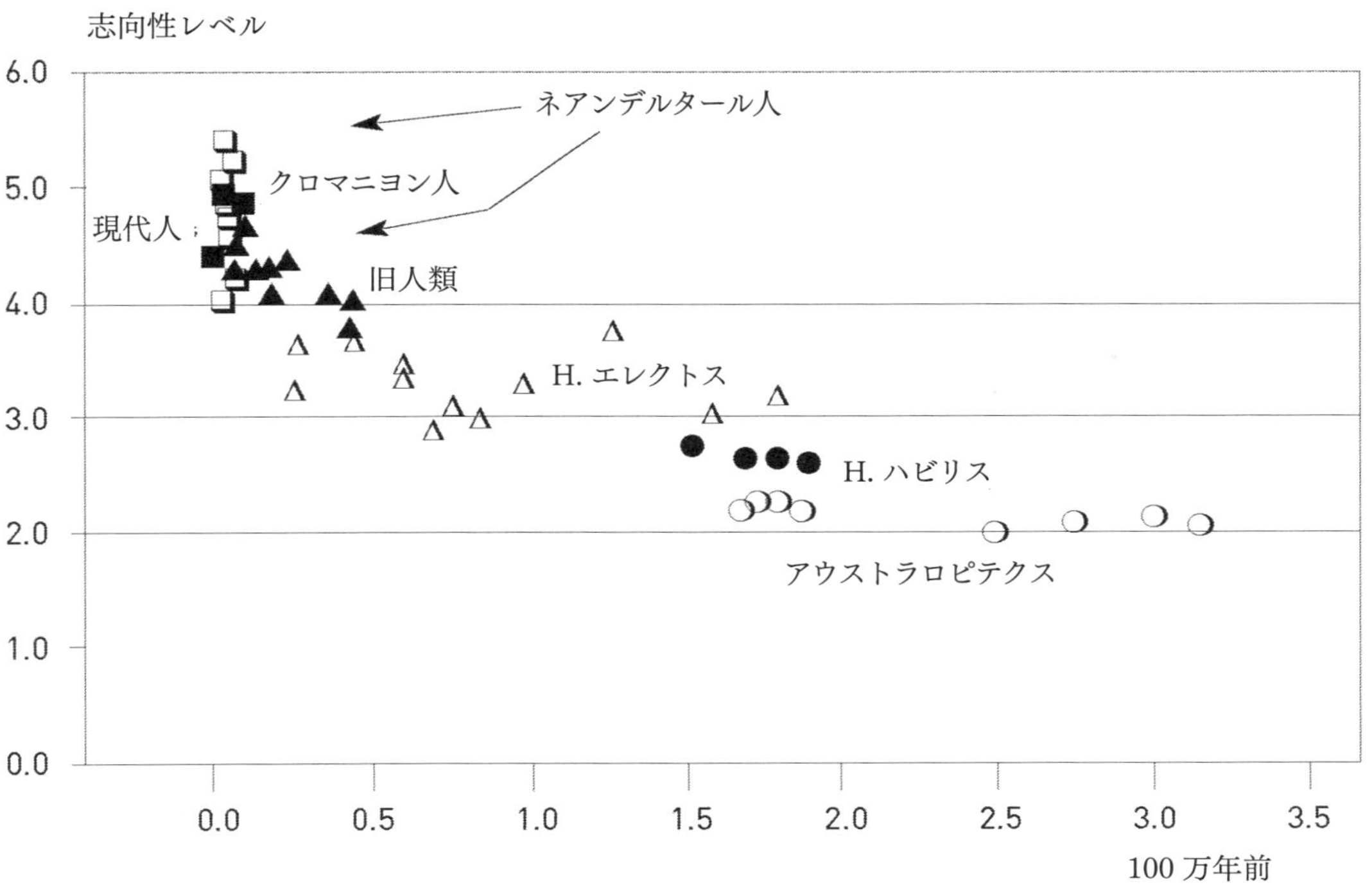

図 17　頭蓋容積から推定されたヒト科化石の前頭葉のサイズに基づく、ホモサピエンスのヒト科祖先と関係しているかもしれない推定志向レベル。達成可能な志向レベルは、サルや、類人猿、現代人からのデータに基づく。それぞれの点は、ヒト科化石の一つの集団の平均値を表す。図は次による。Dunbar, *The Human Story*, London:Faber & Faber,2004, Figure 6, p. 191

新石器時代

確かに言語は、人間が狩猟採集民としての生活習慣を止めて農業に従事し始めた、新石器時代の紀元前1万年ごろまでには、しっかりと根付いた。この移行は徐々に、世界の異なった場所において異なった方法で進行した。例えば、考古学は、狩猟採集民が、ユーフラテス川の岸にあるアブフレイラ村（現在はタバカダム建設によって水没）を起点として、紀元前12、300年まで住んでいたことを示している。その村から彼らが去った後、紀元前9、000年までに、麦や大麦を堆積平野で栽培する移住した農民が定住した。[238] パレスチナでは、後に町になったエリコの村に紀元前9、600年以降から農民が住みつき、それは現在まで続いている。考古学的調査によれば、エリコには当初約500人の住人がいた。スティーブン・ミズン（Steven Mithen）は、「完全に存続能力がある人口が、同じ場所に同じ時期に住むようになった人間の歴史で恐らく始めてのことであろう」と述べている。[239]

トルコから現在の南ヨルダンまで広がる、新石器時代の定住の長い繋がりが現在発見されており、これらの遺跡が今も活発に発掘されている。これらの遺跡は、農業、芸術、正確な意味が不明の儀式の実行という、繁栄した新石器文化の存在を顕にした。実際、トルコの南東部にあるギョベクリ・テペ遺跡から、椅子が壁に沿って置かれ、野獣や他のシンボルで飾られた多くの石灰石の柱で支えられた円形の部屋を含む儀式施設を示す明確な証拠が、その周辺には誰も住んでいない場所において見出された。恐らくそれらは、きれいに切り出し、形を整え、車輪つきの車体や家畜を用いることなく、16トンの石を動かすことができた、狩猟採集民、あるいは定住して農業への移行を始めた人々によって造られたものであろう。その儀式のテーマは、野生に対する恐れと危険にあったようである。

この地域の全ての新石器の中心は、ヨルダン谷の南を含めて、活発な商業路によって結ばれていた。このことは、この地域の全ての定着地において使用されていた見事な黒曜石（漆黒で艶のある火山性ガラス）が、唯一南トルコから産出されていたものであったことからも理解できる。南トルコのチャユヌの新石器村の住人たちは、約紀元前8、000年までには、20キロ離れた銅鉱脈から銅を取り出して打ち、球や、鈎、シートを作った。

　最も初期の定住者たちは、動物の皮革や毛皮、そして時折織物を着ていたが、ヨルダンのペトラの近くに紀元前約8、000年に起ったバイダの町では、緑に染めたチュニックやスカートに仕立てた最も初期のタイプのリネンを着た。羊や山羊、犬の家畜化は、最も初期の町や村の定住した生活への移行と全て関係しており、馬やロバの家畜化はそれよりも数千年後に起こった。

　中国では、紀元前9、500年から米が栽培され始めた。紀元前7、000〜5、000年に栄えた八十壔《はちじっとう》のような新石器遺跡から、鋤や鍬、葦のござ、サトウキビの縄、竹篭など高度に発達した木製の道具が発見されている。日本においても、狩猟採集民から、より定住した生活への移行がほゞ同時期に起こった。日本の陶器は世界で最も古く、また漆で塗った遺物も世界で最も古く、紀元前7、000年に遡る埋葬跡から赤色に塗った櫛が発見されている。多くの他の地域では、狩猟採集民の生活は、主要なものとして残った。その中でもオーストラリアにおいて、最初のヨーロッパ人の移住が起こった1788年に、全てが狩猟採集民である25万人以上のアボリジニが住んでいたことは、よく知られていることである。

　以上、新石器時代について概観したが、二つの重要な点を指摘することが出来る。まず第1に世界中には、定住して農耕に移行した時期はずれてはいるが、はっきりと人間として認識できる経済、宗教、文化活動に関わっていた多くの人間が住んでいたことである。第2に、現在イラクであるチグリス・ユーフラテス地域、即ちメソポタミアが文明の揺籃であったということである。そこでは、都市化、文明的生活、活発な交易、工業的生産、中央集権が最も早く起こった。既に紀元前6、000年までに、農業共同体と都市生活が栄えていた。紀元前3、500年までには、大きなメソポタミア都市が文字の発明と共に現れ始めた。シリア北東部のテル・ブラクのような主要な都市では、およそ紀元前4、000年には都市が成長し、激しい戦いがあった証拠が残されている。[240] この文化的、歴史的背景抜きでは、創世記の冒頭の章を考えることはできない。

人間はまだ進化し続けているか？

ヒトの進化に関してクリスチャンが抱く懸念の一つは、このプロセスが現在も続いているのか、もしそうだとすれば、十分に長い期間が与えられたら、別の種へ最終的に進化するのかということである。だとすれば、人間を自分自身のかたちに創った神の目的は何であろうか。

そのような懸念は、根拠がないとする強力な理由がある。確かに厳密な「進化」という用語の意味において、ヒトゲノムは、人間が新しい適応に直面する時、特に新しい病原菌を撃退しなければならない時には、いつも進化している。異なった環境に対する集団の適応反応は、至るところに見られる。熱帯から寒冷環境へ移動した人間の肌は白くなった。数千年に渡って北極圏に住んでいたイヌイットやラップの人々は、アフリカの熱帯での高い背丈に比べて、熱を逃がさないためにずんぐりとした体を発達させた。特に彼らは、大腿部と比べて短い脛を持っているが、これはネアンデルタール人がヨーロッパの氷河期に耐えるために進化させた適応と同じである。

第3章で述べたHapMap計画や1，000ゲノム計画のような多重ゲノム計画は、人間の集団において、活発な自然選択の下にある興味深い遺伝子の選択について明らかにしつつある。牛乳を飲むことや、日光に対する暴露のような、ヒト集団の間を超えて異なる条件は、LCTやSLC24A5のそれぞれの遺伝子において、ヒトを地域的な環境に適応させるプラス選択を起こすことが示された[241]。世界の多くの地域で医療が十分でないが故に、自然選択に従って、病気予防に遺伝子が関わっていることは、驚くことではなく、いずれにしても、最適条件であらゆる病気を治すには不十分である。例えば、ラッサ熱ウィルス感染の重篤度に関係する二つの遺伝子の変異体は、ラッサ熱が風土病で、医療施設を欠いているため処置が施されない西アフリカにおいて、強く選択されている[242]。

個人の遺伝子の複製の数も、人間の集団において自然選択が続いているようである。例えば、澱粉を消化する遺伝子（AMY1）は、伝統的に澱粉の多い食物を食べる人々の間で複製されることが見出されている。さらに病気に対する防御の例として、α－グロビン遺伝子のコピーが少ないと、弱い貧血を引き起こすが、同時にマラリアの防御にもなるので、マラリアに罹りやすい東南アジアの集団では、コピー数の大きな増加が見られることがあげられる。[243]

しかしこのような興味深い進化的変化は、もちろん新しい種の出現からはほど遠いものである。このような新しい種形成が起こることがないであろうとする、3つの確かな理由がある。

第1に、このことは、直接的には、隣人を自分自身のように愛せというイエスの命令によるものである。西欧の衛生と医療による便益が世界中に広がったので――このことは、直接的には、19世紀以降に活発になった派遣医療団に負うところが大であるが――、別の病気や身体障害があるにもかかわらず、子供を産むまで生きる年令の人間の数が大幅に増大した。言い換えれば、身体的に弱い人や障害を負っている人を世話するようにというイエスの命令に従うことによって、これ以上のヒト進化は停止し、現代の医療が世界中に広がっていくという単純な理由で、「遺伝子の平準化」が起こり、全ての人間が繁殖成功を収める確率が高くなっていることによる。

第2に、ほとんどの人間集団が繁栄していくに連れて、平均的に子供の数が少なくなるという社会的理由による。従って、カップルが遺伝子や経済的理由とは無関係に、二人しか子供を持たない傾向が強くなって（その数は国によって異なるとしても）、「差分繁殖成功」の基準があまり重要でなくなる。

第3に、種形成は隔離した集団で起こるが、我々が現在住んでいる世界村においては、そのような隔離した集団は非常に起こり難いことによる。特に、哺乳類の種形成は恐らく数万年はかかると思われるからである。

人間集団からの唯一の種形成の可能性は、いずれもSFの世界から来るかもしれない。最も起こり難い話ではあるが、人間の集団によって作られた遠い惑星のコロニーで、数万年に渡って地球から隔離されたとしたら……。別のシナリオは、遺伝子工学によって、他人ではなく、その人のゲノムを意図的に変え、それ自身の身内の間で繁殖し、新しい人種を作る場合である。そのような遺伝子操作は、現在科学的に不可能で、不法であるが、そのような可能性は、気が狂った独裁者がそのような試みを起こした場合にのみ起こり得る。我々は、そのような恐ろしい試みが決して現実とならないように望み、祈る者である。

アダム、エバ、そして進化

これまでに、アダムとエバについて聖書の教えを簡単に述べ、また非常に圧縮されたものではあるが、人間の進化に関する現在の理解についても述べてきた。そこでようやく、「神学と科学の説明の中に、もしあるとすれば、どのような関係があるのか」という質問に対して取り組む準備ができたことになる。

一つの答えは、「二つの間には、関係など全くない」というものである。この見解によれば、神学と科学は全く異なった問題に対処しており、その答えはそれぞれの解釈の枠組みの中で等しく正しいので、これらは厳密に隔離されなければならない。この種のアプローチは、故スティーブン・グールドが、科学と神学の間の関係性を「重複しない権威（Non-Overlapping Magisteria）」と名づけて、広く知られるようになった。[244] 聖書学者や神学者は彼ら自身のことに、科学者は彼ら自身のことに関わらせよ。「だから両者は決して出会うことはない。」確かに人生を静かに送ることができるので、個人的には、この考えにいくらかの同情を覚えるものである。しかし、無神論者のグールドの理解は、科学は物事の「事実」に関わり、他方、宗教の分野は価値観と個人的な意見に属するというもので、本著者の考えとは異なるものであることを指摘しておかなければならない。

いずれにしても「重複しない権威」の考え方には、あらゆる種類の問題がある。[245] 現今の状況の中で、人間のアイデンティティは、神学と科学の両方のアプローチにおいて取り上げられている。創世記1章が「アダム＝人間」について語る時、その記事の目的が科学の記事のそれと全く異なったとしても、科学者が研究する人間といくらか異なった人間について語るものではない。さらに、我々がこれまで考察してきた人間の進化歴史によって生じた類いの神学的な疑問が確かにある。例えば、H・サピエンスを除いて、いかなる類人猿やヒト亜科も、宗教的な信仰を持ったという、はっきりとした証拠はない。従って、我々が知り得る限り、人間はこの点において独特な存在である。さらに、H・サピエンス以前の者が、神について、つましい個人的な知識を持つという意味で、霊的に生きていたという証拠は、全くない。よって、歴史のある時点において、人間が霊的生活、つまり以前持っていなかった神に対する個人的な知識の経験を始めたに違いない。以上より、我々は、それがいつ起こったのかという歴史的な質問から逃れることはできない。では、どの時点で、一つの真の神を礼拝する信仰共同体は確立されたのであろうか。

もちろん、我々はこれらの難問に対する答えを持っている訳ではない。しかし、これらを取り上げるにあたって強調したいことは単純で、我々が記述してきた科学は、そのような問題に対して無関係ではないということである。従って、我々が取る道は、質問が通り過ぎるのを待って（通り過ぎることはない）、ダチョウのように頭を地面に埋めるか、あるいは、この件を考察する上で少なくとも助けになる、いくつかのモデルに行き着くかのいずれかである。このような課題に取り組むにあたって、真に重要なことは、創世記の記事に科学的な解釈を、そしてまた、聖書個所の解釈を科学にあてがおうとしないこと、つまり既に批判してきた「一致主義」のアプローチを取らないことである。それぞれの説話は、それ自身で完結しており、それぞれの枠組みの中で解釈されるべきである。

そう言いながらも、説話が、隠喩、譬え、あるいは我々が好んで用いる「神学的エッセイ」の文学で表現される多くの例が聖書にあるが、それらは実際の人間や出来事に関するものであり、そのような表現が、物理的な現実から「自由に浮遊している」ことを必ずしも暗示するものでないことを指摘しておかねばならない。第1章でそのようないくつかの例について既に述べた。例えば、サムエル記下12章における、預言者ナタンが――もちろんダビデ王の罪を指しているのであるが――、金持ちの男が貧しい男の唯一の雌羊を夕食のために殺した涙を誘う不正についての物語は、実際の出来事である。イザヤ書53章の生き生きとしたメシア的語り口は、感動的で象徴的な苦難の僕を指しているが、新約聖書の著者は、躊躇することなく、この言葉の意味するところは、歴史上の人物である救い主イエスであると主張している（例えばマタイによる福音書8章16〜17節、ペトロの手紙一 2章24節）。預言者エゼキエルが、あの有名な、枯れた骨で満たされた谷の幻を見た時（エゼキエル書37章）、テキストは、「これらの骨はイスラエルの全家である」と語って、捕囚の地から自分たちの土地へ連れ戻す神の約束、つまり主が「お前たちの墓を開き、そこから連れ戻す」出来事を説明する（12〜14節）。これは、生き生きとした隠喩的表現で、霊的に彼らの土地から遠ざけられたイスラエル人を命に連れ戻すもので、言うなれば、約束の地が再び回復されて死から救い出すことを描画するものである。しかし、いかに生き生きとした隠喩であったとしても、これが実際の人間と出来事を指すことは疑う余地はない。マタイの系図「アブラハムの子ダビデの子、イエス・キリスト」（マタイによる福音書1章）は、今日見られる家系というよりは、14世代ごとの3つのグループに焦点を置いた（ダビデに関するヘブライ語の文字の数値は14で、メシアの法律上の王的子孫であること、さらにまた、もちろん完全数である7の倍数であることを強調している）、ある意味において神学的エッセイとして読む。だが実際には、家系は実在の人間に言及している。多くの比喩的言語を用いた神学的エッセイだからといって、必ずしも実際の人間や出来事への適用を除外するものではない。同様のことが、ルカによる福音書3章におけるキリストの母、マリアの系図についても当てはまる。ルカが77人の名前をあげているのは（キリストを含めて）、確かに偶然ではなく、強い神学的なメッセージが込められている。だが、それは同時にダビデ王、アブラハム、そして最終的に「神の子」アダムを含んでいる（ルカによる福音書3章38節）。

人間についての科学的説明が、神との連帯に関する質問に対する答えに役立たないと同様に、聖書テキストは進化について何も語っていないことは明らかであり、我々の思考において「モデル」を使用するからといって、新しい種類の一致主義に係わる訳ではない。よって、ここでのアプローチは、聖書と科学という二つのタイプの議論を極めて真剣に取扱い、その後でそれらの間にいかなる共鳴があるのか、考えようとするものである。議論を生み出すために科学分野では「モデル」が使用されるが、そのモデル構築の役割を理解することは、ここでの使用に参考になる。

科学で使用されるモデルは、データの破片を意味があるように寄せ集めるために、いつも用いられる。科学者は、言語の使用において幾分いい加減な傾向があり（科学を深く考える者にとって残念なことに）、一般的には、モデルは小さなデータセットに対して使用され、「理論」は、進化「理論」や相対性「理論」のような大きいデータセットに使用される。

１９５０年代の始め頃には、遺伝子をコードした分子であるＤＮＡの構造に関していくつかの競合するモデルがあった。リーナス・ポーリング（Linus Pauling）は、３重の螺旋モデルを提案した。しかし、ジム・ワトソン（Jim Watson）とフランシス・クリック（Francis Crick）は、別の科学者であるロザリンド・フランクリン（Rosalind Franklin）から発表前のＤＮＡのＸ線回折結果を事前に得ていた。実際、２重螺旋モデルは、全てのデータを取り込むことができる唯一のモデルで、ワトソンとクリックは、１９５３年に有名な１ページの論文をネイチャー誌に発表した。それ以来、誰もがＤＮＡは、３重螺旋や他の構造ではなく、２重螺旋として知るようになった。

全ての科学的モデルが、このように明確な勝利を収める訳ではない。本著者の専門分野である免疫学において、「Ｔ細胞」として知られる白血球のグループは、体内で、（通常）「自身」つまり自分の組織ではなく外部侵入者を攻撃することをいかにして学んだかについて、長い間、果てしない議論があった。この議論は、多くの研究室からの研究結果を一つのストーリーにまとめた、ほとんどのデータをうまく説明する一般的なモデルが現れたので、今や実質的に終了している。しかし、広く行きわたっている成功したモデルは、例外的に見事なＤＮＡの２重螺旋モデルと比べて、はるかに「乱雑」である。最も成功したモデルが必ずしも最も簡潔なものとは限らない。最も良いものは、データを十分に説明するモデルである。

かつてもてはやされながら、今や有用でない多くのモデルがある。しばらくの間、科学者たちは、大気層の上の空間を満たしているとされる「エーテル」と呼ばれる物質があると考え、多くの結果を説明するためにそれを引用した。しかし今日、エーテルは存在せず、その仮定に基づいたモデルは、もはや通用しない。

従って、この文脈において、二つの点を強調することが適切であろう。まず第1に、科学で使用されるモデルにおいて肝心なことは、異なった事実、考え、憶測を寄せ集めて何か道理にかなう説明を生み出すことである。それらはデータの解釈に焦点を当てて人間が作り出したものであり、多くの憶測を含めて、しばしばデータを凌いではるか先にまで行く。ここで使用されている「モデル」は、可能性がある別の因子に言及することなしに、「明らかなもの」として、単に創世記の記事から読み取れるとは、誰も断言できない。全てのモデルは、聖書の説話の中に見られない考えや憶測を取り込んでいるのである。第2に、これと密接に関連しているが、以下に記す全てのモデルは、間違っているかも知れないということである。それらは、我々の議論と思考を助ける道具として用いられるべきであり、それ以上のものではない。つまり、「思考実験」として考えるべきである。故に、筋が通って意見相違の余地がないものとして、あたかも全てが決まっているかのように、一つのモデルを他よりも優れているものとして、提出することは無意味である。我々の罪のため、イエスが死んで復活したことと同格に扱って、恰も教義の中心課題であるかのごとく、一つのモデルを他よりも支持することによって、クリスチャンの間で仲違いを起こすようなことが、決してあってはならない。この件で確信をもつことは良いことではあるが、それは救いにおいて必須のものではなく、第二義的であることも心に刻んでおきたい。あの「偉大で恐るべき日」に、我々の人生について説明するために呼び出された時、アダムとエバについての精緻な確信は、問いただされる主要な質問ではない、と筆者は想像している。

以下において、それぞれのモデルについて、出来るだけ前向きに、かつ共感を持って提示する。なぜなら、それが最もよい議論を生み出すと著者が信じているからである――もっとも議論を進めていくうちに、著者の好みのモデルは、とりわけ、他と比べて割いている紙面の大きさで、はっきり分かってくるであろうが……。断っておくが、ここで示されるモデルは、いずれも新しいものでも新奇なものでもない（初版のある書評家のコメントに反して）。これらは、過去数十年にわたって、全て議論されてきたものである。議論の間、それぞれの区別を容易にするために、モデルはAからEまで符号が付けられている。我々の堕落理解は、必然的にアダムとエバについての理解と密接に関連しているので、それぞれのモデルについては、12章の堕落の教義の文脈の中で再度取り上げて議論したい。モデルA～Cは、ヒト進化に関する現在の科学的説明と一致しているが、モデルDとEは一致していない。

モデルA

モデルAは、神学と生物学の説話の間には何の関係もないとして、この問題全体をピッチの外に蹴り出すもので、[246]既に述べた歴史に無関心な見解である。この見解によれば、創世記の冒頭の章は、神の目的における人類の役割と重要性に関する神学的説明を提供するものであって、歴史の特異性に縛られることなく、永久に真実なものを教えることを主要な目的とした説話もしくは喩えという形をとった、技術的な意味において、アダムとエバの説話の鋳型にはめ込まれた神話である。従って、このモデルにおいては、霊的に生きる人間の最初の出現についての質問に対する答えはそもそもなく、代わりに神の似姿に作られた人類に関する我々の現在の理解のために、創世記の説明の意義に焦点を当てる。

モデルB

モデルBは、二つの変形があるが（典型的な科学者として、全てにラベルを付ける傾向がある）、人類の霊的な目覚めが、このいずれにおいてもアフリカにおける初期の進化の間に起こったと見なすことから、ここでは便宜上一緒に取り扱う。

モデルB1は、通常の意味での歴史ではなく、ある時、ある場所で起こった出来事であるとする、漸進的な原史時代的見解である。このモデルでは、現代人は、アフリカにおいて20万年前から身体構造的に進化するに連れ、もしくはその時以来のある期間、言語的、文化的進化の中で、神の存在に少しずつ気づき、従順と礼拝で応答する生活へと招かれていったとするものである。[247] 従って、人間の初期の霊的な感動は、一神教との関連であり、今日子供が話し始めるのとほとんど同時に、容易に神を信じるのと同じように、最初に人間が彼らの創造主へ向かったのは自然であった。モデルBにおいて、創世記の冒頭の章は、我々の進化歴史の中で、この初期のエピソード、または一連のエピソードを、当時のユダヤ人の中東文化の範囲内で理解され得る形で、再び語るものである。従って、アダムとエバについての創世記の説明は、アフリカにおける人間の初期の歴史の長い期間に渡って起こった実際に推測される出来事を指しているが、モデルAと同様に、この言葉の技術的な意味において神話である。

モデルB2は、ある意味で全人類の先祖であるが、約20万年前にアフリカのどこかに住んでいたと考えられる、0.9～1.2万人の身体構造的に現代人の初期の共同体の中に置かれた「始原カップル」の考えを維持しようとする。このモデルは、二つの特色を持つ。最初のものは（B2.1）、共同体の中で他の者と一緒であるにもかかわらず、ある意味において人類の遺伝的な創始者として、「始原カップル」の身体的な重要性を強調する。第2のものは（B2.2）は、この推定されるカップルの霊的特質を強調するもので、モデルCに近づくものであるが、初期のホモ・デウス（次の項を参照）が、この小さい「創設者的人間集団」の中に置かれたという点でかなり異なった意義を持つ。

モデルC

モデルCも、普通に理解される歴史を超えているという意味において、原史時代的見解である。しかし、モデルBと同様に、創世記の説話が提供する神学的説明に対応するかもしれない歴史の中の出来事を探すものである。

モデルBと異なるのは、このモデルは、創世記のテキストが提供する文化と地理の範囲内でこの出来事を位置づける。ここでの目的は、神学的なテキストに科学的な意味づけを始めるのではなく、提供された神学的説明と一致するどのような種類の出来事が、この「テキストを超えて」あったのか、あるいはあり得るかもしれない事柄について問うことである。モデルCによれば、恐らく約8千年前に（正確な年代は、このモデルではほとんど重要でない）、神は神の恩寵によって近東の新石器時代の農民夫婦、または恐らく農民の共同体を選び、彼らに対して特別の方法で神自身を顕すことを選び、人格的な神として知るように、彼らを神自身との交わりの中に招いたことになる。それ以前に定住した農民がいなかったということではなく、その時以来、神の創造の執事として聖なる事業に従事するため、そして神を個人的に知るように呼び出されたことが分るであろう共同体が形成された。このことの故に、この最初の夫婦、または共同体は、ホモ・デウス（Homo divinus）——創世記の説明にあるアダムとエバと対話する、唯一の真の神を知る神の人——と呼ばれる。[248] 身体構造的に現代人であることは、必要条件ではあるが、今日もそうであるように、そのことが霊的に生きるための十分条件ではない。ホモ・デウスは、ユダヤ人の信仰の霊的な源を与える者であり、神との交わりの中で真に霊的に生きた最初の人間であった。人間は、世界のいろいろな地域で、人生の意味について彼ら自身の説明を提示するために、神または神々を探したので、確かに宗教的な信仰はこれ以前にもあった。しかし、神は、ホモ・デウスにおいて初めて、神自身を顕すと共に、人間に対する目的を顕すことを選択した。

モデルCは、以前にも指摘したように、創世記テキストにおいて定冠詞が使用されていることから、「そのアダム」、つまり「その人」で示唆される代表的な性格に注意を向けさせる。従って、「その人」は、当時生きていた全ての人間の頭と見なされる。神はこの時において、神自身の意志に従順なことで表わされる信仰に基づいた神への信頼を置く全ての人からなる、新しい霊的な家族を地上に始めることを決断した。この見解によれば、アダムとエバは、歴史のある特定の時代と場所に住み、彼らが成した行いではなく、ただ単に神の恩寵によって、地上における新しい人間の代表として神に選ばれた実際の人間であった。アダムがエバを「私の骨の骨、私の肉の肉」として認識した時、彼はただ仲間のH・サピエンス——それらは周囲に数多くいた——としてではなく、彼と同じように神の命令に従順な、正に神の命を分かち合う仲間の信仰者として認識した。新石器時代の世界の人口は、遺伝学的にはアダムとエバと全く同じ人間である、100万人から1000万人の間であったと推定されるが、これら数百万人の中から神が神自身を顕すために選び出したのは、モデルCにおいて、この二人の農民であった。

ケンブリッジの街路に出て、そこを歩く人たち——彼らは皆、H・サピエンスの仲間である——を何となく見ていても、誰が霊的に生きているか判別することはできないように、モデルCにおいては、アダムとエバ、そしてその同時代の人たちとの間では、区別できる身体的特徴は何もなかった。このモデルは、霊的な命、顕された命令と責任に関するもので、遺伝学に関するものではなく、神との人格的な関係、神の命令に対する従順、神と自分との個人的な関係を知るためにやって来る地上の全ての人からなる神の新しい家族の開始を伴う。パウロも、「わたしは御父の前にひざまずいて祈ります。御父から、天と地にあるすべての家族がその名を与えられています」と語っている（エフェソの信徒への手紙3章14〜15節）。家族はどこかで始めなければならない。神は二人の普通の人——我々と同じように救われ、後で述べる「命の木」によって保たれた——を選んで、地上における神の新しい家族を始めた。この二人が、人類の他の人々との関係において仲間の首長であること——後で述べる堕落と特別に関連する考え——を、モデルCが提示するのは、この意味においてである。ローマの信徒への手紙5章、さらに12章で考察されているように、アダムは、キリストの原型として捉えられている。「第2のアダム」——彼を通して過去、現在、未来において何百万という人々が恵みの恩寵に与る——とされているように、仲間の首長という用語を真剣に捉えるなら、最初のアダムに対して与えられた仲間の首長という概念を受け入れることは、恐らく難しくはないであろう。

豊かさや貧しさに関係なく、どの国から誰でも入学できる最高の大学を、低所得の国に設立するための資金を得るために、国連がとてつもなく大きい国際コンペを行うことを決めたとしよう。豊かな国は、数十億ポンドという賞金を提供することに同意した。全ての貧しい国は、他の全ての貧しい国から選ばれた代表と、国際的なクイズで戦う一人の男性学者と一人の女性学者を選ぶだけでよい。もしも彼らが勝つと、自分の国に新しい大学の資金がもたらされるばかりでなく、彼ら自身が自動的に新しい創立者になり、指導者になることが約束されていた。国際的な資金は、巨額であったので、全ての学生は自由に学ぶことが出来た。そこで、二人の学者は、総長としての権限を用いて、その後に新しい学府に参加する全ての人も、経済的に心配することなく学問を喜んで出来るようにした。喩えは完全ではなく、議論の中での際立った点だけを上げており（従って、1年生が試験で落第したらどうなるのかなど考えないで欲しい）、仲間の首長としての基本的な考えを伝えることを意図している。

自由に学べる学生は、二人の創立者の子孫ではなく、新しい大学に祝福の内に選ばれて入学することができた者たちであることに注目して欲しい。以前に存在しなかった高度な教育共同体への道が開かれたのである。よって、モデルCでは、アダムとエバの人生における神の主導がまず起こされ、信仰と従順によって神の家族に入る道が世界中の誰にでも開かれて、地上における神の新しい国際的な家族が確立されていく考えが示されている。アダムとエバを神との関係、そして互いの関係に招くことによって、関係を重視する神として、まず始めに神自身の正義を現したのであり、このパターンは正に聖書の全体を通して続くのである。

モデルCに関連した興味ある類似は、旧約聖書の偉大な人物であるアブラハムについての聖書理解である。「世界のすべての国民が祝福に入る」のは彼を通してであった（創世記18章18節）。アブラハムはイスラエルの歴史において特別の役割を果たした。神が民に自分自身を現す時、それは神が選んだ「アブラハムの神」としてであり（出エジプト記3章15〜16節、列王記上18章36節）、それはイエスが自身の復活についての教え（マタイによる福音書22章32節）、また使徒が教えた際の（使徒言行録3章13節）テーマであった。徴税人ザーカイが帳簿のごまかしを悔い改め、キリストに従うようになった時、彼は「真にアブラハムの子」となった（ルカによる福音書19章9節）。パウロはキリストを信じる者は誰でも、真のアブラハムの相続人となり、地上の全ての国民が「アブラハムの子孫」によって祝福されるという旧約聖書の約束が満たされることを説明した（ガラテヤの信徒への手紙3章6～18節）。アブラハムのこのような例をあげることによって、創世記の始めの章におけるアダムの描画が、創世記の後の章におけるアブラハムの描画によって、何か「歴史的」なものになったと示唆するものではない。これは明確にそうではない。創世記1～4章の異なった文学ジャンルの一部として、「アダム用語」の使用に係わる種々の曖昧さについて、既に注目してきたところであるが、後で現れるアブラハムについての説明は、もっと「はっきりとした歴史」のようなものである。しかし、類似がどうであれ、興味を引くことは、アブラハムの人物像が、神の祝福が全ての国民に与えられるということにおいて、聖書的考えの中で象徴的なものになっていることである。同様に、モデルCは、神の命が、ある時ある場所において住んでいた人の人生において明らかになって新しいトレドスが作られた、つまり救済のための一つの真の神に信頼するアブラハムのような、二人に続く全ての人々からなる、地上における神の家族の始まりを示唆するものである。

全く異なった種類の例が、最近のトルコ歴史において見ることができる。アタテュルクは、1920年代に現在のトルコ共和国を創設した偉大な政治リーダーであった。彼が与えられた名前アタテュルク（元々の名前ではない）は、「トルコ人の父」という意味である。このことは、今日のトルコ人が文字通りアタテュルクの子孫であることを意味するものではない。アタテュルクは、全てのトルコ人の首長として見なされ、何世代にも後の国民が、現在の政治的、文化的状況を彼の中に見ることを意味している。

最近の正確な人間の進化歴史は、モデルCに全く影響を与えないことは、留意しておく必要がある。なぜならそれは、霊的現実であって、それ自体、生物学的データではないからである。よって、例えば、現代人とネアンデルタール人のような他の種と雑交があったとする発見があっても、モデルCとは、無関係である。

モデルD

モデルDは、「古い地球創造主義」または「偶発性創造主義」という題目でまとめられる見解である。このモデルには、種々の変形があるが、一般的には、科学的データが示すように地球は非常に古いが、特に遺伝子コードの創造、最初の細胞、主要な「種類」の動物、人類の創造と、進化歴史の折々に、神が奇跡的な方法で介入されたとするものである。従って、このモデルは、全ての生物と、進化プロセスによってではなく「土の塵」から神によって直接創られたアダムとエバの間は、明確に不連続であると主張する。

モデルE

モデルEは、若い地球創造主義で代表されるもので、この惑星は約1万年前に神によって創られ、また、全ての生き物も文字通り24時間制の6日間で創られ、特にアダムとエバは第6日目に土から奇跡的に創られたとするものである。

神の似姿に造られた人類についての疑問

上述のいかなるモデルも、前の章で簡単に述べた神のかたちに造られた人間について、注意を払わなかったことに、読者は気付いたかもしれない。これは意図的なものである。イマゴ・デイという用語は、創世記第1章の「宣言文学」に属するものであり、大地と生物学的多様性を世話するようにと、神から委託された全人類の王的地位に関する最も重要な神学的宣言である。それが決して答えを意図するものでない文学の性格を持つことから、そのテキストを疑問を持って詮索しないことは、重要なことである。それらのうち、一つの疑問は、典型的な西洋人が持つ経時的なもので、「では、この宣言は正確にはいつから適用されるのか」というものであろう。テキストは何も述べないし、聖書の残りの部分も、この疑問に答えをだすことには興味を示していない。このことが、この考えを上述のモデルの中に取り込もうとしなかった理由である。

これに対して、創世記2～4章で紹介されている「そのアダム」という用語は、結婚して家族を持つことになる個人としてのアダムはなおさらのことであるが、特に、パウロがローマの信徒への手紙5章とコリントの信徒への手紙一15章でアダムについて述べたやり方を鑑みると、科学との対話を少なくとも始める領域をもたらしてくれる。これらは、神の命令に背いたことによって悲劇的に破れた、神との間の個人的な関係についての神話的説話であり、我々は皆全て、同じ道を辿る傾向を持っていて、本質的に「アダムの中」にいるので、我々全てに当てはまる説話である。このことこそが、ヒトの進化との対話を始めることを可能にするものであり、また、この対話こそが、これらのモデルが目指すものである。

創世記1章26～28節に関連する状況を理解するため、単純な例を上げてみたい。読者が、仁徳のある王が支配する王国の市民であると仮定する。王国の口承歴史によれば、王はその市民に特定の権利——言論の自由、個人的良心、性的な平等、選挙権——を与えることになっている。しかし、不幸なことに、この王国がいかにして幸せな国になったかについての詳しい歴史的な記録は、失くなってしまっている。それでも歴史のある時点において、そのようなことがあったことは疑いようがない。しかし、正確な時点はそれほど重要ではない。実際に大事なことは、全ての市民が、その市民権を楽しみ続けることである。そこで、その王は、毎年クリスマスになると、全ての市民に思い起こさせるために、それらの権利をまとめた宣言を読み上げる。当然のことながら、市民にとって大事なことは、このことが実際に現在も続いていることである。

別の例は、もう少し実際の歴史に関係するもので、1948年12月10日に国連で採択された人権に関する世界宣言である。これは宣言文学の良い例である。(249) そこに記された権利が、実際にその日から始まったとは誰も信じない。事実、クリスチャンはその文書にリストアップされた権利は、人間性の始まりまで遡ることを信じている。

宣言は人類の「不可分な権利」を要約した、時間を超えた性質を持っている。

このような指摘をする上で、創世記1章の「神の似姿に造られた人間」という考えの導入と、創世記2章の神の似姿に造られたことに伴う結果との間に不自然なくさびが打ち込まれているという懸念があるかもしれない。しかし、それは何よりも何とかできる問題、道理に適って人類学との対話に持ち込むことができる問題であり、時間を超えた創世記1章の宣言ではなく、創世記2章以降の結果と関係するものと考える。もちろん、ある人は、創世記2章の結果は、神の似姿に造られた現実を強調するものとして指摘し、それ故モデルはその現実についても語るべきであると指摘することを欲するであろう。それは道理に適った指摘であるが、モデルに、それらが実際にできること以上のことを求めるのは適切ではない。神についての人間の知識と霊的生活が実際に如何にして、またいつ始まったかについて考えることは、少なくとも我々ができる範囲にある。なぜなら、いずれにしても、救いのために神へ立ち返って我々自身が現在霊的命を見出す時、我々自身の人生において、その現実は「小さいスケール」で現在も繰り返されているからである。このことの故に、モデルは、そのような神についての霊的知識が、初めて人間の歴史において現実となったのはいつかについての疑問に、焦点を当てるのである。

モデル間の比較

モデルAは、科学と信仰の関係が「重複しない権威」の見解を反映したものであるとして、既に批判したところである。創世記の記事と現代科学の間の「調和」を求める（このことは本書が取る姿勢ではない）、あるいはもっと悪いことには、創世記の記事をあたかも科学のテキストのように読む一致主義者の溢れるような書物を見ると、このモデルに至る人たちに十分に同情を抱くことができる。実際それは、ある場合には、そのような書物に対して反発を代表する立場でもあるように思われる。読者から「おまえらの家など、どちらもくたばってしまえ！」[訳注20]と言う声が聞こえてきそうである。しかし、モデルAは、大きなコストを伴う。それは、全てのクリスチャンが同意できる一つの事実として、人間の歴史のある段階で、個人的な方法で一つの真の神を知るようになったということが示されているので、全ての原史時代的疑問から結局のところ免れ得ないにもかかわらず、どのような歴史的記述とも接点を失うという点で不利である。また、モデルAは、12章で述べるどのような歴史的内実における堕落についても、必然的に排除する結果となる。

モデルB1は、多くの魅力があって、考えられるシナリオではあるが、創世記冒頭の神学的記述が、近東で起こった出来事ではなく、アフリカで（恐らく）10万年よりも以前に起こったことと共鳴するという不都合がある。初期の出来事を、神学的な用語でそのようにして書き直すことは決して不可能なことではないが、この書き直しは、あらゆる近東の事情を抜き出して空にし、ヘブライ人を起源とする説明を切り離すものである。

モデルB2.1は（この変形は身体的なものをより強調する）、以下にさらに考察するアウグスティヌスの概念——創世記の説明とコリントの信徒への手紙一15章（このことについては第12章でさらに述べる）におけるアダムとエバが、ある意味において霊的のみならず身体的にも全人類の始まりである——を維持しようと欲する。しかし、科学的見地から、このことは適切ではない。遺伝子データから、アフリカにおける現代人の初期「創設者人口」が、およそ0.9〜1.2万人であったことは、既に述べたとおりであるが、身体構造的にはっきりと現代人としての特徴を持ったこの人口が、何らかの形で「全て一度に」現れたとイメージするべきではない。最終的に身体構造的に現代人に進化した、繁殖隔離されたH・ハイデルベルゲンシスまたはそれに似た他の集団は、数万年に渡ってそのようになったに違いないのである。この過程のある段階で、およそ繁殖活動ができる人口が1.2万人ほどの「隘路」になったようであるが、それ以外にこの世代において特別のことは何もなかった。進化は漸進的なプロセスであることを思い出して欲しい。ヒト亜科の異なった種は、化石データがそのような分類を可能とする十分にはっきりとした特徴がある故に、そのように規定される。身体構造的に現代人の化石は、同様にそのような基準によって認識されるが、新しい種の地位に到達するためには、何千とまで行かなくとも何百という世代という長い時間を要する。そうでありながらも、現代人が種として完全に繁殖隔離されたのは、既にその理由は述べたように、およそ3万年前になってからのことであった。その上、推測上のカップル以来、およそ8千世代にわたる多くの組み換えの出来事は、今日生きている個々人において、このカップルの遺伝子があったとしてもごく少ないという結果を伴うであろう。故に、推測上のアダムとエバがこれらの初期の集団のどこかに紛れ込んでいるとする見方によって、神学的に何が得られるかは、明確ではない。この二人は、全人類の身体的先祖であったことはありえないので、一つのカップルの罪が継承によって何らかの形で全人類へ受け継がれたという考えは、このようなシナリオによって維持できないことになる。確かに、彼らの遺伝子はその後に続く世代の人口に受け継がれたであろうが、その世代、そしてその前及び後の世代の共同体の他の人々全ての遺伝子も同様であろう。

モデルB2.2は、古代共同体の中でそのカップルについて、彼らが人間の身体的先祖を代表するという考えではなく、人類の霊的先祖であるホモ・デウスに焦点を合わせるので、進化説話と矛盾しないものである。しかしこのことは、このモデルにおいて二つの問題を提起する。まず、創世記の最初の章を真剣に取り上げるなら、この説明における近東の文化と宗教の文脈を捨て去るという大きな代償を払うことになるであろう。何故なら、あたかもそれとは完全に異なった時代と場所で起こったかのように、神学的に書き直さなければならないからである。第2に、既に簡単に述べたように、考古学記録が示す人間の文化的、社会的、芸術的な発展の長い歴史を思い起こすと、芸術、宗教、言語、意識した個人的関係の概念は、全て「心の理論」を伴い、それらは他人の考え、感情、意思に影響を与えることができることがわかる。そのような心、少なくとも基礎的言語学の能力が無くては、例えば、祈りや道徳的責任感のような概念は、不可能であろう。継ぎはぎではあるが、これまでの証拠は、今日当たり前のこととしている、芸術や創造性のような人間の行動の特徴の全てが出現する前に、現代人は15万年もの間存在していたことを示唆している。従って、20万年前からのH・サピエンスの漸進的進化を、人間の能力の

「完全な道具」の突然の獲得と結びつけるべきではない。恐らく神は、適切な一連の人間の能力が現れるまで、神自身を特殊な方法で個々人に顕すことを差し控えていたのではないだろうか。

一般的にモデルA～Cは、B2.1を除いて、これらの全ては、進化それ自体が、創世記が描くアダムとエバの説明と何ら関係がないという意味で、進化生物学と完全に一致する。進化プロセスで現れた人間の属性――自覚、自由意思、言語、関係を重んじる社会構造、祈る能力――は、神との交わりにおいて必要ではあるが、それ自体では神との交わりを生じるためには不十分である。つまり、今日と同じように、それらは必要条件ではあるが、十分条件ではないのである。

これに比べて、モデルDとEは、動物の世界と人間との間でのいかなる連続性も否定するので、ヒト進化に関する現在の科学的理解とは相いれない。両者にある多くの問題のうちの一つは、先に述べたように、類人猿と共通の祖先を持つという科学的証拠が完全に葬られ、神がある種のペテン師――実はそうではないのに、我々のゲノムが、あたかも動物の世界と発展的な連続性を持っているかのように見せかける――であるという神学的に問題がある結論を避けることができないことである。そこで、聖書を本来意図された神学的なテキストというよりは、科学の教科書として読むように努めることを始めないなら、また、創世記それ自体が奇跡として記述していない出来事に対して奇跡を求めない限りは、モデルDもEも聖書的に支持する理由はどこにも見出すことは出来ない。

これらのことから、モデルC、即ちホモ・デウスについて、もう少し掘り下げてみたい。繰り返しになるが、もちろん、このモデルについて指摘しておきたいことは、他のモデルもそうであったが、モデルそのものが創世記のテキストに見出されるということではない。このモデルの考えは、創世記の神学的な説明と少なくとも「一致する」、人間の歴史における出来事である「説話の向うの説話」を探索する作業モデルを生みだす。これら創世記の章において豊かで神学的な形で語りかける言語の比喩的性格を既に強調してきたことを思い起こすと、以下の議論で、創世記2～4章の説話が、創世記1章1節～2章3節のテキストと幾分異なった方法で取り扱われているることについてなぜそうなのか、疑問に思うかもしれない。理由は単純である。創世記第1章が語るところは、人間を含めて創造された全部の秩序の始原である。もしも創世記第1章の神学を、科学との関連で考察するなら、科学を可能とする創造された秩序の素晴らしい知性、つまり科学的な法則などの考えに結びつく宇宙の設計に気づくであろう。しかし、このことは、ここで考察する主要な論点ではない。神との交わり――「命の木」に繋がる恩恵――の中にあって、神の命令に従って大地を世話する個人としての人間について語り始めるのは、創世記第2章以降である。既に指摘してきたように、そこでの言語は極めて隠喩的もしくは比喩的であるが、それでも実際の人々、出来事に関するものである。

創世記の説明における文化的背景は、新石器時代の農民のそれに極めて近く見える。狩猟採集民にとってほとんど興味がないと思われる、金や琥珀（創世記2章11～12節）、そして青銅や鉄（創世記4章22節）のような貴金属やその他の物質が記述されているのである。「主なる神は人を連れて来て、エデンの園に住まわせ、人がそこを耕し、守るようにされた」の記載は（創世記2章15節）、定住した農民を強く示唆するもので、それは創世記4章12節で「土を耕しても、土はもはやお前のために作物を産み出すことはない」とカインに語った神の言葉と一致する。楽器に関する言及（創世記4章21節）も、同様に定住した共同体の特徴である。恐らく約8千年前の近東の共同体における、実際の農夫であるアダムとエバの文化的背景は、創世記テキストと一致している。既に強調したように、カインの時代に、彼自身が「地上をさまよい、さすらう者」として（創世記4章12節）殺される恐れを告白したように、創世記の説明の枠内で、アダムとエバの神に連なる血統に加えて、他の人々も周囲にいたのである。ついでながら、このモデルは、カインはどこから妻を連れてきたのかという、陳腐なジョークについても、説明を与える僥倖ももたらしてくれる。

家系のデータも、アダムとエバがおよそ8、000年前に住んでいた、真に歴史的人物であったことと一致する。

よく知られているように、17世紀の大司教アッシャーは、アダムとエバの聖書にある家系データから――実際にアッシャーの年代には推定の幅があるが――彼らが創造されたのは紀元前4、004年とした。この理由は、聖書の血統は、「……からの子孫」という意味で、「……の息子」として記述されているので、多くの世代が一つの短いフレーズで要約されていることによる。また、聖書において血統は、関連する旧約聖書のリストにあるいくつかの世代が脱落しているにもかかわらず、既に述べた14世代ごとに3つのグループに分けているマタイによる福音書1章によるイエスの家系のように、歴史的な完璧さを求めるよりも、神学的であるために、形式化されて提示されている。しかし、年代の正確な記述は、モデルCの主要な考えにほとんど影響を与えるものではない。

ルカの血統（ルカによる福音書3章23～38節）は、「……エノシュの息子、セトの息子、アダムの息子、神の息子」とあるように、確かにアダムを実在の歴史的人物として、また地上における神の新しい家族の一部である「神の子」して、両者を共に強調しているように見える。一般的に聖書は、アダムを歴史上の人物として見る立場をとっており、関連する新約聖書のいくつかの箇所を、堕落との関連において第12章でさらに考察していきたいと思う。

次の課題は、モデルCにおいて提案されているホモ・デウスに関連して、洪水に関するものである。神に連なるノアとその家族が救われた創世記の洪水に関する説明を、歴史的出来事として受け入れられない理由はない。しかし、モデルCは、洪水は、猛烈ではあるが、ユーフラテス渓谷とその周辺に起こった地域的なもので、その事を、彼らの生活にとって不可欠の家畜と共に、「神と共に歩いた」者たち（創世記6章9節）の救いとして捉える。事実、地球的な洪水が起こったという地学的な証拠はなく、「地の面にいた生き物はすべて、ぬぐい去られた」という創世記の言葉は、ノアと彼の家族に馴染み深い「世界」を指していると単純に考える方がよいのではないだろうか。箱舟で救われたのは神の民であった。それは、今日においても、バプテスマが、全ての信じる者の救いを象徴し続けていることにも通じるであろう（ペトロの手紙一 3章20～21節）。救われて乾いた土に戻り、神の契約の更新を体験した（創世記9章11～17節）これらの人たちは、世界の人口の遺伝子的先祖ではなく、その時以来、神の救いの恩寵を経験した全ての者の先祖なのである。重ねて述べるが、科学的な説明を（この場合は遺伝学）、古代でかつ神学的なテキストに当てはめることは、単に見当違いの努力をしているに過ぎない。これらのことは別としても、約8千年から6千年前に、近東において、一つの家族から全ての人類が起こったことを示唆する遺伝子データは、全くないのである。

モデルCは、想定される全ての神学的疑問に、解答を与えるものではない。例えば、アダムとエバの前に生きていた全ての人たちの永遠の運命は、どうなったのか。全く分からないというのが、実際のところ、その解答である。しかし、我々は、「全世界を裁くお方は、正義を行われるべきではありませんか」（創世記18章25節）と言うアブラハムによって、確信を得ることができる。ありがたいことに、我々は世界を裁くために召されてはおらず、そのことは、「正しく裁く」方の手に安全に委ねられているのである（ペトロの手紙一 2章23節）。アダムとエバ以前に生きていた人たちに関するこの質問は、我々が思いつく他の質問と相通じるものがある。例えば、モーセにシナイ山で律法が与えられた時、オーストラリアに住んでいた人たちの永遠の運命はどうなったのか。ここでも、我々は全く分からないのである。「全世界を裁くお方は、正義を行われるべきではありませんか」という他ないのである。このような事を思案しながら時間を過ごすクリスチャンは、世界の運命を裁く権限はただ神にのみあるということを忘れて、そのような特権が自分にあるように振舞っているのである。

著者には、モデルCが果たして正しいのかどうか分からない。しかし、それが作業モデルであることは幸せなことであり、もしも、もっと良いモデルが現れたら、モデルCを捨てて新しいモデルを採用することにやぶさかではない。神学も科学も、どれだけ異なったレベルの議論であれ、少なくとも原則的には、一貫した説明を生むようにすることがクリスチャンとして大切である。これは、科学と信仰を互いに戦わせる必要がない多くの領域の中の一つの領域であろう。

さらにモデルCは、神の意思を満たすために、個々人を招くことに焦点を当てる聖書のやり方とも適合する。聖書のこの後の箇所で、神はアブラハムに故郷を離れ、約束の地へ出発するように呼び出し、モーセに民を奴隷の縄目から解き放つべく呼び出し、マリアに救い主を世に出すように呼び出し、他の多くの預言者や指導者を神の厳かな計画の中で特別の任務を果たすようにと呼び出した。よって、二人の新石器時代の農民を、神の特別の命令の受け手として、彼らが神と共に歩くように呼び出して、その後に続いて同じように神と共に歩く者たち全ての原型にしたのは、決して聖書の一般的な主旨から外れるものではないであろう。

第11章　進化と死についての聖書的理解

あるクリスチャンにとって、ダーウィンの進化に関する概念で抱く大きな問題は、それが、何十億年にわたる死に関わっているということである。バクテリアは言うまでもなく、数え切れない数の動物や植物が生まれては死ぬ。それは、避けることができない死へ至る、まるで心が麻痺している巨大な命のエスカレーターのようなものである。第5章で既に述たように、進化は個々の動物の死ばかりでなく、大規模なその種全体の消滅にも関わる。その結果、これまでに生きていた99%以上の種が、今日生きていない。

なぜ善と愛の神は、そのような痛みと無駄なプロセスを経て人間を創ったのか。異議申し立てはさらに続く。なぜ神は、異なったゲノムの間に、ある動物は他の動物よりも有利な競争の要素を持ち込んだのか。なぜ愛の神は、新しい種を生じるばかりではなく、遺伝子が関わる病気や癌のような、健康で幸福な生活を襲う災いを生じる遺伝子的多様性が関わる過程を通して創造の業をなしたのか。さらに、あるクリスチャンは堕落の前に死のようなものは存在しなかったと信じており、スタート台から走り出す前に、進化の全ての概念は信じ難いと決め付ける。

確かにこの惑星における死のスケールは膨大なものである。世界には、5×10の30乗のバクテリアがいて、その92%は地中におり、その重さは世界中の全植物に匹敵すると推定されている。この数は、宇宙における10の22乗という星よりも多く、日々、物凄い数の死とも関連している。バクテリアの死には関心がないとしても、世界では、毎日15.5万人が、そして毎分108人の人が死んでいる。もしも死んだ人の体を毎日積み上げていくと、それは50㎞の高さに達する。それは、毎日のことである。

このような問題に取り組むとしたら、それ自体で別に本を書く必要が生じるであろう。しかし、この短い章で、ともかくスタートだけでも試みたい。スタートは、いつもの通り、聖書である。

死について聖書は何を語っているか

聖書は死について、肉体的死、今ここにある霊的な死、そして永遠的な霊の死と、3つのタイプを上げている。これらについて順を追って考えていきたい。

肉体の死

旧約聖書で死に関する全ての箇所を見ていく時、まず気づくことは、死が全く自然で当然のこととして語られていることである。我々には、この地で割り当てられた時間があり、その後、全ての死が辿る運命となっているあの謎に満ちた「陰府」の世界へ去っていく(ヨブ記30章23節)。[250] 旧約聖書の後半部分で、復活の可能性がほのめかされてはいるが、旧約の中には、深められた復活の教えはない。また、そこには、新約聖書で地獄とされている「陰府」についての記載もなく、むしろ、命を失うことによって全ての不利益をもたらすが、特に利益もない、もっと中立的な休む場所として捉えている。旧約聖書では、「陰府」は永遠に存在する死の背景幕であり、476回出てくるその大部分は「墓」と訳されている。しかし、ヘブライ語では、「墓」以上の意味を持つものである。陰府はそこから戻ることが出来ない場所である。死そのものは、「帰らぬ旅路」と見なされている(ヨブ記16章22節)。それは最終的に避けられないものであり、旧約聖書における用語においても、「陰府があなたに感謝することはなく、死があなたを賛美することはないので、墓に下る者は、あなたのまことを期待することができない」（イザヤ書38章18節）と、暗い影をもって描かれている。

旧約聖書の理想は、神の意思に従った長くて有用な命であり、その後に死が続く。創世記25章8節は、「アブラハムは長寿を全うして息を引き取り、満ち足りて死に、先祖の列に加えられた」と、偉大な指導者の死について典型的な総括をしている。長寿を全うすることは、神からの祝福と見なされた。ダビデ王は、「高齢に達し、富と栄光に恵まれた人生に満足して死んだ」（歴代誌上29章28節）。良い王たちは、死ぬと「先祖と共に眠りについた」（例えば、列王記上11章43節のソロモンや列王記上14章20節のヤロブアムのように）。詩編90編5節は、「死の眠り」について語る。「神に従ったあの人は失われたが、だれひとり心にかけなかった。神の慈しみに生きる人々が取り去られても、気づく者はない。神に従ったあの人は、さいなまれて取り去られた。しかし、平和が訪れる。真実に歩む人は横たわって憩う」（イザヤ書57章1～2節）。

人間の死も動物の死も、神の侵すことが出来ない全き支配の下にあると見なされている。ハンナが生まれた子供のことで、シロで神に感謝を捧げた時、「主は命を絶ち、また命を与え、陰府に下し、また引き上げてくださる」（サムエル記上2章6節）と祈った。ヨブはこのことを、「すべての命あるものは、肉なる人の霊も、御手の内にある」（ヨブ記12章10節）と表現した。神は、しばしば死の直接的な執行人と見なされている。創世記38章7節は「ユダの長男エルは主の意に反したので、主は彼を殺された」と、素っ気なく述べる。イスラエルの王が、重い皮膚病に罹ったナアマンを癒して欲しいという彼に送られた手紙に反対した時、「わたしが人を殺したり生かしたりする神だとでも言うのか」（列王記下5章7節）と語ったが、彼は、生と死についての神の役割についての当時の理解を全く明確に表明している。

しかし、旧約聖書が我々の繊細な耳には素っ気ない言葉で、「人を殺す」神について語る時、それは必ずしもある種の奇跡的な介入を暗示するものではない。歴代誌上10章4節で、サウル王は戦で傷つき、彼の剣に倒れて自害したが、その数節後で、彼が死んだのは「主に背いた罪のため、主の言葉を守らず、かえって口寄せに伺いを立てたため」（13節）であり、「だから主が彼を殺した」（14節）と結論付けるナレーターのコメントを許している。旧約聖書は、第1原因と第2原因をいつも区別している訳ではないので、サウル自害の説明は、神から殺されたことに対抗する説明とは全く見なされていない。今日我々が、同じ現実を異なった観点から見る、「補完的説明」と名づけているようなものである。

旧約聖書のどこを探しても、妥当な年月の後の動物もしくは人間の死が、この地上において神によって定められた普通のパターンであるという考え以外、何も見当たらない。創造における神の内在で既に議論したが、詩編104編29節で「息吹を取り上げられれば彼らは息絶え、元の塵に返る」とあるように、神は動物の死において直接的な執行人と見なされている。同じ詩編は「若獅子はほえて、神に食べ物を求める」（21節）と語る。嵐の中から主がヨブに語った時、ライオンの飢えを満たし、カラスや肉食動物、鳥に餌を与えるのは、ヨブではなく神であることが指摘された（ヨブ記38章39〜41節）。特にヨブ記38〜39章の二つの章では、軍馬が「砂をけって喜び勇み、武器に怖じることなく進み」（同39章21節）、鷲の「雛は血を飲むことを求め、死骸の傍らには必ずいる」（同30節）とあるように、野生性と食物連鎖が完璧な、創られた秩序の豊かさと多様性を喜ぶ神が描かれている。

このことは、動物に価値がないことを意味するものでは決してない。それどころか、レビ記の法は、もしも動物の命を奪ったなら――もっとも、それは他人が所有する家畜を指していることがはっきりと示されているが――そのための償いをしなければならないことを明確にしている（レビ記24章18節）。しかし、「飼い慣らされていない野生の自然」に関する限り、旧約聖書のテキストの中で、神は、それを維持するばかりではなく、「全ての息あるもの」によって誉め讃えられる神として（詩編150編6節）我々に現されていることは疑いない。詩編148編7節においても「地において主を賛美せよ。海に住む竜よ、深淵よ」と記されている。

洪水の後、「生き物の命は血の中にある」ので（レビ記17章11節）、血を含むものでなければ、ある範囲において動物を食べることが許された（創世記9章3～4節）。その後、食べられる動物と食べられない動物についての細かい律法が与えられ、その過程において、狩猟をし、肉を食べることが、神の民の通常の行為であることが明確にされた（レビ記11章）。「約束されたとおり、あなたの神、主があなたの領土を広げられるとき、肉を食べたいと言うなら、欲しいだけ肉を食べることができる」（申命記12章20節）とあるように、たくさんの肉を食べることは、神の祝福の一つと見なされた。

旧約聖書で目立つことは、罪の贖いまたは感謝の捧げ物として捧げられる、犠牲システムにおける途方もない動物の死である。ダビデ王の指揮のもとに始められた神殿の完成の第2の日に、「彼らは主にいけにえをささげ、焼き尽くす献げ物をささげた。雄牛千頭、雄羊千匹、小羊千匹、それにぶどう酒の献げ物もささげ、全イスラエルのために多くのいけにえをささげた」（歴代誌上29章21節）。

西側諸国の都会化された社会では、動物の死の光景から遠ざけようとする傾向があるが、このことは、動物を殺すことが、日常生活で普通に行われている世界の大部分の人々には当てはまらない。筆者の家族がトルコのアンカラに移り住んだ最初の週に、たまたまクルバン・バイラム（犠牲祭）に出くわした。それは、アブラハムが、その息子イサク（イスラム教徒は、彼をイシュマエルと思っている）を喜んで神に捧げようとしたことを記念するイスラム教の祝祭日である。それぞれの家庭では、羊または山羊の首を刎ねて犠牲とし、肉を食べ、また、近隣、特に貧しい人に分け与える。バイラムの日が近づくに連れて、アンカラの道路は羊や、「屠り場へ引かれる小羊」で溢れる。個人的には動物が殺されるのを見たくないが、バイラムの日には、よちよち歩きの子供を含めて全家族が、羊の周りに集って、世話役が喉を切り裂く道路で血が溝に流れていくのを平然と見ている。その日には、市全体が食肉処理場のように匂うことになる。このことによって、儀式的屠殺が、神の民の日常生活において中心的な役割を担っていた旧約時代がどのようであったか、多少は知ることができる。

通常ではない早い死、または神の罰による死の類いは、旧約聖書において異常と見なされた。ヒゼキヤ王は、病に倒れて死の床にあった時、彼の人生が十分に長く豊かであったと思わなかったことは明らかである（列王記下20章1節）。しかし神は、彼の祈りに寛大に応えて、15年の間その命を長らえさせた。詩編作者は、しばしば「陰府」からの救いを神に叫び求め、またそのような救いに感謝を捧げた（例えば、詩編18編4～15節、30編3節、71編20節、86編13節）。早死は確かに罪によって起こり得る。曰く、「暑さと乾燥が雪解け水をも消し去るように、陰府は罪人を消し去るだろう」（ヨブ記24章19節）。サムエル記下12章で、ダビデ王が姦淫の罪を悔い、その後ダビデの息子は十分に生きることがなく、罰として死ぬ運命にあることが分かったにもかかわらず、ナタンが「その主があなたの罪を取り除かれる。あなたは死の罰を免れる」とダビデに語った中に、罪と肉体の死が関連していることを読み取ることが出来る（サムエル記下12章13～14節）。

これらの文脈から、罪によってもたらされるのは、死それ自体ではなく、特定の罪に対する特定の罰と見なされる早すぎる死を指すことは明らかである。その死が予想されていたもの（創世記23章1～2節）、悲劇的なもの（サムエル記下19章1節）とは関係なく、もちろんそこには愛する者との別離による悲しみ、喪失、哀悼の感情がいつもある。

旧約から新約聖書へ移ると、著しく対照的で、月光の中で森を歩いているが、翌日には同じ森を明るい日光の中で歩いているほどの差異がある。神の国についての宣教と実践によって、肉体的な死は、克服すべき敵のように見えるようになったのである。イエスは死者を蘇らせる。ラザロの墓で涙を流す。パウロは、「最後の敵として、死が滅ぼされます」（コリントの信徒への手紙一15章26節）と記す。イエスによる神の国の福音の宣言によって、あたかも将来から現在へのドアが開かれたように見える。それによって、明るい光が差し込み、肉体的な死は、以前よりももっと暗く見えるようになった。「彼らの目の涙をことごとくぬぐい取ってくださる。もはや死はなく、もはや悲しみも嘆きも労苦もない。最初のものは過ぎ去ったからである」（ヨハネの黙示録21章4節）とあるように、肉体的な死は、満たされた神の国、つまり新しい天と新しい地では居場所を失ったのである。

イエスが我々を罪から救い出すために死に、そして復活したことによって、信者も復活し、永遠の命をいただくことが新約聖書の支配的メッセージである。従って、新約聖書を信じる者にとって、肉体的な死は決して恐れるようなものではない。イエスは、「死の恐怖のために一生涯、奴隷の状態にあった者たちを解放する」ために来て（ヘブライ人への手紙2章15節）、「死を滅ぼし、福音を通して不滅の命を現した」のである（テモテへの手紙二 1章10節）。

新約聖書は、しばしば死んでいる信者を、「眠りに落ち入っている者」として語る。イエスがヤイロの娘を死から蘇らせた時、悲嘆に暮れている会葬者に対して、「死んだのではない。眠っているのだ」と語った（ルカによる福音書8章52節）。ラザロが死んだ後、イエスは弟子たちに「わたしたちの友ラザロが眠っている。しかし、わたしは彼を起こしに行く」とも語った（ヨハネによる福音書11章11節）。弟子たちは、イエスが肉体的に眠っていることを話していると誤解したが、「イエスはラザロの死について話された」のである（13節）。

パウロがピシディア州のアンティオキアで説教していた時、「ダビデは、彼の時代に神の計画に仕えた後、眠りについて、祖先の列に加えられ、朽ち果てました」と所見を述べた（使徒言行録13章36節）。パウロは、イエスが死んだのは「わたしたちが、目覚めていても眠っていても、主と共に生きるようになるため」だったので（テサロニケの信徒への手紙一 5章10節）、信者たちが「既に眠りについた人たちについては、希望を持たないほかの人々のように嘆き悲しむ」ことを望まなかった（テサロニケの信徒への手紙一 4章13節）。

実際、「肉と血は神の国を受け継ぐことはできず、朽ちるものが朽ちないものを受け継ぐことはできません」と語られているように（コリントの信徒への手紙一 15章50節）、我々は新約聖書から、肉体的な死そのものの事由を学ぶ。私たちは、まず肉体的に死ななければ、神の満たされた国を受け継ぐ体の復活はないのである。このことの唯一の例外は、我々がまだ生きている間にイエスが再臨した場合であるが、このことは、この本が書かれている現在まで、全ての信じる者に起こっていない（しかし、それがいつ起こるのか誰も知らない——明日かもしれない。準備をしよう!)。

新約聖書は、肉体的な死を人類の普通の運命として受け入れる旧約聖書の死の世界を受け取り、将来の神の国において居場所がないようなものへと変えてしまい、同時に死の刺を復活の力で取り除く。謎に満ちた陰府の世界を、明確なコントラストを示す黒い地獄と白い天国に作り変えるのである。

霊の死

「霊の死」という言葉は、聖書のテキストそれ自体で見ることは出来ないが、罪によって生じる神からの疎隔を記述する便利な方法を与える。この考えは、旧約聖書においてその萌芽を見ることが出来るが、新約聖書において繁茂する。この後、より詳しく考察するが、創世記3章における、エデンの園から追放されるアダムとエバの絵画は、聖書における霊的な死について、最も鮮明なイメージを我々に提供する。新約聖書の神学的見地に見られるように、霊的な死については、創世記のこの章を理解することが最も適切なように思われる。

旧約聖書の他の箇所においても、霊的死の考えの萌芽を、明確な詩の形で見ることができる。箴言9章17節で、「盗んだ水は甘く、隠れて食べるパンはうまいものだ」と、女は誘惑する。しかしこの著者は、「そこに死霊がいることを知る者はない。彼女に招かれた者は深い陰府に落ちる」と(18節)、現在形で語る。イザヤ書14章14節で、バビロニア人は「雲の頂に登って、いと高き者のようになろう」と叫ぶ。しかし、預言者は、「お前は陰府に落とされた、墓穴の底に」と語って(15節)、それは出来ないと宣告する。死んだも同然である。預言者ホセアは、エフライム家の者に対して、「バアルを拝んだので、彼は死ぬ」と言いながらも、次の節で「彼らはその罪に加えて」と語っていることから(ホセア書13章1~2節)、このことが、肉体の死ではなく、継続して起こる霊的死を指していることは明らかである。

霊的死の観念は、新約聖書に固有なことから、それはしばしば、肉体的な死から区別することが可能な文脈の中でのみ使用され、時には二つの死が完全に撚り合っている。このことは、聖書が人間のアイデンティティを、精神と肉体が合わさったものとして見ていることを想起させる。

「はっきり言っておく。わたしの言葉を聞いて、わたしをお遣わしになった方を信じる者は、永遠の命を得、また、裁かれることなく、死から命へと移っている」と記すヨハネ福音書（5章24節）は、キリストにある信仰を通して、霊的死の縄目から解き放たれ、永遠の命が今始まるという事実を特に強調する。イエスが「はっきり言っておく。わたしの言葉を守る者は誰でも皆、死を見ることはないだろう」と語る時、これを聞いた者は激怒するが、我々はイエスがここで、霊的な命と霊的な死のコントラストを最も明確に強調していると受け取る。もちろん、イエスを信じる者は、肉体的には死ぬであろう。しかし、罪の力と罰から解かれているので、別の意味において、彼らは「決して死なない」とイエスは語っているのである。

偉大なローマ人への手紙の中で、パウロは、律法が我々の罪に満ちた性格を露にする様子と、ただ一人キリストを通した救いの必要性を、詳細に述べている。「わたしは死にました。そして、命をもたらすはずの掟が、死に導くものであることが分かりました。罪は掟によって機会を得、わたしを欺き、そして、掟によってわたしを殺してしまったのです」（7章10～11節）と語るが、「キリスト・イエスによって命をもたらす霊の法則が、罪と死との法則からあなたを解放したからです」とさらに続ける（8章2節）。律法がパウロの人生の中で罪の力を露にして、パウロを死の状態に置いた時、少なくともまず第一に、彼は肉体的な死ではなく霊的な死について言及したのである。信じる者は、「罪に対して死んだ者であり」（6章2節）、「死者の中から生き返った者」（6章13節）である。

霊的死をもたらす律法のテーマは、パウロの書簡で繰り返し、繰り返し述べられているが、霊的死の暗黒は、常に悔い改めの可能性とキリストにある命に通じる信仰と対比されている。モーセの律法に言及しながら、「石に刻まれた文字に基づいて死に仕える務め……」について書き（コリントの信徒への手紙二 3章7節）、「あなたがたは、以前は自分の過ちと罪のために死んでいた」と、エフェソの教会に書き送ったが（エフェソの信徒への手紙2章1節）、「しかし、憐れみ豊かな神は、わたしたちをこの上なく愛してくださり、その愛によって、罪のために死んでいたわたしたちをキリストと共に生かし、――あなたがたの救われたのは恵みによるのです」と、付け加え（2章4～5節）、さらに、「罪の中にいて死んでいたあなたがたを、神はキリストと共に生かしてくださったのです」と書き送った（コロサイの信徒への手紙2章13節）。霊的な死が霊的な命に置き換えられた結果、愛の果実が新しい命の証拠を示す。曰く「わたしたちは、自分が死から命へと移ったことを知っています。兄弟を愛しているからです。愛することのない者は、死にとどまったままです」（ヨハネの手紙一 3章14節）と。

新約聖書を読む者は、例外なく誰でも、そこに描かれている霊的死の厳しい現実に向き合わされるが、それと等しく、キリストにある復活の命の希望が、同じ息の中で強調されていることに感銘と励ましを受ける。

「第2の死」

新約聖書には、第3番目の死が我々に紹介されている。それはこの世の生の後に続く霊的な死、つまり「第2の死」と時々呼ばれている、永遠の死である。イエスは、これについてマタイによる福音書10章28節で「体は殺しても、魂を殺すことのできない者どもを恐れるな。むしろ、魂も体も地獄で滅ぼすことのできる方を恐れなさい」と語っている。実際の用語「第二の死」が使用されているのは、ヨハネの黙示録だけであり、4回現れる。小アジアにおいて迫害を受けていた初代教会は、「耳ある者は、〝霊〟が諸教会に告げることを聞くがよい。勝利を得る者は、決して第二の死から害を受けることはない」（ヨハネの黙示録2章11節）と言うイエスの言葉によって再び保証を与えられた。そして、最終的に死自身は、「火の池に投げ込まれた。この火の池が第二の死である」として滅ぼされた（ヨハネの黙示録20章14節）。死神それ自身が、ドラマから追放され、新しい天と新しい地が招き入れられたのである。

「第2の死」の概念の特徴的なことは、イエスによれば、我々がそれだけで、真に恐れなければならない、まさにそのような死である。肉体的な死は、我々の新しい復活の体が整えられ、神の国を引き継ぐという神の目的に沿っていく上で、必須である。霊的な死は悪いものであるが、キリストが我々の罪のために十字架の上で贖罪の業を成し遂げたことを信じることによって、正しいものとなることができる。しかし、第2の死は、そこから戻ることが出来ないので、真に恐ろしいものである。それは永遠の死、神からの永遠の隔離を意味する。

死に対する聖書の理解について、このような背景調査を終了したので、堕落についての聖書の教えについて取り組む準備ができた。死と堕落の間には、どのような関係があるのだろうか？

第12章　進化と堕落

堕落の教義については、世紀を超えて膨大な説明や解説がなされてきた。ここでの主な目的は、既に述べてきた人類の進化歴史という文脈の中でこの教義を考えることである。ここでは、第10章で述べたアダムとエバに関するモデルA～Dに基づいて議論を進めることにする。既に強調したように、アダムとエバの説話は、堕落において我々が起こったと信じている場面から始まる。まず、この文脈において各モデルを概観した後、それらを比較するため、聖書の他の関連部分も参考にしながら、創世記テキストを詳しく調べていくことにする。

モデルA

このモデルは、第10章で概観したように、創世記の説話が歴史的または原史的内容を含まない純粋に神学的テキストであるという見解である。従って、モデルAにおける堕落の理解は、当然のことながら、このことがスタート点になる。この見解における堕落は、エブリマン（Everyman）[訳注21]の永遠的な物語である。それは、神の命令に対する不従順によって神から疎隔された普通の人間の経験を描く神学的物語である。誰でも人間は、神の期待に及ばないので、自分自身の経験において、この物語を繰り返す。それは、人類を特徴づけている霊的死の事実を強調している物語である。肉体的な死は、動物も人間も、全進化歴史を通して起こった出来事と見なす。

モデルB

モデルB1は、身体構造学的な現代人への進化の後に、神の存在に次第に気づき始め、神に呼び出されていったと示唆する原史時代的見解である。この気づきを意識的に拒否し、神の道ではなく、自分自身で選んだ道を好むようになって、堕落が起こった。従って、モデルB1では、堕落は、霊的死へ至る長い期間に渡って起こった歴史的過程である。堕落に関して、創世記を、近東の文化文脈の中に置かれた人格化されたアダムとエバの説話を通した、昔の過程をドラマ化したものであると説明する。モデルAと同じように、肉体的な死は、動物も人間も、進化歴史を通して起こった出来事と見なす。

変形版であるモデルB2.1とB2.2においては、およそ20万年前に、その後世界全体に広がって住み着くことになっている、身体構造学的に現代人の小さい共同体のメンバーである実際の人物であるアダムとエバが古代アフリカにいた。神はその二人に霊的命と、神の意図と目的を与えた。二人は、神に従わず、神よりも自分たちの道を歩いた。モデルB1と共に、創世記における堕落の説明は、この昔の出来事をドラマ化したものである。

モデルC

モデルCでは、アダムとエバは、信仰によって神との個人的な関係に入れられた全ての人からなるこの世における神の新しい家族の先祖、つまり、ホモ・デウスと名付けられた実在の人物であると提案したものである。従って、モデルBと同様に、モデルCにおける堕落は、神が現された意思に対するアダムとエバの不従順ということになる。このことによって、霊的死が起こり、人類と神との破れた関係が残ってしまった。モデルB2にも同様に適用できるが、このモデルの延長線上で、アダムが全人類の首長であることから、アダムの躓きと共に人類は躓いた。人類の首長職は両方向に働く。人間の歴史に初めて人類と神との破れた関係、つまり罪の中にある状態が生じたが、それは以前にはないものであった。それは、罪は、人類と神との破れた関係によって起こるので、そもそもそのような関係がないことには、それを破ることはできないという単純な理由による。

国家あるいは国民が、自分たちで選んだ訳ではないが、それまでになかった状態に入るという考えは、人類の歴史においてよく知るところである。国の大統領もしくは首相が、その国を、望んでいない国際的な紛争へ導く重大な誤った判断を下したと仮定する。突然、国民は以前になかった状態――戦争の状態――に置かれていることに気づく。知っていようが知るまいが、好きであろうが嫌いであろうが、国民は、彼らの代表の間違った行為によって新しい状態の下に置かれたのである。全ての喩えは不完全で、あまり無理強いすべきではないが、この喩えは、モデルCについて、残りの人類の連帯の首長を理解するものとしての少なくとも手掛かりを提供する。まさに神からの疎外という思想が、ここにおいて世界に起こったのである。

モデルA、Bと同じように、モデルCにおいて、肉体的な死は、動物も人間も、全進化歴史を通して起こった出来事と見なす。それは、霊的死に関するモデルである。

モデルD

古い地球創造主義であるモデルDによれば、アダムとエバは、先立つ進化無しに「土の塵」から直接創られ、小さなエデンの園に住んでいたが、その後、神の命令に背いて恵みから罪へと陥った[251]。このモデルの変形は一般的に、植物や動物の物理的死が、堕落の前に起こっていたこととして描いており、堕落は、アダムとエバの肉体と霊の両方の死をもたらすものとして捉えられている。言い換えれば、アダムとエバは、この世において死ぬことはなかったか（もしも罪を犯さなかったなら）、肉体の死を経ることなく天に上げられたであろう（この点において意見が分かれている）。

モデルE

若い地球創造主義であるモデルEは、地球が僅か約1万年前に創られ、アダムとエバが直接「塵から」作られたことを信じていることは別としても、このモデルが、堕落の前に死は全くなかったが、例えば、それまで適用されることがなかった熱力学の第2法則が適用され、生物世界に死と分解がもたらされたと主張していることから、堕落の意味について明確にモデルDと異なる。モデルDと同じように、このモデルは、もしも罪を犯さなかったら、アダムとエバは決して死ぬことはなかったであろうと見なしている。

創世記テキストにおける堕落

多くのクリスチャンは、堕落の教義を、侵すことのできない聖書のテキストよりも、ミルトンの失楽園のページから取っていることはないだろうか。事実、「堕落」という言葉は、聖書独自のものでは全くなく、その使用は、創世記にも他の箇所にも見当たらない。「いかにして罪は始まったか」の方が、もっと適切なタイトルであるかもしれないが、簡便なので、「堕落」のままで議論を進めることにする。聖書の教義を取り上げ、その上で空想を膨らませる時、実際はテキストそのものによって正当化されないものを作り上げる危険がいつも伴う。聖書について言えば、非常に短くて詳細がほとんど記されていないが、鍵となる点が明確に浮き彫りになっていて、決して見過ごすことがない説明に出会う。ある意味で説話は、我々の好奇心が抱くかもしれない全ての質問に答えることに少しも関心を示すことなく、何を持ち込むかよりも何を除外するかにもっと重点が置かれているが、除外された後、説明の中に残されたものが、聖書のメッセージを理解するための神学的な鍵を提供する。

よって、以下において、創世記の冒頭の章を、時代と文化を超えて全ての人々に開かれており、神学的な真実を伝えるために書かれた、比喩的テキストとして解釈することを続けていくことにする。既に強調したように、創世記第2章の比喩的解釈について、進化に対応したものではなく、教会の歴史に深く根ざした説明の伝統に従う。

エデンの園（創世記2章8節）は、アダムとエバが地を世話するという責任を果たしながら楽しんだ、豊かさにあふれた環境を代表する。全てのモデルC～Eは、これらの責任が、収穫を気遣う定住した新石器時代の農夫によって、果たされていたということについては一致している。園を「東の方」のエデンに置いたと記されているが、これは恐らくイスラエルに対して東という意味であろう。そうすると、文明発祥の地、メソポタミア平原のオアシスのような環境が想定されているのかもしれない。旧約聖書でエデンが取り上げられる時は、不毛の荒れ野と比較して豊かな場所、豊かな水が常に溢れるオアシスとして描かれている（例えば、イザヤ書51章3節、エゼキエル書31章9節、36章35節）。ゴードン・ウェンハムは、太陽が上るのは東であり、「光は、聖書が最も好む神の顕現の象徴である」（イザヤ書2章2～5節、詩編36編10節）と指摘し、さらに「エデンは、神が住む象徴的な場所のように見える。実際、それは後に幕屋や神殿となる聖所の原型を示唆する多くの特徴を持つ園である」と結論づけている。[252]

エデンの園が実際にどこにあったか調べようとする試みは、創世記テキストが豊かさと地理的場所に対する多くの考えを示していることから、これらを全て取り入れると、どこも当てはまらないので、いつも失敗に終わってきた。[253] 例えば、エデンから流れ出て、4つに分かれる川によって（2章10節）、園の豊かさが強調されているのかもしれない。言うまでもなく、実際の地理においては支流が集まって主流をなすが、ここでは逆で、エデンからの川がピション、クシュ、チグリス、ユーフラテスの源流となって流れ出している（2章10～14節）。この素晴らしいテキストの意図は、神の存在が、全ての物理的な祝福の究極的な源であり、当時の人々の幸福にとって必須の原資であることを強調することにあるのではないだろうか。チグリスとユーフラテスは、メソポタミアのよく知られた川であるが、ピションとクシュと呼ばれる川は、これまで見つかっていない。さらに、ピションは「金を産出するハビラ地方全域を巡っていた」（2章11節）とされている。ハビラについて述べている旧約聖書の別の箇所は、それがサウジアラビア地域を代表していることを示唆しており（例えば、創世記25章18節、サムエル記上15

章7節）、昔そこは確かに金の産地であった。ここで創世記の著者が欲したことは、恐らく、耕して楽しむようにと、神によってアダムとエバにもたらされた世界の不思議さと豊かさが混じりあった複合的な絵画を描くために、広範囲に渡って広がる各地からの溢れる豊かさの考えを結びつけたのであろう。そのような解釈は、2章12節に記された宝石のリストとも合致する。加えて、「大河とその流れは、神の都に喜びを与える、いと高き神のいます聖所に」とあるように（詩編46編5節）、聖書の他の部分で、川はしばしば神の存在の象徴として用いられている。満たされた神の国の象徴的な記述において、エデンの園の記述と多くの点で並行しているヨハネの黙示録の最終章に、「神と小羊の玉座から流れ出て、水晶のように輝く命の水の川」（22章1節）と記されていることにも気づく。ここでは、創世記2章10節と同じように、豊かな川が神の玉座から流れ出すのである。聖書の残りの箇所のどこを探しても、誰かがエデンの園が地理的にどこであるか探した、あるいは、そこが具体的にどこであるかに言及した記載はない。その場所は、夜にははっきりと輝いているに違いないので（創世記3章24節）[254] もしも、聖書の言葉を比喩的でないものとするなら、このことは驚くべきことである。

　創世記2章で、説話は園の中央に「命の木と善悪の知識の木」の2本の木があったと記す（2章9節）。アダムは、園にあるどの木からも食べてもよいが、「善悪の知識の木からは、決して食べてはならない。食べると必ず死んでしまう（文字通りには、その日〔*yom*〕に）」と告げられた（2章16～17節）。これらの木が正確には何を指すのか、これまでに膨大な議論がなされており、没頭した説明者たちが、このように長い期間合意することがなかったテーマに独断が這入る余地はない。しかしそれでも、主要な点ははっきりしている。命の木は、神と共にある命を象徴しており、園の中でも目立つことから、アダムとエバがこの木に自由に近寄れないとは考えられない――つまり、近づくことは禁止されてはいなかった。聖書は、しばしば木を命と神の存在の象徴として用いるが、そのことは、疲れて埃にまみれた旅人が、オアシスの中に緑の木を見ることによって、いつも癒しが与えられる砂漠では、全く驚くことではない。神の教えを口ずさむ人は、「流れのほとりに植えられた木。ときが巡り来れば実を結び、葉もしおれることがない」と聖書は語る（詩編1編3節、参照エレミヤ書17章8節）。幕屋の中の純金の燭台は、恐らく命の木を様式化したものであり、その光は、イスラエルの12部族を養う神の命を象徴する12個のパンを照らしている（出エジプト記25章31〜35節、レビ記24章1〜9節）。知恵は「彼女をとらえる人には命の木」である（箴言3章18節）。「神に従う人の結ぶ実は命の木となる」（箴言11章30節）、「癒しをもたらす舌は命の木」（箴言15章4節）とあるように、信じる者の人生において神の存在がもたらす実は、命の木に喩えられている。再び並行しているヨハネの黙示録22章は、川は新しいエルサレムの「大通りの中央を流れ、その両岸には命の木があって、年に十二回実を結び、毎月実をみのらせる。そして、その木の葉は諸国の民の病を治す」（2節）と、象徴的に記している。聖書は、これ以上ないほど明確に、「命の木」が神の存在を表すものであり、神と共にある人の人生に、良い実をもたらすものとして記している。

禁断の「善悪の知識の木」は、この創世記説話の中でのみ見られる。よって、これが何を意味するのか、聖書の他の箇所に依存することはできない。蛇のかたちをとったサタンが、エバがこの実を食べると、「目が開け、神のように善悪を知るものとなる」（創世記3章5節）と、彼女に言った時、それは半分真実であるか、全くの嘘であった。なぜなら、禁断の実を食べた後、アダムとエバはどちらも実際に目が開け、語り手は、皮肉っぽく、自分たちが見たのは神には全く程遠く、二人とも裸であることだけだったと語っているからである。象徴的な木の意味についての糸口は、ヘブライ語の「善悪」という用語が、当時、法律的責任を記述するために、法律に関する文献で用いられていたということにある。このように見ると、善悪の知識の木は、道徳的な自治性を表す強いシンボルとなり、この実を食べることは、神の道ではなく、人間が自分の道を行くことへの欲望を表現していることになる。ヘブライ語の「知識」は、「経験」を含む広い範囲の意味をもっている。木の実を食べることによって、アダムとエバは彼ら自身の道徳的な判断を実行し、経験して、神の倫理的な判断から離れていったのである。このことこそが、まさに悪であり、これ以降世界で起こったことは、神の命令に不従順であったことに対する悪がもたらした結果である。「日に光を与える」のは、神の戒めに従順なことであり（詩編19編9節）、不従順ではない。

説話の中で、蛇が何者であるか明らかにされてはいないが、サタンを象徴していることが、聖書の別の箇所――ヨハネの黙示録12章9節、20章2節、そして「初めから罪を犯して」（ヨハネの手紙一 3章8節）いる「偽り者であり、その父（ヨハネによる福音書8章44節）である」――から分かる。植物からの食物を食べること、蛇、命の喪失の間の関係は、ギルガメッシュ叙事詩においても見られる。その中で、ギルガメッシュは命の秘密を与える植物を見つけたが、蛇がそれを飲み込んでしまい、不死を奪い取ってしまう。この創世記3章では、命は植物からではなく、神に由来している。知恵と命は神への従順（神を怖れること）から生じ、命は不従順によって失われる。では、どのような命なのか。アダムとエバが、神の言葉の誠実さに疑問を投げかける蛇の巧みな唆しに負けた後、創世記2章17節が警告したように直ちに死へ落ちることはなかったが、彼らの目が開いて自分自身が裸でいることに気づいて、慌てて覆い、神から隠れたのである。ここに、罪がもたらす霊的死の全ての様相が、生き生きと描かれている。

- 恥（7節）――「二人の目は開け、自分たちが裸であることを知り、二人はいちじくの葉をつづり合わせ、腰を覆うものとした」
- 恐れ（10節）――「彼は答えた。『あなたの足音が園の中に聞こえたので、恐ろしくなり、隠れております。わたしは裸ですから』」
- 非難（12節）――「アダムは答えた。『あなたがわたしと共にいるようにしてくださった女が、木から取って与えたので、食べました』」
- 疎隔（16節との関連で）――「彼はお前を支配する」

・男と女であることの満足とアイデンティティを与えるものからの疎隔――労働、出産（16～19節）
・地からの疎隔（17～19節）

前に強調したように、創世記3章は、聖書全体の中で、霊的死について最も強いメッセージを送る。創世記の文脈の中で、*yom*が厳密に24時間の一日を意味しているとすると、創世記2章4節の解釈が困難になるのと同様に、アダムとエバが神に従わなかったその*yom*に肉体的に死なななかったことは、その言葉の意味を文脈に即して解釈する必要があることを、再度強調している。よって、この創世記第3章の記述から、神が警告したように、アダムとエバは罪の結果、明らかに死んだが、不従順であったその日の死は霊的なものである。しかしそうは言っても、霊的に死んだその日に、二人は後に起こる肉体的な死の宣告――聖書はそのような注釈を要求してはいないが――も受けたのである。そのことはどうであれ、生じた罪の結果、命の木から食べて「永遠に生きる」ことがないように、その木があるエデンの園から直ちに追放された（22節）。ここでは、神からの追放が暗く陰鬱なものであり、「神は人を追い出し、エデンの園の東に、ケルビムと回る炎のつるぎとを置いて、命の木の道を守らせられた」（24節）という表現の比喩的性格によって、アダムとエバが自分たちの努力で神との親しい関係を回復するという、いかなる示唆も閉ざされたことを強調する表現方法が選ばれているように見える。

不従順がもたらす実は、実際に苦いものであった。しかし、「命の木にあずかる特権を与えられ、また門を通って都に入るために、自分の着物を洗う者たちは、幸いである」とあるように（ヨハネの黙示録22章14節）、新しい契約の基に、命の木に戻る道が、キリストの十字架の上の贖罪によって開かれたのである。

アダムとエバの不従順の結果、神は二人ではなく蛇を（3章14節）、そしてアダムを通して土を（3章17節）呪われた。神は「お前は、一生、塵を食べるであろう」と蛇に告げたが（14節）、蛇は決して塵を食べる事がないので、比喩的な方法で呪いが強調されている。ウェンハムは、この鮮やかな表現が、「惨めなほどに卑下する屈辱、特に敵に対する」を暗示していると記述している（同様に詩編72編9節、イザヤ書49章23節、ミカ書7章17節を参照）。しかし、「彼はお前のかしらを砕き、お前は彼のかかとを砕くであろう」と（15節）、一筋の希望の光も置かれている。人類と悪の力、死との間の生涯の敵対にもかかわらず、神はキリストを通して最終的に勝利されるのである。この文脈において、完全な救済の望みの暗示は萌芽的であるが、この箇所を辿りながら新約聖書は、キリストがサタンに最終的に勝利したことを記述している（ローマの信徒への手紙16章20節、ヘブライ人への手紙2章14節、ヨハネの黙示録12章）。

創世記3章の呪いは、人間の命の完全な混乱を象徴している。神は、女に対して「お前のはらみの苦しみを大きなものにする。お前は、苦しんで子を産む」と告げた。ここで、女はこの時以前に、出産の苦しみを全て知っていたことが暗示されている（この点について、テキストは曖昧なので断言できないが、「増大させる」、「乗じる」を意味するヘブライ語の単語 *rabah* が用いられていることから示唆される）。しかし、この文化の背景において、女の人生における神の祝福の考えの中心であったこの役割から疎隔されるという意識が、罪の衝撃によって生じたのである。

アダムを通した土に対する神の呪いは、3章17節において、「お前のゆえに、土は呪われるものとなった」と、非常にはっきりと表明されている。この時以来農作業は、「苦痛」となり、実に多くの汗を流すものと結び付けられるようになった。土は「茨とあざみ」を生えいでさせ（18節）、また、農夫が手を抜くと雑草が生えて、収穫の中に混ざってしまう。聖書の他の箇所においても、「茨とあざみ」は神の裁きの徴として見なされている（例えば、ホセア書10章8節、ヘブライ人への手紙6章8節）。[255] もはや男の仕事は、罪によって、純粋な楽しさが損なわれ、アダムが本来、土（アダマー）を世話することになっていた真に効果的な土の管理者ではなくなってしまったのである。男が「塵に返る」との再告知は（19節）、彼の不従順の故ではなく、いずれはアダムが土に返る運命にあることを思い起こす時、汗を流して収穫を得ることは、実は極めて適切であることを彼に告知しているようにも思われる。既に見てきたように、塵から造られ、塵に返ることは、旧約聖書では人間を含めて生きた被造物の誕生と死を表現する場合にしばしば用いられる（例えば、ヨブ記10章9節、17章16節、詩編22編15節、90編3節、103編14節、29節、コヘレトの言葉3章20節）。

この短くまとめられた神学的説話には、どこを探しても、アダムから離れて土そのものが呪われていることを示唆したり、堕落の結果、地上または天国で物理的に何かが変化したことを示唆する箇所はない。このことに関しては、後にローマの信徒への手紙第8章を考察する文脈の中で、さらに考察することにする。このような劇的な破滅の表現は、神の裁きを示すときにしばしば見られるが（例えば、イザヤ書13章10節、24章19〜20節）、創世記3章の装飾のない言葉の中には、全く見られない。堕落によって「自然法則」が変えられたという驚くべき意見が時折見られるが、聖書テキストにも、実際に科学的にもそのようなことを覗わせる証拠は見当たらない。それらは皆、空想であるばかりか、若獅子に餌を、カラスに死肉を与えるのは神であることを示す聖書の言葉と全く矛盾しているように見える。神が創造したのは、この現在の世界であり、それに似ていない、驚くほど異なった世界ではない。

聖書の他の箇所における堕落

堕落が特別の説話であると暗示することはほとんど見られないという意味で、旧約聖書の他の部分においてこの堕落の説話がないということは注目に値する。一方、罪による荒廃が明らかである堕落の現実が、ページからページへと、実質的に全てのページで示されていると言ってもよいであろう。それは、「わたしは咎のうちに産み落とされ、母がわたしを身ごもったときも、わたしは罪のうちにあったのです」と、ダビデ王が印象的に自問自答している通りである（詩編51編7節）。

次に示す、旧約聖書でエデンの園と堕落の説話が述べられている唯一の例の中で、それらは比喩的に解釈されている。エゼキエル書28章において、神がティルスの王に、「お前の心は高慢になり、そして言った。『わたしは神だ。わたしは海の真ん中にある神々の住みかに住まう』と。しかし、お前は人であって神ではない」と言った（2節）。このことは、創世記3章で、アダムとエバが禁断の実を食べた際に、二人が「神のようになる」と唆した蛇の言葉とはっきり共鳴し合う。そして、エゼキエルは28章12～13節で嘆きを取り上げ、「お前はあるべき姿を印章としたものであり、知恵に満ち、美しさの極みである。お前は神の園であるエデンにいた……」と続けて、ティルス王の躓きを、王自身がエデンから追放されたものとして描いている。確かに、高慢は罪の前にやって来る。

エレミヤが呼ばれて、神の民に伝えるようにと言われた厳しい裁きのメッセージは、実質的に、創世記冒頭の章の創造説話の逆であった。エレミヤ書4章は、「私は見た。見よ、大地は混沌とし、空には光がなかった」（23節及びそれ以降）と絵画的に説明した。「混沌」は、ヘブライ語の創世記1章2節と同じ、*tohu vebohu* という用語が使用されている。エレミヤ書では、神の民の不従順は、神がもたらした創造の秩序の美しさを、まるで解体するかのようである。「私は見た。見よ、人は失せ、空の鳥はことごとく逃げ去っていた……」（4章25節）――それは、創世記記事を逆行するものであり、堕落と、もっと多くのことを語っている。

しかし新約聖書では、パウロ書簡が、アダムの堕落をよりはっきりと解き明かしており、これらを注意深く見ていくことが必要である。

ローマの信徒への手紙における堕落

ローマの信徒への手紙の最初の数章で、パウロは、全ての人は罪を犯し、神の栄光を受けられなくなり（3章23節）、よって、全ての者は、信仰によって神の義が求められる同じ位置に置かれていることを明らかにする（3章22節）。「律法を持たない異邦人は、律法の命じるところを自然に行えば、律法を持たなくとも、自分自身が律法なのです。こういう人々は、律法の要求する事柄がその心に記されていることを示しています。彼らの良心もこれを証ししており、また心の思いも、互いに責めたり弁明し合って、同じことを示しています」とあるように（2章

14〜15節)、異邦人には良心の命令が乏しい。これと比べて、ユダヤ人は、モーセを通して律法が何であるかを受けているので有利であるが、彼らもその基準に達しておらず、「律法を知らないで罪を犯した者は皆、この律法と関係なく滅び、また、律法の下にあって罪を犯した者は皆、律法によって裁かれる」と記されている(2章12節)。「神は人を分け隔てしない」ので(2章11節)、全ての者は同じ舟に乗っており、唯一の希望は、恩寵としての神の恵みと救いにある。

異邦人は良心の命令が乏しいという考えは、モデルBを支持するものと言えよう。ここでは、創造それ自体の素晴らしさを知っているにもかかわらず、人々が神の律法の特別な啓示のどれをも欠いている状態にある(1章18〜20節)。この記載は、モデルBにあるように、人生に対する神の要求について徐々に霊的に目覚めながらもなお拒絶する、アフリカにおける現代人の出現と対応しているのだろうか。この箇所だけを取り上げれば、この記載は、このような解釈になるのかもしれない。[256] しかしこのことは、ローマの信徒への手紙に書かれた教義の全文脈の中で考えられなければならない。

ローマの信徒への手紙5章の核心部分は、8節の「私たちがまだ罪人であったとき、キリストが私たちのために死んでくださったことにより、神は私たちに対する愛を示されました」にある。我々は、何から救われたのであろうか。我々は神の敵であったが、今や神の独り子の死を通して、神と和解させられている(10節)。我々が「神の敵」になったのは、何がまずかったのであろうか。「……一人の人によって罪が世に入り、罪によって死が入り込んだように、死はすべての人に及んだのです。すべての人が罪を犯したからです」(12節)と語る時、この「一人の人」がアダムを意味していることは、14節でパウロが、「アダムからモーセまでの間にも、アダムの違犯と同じような罪を犯さなかった人の上にさえ、死は支配しました。実にアダムは、来るべき方を前もって表す者(*tupos*:タイプまたはモデル)だったのです」と語っていることから明らかである。ここでパウロは、罪は律法が現れる以前から存在していたので、霊的死をもたらしたのは、律法それ自体ではなく、罪であることを繰り返して語っている。

ダグラス・ムー（Douglas Moo）は、この個所について、「キリストの従順の行為の力がアダムの不従順の行為に打ち勝つということがこのパラグラフの偉大なテーマである」と語っている。[257] この「偉大なテーマ」は、12節において破格構文によって実際に導入され、「一人の罪によって、その一人を通して死が支配するようになったとすれば、なおさら、神の恵みと義の賜物とを豊かに受けている人は、一人のイエス・キリストを通して生き、支配するようになるのです」と、17～19節における結句で比較を完結するまで、パウロは比較を未解決のままで残している。[258] 霊的命は、我々が罪を悔い改めてキリストを信じるなら今与えられ、イエスがニコデモに説明した肉体的なものではない霊的な新生（ヨハネによる福音書3章4～5節）へと導く。ローマの信徒への手紙の残りの箇所で、パウロは、罪と死をもたらした最初のアダムと永遠の命をもたらした第2のアダムという強い平行線を引く（「第2のアダム」という用語は、賛美歌では見られるが、聖書テキストにはない。ここでは、便宜上使用した）。多くの者がアダムの罪によって被ったと同様に、多くの者がキリストの恩恵に与ったのである。全ての人間は、罪においてアダムと連帯している。しかし、パウロが18節で、「一人の罪によってすべての人に有罪の判決が下されたように、一人の正しい行為によって、すべての人が義とされて命を得ることになった」と語る時、もちろん彼は、万物の救いは自動的に与えられるものではなく、キリストの死による救いの恵みが、彼を信じる者全てに潜在的に開かれていることを暗示しており、この後に続く書簡の中でこのことを明確にする。そして、この救いが、永遠の命（5章21節）、つまり、「第2の死」から遮られた復活の体を受け継ぐ、今始まり、永遠に渡って続く霊的な命をもたらす。

イエスが歴史上の人物であったように、アダムが歴史上の人物であったことを示すのは、ローマの信徒への手紙の本質であり（例えば14節と17節）、従ってモデルB2とモデルCの支持を提供する。我々が語るアダムが、実在の人間であることをパウロが疑っていることを支持するものは何もない——「一人の人間」（アダム）が、「一人の人間」イエスと比較されている。[259] 12節で霊的死は、実際に全ての人が犯す罪によってもたらされたことを明確にしているものの、この内容は、連帯責任や、[260] 人類の首長という考え方――モデルCのもう一つの特徴――とも一致している。まさにダグラス・ムーが「ある意味で、この節（12節を指す）と全パラグラフにおけるパウロの関心は、「原罪」ではなく「原死」についてであると語る通りである。[261] 確かに罪はアダムと共に始まって、「全ての者が罪」に定められた結果、アダムに続く全ての者は罪への傾向があるが、人はそれぞれ、その人自身の罪に責任を負っている――このことに関しては、後述のアウグスティヌスのモデルでさらに考察したい。[262]

パウロはローマの信徒への手紙6章で、霊的な命と死に関する考えをさらに進めて、信じる者は「バプテスマによってキリストと共に葬られる」（6章4節）、つまり、キリストの死を通して明らかになる「古い人間」に対して死ぬと語る――それは肉体的な死ではない（幸いなことに！）。事実、「キリストがあなたがたの内におられるならば、体は罪によって死んでいても、〝霊〟は義によって命となっている」（8章10節）。だが、キリストを抜きにした我々の命に関しては、「そのころ、どんな実りがありましたか。あなたがたが今では恥ずかしいと思うものです。それらの行き着くところは、死にほかならない」と語る（6章21節）。これらの箇所は、霊的死に関するもので、このことの理解無しには意味をなさず、アダムの罪が肉体的な死を世界にもたらしたという考えを支持しない。

コリントの信徒への手紙一 15章における堕落

いろいろなモデルを評価する文脈の中で、コリントの信徒への手紙一 15章は、ローマの信徒への手紙5章でも見たいくつかの問題を提起するが、12節で、死者が復活することを頭から否定する人がコリントにいることをパウロが懸念した、イエスの体の復活に関するものである。パウロは、もしもそうなら、「キリストを信じて眠りについた人々も滅んでしまった」（18節）と語った後、さらに続けて、事実としてキリストは復活しており、「キリストは死者の中から復活し、眠りについた人たちの初穂」になったと強調する（20節）。つまり、我々の将来の復活は、過去にあったキリストの復活と完全に結びついている。そして、「死が一人の人によって来たのだから、死者の復活も一人の人によって来るのです。つまり、アダムによってすべての人が死ぬことになったように、キリストによってすべての人が生かされることになるのです」という、鍵となる21節と22節へと続く。21節は、ある翻訳によれば、「なぜなら、死は人間を通して来たのだから、復活も人間を通して来たのです」と訳されている(NRSV)。ここには、歴史的に直線的な説話がある。まずアダム、次に「初穂」であるキリスト（23節）、そして教会――キリストにある救いの信仰を持ち、キリストが再臨する時に全てが明らかにされる全ての人たち――、次いで、イエスが栄光の中に支配する時、最後の満ち溢れる王国において、霊的な死と肉体的な死、つまり全ての形の死が最終的に滅ぼされる（24～26節）。

さらに35～44節において、復活の体は、現在ある人間――「自然の体」――とは異なって、霊の体として起こるであろうとパウロは説明する。このことは、アダムとの関係でパウロがキリストをどのように理解しているかを知る、決定的に重要な45～58節へと続いていく。パウロは、自然と霊の間でのコントラストを描き出す。アダムと彼に続く全ての者、つまり全人類は、地に属する者であり、全て「塵から」造られたものである（46～48節）。次にパウロは、「最初の人は土でき、地に属する者であり、第二の人は天に属する者です」と、我々を天からの人であるキリストと対比させる（47節）。一旦キリストの下にやってきて、彼を信じる信仰によって救われると、我々は、「天に属するその人の似姿」にもなる（49節）。「朽ちるものが朽ちないものを受け継ぐことはできない」ので（50節）、このような方法によってのみ、神の国を引き継ぐことができる。このようにして、死ぬべき者が死なない者になる。新約聖書の思想における不死は、復活の体を持つことである。

このように、コリントの信徒への手紙一 15章は、肉体の死がアダムの罪で始まったかどうかの問題について、実際に対処していないことが分る。そのことはどこにも述べられていない。また、もしもアダムが罪を犯さなかったら、どうなったかについても、何も語らない。それは、これらの記述の目的ではない。代わりに、パウロは二つの行路があることを説明している。死に至るアダムのこの世的な「自然」の埃にまみれた道か、「アダムの中」ではなく、「キリストの中」にあることを選んで、永遠の体を待ち望みながら――「肉と血は神の国を引き継ぐことはできないので」――「天からの人」の特権を分かち合うかのいずれかである。

全パラグラフの焦点は、明らかに肉体の死と肉体の復活である。パウロの提示は、肉体の死は、いつもそこにあって、人間の普通の状態であるとする旧約聖書の考えと完全に一致する。このことが、地に属する者の分限であり（48節）、誰もが予想することである。肉体の死は、この地上での人間の命に対する神の目的のためには欠かせないもので、この門を通ることなく、神の国を受け継ぐことはできない。死が、神の満たされた目的に対して辱めを受けるところは、終末である。その時、「死のとげは罪であり、罪の力は律法であり」（56節）、とげと力が、十字架の上で我々のためのキリストの肉体の死によって完全に滅ぼされたので、肉体の死と霊の死は最終的に追放される。実際それ故に、「わたしたちの主イエス・キリストによってわたしたちに勝利を賜る神に、感謝しよう！」（57節）。

では、アダムが罪を犯さず、天に上げられることもなく、肉体的に死ななかったとしたらどうなるのであろうか。このことは、コリントの信徒への手紙一15章でパウロが手掛けなかった多くの疑問の一つであるが、その答えは簡単である。まず創世記における人類に対する神の命令、「産めよ、増えよ、地に満ちて……」（創世記1章28節）に始まる。もしも人間が死なずに増え続けるなら（ましてや他の生物はもとより）、一世代が30年として、数千年後には、この地上は人間で満杯になり、ラッシュアワーのピカデリー線のように立錐の余地も無いようになり、[263]実際のところ多くの人にとって、パラダイスどころではなくなってしまうであろう。

最後に、我々が見ておかなければならない箇所は、堕落で起ったことについての考えを確立するためにしばしば用いられる個所である。ローマの信徒への手紙の残りの箇所を見ていくと、パウロが8章で、聖霊における新しい命と古い罪の性格を対比させていることに気付く。パウロは、「キリストの霊を持たない者は、キリストに属していません」と述べて（9節）、クリスチャンとは、「その人の内にキリストがいる者」としている。そこで、古い罪の性格に従って生きると死ぬが——霊的死を指す——、霊によって生きると生きる（13節）と、我々の前に厳しい選択が示される。霊によって生きる者は神の子であり（14節）、そのことは、家族として共に喜ぶ天の父との緊密な関係によって証明される（15～16節）。家族の一員として、彼らは神が用意している新しい天と新しい地を受け継ぐことになっているが、キリストと共同の相続人として、「キリストと共に苦しむなら、共にその栄光をも受ける」のである（17節）。聖書において、栄光への道は、いつも苦しみを通り抜けて通じているが、「現在の苦しみは、将来私たちに現されるはずの栄光に比べると、取るに足りない」（18節）。

このようにしてパウロは、救いの結果と、「被造物は、神の子たちの現れるのを切に待ち望んでいる」と（19節）、創られた全秩序に対する「神の子」としての役割とに、思いを馳せていく。注釈者や神学を勉強する大学院生が、何世紀にも渡っていそいそと忙しいのは、まさにこの箇所である。何故なら、実際のところ、パウロが語る言葉は曖昧であり、後に続くことの解釈についていくらでも独断的であり得るからである。しかし、テキストを首尾一貫したものとして何とか読んでいきたい。パウロは、神の子たちが経験し、またこの章の最初の部分で説明することに費やした霊において、被造物それ自体が、自由のようなものの中に運び込まれる日に関心を払う（19～20節）。被造物は、それ自体が望まないフラストレーションの中にあるが（パウロは、母なる大地を信じていない！）、それは「服従させた方の意志によるもの」としている（20節）。それは誰か。神だけが作られた秩序に対して力を持っているので、恐らく神であろう。しかし、「被造物も、いつか滅びへの隷属から解放されて、神の子供たちの栄光に輝く自由にあずかれる」と語る。丁度我々が「神の子とされること、つまり、体の贖われることを、心の中でうめきながら待ち望む」（23節）ように、「被造物がすべて今日まで、共にうめき、共に産みの苦しみを味わっている」（22節）とパウロは続ける。

直接的な言及はなく、また、それほどはっきりしている訳ではないが、おそらくパウロは、この箇所で、罪の結果を念頭に置いているのではないだろうか。このように考えると、パウロは、「お前のゆえに、土は呪われるものとなった。お前は、生涯食べ物を得ようと苦しむ……」（創世記3章17節）という、創世記においてアダムを通して大地に与えられた神の呪いを念頭に置いていたことになる。アダムは、大地を大切に世話をして欲しいという、人間に託した神の思いを裏切り、その罪の結果、大地に「フラストレーション」がもたらされた。大地の「うめき」は、善い管理者として大地に仕えるということを怠った結果として、もたらされた。出産がいかに苦しくても、子供の誕生の喜びを待つ母親のように、我々がいかに苦しくとも、将来やってくる復活における体の贖いを待つように、被造物は罪が贖われた人間、「神の子ら」によって、再び適切に世話されることを呻きながら待っている。

このような解釈は、はるか17世紀に、フランシス・ベーコン（Francis Bacon）の「人間にとって、堕落は、同時に、無垢から、そして被造物に対する統治から倒れたことである。しかし、これら二つの喪失は、この世においてさえも部分的に修復が可能である。前者については宗教と信仰によって、後者については芸術と科学によって」と書いた解説の中で示されている。[264] パウロが、「神の子供たちの栄光に輝く自由」と書く時、彼は、我々の死ぬべき体が復活した体に変えられるように、大地が新しい大地に変えられる将来の希望を念頭に置いているのではないだろうか。

パウロが堕落に結びつけて考えていることはあり得ないことではないが、アダムの罪については、いずれにしても5章で詳しく釈義しており、この箇所は、よりはっきりと旧約聖書に共鳴していることが、イザヤ書24～27章において読み取ることができる。[265] これらの章において、大地への懲らしめは、天からの力によるより広い宇宙の裁きへと、そしてついには栄光に包まれた主のシオンへの統治へと続く。正しい人は、生みの苦しみを受けながら女性が出産を待つように、苦難を受けながら主の来臨を待ち望むが（イザヤ書26章17節）、死んだ者は生きて「喜び歌う」であろう（26章19節）。ジョナサン・ムー（Jonathan Moo）は、これらの章がローマの信徒への手紙8章と多くの主題――人間の罪に対する神の懲らしめによる大地の苦難、裁きに対する被造物の擬人化された反応、神の栄光が現されるであろうという約束、希望を持って待ちわびる正しい人の現在の忍耐、出産の苦しみのイメージ、死の敗北、死の前にある命の可能性等――において並行していることを指摘している。

そのような省察は、パウロがローマの信徒への手紙8章を書いた時に、創世記3章を念頭においていた可能性を排除するものではなく、おそらくイザヤ書が、彼の思考の流れの主要な源ではないかとするものである。もしもそうであるなら、ローマの信徒への手紙8章は、大地の運命が、イザヤ書24章5節が呼ぶところの「永遠の契約」によって、人類の将来といかに堅く結びついているかを記述していることになる。

これまで議論してきたことから、ローマの信徒への手紙8章9～22節について、時間や自然の法則を揺るがす劇的な物理的変化が、堕落によって大地にもたらされると空想する余地はないことが明らかになる。そうではなく、ここでの記述は、今日も将来のいずれにおいても、大地のために立てられた神の目的に対する、贖われた人間の役割を強調しているものである。

堕落の前の痛みと死

筆者が育てられてきた福音的集りの中で、進化はクリスチャンが持つ基本姿勢として一般的に受け入れられてはいたが、堕落の前には、苦しみ、病気、あるいは様々な苦難は無く、これらの全てはアダムとエバの不従順の後にもたらされたということを前提とした説教も普通になされていた。これらは明らかに矛盾しているが、全ての悪は、神の責任ではなく、アダムの罪に帰せることができるので、「堕落の前に苦痛はなかった」という立場は、キリスト教弁証学の観点から、表面的には便利なように見える。

しかしながら、もしも動物の苦難が実際に人間の堕落から起こっているとするなら、神はこれら二つを結びつけた倫理的な責任を負っているので、実際には、苦難についての倫理的問題に解決を与えるものではない。例えば、遥か遠く離れた陸上における人間の罪の結果として、深海魚は苦難に遭わなければならないのか。もしも、動物の苦難が、このように人間の行動に無作為的に結び付けられるよりは、最終的に新しい倫理原則に導く創造全体のシステムに結び付けられるなら、ある意味では、問題は少ないであろう。

筆者は、キリスト教信仰において成長するに従って、それまで考えることなく取っていた考えを次第に維持できなくなってきた。生物学を学び始めて、既に本書で述べてきたように、死は命が始まって以来この世に存在し、この二つはいつも一緒にあって、一方だけを選ぶことは出来ないという、議論の余地がない証拠を知ってきた。化石について学び、自然歴史博物館を訪問して、何百万年も前に死んだ血液を持った何千もの動物の化石試料を見た。恐竜が堕落の6.5千万年前に骨髄炎に罹っていたこと、ウィルスや細菌が何十億年に渡って広がっていたこと（ストロマトライトについては以前に述べた）、DNAにおける遺伝子変異によって、生物において老化、死、病気がいつも起こっていたことを知った。

そこで再び聖書に戻ったところ、堕落前について、これまで思い描いていたミルトンの失楽園の前のイメージのような証拠がどこを探してもないことに気づき愕然とした。

創世記を文脈の中で読むと、神は、動物や人間に植物を自由に食べることを許しており、それは理屈上、生物学的な死を暗示している（創世記1章29〜30節）。この記事が菜食主義を指しているのではなく、むしろ、動物犠牲は、罪を犯した者だけに必要であったという神学的観点を強調しているように思われる。動物を、食物だけではなくさらには犠牲と結びつけて用いる考えは、創世記テキストが進んでいくに従って強くなっていく。堕落の後に、動物の革で作った衣服をアダムとエバに与えたのは神であった（3章21節）。アベルは羊を飼って犠牲として捧げ（4章2～4節）、ノアは清い動物と清くない動物を区別した（7章2節）。ノアが箱舟を離れて最初にしたことは、助けられた清い動物と鳥を犠牲として捧げ（8章20節）、その後、神は血を除く全ての動物を自由に食べてよいとはっきりと表明し、そして新しい契約をノアに示した（9章3～4節）。しかし、これらの説明全てにおいて、そして実際に聖書の他の箇所のどこを見ても、堕落の前に、肉体的な死または肉を食べることがなかったと示唆する記載は全くない。

同様に聖書は、堕落の前に痛みがなかったということを語っていない。堕落の結果、増し加わったエバの産みの苦しみについて指摘した。認めたくないことではあるが、痛みは、我々の健康と幸福のために不可欠である。[266]痛みは、特に神経系統の発達に伴って、生物学的な命における必須の特質である。全ての生命体は、細菌や酵母のような単細胞を含めて、周囲の環境を感知するメカニズムを持っている。これは、痛みと同じではないが、痛みは、単純な生命体の知覚細胞から始まって、複雑な痛み受容体のネットワーク及びヒトの体を特徴づける関連した神経ネットワークに至る長い期間に渡って進化した神経系が、次第に複雑さを増した結果である。

高等動物になるにつれ、痛みに対する感覚はさらに敏感になっていく。痛みを感じるということは、知覚力の結果である。従って、脳の複雑さと、周囲の環境への知覚と痛みの経験は、並行して増加していくように見える。意識を持つ者は、性の喜び、美味しい食物、美しい夕暮れ、劇場での楽しい夜などにそれぞれ独自の感覚を持っているが、同様のことは、痛みについても言える。痛みは、我々にとって、また全ての生命体にとって、生きていくために不可欠である。

このことは、例えば、一般的には知覚経験、特には痛みが大幅に減少したまたは全くない、稀に見られる遺伝性の知覚自律神経症の場合に顕著である。[267]ある特殊なナトリウム・チャンネルの変異によって、痛みに対する知覚能力を完全に失った3つの家族の患者についての報告がある。[268]最初に注意を引いたのは、「大道芸」をする子供であった。彼は、ナイフを腕に差し、火の上を歩いても痛みを感じなかったが、14歳の誕生日を前にして屋根から飛び降りて死んでしまった。これらは、10個あるナトリウム・チャンネルをコードした遺伝子のうち、一つが変異した結果である。我々が生き続けていくためには、痛みが必要なのである！

しかし、我々が生きていくためには、これほど多くの痛みが本当に必要なのであろうか。生物学的な答えは、まず確実に「然り」である。我々の神経系は、何百万年にもわたる進化によって形作られ、我々の生存にとって不可欠と思われる痛みのタイプを正確に生み出してきた。神経系の働きが十分でなく、緊急の「行動」メッセージを脳に送ることが出来ないが故に消滅し、その遺伝子を我々に伝えなかった哺乳類もあるであろう。我々が経験する痛みのレベルは、いかにその考えに納得できないとしても、進化の過去において決定的な役割を演じており、今日においても我々の生存のためには必須であり続けている。痛みがなければ、折れた脚で歩き回り、骨髄炎を患いながら楽しく学校へ行き、愉快に死に至る癌を無視し、腐った歯で割れたガラスをむしゃむしゃと食べるであろう。要するに、われわれの寿命は、現在よりももっと短くなるであろう。

よって、もちろん人間においても動物においても、痛みの緩和をすべきではないという意味ではないが、実際上、良いものである。我々は、創られた全秩序に対する義務があり、他者からしてもらいたいことを他者にしなければならない。我々は、痛みから逃れることを望むので、同じことが他にも起こるように願うべきである。

イエス自身は、「ひどい痛み」で苦しんでいる人たちを哀れみ（マタイによる福音書4章24節）、また痛みは、満たされた神の国に属さないことから（ヨハネの黙示録21章4節）、積極的に癒した。「天におけるように、御心が行われるように」と祈ることを教えた（マタイによる福音書6章10節）イエスの使命は、いつも将来の王国の祝福を現世にもたらすことにあった。

我々がイエスの癒しの使命を担うのは、痛みがなかったとある人たちが考えている堕落前に戻ることを望んでいるからではなく、もはや痛みがない新しい天と新しい地を待ち望むからである。人間と動物の痛みを和らげる今日の臨床的試みは、王国への道標としての役割を担っているのである。

このような考察は、普通に見られる疑問、即ち、「創世記1章の創造の業において、肉体的痛み、苦難、そして死が、生物の生命の本来的特徴であるにも関わらず、神は、『良い』または『きわめて良い』と繰り返して宣言するのか」という疑問の解決にも助けになるかもしれない。創世記1章に7回使用されているヘブライ語の良い（*tob*）は、旧約聖書の全巻を通じて、英語に含まれる全ての意味を含んでいる。従って、英語と同じように、それぞれの文脈によってのみ、その意味を決定することができる。例えば、創世記2章9節において、木は食べるに「良い」（*tob*）として使用され、一方、同じ節で、「善」（*tob*）と「悪」の対比において示されている。創世記2章18節は、人が一人でいるのは「良く」（*tob*）ないと語る。アーネスト・ルーカスは、旧約聖書で使用されている、「良い」という単語の様々なニュアンスについて、以下のようにまとめており、有用である。

1. 肉体的及び知的感覚を喜ばせる（この意味では、審美的なもの）
2. その種類で良いもの
3. 有用で、効果的で、効率的なもの。言い換えれば「目的に適ったもの」（これは、上記2の意味が発展したようなもの）
4. 人間の性格の質。多くの場合「親切」、「友好的」等の意味（これも、上記2の意味が発展したようなもの）
5. 倫理的に良いもの（実際的に、これはあまり使用されない形容詞的用法）

従って、創世記1章の神の手による創造の業における「良い」は、これらのいくつかのニュアンスで解釈することができる。審美的に良く、目を楽しませる？　――確かにその通りである。天の創造者による、たっぷりとした1日の仕事？　――疑いない。目的に適った？　――ゴードン・ウェンハムによれば、この章においては、これが主要なニュアンスであろうとしている。何故なら、神が現在の宇宙を創った時、新しい天と新しい地ではなく、我々が実際に今見ているものを創ったからである。神がアダムを創ったのは、スーパーマンではなく、土の塵からの人間であり、厳しい世において、地を全ての野生の動物と共に従わせ、そして世話をするという厳しい仕事、つまり、とてつもなく大きな責任を与えたのである。従って、堕落の前の世界が、あたかも既に神が贖いを計画してもはや死も苦難もない新しい地であったかのように——これは逆の終末論のようなもの——想像しないように注意する必要がある。そうではなく、現在の世界は、やがて来るもう一つの良い世界——別の、そしてより完全であるという意味で良い世界——を待ち望む、神の計画と目的に適う良い世界として創られたのである。

アウグスティヌス主義的モデル

アウグスティヌス主義的モデルを、あたかも誰もが合意した陳腐なものとして話すことは、恐らく後に禍根を残すことになるであろう。アウグスティヌスが実際に書き残したものがあり、その解釈において長い歴史がある。そこには、彼の考えを取り込もうとするいくらか別々の方向に流れる多くの流れがあり、それに沿った異なった教派の告白宣言がある。加えて、ある教義について何を正確に信じるか、我々がまさにそうであるように、アウグスティヌス自身も格闘し、そしてまた、いくつかの事柄において彼の心は、その生涯に渡って変化していった。

本書は、組織神学の書でも、キリスト教歴史書でもなく、この短い項で、アウグスティヌスの思想を徹底的に取り扱う装いをするつもりはない。進化を神学と対話させることを追求するモデルに関する限り、モデルB2またはCは、創造、堕落、贖罪についての包括的な説話に対していかなる種類の申し立ても、必要としないというだけで十分である。以下に述べる理由により、若干困難ではあるが、モデルB1も同様にこの説話の中に取り込むことができるかもしれない。

アウグスティヌス主義的モデルは、ごく短く要約すると以下のようなものである。アダムとエバは、全ての人間がその子孫となる、文字通り先祖のカップルとして塵から特別に創られた。二人は死ぬことができたので、死ぬべきものとして創られた。しかし、実際には堕落の前には、命の木によって保たれており、死なないことができたので、不死であった。二人が神に反抗した時、二人は命の木から除かれたので、肉体の死は罰として与えられた。[269] それればかりか、二人の罪は、全ての他の人間に伝わっていったので、全ての人は生まれながらに罪人であるという思想、つまり原罪の教義へと繋がっていった。アウグスティヌス自身は、罪が実際の継承（「霊魂伝移説」によって支持される思想）によるものか、各人のそれぞれの魂が個別に創られたかについては、はっきりさせていない。[270] しかし、彼の思想は、「両親から受け継いだ」という言い方でしばしば紹介されている（実際、継承の考えは非常に強力で、「我々のＤＮＡの中にある罪」という言い回しの説教を聞いたことさえある）。

この説話において、罪への傾向ばかりでなく、アダムの実際の罪の行為も全人類に継承されたとする変形版もある。これは、キリストの死を、「全ての罪のためというよりは、アダムの罪の問題を解決する」ことに焦点を当てるものである。ある者は、あり得る解釈だと主張しているが、これらの特質は、本来的にアウグスティヌス自身の考えではないように思われる。

アウグスティヌスの思想の「基本的な要約」に従いながら、それが、聖書と科学の両者と一致するためには、2か所でいくらかの調整が必要に思われる。まず、一組のカップルが全人類の遺伝子的な祖先にはなり得ないという、膨大な科学データがあることを既に述べた。また、いずれにせよ、そのように信じることを必要とせず、また実際、カインとアベルの記事の文脈の中でかなりの人口が既に存在していたことを指摘している関連する聖書テキストを概観してきた。アウグスティヌスの公平のために言うと、彼はいつも当時の最新の知識を考慮することに関心を抱いていた。この点についての彼の解釈を覆す膨大な遺伝子データが溢れるようになったのは、比較的最近のことである。

第2に、原罪の継承に関する限り、アウグスティヌスの教義は、少なくともその一部は、聖書テキストの誤訳に基づいているように見えることである。アウグスティヌスは、ギリシャ語ではなくラテン語を母国語としており、ギリシャ語で書かれた原書のラテン語訳に依存していた。ラテン語のウルガタ聖書は、当時まだ翻訳中で、彼は初期の翻訳に頼らなければならなかったであろう。しかし、ラテン語のウルガタ聖書は、ローマの信徒への手紙5章12節の翻訳で犯した同じ間違いをそのままにしていた。[271] その翻訳は、「一人の人間によって罪が世に入り、罪を通して死が入り、よって死は全ての人間に伝染し、彼において全ての人間が罪を犯した」というものであった。誤りは、本来「なので（because）」と訳すべきところ、「彼において（in whom）」と訳した、ギリシャ語の構文である ἐφ᾽ ᾧ の誤訳から起こったものである。従って、アウグスティヌスは、最後の節を罪はアダムから「全ての人」へ伝染したと解釈した。しかし、パウロの意図したところは全く異なっていて、「このようなわけで、一人の人によって罪が世に入り、罪によって死が入り込んだように、死はすべての人に及んだのです。すべての人が罪を犯したからです」とＮＩＶが訳している通りである。[訳注22] ついでに、新欽定訳（New King James Version: NKJV）は「このようなわけで、ひとりの人によって、罪がこの世にはいり、また罪によって死がはいってきたように、こうして、すべての人が罪を犯したので、死が全人類にはいり込んだのである」と訳している（口語訳）。従って、パウロはここで、全ての人の罪の故に、霊的な死は全ての人に広がったと語っている。

ローマの信徒への手紙5章12節が正しく翻訳されたので、その教義は、それぞれの個人が自分自身の罪に責任を持つという断固とした聖書の他の場所と調和した。それはアダムから継承されたものではなく、罪が持つ性癖であり、それ故に、一面で実際にアダムが犯した罪を繰り返すのである。正確には、この性癖が如何にして伝染したかについては、議論のある問題であり、多くは神学的思弁に関する事柄である。罪に対するこの性癖を互いに共有しているかどうかについて、あたかも我々に選択権があるかのように、単純に「同意する」という問題では確かにない。この性癖は、あの暗い罪の神学的な雲の一部であり、それは、全ての人間に影響を及ぼす。しかし、この性癖をどのように正確に定義付けようとも、人間が罪に進むなら、その人――責任がある年齢に達したら、実際に全ての者――は、有罪になることには合意できる（申命記1章39節）。旧約聖書の犠牲のシステムにおいて、祭司は個々人の罪の贖いを行う（レビ記5章6～10節）。確かに神は、「父祖の罪を子孫に三代、四代までも問われる方である」が（民数記14章18節）、この警告の大事なことは、少なくともその考えには限界がある――つまり、「父は子のゆえに死に定められず、子は父のゆえに死に定められない。人は、それぞれ自分の罪のゆえに死に定められる」とあるように（申命記24章16節）、その懲らしめは未来永劫世代を超えて続くことはない。また、この教えは、「罪を犯した本人が死ぬのであって、子は父の罪を負わず、父もまた子の罪を負うことはない。正しい人の正しさはその人だけのものであり、悪人の悪もその人だけのものである」と、預言者エゼキエルを通して神によって確認された（エゼキエル書18章20節）。個人の罪に対するこれと同じ意味での責任が、新約聖書においても同様に強調されている。イエスは聴衆に対して「人は自分の話したつまらない言葉についてもすべて、裁きの日には責任を問われる」と警告した（マタイによる福音書12章36節）。イエスが、イエスの時に対して準備をしておく必要があるという譬えを話した時、ペトロは、このメッセージが弟子たちだけのものか、全ての者に対してなのか知りたく思った（ルカによる福音書12章41節）。イエスはこれに対して、主人が留守の間に家事を任された召使の責任と説明責任を強調する別の譬えを話してそれに応え（ルカによる福音書12章42～47節）、最後に重要なこととして「すべて多く与えられた者は、多く求められ、多く任された者は、さらに多く要求される」と語った（ルカによる福音書12章48節）。誰でも責任があるが、そのレベルは、受けた光に比例する。パウロも、「おのおのの仕事は明るみに出されます。かの日にそれは明らかにされるのです。なぜなら、かの日が火と共に現れ、その火はおのおのの仕事がどんなものであるかを吟味するからです」と書き記している（コリントの信徒への手紙一 3章13節）。ペトロも「彼らは、生きている者と死んだ者とを裁こうとしておられる方に、申し開きをしなければなりません」と、不信仰な者に警告している（ペトロの手紙一 4章5節）。

「継承」という言葉の使用において一つの問題は、一般的には科学者、特には遺伝学者にとって、この言葉がある種の遺伝子の伝播を暗示していることにある。明らかにアウグスティヌスは、そのような意味を持つものとして考えなかったが、20世紀において、継承という用語は、この新しい意味を持つようになった。もしも罪が実際にDNAの中で継承されるなら、罪の問題を解決するために必要とされるのは、十字架の上でのキリストの贖いの業ではなく、遺伝子工学のさらなる開発ということになるではないか！　なすべきことは、アダムの罪の結果、人間の上に降りてきた罪の暗い雲の現実を描くことであり、また同時に、いかなる方法であっても、機械論的に罪が「継承される」と示唆することを避けることである。

聖書が語る罪について、アダムはまさしく「罪の原型」であるが、いかなる遺伝的な意味においても、罪はその親から継承されたのではなく、堕落の後、全ての人間が罪への性癖を持って、実際に神から疎外された状態に置かれたということに、少なくとも合意することができる。全ての者は、事実、成長するにつれて、神の道よりもむしろ自分の道を選ぶことによって、アダムとエバの罪を繰り返す。「戦争状態」についての比喩を今一度思い出すと、一旦戦争が宣言されると、全ての市民は、事実上その状況に縛られてしまう。彼らは、パウロがローマの信徒への手紙1章で書いたように、律法を持たないが、それでも自分自身で良心の命令に乏しい異邦人のような者、あるいは神の律法を知りながらも従わず、神の栄光に届かないような者かもしれない（ローマの信徒への手紙3章23節）。強力な隠喩を用いて、さらにパウロは「全世界は罪の囚人である」と説明している（ガラテヤの信徒への手紙3：22）。[272]

従って、アウグスティヌスが激しく争った（それは正しい）ペラギウス派の異説が入り込む余地はここにはない。ペラギウスは、神の恩寵に支えられてではあるが、誰でも自分の意思で罪を離れて生きる能力があると主張した。アダムの悪い例は、人間に罪があることを示したが、キリストの良い例は、救済への道を提供した。従ってアダムから受け継がれた原罪はなかった。この最後の点に関して、それは、人類がアダム以降にここで問題としている罪の状態にあることの真実性ではなく、ただその状態へ至ったその過程だけである。後でモデルCを議論する際に、このことが何を意味するか、戻ってくることにする。この時点において大切なことは、異教徒から信仰的な者まであらゆる経歴を持つエフェソの信徒へパウロが手紙を書き送った時、「あなたがたは、以前は自分の過ちと罪のために死んでいたのです。この世を支配する者、かの空中に勢力を持つ者、すなわち、不従順な者たちの内に今も働く霊に従い、過ちと罪を犯して歩んでいました」（エフェソの信徒への手紙2章1〜2節）と、彼が明確に示したことである。この世に従っていくことは、霊的な死を伴い、このことは、キリストの贖いの死によってのみ正しくされる。よって、ペラギウスは間違いを犯している。

肉体の死、堕落、贖罪

この項の背景は、聖書における「死」についての様々な意味に関する第11章の考察である。旧約聖書は肉体の死を人間の通常の定めと見なしているが、新約聖書は、いかなる種類の死も属することがない神の国の訪れに照らし合わせて、むしろ征服すべき敵と見なしていることを指摘した。時として、新約聖書の中では、霊的な死と肉体的な死の区別が困難であるが、いくつかの節においては、確かに、二つの意味が一つに巻き上げられているように見える。しかし、ほとんどの場合、文脈はいずれを指すか明快である。

我々の罪のためにキリストが肉体的に死んだということは、罪によるアダムの肉体的な死とある意味で直接に繋がっているという考えは、いくらかのクリスチャンの思考の中で重要な役割を果たしている。本書の初版の後に頂いた反応を聞くまで、幾人かの仲間の信仰者の心の中でこのことが「一大事」であることに正直なところ気づかなかった。出版した後いくらか経って、このことについて3人の友人と数時間、楽しく話しをしていた。一人の友人は、はっきりと批判的であった。曰く、「もしもアダムの罪が、彼の肉体の死をもたらさなかったとするなら、キリストは十字架の上でなぜ肉体的な苦しみをうけなければならなかったのか。キリストの死は全く無駄ではなかったのか。苦痛を必要としないのであれば、例えば、十字架の出来事はなくても、彼の受肉だけで我々の救いには十分だったのではないか」。2番目の友人は、時折、頷くかまたは会話が進むように口を挟んだ。そして3番目はレフェリーの役目を担った。筆者は困惑しながらこの会話から離れた後、何度も思案した。既に概観したように、筆者の考えは、聖書はこのことに関して、つまり「アダムが罪を犯さなかったなら、どうなったか」について、何も語っておらず、もしも答えが分かっているとしても、神学的な意義は、この問題の答えとは何ら関係ないということである。しかし、ここで彼は、まるで全福音がこれにかかっているかのように、ある種の神学的な枠組みの中で、この点について熱情的に弁護した。何がそうしたのであろうか。ここで取り組まなければならない二つの重要な問題点があるように思われる。それらを共に考えることによって、このような立場の確信が何故もたらされたのか説明の助けになるであろう。

第1には、人間の原型であるアダムと、第2のアダムであるキリストとの間にある、既に述べたパウロの並行関係である。最初のアダムは2番目のアダムをあらかじめ表す *tupos* つまりタイプである(ローマの信徒への手紙5章14節)。タイプに関して問題なことは、著者の意図を超えて一人歩きを始めることである。パウロがアダムについて、キリストのタイプまたはパターンとして語る時、その範囲はかなり限られており、罪とその結果としての霊的死が一人の人間を通して来たように、救いも一人の人間、即ちキリストを通して来たのである。しかしパウロは、苦心して類型論の限界を強調して、「恵みは違反のようなものではない」と二度繰り返している（15〜16節)。そして「裁きの場合は、一つの罪でも有罪の判決が下されますが、恵みが働くときには、いかに多くの罪があっても、無罪の判決が下されるからです」と語る（16節)。言い換えると、ここでアダムとキリストの間に、我々が忘れてはならない重要な相違がある。パウロが語るように、キリストは全ての者の罪のために死んだのであり――それは、どのような秤でも測ることができない素晴らしい贈物――、それは、アダムを通して世界に入った罪とは全く異なったものである。

一旦タイプがこのように確立されると、同じことが比喩にも起こり、あらゆる種類の可能な並行について推理するためのドアが開かれる。[273] アダムは世の中の知識――それは堕落によって失われたが、実験科学によって再び得ることができる――において完璧であり、芸術と科学についてすべてを知っているスーパーマンのような者としてのアダム理解について、第2章で既に仄めかした。[274] さらに時間を遡ると、初期の教父たちの何人かは、実際に町へ出かけて、聖書の比喩的で類型的な解釈について語った。それまでの過度に比喩的な解釈の強調に対して、一般的に「聖書をそのまま読む」ことで知られている、宗教改革者であるマルチン・ルター（Martin Luther）でさえも、詩編のような旧約聖書の個所を、極めて比喩的に解釈した。例えば、ルターは、詩編104編10節の「泉と川」は、国民を「従順にする」ために神によって遣わされた使徒や教師を指すものと主張した。[275] このような解釈は、現代の釈義者には訴えるようなことはない。ここで筆者は、問題になっている見解に固執する人たちが、比喩的または類型的釈義の繁栄を支持しているということを語っているのではない。キリストの肉体の死とアダムとその子孫のアダムに起因する肉体の死の間の結合の主張は、聖書がこのことについて語っている何ものをも遥かに超えた、過度の「類型学的な推定」のケースのように思われる。このことは、一部、組織神学をきれいでスマートにしたいという願望から来ているように筆者には思われる。組織神学に反対するものではないが、この場合、この願望は、キリストの素晴らしい死の結果の全てが、あらゆる点でアダムと等しい並行、あるいは逆の並行を必要とする論理的な推理、若しくは無神論的な運動さえ作り出すように見える。そのような動きの中に、論理的、または少なくとも体系的にすっきりとしていることは見ることができるが、問題は、聖書自体が作り出す動きではないことであり、前に述べたように、パウロは、キリストがアダムのようではないことを、特別の方法で示すために努力したのである。

この点について議論するために、いろいろな聖書個所が配置されている。例えば創世記5章の系図を列挙する個所で、「そして彼は死んだ」という言い回しが、それぞれの家族の総括の最後に繰り返される。このことは、以前にはなかった人間の死が、今、世の中にもたらされたことを意図するものと示唆されている。しかし、旧約聖書において、特に系図の文脈において、これは死を記録するためのかなり標準的な方法で（士師記12章7〜15節）、その最初の使用が特別の意味を持っているのかどうか、定かではない。

別の関連箇所は、「子らは血と肉を備えているので、イエスもまた同様に、これらのものを備えられました。それは、死をつかさどる者、つまり悪魔を御自分の死によって滅ぼし、死の恐怖のために一生涯、奴隷の状態にあった者たちを解放なさるためでした。確かに、イエスは天使たちを助けず、アブラハムの子孫を助けられるのです」と語るヘブライ人への手紙2章14〜16節である。この箇所は、我々人間と共にあるために、そしてイエスの死が、人間を支配する霊的な死の力を持つ悪魔を滅ぼすために、イエスが受肉したことの重要性を強調する素晴らしい箇所である（聖書において、悪魔が肉体の死に対して、いくらかでも力を持っていると示唆するものは何もない。その権限は、神にのみある）。筆者は、この箇所が、ここで議論している問題、つまりアダムの肉体的死が罪の結果であったかどうかということと、どのように関係しているのか、理解できない。ここで焦点が当てられているのは、イエスの受肉――イエスが「我々人間と共にある」――である。なぜなら、このような方法によってのみ、肉体的な死を含む人間の全ての経験を、キリスト自身が経験して確認し、さらに進んで墓を支配する力を証明し、後に続く者全ての者の先頭に立つことができるからである。肉体の死は、罪の中にある人間がメンバーである領域に属する。真に人間であるために、キリストは死ななければならなかった。

キリストの任務の初期のエピソードは、「正しいことを全て行うために」ヨハネによってバプテスマを受けるためヨルダン川に立った、その方法を示す（マタイによる福音書3章15節）。もちろんイエスは罪を犯してはおらず、罪を告白し、バプテスマを受ける必要はなかった。しかし、受肉においてあらゆる点で罪にまみれた人間とされるために、罪人の立場に立った。その時、天から「これはわたしの愛する子、わたしの心に適う者」という声が響いた（17節）。

　このことは、第2番目の主要な問題、即ちキリストが十字架の上で我々のために死んだとき、実際に何が起こったかという決定的に重要な問題へと我々を導く。議論されている見解が正しいなら、新約聖書において、アダムの罪に対してキリストが死んだことを強調していると見るべきである。しかし、この強調が欠けているばかりか、この考えは述べられてさえいない。代わって強調されているのは、キリストの肉体の受肉と十字架の上での贖罪の業における苦難の重要性である。このことは、後に現れた仮現説派（ドケティズム）——イエスは真の現実ではなく、仮像を現しているに過ぎないという思想——を退けるであろう。仮現説の一派において、神は霊であるから、体を持つことができず、苦しむこともできなかったので、イエスは、ある種の幻像であったに違いないとされた。このような考えは、AD325年のニカイア会議で完全に退けられたが、それはともかくとして、新約聖書はそのような解釈を既に取り除いているのである。それは使徒ヨハネが、「言は肉となって、わたしたちの間に宿られた」と記す通りである（ヨハネによる福音書1章14節）。パウロはコロサイの信徒へ、「今や、神は御子の肉の体において、その死によってあなたがたと和解し、御自身の前に聖なる者、きずのない者、とがめるところのない者としてくださいました」と書き送った（コロサイの信徒への手紙1章22節）。ペトロも「キリストは肉に苦しみをお受けになったのですから、あなたがたも同じ心構えで武装しなさい。肉に苦しみを受けた者は、罪とのかかわりを絶った者なのです」と書いている（ペトロの手紙一　4章1節）。他の多くの箇所も、同様のことを指摘している。

　キリストの死の体の肉体性が、敵の力を打ち負かし、我々を罪から救い出すための十字架の上の業にとって、なぜそのように重要で不可欠なのであろうか。ヘブライ人への手紙2章14～16節の文脈の中で、一つの答えは既に述べたが、新約聖書が提供する主要な答えは、キリストが罪の犠牲となって死んだので、旧約聖書に書かれた動物犠牲のシステムが満たされ、完成したことである。旧約聖書における、まさしく最初の犠牲は、洪水が引いた後、ノアが祭壇に焼き尽くす捧げ物を供えた創世記8章に見ることができる。神は犠牲の香りを嗅いで（もちろん比喩的！）、「人に対して大地を呪うことは二度とすまい。人が心に思うことは、幼いときから悪いのだ」と語った（21節）。よって、人間の罪から起こる呪いを処理する犠牲の考えは、聖書記事の極く初期から起こっている。ここでの文脈に則してより関係しているのは、この少し後の章の22章で、モリヤの山でアブラハムの唯一の息子を犠牲として捧げるよう神から告げられた箇所である。実に衝撃的な命令で、神学的難問以外何ものでもない。しかし、困難を強調するあまり、この記事にある非常に驚くべき、かつ積極的なメッセージが見失われがちである。[276] この箇所の結末のヒントは、8節で困惑しているイサクに対して、必要な犠牲の捧げ物を神が備えて下さると、アブラハムが語った箇所にある。結末そのものは、神がイサクに代えて子羊を備えた13節である。犠牲として捧げられた動物は、他に代わって動物が死ぬ、代替の犠牲である。その後に動物犠牲の意味に焦点が当てられた律法が確立するにつれて、それは罪のための犠牲になる。動物の死は、罪の赦しと、罪人がその結果として実際に受けるべき死の刑罰からの救いの強力なシンボルとなる。

イザヤ書53章の強力な救世主の記事は、キリストが我々の罪の贖いとして死んだというテーマを、さらに続ける。曰く、「彼が担ったのはわたしたちの病、彼が負ったのはわたしたちの痛みであったのに、わたしたちは思っていた。神の手にかかり、打たれたから、彼は苦しんでいるのだ、と。彼が刺し貫かれたのは、わたしたちの背きのためであり、彼が打ち砕かれたのは、わたしたちの咎のためであった。彼の受けた懲らしめによって、わたしたちに平和が与えられ、彼の受けた傷によって、わたしたちはいやされた。わたしたちは羊の群れ、道を誤り、それぞれの方角に向かって行った。そのわたしたちの罪をすべて、主は彼に負わせられた」と（イザヤ書53章4〜6節）。

かくして、イエスのいとこであるバプテスマのヨハネが、「見よ、世の罪を取り除く神の小羊だ」と宣言した時（ヨハネによる福音書1章29節）、福音書におけるイエスの使命についてのごく初期の宣言の一つは、完全に意味をなす。これは、弟子たちに語ることによって、イエス自身が何度か取り上げたテーマである。「わたしの肉を食べ、わたしの血を飲む者は、永遠の命を得、わたしはその人を終わりの日に復活させる」と語り（ヨハネによる福音書6章54節）、また最後の晩餐に際して、「これは、罪が赦されるように、多くの人のために流されるわたしの血、契約の血である」と語ったとおりである（マタイによる福音書26章28節）。神の教会それ自体、キリストの血で買い取られた（使徒言行録20章28節）。キリストが十字架の上で犠牲となったことが、ヘブライ人への手紙の中心的なメッセージである。それまで、祭司は動物の犠牲を通して罪を贖うため、定期的に神殿に行かなければならなかったが（ヘブライ人への手紙9章7節）、今や、「永遠の〝霊〟によって、御自身をきずのないものとして神に献げられたキリストの血は、わたしたちの良心を死んだ業から清めて、生ける神を礼拝するようにさせないでしょうか」と、その必要性はもはやなくなった（9章14節）。それは、キリストが「世の終わりにただ一度、御自身をいけにえとして献げて罪を取り去るために、現れた」（9章26節）からである。パウロはまた、「罪と何のかかわりもない方を、神はわたしたちのために罪となさいました。わたしたちはその方によって神の義を得ることができたのです」と語り（コリントの信徒への手紙二 5章21節）、さらに、「わたしたちはこの御子において、その血によって贖われ、罪を赦されました。これは、神の豊かな恵みによるものです」と語る（エフェソの信徒への手紙1章7節）。ペトロも、我々が救われたのは朽ちる物によってではなく、「きずや汚れのない小羊のようなキリストの尊い血によるのです」と語る（ペトロの手紙一 1章19節）。これら全ての背景として決定的に重要なことは、「ほとんどすべてのものが、律法に従って血で清められており、血を流すことなしには罪の赦しはありえないのです」と語る、ヘブライ人への手紙9章22節の言葉である。

キリストの十字架の死の犠牲的贖罪の意味は、十字架についての新約聖書の唯一の観点ではない。人類に対する神の愛がキリストの死によって示されたというやり方は、もう一つの重要なテーマである（ローマの信徒への手紙5章7〜8節）。イエス自身が、「友のために自分の命を捨てること、これ以上に大きな愛はない」と指摘し（ヨハネによる福音書15章13節）、苦難におけるキリストの忍耐の例は、さらなる主題である（ペトロの手紙一 4章13節）。

パウロは十字架を通した神との和解のテーマを引き出して、「キリストと結ばれる人はだれでも、新しく創造された者なのです。これらはすべて神から出ることであって、神は、キリストを通してわたしたちを御自分と和解させ、また、和解のために奉仕する任務をわたしたちにお授けになりました。つまり、神はキリストによって世を御自分と和解させ、人々の罪の責任を問うことなく、和解の言葉をわたしたちにゆだねられたのです」と書いている（コリントの信徒への手紙二 5章17〜19節）。さらに、すでに述べたように、肉体的に死ぬことの中には、全ての人間にとって共通の経験、つまり人間の死という事実において、キリストが受肉に伴うことをあらゆる面で満たしたという重要な点がある。パウロが書いているように、天の栄光を離れて人間になることの神性放棄の含意は、肉体の死を含むものであった(フィリピの信徒への手紙2章5〜11節)。それ以外に何があり得るであろうか——それこそが、人間であることの証である。「全ての者のために死を味わう」ことによって（ヘブライ人への手紙2章9節）、キリストの死は、霊的な死や肉体の死ばかりではなく、神から永遠に隔離されるという恐ろしい可能性を持つ「第2の死」からの人類の救出の使命を帯びるのである。肉体の死と体の復活でキリストが成したことは、「一括取引」で（大雑把に言えば）、三つの形の死が全て、決定的な一撃で一挙に処理される。

このように様々なことを考慮すると（もちろん、もっと多くのことがあるが）、罪に対する犠牲について語ることは、新約聖書がキリストの十字架の上での死の意義を取り扱う時、最も中心にあることは疑いがない。動物犠牲が、罪の赦しの象徴として——一つの生き物が別の生き物が受けるべき罰を受ける——、血を注ぐことが旧約のシステムで不可欠なものであったように、我々が実際に受けるべき罪の罰を受けて、キリストが我々の代わりに死んだのである。しかしそれは、全ての者に対する犠牲であって、アダムの罪に対する何か特別の方法ではない——このことは、前に引用したどの箇所にも述べられていない（このような類いはもっと多くある）。「神は、その独り子をお与えになったほどに、世を愛された。独り子を信じる者が一人も滅びないで、永遠の命を得るためである」（ヨハネによる福音書3章16節）と書かれている通りである。キリストの犠牲は、救いにおいてキリストに信頼を置く全ての者のためである。パウロが強調するように、「生きている人たちが、もはや自分自身のために生きるのではなく、自分たちのために死んで復活してくださった方のために生きる」ために、キリストは死んだのである(コリントの信徒への手紙二 5章15節)。もちろんアダムは、キリストが死んだ「全て」の者の一人であり、彼の犠牲が暗示するものは、時間を遡ったり先にいったりするが、新約聖書が強調するのは、罪人である全ての人間に対するキリストの贖いの死についてである。

よって、前章で考察した「死」についての聖書の様々な意味を思い返すと、どのタイプの「死」から我々を救うためにキリストはやってきたのであろうか。それは、明確に三つのもの全てのためである。「キリストの内」にある者は、もはやどのような「第2の死」もない。彼らは復活した体において、永遠な神との交わりを楽しむであろう。このことは、霊的死の問題——神と人間の間の隔離——が、十字架において一度でかつ全部解決し、そしてさらに、イースターの最初の朝にキリストが墓から勝利の内に蘇り、死に対する神の勝利の宣言によって肉体の死という終局が滅ぼされたのである。では、キリストの肉体的死と復活は、我々の救いに不可欠なものであろうか。全くその通りである。「天からの人」は道の案内人であり、彼の足跡をたどることは、「キリストの内」にある者の大いなる希望である。

しかし、アダムの罪の結果に関する限り、新約聖書はキリストの犠牲的死をアダムの罪がもたらした想定上の肉体的死と関連付けをしていないように見えることから、我々もそのようにする必要はないであろう。

堕落とモデルA~Eの再検討

では、モデルA~Eはどのような結果になるのであろうか。あまり混乱しないことを望む。これまでの議論を踏まえると、モデルDあるいはEは、聖書と科学の両方から、筆者の選択肢でないことは明らかであろう。動物と人間の両者ともに、痛みと肉体の死は最初からあって、もしもそうでないなら、我々はこの問題を議論するために、ここにいないことになる。堕落の前の肉体の痛み、病気、死を否定する者は、ダチョウが頭を砂の中に突っ込んでいるようなものである。[訳注23] 現実は、いつまでも去っていくことはない。

よって、モデルA〜Cが残される。実際、堕落に関する限り、モデルBとCのいずれも、モデルAを容易に取り込むことが出来る。既に強調したように、クリスチャンは、罪深い行動によって、日々の生活で罪を繰り返していると信じている。それは、「罪が生き返って、私が死んだ」(ローマの信徒への手紙7章9〜10節) と、パウロが神の戒めの高い期待に直面した時、彼が我々について明快に描く現実である。しかし、モデルAとB1の問題は、聖書に書いていないと思われる堕落の解釈の中に、人々を導く傾向があるということである (必ずしもそうではないが)。

創世記の堕落についての説明が、全く歴史とは無関係で比喩的であるか (モデルA)、またはH. サピエンスが出現したある初期の頃に徐々に疎隔が起こっていったという話 (モデルB1) であるなら、堕落の解釈は、容易に人間の反社会的な行動、衝突の出現、または基本的な生き残りのための単なる人間の行動を中心として容易に展開するであろう。事実、最近のある神学的著述は、我々の進化歴史によってもたらされた人間の性質に言及しながら、堕落した状態の聖書的概念を再解釈する傾向にある。筆者は、なぜそのような主張に訴える力があるのか理解できる。結局のところパウロは、ローマの信徒への手紙7章で、律法の高い水準が彼の本来の傾向と衝突した時、「あらゆる種類のむさぼり」と激しく闘っているではないか (8節)。ガラテヤの信徒への手紙5章にある「敵意、争い、そねみ、怒り、利己心、不和、仲間争いなどの罪がもたらす行い」を読む時 (20節)、そして、最近のTVの自然プログラムで類人猿の行動を見るなら、そのような特徴は、単に我々の過去からの進化の痕ではないかと思ったりするのではないだろうか。

このアプローチの問題は、少なくとも創世記3章の文脈において、罪が神との破れた関係を指す神学的な概念であることを忘れていることである。この破れた関係は、現された神の意向に対する人間の不従順を通してもたらされるもので、ガラテヤ第5章に並べられたようないくつかの行動的特質の結果ではない。もしも神がいなければ、罪は存在せず、この概念は意味がないものになるであろう。堕落は、倫理的な責任と罪に関するものであり、間違った行動についてではない。罪は神からの疎隔に関わるものである。関係がそもそも存在しないなら、罪によって破られることは出来ない。もちろん、神と人間との間の疎隔が起こったからには、「アダムの内」に留まらずに現在「キリストの内」にある人は、聖霊の導きなしでは神の意向に反逆して、自分たちの生物学的な欲動にどれほど駆られるかを知ることができる。進化歴史は、確かにこれらの欲動と無関係ではない。しかしそれと等しく、進化歴史が我々に備えてくれた、いわゆる「生存本能」は、それ自体悪ではない。自分自身を食べさせること、子孫を世話すること、もしも必要であれば大義のために怒ることは、完全に正しい（マタイによる福音書21章12節、エフェソの信徒への手紙4章26節）。従って、何よりも、我々の生物学的欲動を、神の国の奉仕において有益となる使用へ向かわせ直す必要性の問題である。

もしも人間の罪が、進化歴史によって付与された人間の自然的性格と実際に同一であるなら、我々が真に必要なことはキリストの十字架の上での贖罪の業ではなく、既に述べたように、相当に大掛かりな遺伝子工学であろう。皮肉なことに、このようにして、罪の継承というアウグスティヌス主義者の考えを拒否しているモデルBの考えの中にいる人たちは、それにもかかわらず、彼らの見解から生じる同じ結論に合流することになる。なぜなら、罪の性格が生物学的意味において、実際に両親から受け継ぐものであれば、既に述べたように、やはり遺伝子工学が答えを提供するのではないだろうか。しかし、このような推定が持つ問題は、罪が破れた神との関係に関するものであることを思い出すと、直ちに露わになる。上述のように、生物学はこれらの理由とは関係なく、この罪についての考えは、神学から取り組まなければならない。

モデルB 2.1と2.2は、罪によって断絶した神との交わりにおいて、個々人に係わる歴史的堕落の考え方に、より真剣に取り組んでいる。モデルＢ2.1の主要な問題は、既に見てきたように、約20万年前の非常に初期の人間共同体において、そこから罪が他の人間に伝わることになった肉体的にある特別のカップルの重要性に焦点を当てることにある。この考えがなぜ科学と一致しないか、その理由については、前に強調した通りである。しかし今や我々は、罪の生物学的継承の考えが聖書的視点から支持できないとする、より良い立場にあり、そのようなモデルを生み出す必要性は、神学的に低いものとなる。

モデルＢ2.2は、モデルＢ2.1と同じように、この初期の共同体において実在のカップルがいたが、肉体よりは霊の意味において当時住んでいた他の人間の代表と見なす考えである。この考えは、モデルＣで見られるものと類似しているので、以下に考察されるモデルの中に含まれる。ある人たちにとってこのモデルの魅力の一つは、アダムとエバの始原的な罪が、少なくとも霊的で神学的な意味において、そこから伝わったこの小さい共同体からなるアフリカのどこかを明らかな「基線」として、20万年も前の家族を思い描くことのように思われる。しかし、既に指摘したように、哺乳類の種形成のプロセスは遅く、従って「基線」は、かなり任意に引くことができるという事実を思い起こす必要がある。事実として、身体構造学的に現代人の出現は、何百という世代に渡って起こったもので、「基線」は移動目標である。いずれにしても、筆者には、比較的最近の近東の神学的、文化的な背景からアダムとエバの説明を無理に剥ぎ取ることは、神学的な代償が大き過ぎるように思われる。もしもこの説明が、イスラエルの民の一神教信仰の原史時代のルーツについてのものであれば、筆者が示唆しているように、その文脈に従ってモデルＣにあるようなものへ目を向けるべきである。

我々が科学論文の考察の部分において、そのデータが、自分が結果を説明するために提案しているあるモデルに「一致している」と書くのはごくありふれたことである。モデルＣが、聖書と科学の両方のデータと、合理的に「一致している」と思うという以上のことを言うつもりはない。それは間違っているかもしれず、それが試案であること以上に固執しようとするものではない。しかし、それは、現代の人類学を、創世記１～３章が提供するインスピレーションを受けた比喩的、神学的エッセイとの対話に持ち込む、合理的な作業モデルを提供していると信じており、筆者個人としては、もっと良いものが現れるまで、このモデルを喜んで持ち続けていきたい。しかし、堕落の教義は、このモデルにどの程度良好に合致しているのであろうか。提案されているホモ・デウスが、あれほど親切に自分自身を示した神との交わりに背を向けた時、実際には何が起きたのであろうか。

指導者の宣言を通して「戦争状態」に入った国家の喩えは、既に述べた通りである。このことは、「仲間の首長」という考え、つまり、もしもそうでなければこのモデルを喜んで採用する人たちにとって、最も障害になると筆者が思っている考えに繋がる。類型学に頼りすぎることなしに、事実、最初と2番目のアダムの間には、仲間の首長の含意について考える際に極めて有用になる並行がある。クリスチャンはキリストの死と復活が、BCとADを分ける、人間の歴史において新しい時代をもたらしたことを信じている。現在、我々は、以前には存在しなかった時代、つまり「主の名を呼び求める者は皆、救われる」(使徒言行録2章21節)時代にいる。世界の誰もがこのADの時代区分の中におり、誰もがキリストにおいて新しい命を見出すことができる恵みの時代に生きている。このことは、もちろん自動的なものではない。この新しい霊的な命に近づくためには、救世主の知識、悔い改めと信仰の個人的な応答を必要とする。しかし、救いの手は全ての者に差し出されている。

アダムを仲間の首長と見なすことは、そのような記述とある種の共鳴を起こす。ある者は、ローマの信徒への手紙5章について考察したように、「共同責任」という用語を好むかもしれない。かつてケンブリッジのティンダル・ハウスの教区長であったデレク・キドナー(Derek Kidner)は、創世記についての素晴らしいティンダル注解書で、「一つの可能な例外のもと……『アダムにおける』人類の統一と、彼の違反によってもたらされた罪人としての我々の共通の立場は、聖書においては、世襲ではなく(イザヤ書43章27節)、単に連帯の観点から表現されている。……アダムの罪は、『一人の方がすべての人のために死んでくださった以上、すべての人も死んだことになります』と(コリントの信徒への手紙二5章14節)キリストの死にいくらか似ており、彼が人間の仲間の首長であることから、全ての人間を暗示して示されている。……アダムが人類の「仲間の」首長であることは、もしそうだとすれば、彼の同時代の者ばかりでなく彼の子孫にまで及び、彼の不従順は両者を同じように廃嫡した」と述べている。この考えを保持しながら、ダグラス・ムーは、彼のローマの信徒への手紙注解で、「パウロにとって、キリストのようにアダムは共同体の人物で、彼の罪は同時に彼の子孫全ての罪と見なされ得るであろう」と述べている。(277)

既に指摘したように、この連帯責任という考えは、個人主義に対する西洋の熱情とは容易に相容れないものである。異なった文化の間でのこの重要な相違について、1980年代の始めに西ベイルートに住んでいた頃を思い出す。当時レバノン内戦は、まだ続いており、筆者が住んでいた回教徒が住む市の西側半分は、別の半分と「緑の線」で分けられていた。緑の線を超えるには、わずかの場所しかなかった。そして比較的平和な日には通過できるその場所は、市が次々と細分化されていくに連れ、一連の民兵によって守られていた。毎土曜日の午後、絶え間ない騒音と暴力から抜け出すために、市街から、市の後ろにある丘に子供たちをピクニックにできる限り連れ出そうとしたものである。ある日、旧市街の破壊された商業と港地区（現在は、幸いにも再建されている）の曲がりくねった緑の線を通り抜けようとしていた。いつもの深々とした髭を蓄えた民兵が、いくつもある検問所の一つで我々を止めて、どの国から来たのか訊ねた。「英国から」と答えると、「アー、英国か。マーガレット・サッチャーだな」と叫ぶと、高笑いをしながら威嚇するように、カラシニコフを空に向けてくるくると回した。明らかに結構な冗談を言いながら、このようなことを何度か繰り返した後、ばか騒ぎが鎮まると、ようやくピクニックの方角へ筆者たち家族を解放した。彼の考えによれば、外見では普通の男性である筆者が、女性によって支配される国から来るという屈辱を何故受けているのかというものである。幸いなことに、筆者は直ちに彼の娯楽の元を正確に知ることができた。英国人の男性として、筆者は、母国の憐れな者全てと連帯する代表者であった。西洋の個人主義の故に、外国を旅行し、あるいは住む者は、その外国の文化の中で、明らかに自分の国が世界に対して代表する全てと合致したその大使として見られているということはあり得ることだと、必ずしも認識している訳ではない（しかし、それには反対する者であるが）。中近東で15年間住んだ後、共同責任の現実を受け入れることに違和感は無くなったが、これが、実際に聖書の説話が出現した文化であることを記憶しておく必要があるであろう。

アダムが罪を犯した時、人間と神との関係が初めて破れたので、人間と神の間に疎隔が入り込み、罪そのものの概念が生じた。しかし、その破れの結果が、現在我々が生きているAD時代の今に、いかにして適用されるのであろうか。パウロはこの問題にローマの信徒への手紙2章で取り組んでいる。ここで、パウロは、異邦人——律法に近づく恵みを持たない者——は、「律法の要求する事柄がその心に記されていることを示しています。彼らの良心もこれを証ししており、また心の思いも、互いに責めたり弁明し合っている」ので、「彼ら自身が律法」になっていると見なしている（ローマの信徒への手紙2章14〜15節）。[278] パウロは、ユダヤ人は律法を持っており、それ故に、その基準に従って裁かれるとさらに続ける。結末は、「ユダヤ人も異邦人も皆、罪の下にあり」（3章9節）、「人は皆、罪を犯して神の栄光を受けられなくなっている」（3章23節）とあるように、異邦人もユダヤ人も彼らに与えられた光に届くことはない。パウロがここで示している区別は、全ての人類は罪の状態の中にあるが、律法の知識は、罪の自覚と理解を際立たせると彼が指摘していることから（3章20節）、興味深い。事実、パウロは「律法によらなければ、わたしは罪を知らなかったでしょう」（7章7節）、「こうして律法は、わたしたちをキリストのもとへ導く養育係となったのです。わたしたちが信仰によって義とされるためです」（ガラテヤの信徒への手紙3章24節）と書いている。

よって、堕落に戻って考えると、モデルCで見たように、普遍的な罪の状態は、人間の連帯の結果、ホモ・デウスが神の命令を拒否したことによって導入されたものの、それが何を意味し、神から疎隔されて罪の状態にあることによって何をもたらすかについての知識は、知られるまでには時間が必要であろう。確かに、「……アダムからモーセまでの間にも、アダムの違犯と同じような罪を犯さなかった人の上にさえ、死は支配しました。実にアダムは、来るべき方を前もって表す者」であったということは（ローマの信徒への手紙5章14節）、既に述べた通りである。霊的死は、律法が与えられる前から既に存在していたが、律法は、神から疎隔された人間の状態を露わにする教材になったのである。[279]

1944年、日本軍兵士故小野田寛郎少尉は、フィリピンの離島ルバング島にゲリラ戦を遂行するために送られた。不幸なことに、彼は戦争が終わったことを知ることがなく、29年間に渡ってジャングルに住み、敵のパトロールと勘違いして、捜索隊から隠れていた。最終的に、彼の上官（当時は本屋）に1974年に投降した。[280]同様の話が、ベトナム戦争の集結が何年も前に終わったことを知らなかった、ベトナムのジャングルから現れた兵士について語られている。

一国の愚かな大統領の決断によって、望まない戦争状態へ突入した譬えに話を戻そう。例えば、ブラジルのような巨大な国で、多くのアマゾンの部族が中央政府からの連絡が絶たれたとする。多くの部族は、国が戦争状態にあることを知らないかもしれない。個人的な生活は、以前と同じに続いている。それは、戦争が終了したことを知らない兵士の実在の例と同じである――しかし、それは逆の順序で、彼らは戦争が始まったことを知らない。しかし、彼らは戦争状態にある事実から逃れようもない。

同じように、ホモ・デウスが、神の戒めに背いた時（パウロ自身の言葉によれば）、世界を覆った暗い影である霊的な死は、大部分の人には認識されなかったであろう。しかし、時が満ちるとこの状況は変る。神は、聖なる神の前に人々が罪人としての地位にあることを警告する霊的なリーダーを送り始める。律法がシナイ山で与えられた。一旦罪の概念がある者たちに理解され始めると、少なくとも次に罪の治療――罪から救うことができる唯一の真の神に対する信頼――も意味をなし始めた。適切な治療をする前に、正しい診断がなされなければならない。もちろん、現在はADの時代であり、治療は、キリストが与える救済である。

前の章で、新約聖書における肉体の死は、旧約聖書における場合よりも、より明確に滅ぼされるべき敵であるように見なされていることに注目した。ある人たちは、肉体の死が罪によってアダムの罪と共にやってきたので、それが滅ぼされるべき敵であると見なすであろう。しかし、新約聖書は死をかなり異なって見ているのではないだろうか。それは、神の新しい創造に属していないが故に滅ぼされるべき敵である。イエスは神の国を宣べ伝え、教えるためにやって来た（ルカによる福音書4章43節、8章1節）。「神の国は言葉ではなく力にあるのですから」とあるように（コリントの信徒への手紙一　4章20節）、キリストにおいて、将来の神の国の力が、現在のよこしまな時代に押し入って、人々を癒し（ルカによる福音書9章11節、10章9節）、悪霊が追い出され（ルカによる福音書11章20節）、死者が蘇った（ヨハネによる福音書11章43節）。C・S・ルイス（C. S. Lewis）は（ここでの目的のために幾分書き換えている）、現在の世界は、まるで壁に囲まれた、死にかかった木や有毒な植物に溢れた陰鬱な庭のようだが、門が開かれると、太陽の光がいっぱいに、爽やかで暖かいそよ風が庭の中に吹き渡り、将来の神の国からの新しい命と希望を運んでくると、心を揺さぶるように描く。このような方法でキリストは、この世での受肉した任務において、「もはや死はなく、もはや悲しみも嘆きも労苦もない。最初のものは過ぎ去ったからである」と記されている（ヨハネの黙示録21章4節）、満たされた神の国の一端を見ることを許すのである。

「死のとげは罪であり、罪の力は律法」であり（コリントの信徒への手紙一　15章56節）、キリストは、その命と犠牲的死を通して律法を「十字架に釘付けにして取り除いてくださいました。そして、もろもろの支配と権威の武装を解除し、キリストの勝利の列に従えて、公然とさらしもの」にして（コロサイの信徒への手紙2章14～15節）それを完全に満たす。そして、この霊的な武装解除の行為が、キリストを信じる全ての者をして、満たされた神の国で永遠の命へと続く復活の体を分かち合うことを可能にする。パウロはさらに、「兄弟たち、わたしはこう言いたいのです。肉と血は神の国を受け継ぐことはできず、朽ちるものが朽ちないものを受け継ぐことはできません」と語る（コリントの信徒への手紙一　15章50節）。人間の命に対する神の究極的な計画の中で、死は、居場所がなく、よって、満たされた神の国が到来すると、死そのものが滅ぼされる（ヨハネの黙示録20章14節）。

新約聖書は、罪の問題の解決に焦点をあてる。もしも、未解決のままに打ち置かれるなら、否応なしに「第2の死」へと続く。それは、キリストへの信仰がない、神からの永遠の隔離である。よって、モデルCは、霊的な死へと導く罪が人間を支配し始めた時として、アダムの不従順の重要性を認めるが、それと等しく、その罪の支配が永遠に打ち負かされるキリストの贖罪の業を認める。曰く、「この朽ちるべきものが朽ちないものを着、この死ぬべきものが死なないものを着るとき、次のように書かれている言葉が実現するのです。『死は勝利にのみ込まれた』」、と（コリントの信徒への手紙一15章54節）。[281]

堕落について議論をする時に、部分的に問題になるのは、通常アダムとエバを地上における多少とも天国のような環境に住んでいる超人間と考える傾向があるということである。これは、人間が全ての事柄の基準になって、堕落の前の世界が、全ての苦労や心配から守られた完全に幸福な状態にあったとする、世俗的な啓蒙主義によって安易に育まれたイメージである。我々がキリストにある新しい命を経験する時、この描かれたパラダイスの復元に注目が向くのである。しかし、これらの筋書きは、アダムとエバが、我々と同じように塵から創られ、塵に帰る運命にある普通の人間であるが、神の大地を世話するという驚くべき責任――神との密接な関係の中で生きる場合にのみ果たし得る責任――を与えられているという、聖書テキストに見出されるどのような筋書きからも遥かに逸脱したものである。聖書の残りの部分は、エデンをいつも振り返るのではなく、新しい天と新しい地を待ち望むことを強調している。

神学を科学との対話に持ち込むことを志向する我々の思弁的モデルは、本末転倒になるので、データ自身に取って代わってはならない。時として科学においては、いかにしたら一貫した一つの説に組み立てられるか分からないまま、非常に信頼がおける異なったセットのデータに固執しなければならない。これらの提示されたモデルは、人互いに一貫している少なくとも神学と科学の二つのデータベースを与える方向へある意味向かっているので、人類学を神学教義に関係付ける際に、我々は、これよりももっと強い立場にいる。しかし、誰もそのようなモデルが完全に満足できるものだと考えるほど単純ではない。一方または他方は、その先で、ある有用な洞察を与えることが出来るかもしれず、また望むらくは、将来より良いモデルの構築を刺激するかも知れない。

モデルCは、我々が知りたいあらゆる疑問に答えるものではない。それは、単純に、我々は知らされていないからである。例えば、モデルCのようなものが正しいとすると、実際に、近東に住んでいたアダムやエバよりもその祖先が数万年も前に住んでいた、オーストラリア現地のアボリジニの集団にとって、堕落は何を示唆するのであろうか。短い答えは、もちろん、「分からない」である。感謝なことに、第11章で既に強調したように、我々ではなく、神がこの世を裁く裁判官であり、この事実によって、個人的には、非常に助けられる思いがする。

しかし、いずれにせよ、苦難以上に今日我々が直面している厳しく大きな問題はないであろう。神の愛の中にある我々の信仰が、そのうちの多くは進化過程の直接の結果である痛みと苦難の世界の現実と、いかにして共存できるかという神学的なジレンマに、我々は皆、直面しているのである。このことについて、この後、さらに述べていきたい。

第13章　進化、自然悪、神義論的疑問

我々の前に立ちはだかる疑問は、我々を含めて全ての生物学的多様性を創るに際して、良い神がなぜ多くの死と困難を伴う、長くて無駄に満ちた過程を選んだのかということである。夥しい数の本がこの問題について書かれているので、ここでは、人間の自由意思がもたらす倫理的な悪ではなく、進化プロセスが暗黙的に含んでいる、所謂「自然悪」に焦点を当てて、そのいくつかの点について述べることにする。[282] 進化の歴史がなければ、我々のように自由意思と倫理的責任の能力を持つものは存在しないと考えられるので、明らかに二つのタイプの「悪」が、完全に隔てられた区画室にある訳ではない。前者の代償なしに、後者の可能性はないであろう。しかし、本書の全体的テーマを考えると、本章が「大きな疑問」として取り扱うのは、進化から生じる「自然悪」である。

「自然悪」という用語は、この問題に関する神学と哲学の文献に適切に取り込まれているが、我々が通常用いる方法と比べると、確かに、この単語の「悪」は、若干奇異に用いられているように思われる。もう少し厳密に見てみると、ここでは、「それがなければ、もっと多くができるであろうと予想される事」を指していることは、明らかである。もちろん、苦痛、ハリケーン、あるいは遺伝子による病気がなければ、もっとよいであろう。しかし、我々はこれらの事を望まないからといって、「悪」のレッテルを貼るべきかどうか、はっきりしない。結局のところ、これらの事はいずれも選択の余地があるわけでもない。

この問題についての議論は、つまるところ、全能で良い神が苦難と悪を含んでいるこのような世を何故創ったのか、つまり「人間に対する神の関わり方を正当化する」説明を試みる、神義論の中に含まれる。神義論という用語は、偉大な哲学者であり数学者でもあったゴットフリート・ライプニッツが1710年に発刊した同じ名前のタイトルを持つ有名な本に由来する。

この問題について語る時、現在苦難の中にある人を貶めるような議論になってしまう危険があることを、まず念頭に置く必要がある。その分野でトップクラスにある有名な学者が困難な病気に直面していながら、苦難の問題についての一般的な議論に参加したとき、いかに彼自身を貶めたか、そしていかなる合理的な内省も、彼の実際の苦難の経験に合致することはできないし、実に牧会的に正当化することは不十分というよりは、全く正当化できないように見えたと、語っていたことを覚えている。このような問題については、注意深くあるべきと思われるので、この章で以下に述べることは、現に苦難の中にある人に対してはあまり役には立たないが、将来苦難に直面した時に——それは、誰にでも必ず訪れる——、心の痛みを和らげるための準備として、言わばタバコにある「健康警告」のようなものとして書かれたものである。

幾分無味乾燥な科学的な方法で生物学的死について議論することによって、愛する人を無くすという悲痛な現実をないがしろにするものでもない。地殻プレートの働きによって、山が隆起する。山があるから人は登山を楽しむが、一方では同じように登山で死ぬ。エール大学の宗教哲学の教授であるニコラス・ウォルターストーフ(Nicholas Wolterstorff)は、子息を登山事故で無くした際に、次のように語った。「どうか、それは、実際にはそんなに悪いことではないとは言わないで欲しい。死は恐ろしく、そして悪魔的だ。もしも、いろいろ考えるとそんなに悪いことではないと言うことが、あなたの慰め手としての仕事だと思うのなら、私の悲しみの傍ではなく、私から離れて座っていて欲しい。そこでは、あなたは役に立たない。私がいかに苦しんでいるか分かっていると、あなたから聞くだけでいい。私と共に絶望の中にいると、聞かせて欲しい。私を慰めるために傍らに座って欲しい。

悲嘆のベンチに、共に」[283]。

ここで、悲劇的な子息の死に対して父親のポール・フィデス（Paul Fiddes）が語った、「どのような議論も説き伏せることは出来ない。神について、あるいは苦難や悪について、完璧で、合理的に説明することはできない」という言葉についても[284]、繰り返しておきたい。

さらに、この分野で古典になった故ジョン・ヒック（John Hick）の「悪と愛の神」の序文で彼が書いた、「神が人間に対してなすことを正当化する試みは、信仰の暗く隠された神の目的と主権についての感覚を、創造主自身のみが利用できるような開かれた摂理の地図へと必然的に立ち向かわせる」という知恵に富んだ言葉を思い出す。そのような重要な留保はあるが、この件について生物学の助けを借りながら語るべきことは多くあり、黙している理由はない。問題の源は、同時に、いくつかの解決の提示へと繋がっている。

既に19世紀に、エーサ・グレイは、動物や人間の痛みは、悲しむべき性格のものではなく創造プロセスに必要な付随物であると、ハーバードからダーウィンに書き送った。このことが正しいとする、グレイよりももっと確かな位置に、我々は現在立っている。生物学は、一括して扱う取引である。爆発する星群が死に絶える瞬間に合成される炭素、リン、酸素、窒素、そして生命に必要な他の主要な元素を、我々が一旦持つと、これらは、この惑星の環境に与えられたパッケージである。このことは、我々が願う実質的にどのようなプラスも――人間の人生と幸福のためにプラスと思われること――、必然的にマイナス、つまり我々の幸福にとって有害なものになることを意味する。このことを網羅する大きな表を作ることができるが、これらの例の小さな表を以下に示す[285]。

生物学は「一括取引」である

プラス
＊命
＊生きること
＊変異は人間の存在と多様性にとって必須
＊細胞の自然死は、発達と癌の予防にとって必須
＊バクテリアは健康的生活にとって必須
＊食べること

マイナス
＊死
＊苦痛
＊変異は癌や遺伝子的病気をもたらす
＊細胞自然死の機能不全は癌の原因となる
＊バクテリアによって人間が死ぬ
＊反応性酸素種の増加→DNAの損傷→老化

これまでの章で述べたように、命、少なくとも我々が馴染んでいる炭素を基本とした命は、死がなくては不可能である。どの多細胞動物も、生きていくために必要な全てのエネルギーを、化学元素から得られるエネルギーで満たすことはできない。全ての動物は、別の生命体で合成された有機分子が次々と繋がっていく食物連鎖に完全に依存している。我々は、日々やって来ては去っていく莫大な量の、驚くべき動的な世界に生きているのである。あらゆる種類の死は、生きている物に絶えず席を譲る。全ての命は相互に依存している。

また、変異が、進化歴史と多様性にとっていかに必須であるかも見てきた。変異がなかったなら、自然選択の働きによる多様性はなく、従って、我々は今ここに存在しないことになる。我々の間で異なった遺伝子がなければ、我々は皆同じようなクローン人間になるであろう。しかし、遺伝子的病気や癌のようなある種の病気に罹るのも、同じ種々の遺伝子によるものであり、それは炭素が基本となる命の世界に住む上での、必要な生活費である。

過去数年の間に、異なった形の癌をもたらす変異遺伝子を突き止めるため、膨大な努力が払われてきた。一つの研究では、12の異なった形の腫瘍を代表する3281の腫瘍の組み合わさった解析において、127の遺伝子が有意に変

異したと認められた。[286] 別の研究では、50の研究チームが、1.7万人からそれぞれ得た50万の遺伝子マーカーを用いて、7つの普通に見られる人間の病気の24のリスク要因を見出した。[287] このことから、ここで言及している事柄のスケールについてのイメージが分かる。さらに、サルにおいて病気を起こさない遺伝子のあるいくつかの変異したものが、人間においては病気の原因になるという、興味ある観察が報告された。[288]

前の章で、痛みは我々の存在において、不可欠の側面を持つことも見てきた。疼痛受容体を持たずに生まれた者は、早い段階で診断と医療が施されないと、早死する傾向にある。

宇宙の物理定数の微調整に関する人間原理の説明において、ヘリウムからベリリウムを経て合成が促進された炭素における正確な共鳴に関するフレッド・ホイル（Fred Hoyle）の発見の例が示されている。この特別の共鳴がなければ、星において炭素は生成されなかったであろうし、我々はここにいないであろう。しかし、ほゞ間違いなく、炭素に基礎を置く生命ばかりではなく、炭素に基礎を置く苦痛、苦難、病気、死さえも、同じ人間原理に書き込まれると言ってよいだろう。生物の生態過程と現象は、まさに一括して取り扱う取引である。

自由意思を持ち、それ故に神の愛に自由に応え、その愛を永遠に経験することができる我々のような知的生物が出現できたのは、そのような炭素に基礎を置く物質においてだけなのか。もしも神の意図が、新しい創造が実際そこに居たい者によってのみ専有されることであるなら、その目的を達成する方法は、炭素に基礎を置く物質からなるそのような存在を生みだす場合だけではないのではないか。もちろん、我々はそれらの疑問に対する答えを知らない。だが、愛の特質が、求めるが決して強要しないようなものなので、そのような疑問を抱く行為こそが、ある意味で、神義論の形を生みだすのである。神の愛に応える（あるいは応えない）ことを自由に選択できる能力を持った、自分で考えることができて理性的な存在を生みだす唯一の方法は、長い進化過程によって、実際に要求される性質を持った被造物を正確に生みだすことができる、炭素に基礎を置く命を生み出すことのように思われる。

この段階で、簡単な譬えが有用かもしれない。[289] 筆者の妻がブライトン（英国の南岸の町）に、何人かの友人と数日間旅行へ行くと仮定する。その期間に、筆者の友人が、ロンドンのレストランで妻が誰か分からない男と手を組んでいたのをたまたま見たと報告してきた。一見したところ、そのことは良いようには見えない。一方、40年間の結婚生活の間、妻は愛と誠実のみを示してきたので、妻が不誠実であることは彼女の性格上あり得ないことである。その上、最近重い病気に罹っている彼女の叔父がロンドンに住んでいることをたまたま知っている。叔父が突然悪くなったので、ロンドンで最後の食事に連れ出すために、ブライトンでの友人との旅行を諦めたのだろうと筆者は思う。筆者は、彼女の携帯電話が台所にあるので、それを忘れたことを知っており、それで彼女は計画が変更になったことを電話で知らせることができなかったのかもしれない。

ここで注意すべきは、妻の誠実さを信じ続ける合理的な正当性を得るために、この状況の実際の真実を知る必要はないということである。必要なことは、そのもたらされた場面を説明する筋書きを描くことだけである。この譬えは、神の愛を信じる人間と、考察してきた「自然悪」についての観察されたデータの間にある関係について、少なくともある種の暗示を提供しているように思われる。我々は、とうてい知ることができない神の心を知ることが必要なので、実際の真の状況を知る術を持たない。しかし、クリスチャンは、神の愛が、恐らくは、この世でキリストという人物の中に神が受肉し、その後に続いて起こった我々の罪に対する刑罰として彼が受けた十字架の上での犠牲が、贖われた人間性をして、自由な意志の選択によって神を知ることを個人的な方法で可能ならしめている事実によって、最も力強い方法で自分たちに証明されていることを知っている。さらにクリスチャンは、恐らく40年よりも長く、あらゆる方法によって、彼ら自身の人生に示された神の愛を経験しているであろう。この事実を考えると、クリスチャンは、先の譬えの中で戸惑った夫の立場にいる彼自身を見出す。意識を持った存在が、純粋な自由意思を与えられて創造される唯一の方法は、そのような両刃の剣を示すあらゆる遺伝子変異によって完全なものとなる、あらゆる「プラス」と「マイナス」を伴った高価な炭素に基礎を置く高価な命を経る場合のみであろう。それが実際にその場合かどうか知る方法はないが、それがそうであろうと省察することは、働いている神の愛を信じ続けて行くためには十分である。結局のところ、神の愛を証明するデータは溢れるほどあるので、それとは逆方向に数えられる、あるいは数えられない曖昧なデータは、ものごとがさらに明らかになるまで、安全にしまっておくことができる。実際に、科学者はこの戦略をいつも採用するので、理論が結果の広い範囲に対して満足な説明を提供し、それに合致しない異常なデータは、将来のいつか、それらを再評価できる新しい技術あるいは装置が現れるまで一般的にしまっておくので、その理論を信じることができる。

無駄に関する疑問

進化が非常に「無駄な」プロセスであるとする異議申し立ては、神学的見地から、あまり重要でないと思う。それぞれが10の11乗の星を含む10の11乗という星雲というような宇宙の途方もない大きさは、この問題を考える上で、有用な背景を提供する。創造主が、このように巨大で古い宇宙を創ったのは、無駄であったという議論がしばしば聞かれる。しかし事実は、炭素と酸素のような元素を、そして生命を出現させるためには、宇宙はこのように広大で長い時間を必要としたのである。今日の宇宙空間の大きさは、現在の年令と光の速さの積と関係付けられる。もしも宇宙が、この太陽系の大きさであるなら、僅か数時間しか保つことは出来ず、実り豊かな地球にとって、確かに時間は不十分である。宇宙は、我々が存在するためには、この大きさでなければならない。

同様に時間は、この惑星で見られる全ての多様性の出現にとって、決定的に重要である。これまで見てきたように種形成は、比較的ゆっくりとしたプロセスであり、カンブリア爆発が起こったのは、地球歴史においてかなり最近のことである。なぜそれよりも早く起こらなかったのであろうか。さらなる研究がこのことを明らかにするであろう。かつて光合成が進行していた地球の大気圏において徐々に酸素レベルが高くなることは、地上における生命の多様化において重要であるが、それには多くの要因が関係している。我々の科学的な知見が増大するに従って、進化のペースを記述し予見する、一般化された「出現の原理」を記述し始めることが、いずれ可能になるであろう。別の惑星で生命が見出されれば、この過程を解明する助けとなるであろう。地球という惑星に存在する生命という一つの例から一般化することは、より難しい。

神学的に、神にとって「無駄」が何であるかを知ることは困難である。何に対して無駄なのか。クリスチャンは、「森の生き物は、すべて私のもの、山々に群がる獣も、私のもの。山々の鳥を私はすべて知っている。獣は私の野に、私のもとにいる」と語る（詩編50編10～11節）神を崇めるのである。10の22乗もの星を宇宙に撒いて、「それぞれの名を呼ばれる方」は（イザヤ書40章26節）、同時に、「餌食を求めてほえ、神に食べ物を求める」獅子（詩編104編21節）のような際立った肉食動物を含めて、自然界の豊かさと多様性を存在せしめた偉大な自然主義者でもある。よって、神の似姿に創られるということは、在天の自然主義者の仕事を、代理としてある程度任されることを含んでいるとしても、何ら驚くことではない（創世記2章19～20節）。

箴言8章に、創造された秩序を感謝して楽しむ知恵の役割について、次のように生き生きと描いているのを見ることが出来る。「私はそこにいた、主が天をその位置に備え、深淵の面に輪を描いて境界とされたとき。……御もとにあって、私は巧みな者となり、日々、主を楽しませる者となって、絶えず主の御前で楽を奏し、主の造られたこの地上の人々と共に楽を奏し、人の子らと共に楽しむ」（27節、30～31節）。

人間が神の似姿に創られた独自の価値を持つことを強調したからといって、生物界の他のものの価値を低める必要はない。神によって尊いとされたように、それらの全ては、我々によって尊いとされるべきである。人類は、歴史の99パーセント以上にも渡って、この惑星の美しさと不思議さ、そして生物の多様性を知ることが出来なかったが、神はそれを楽しんできたのである。もしも、我々にとって非常に遅いように見える長期にわたるプロセスによって、創造することを神が選んだのであれば、それが何であろうか。「主のもとでは、一日は千年のようで、千年は一日のようです」とあるが（ペトロの手紙二 3章8節）、それは、少しずつキリストのように変えられていくことを望まずに、直ちに清められることを欲するクリスチャンのように、まるで神が魔術師のように、魔法の棒を振って突然に物を取り出すことを欲するようなものである。神について我々が知り得ることは、我々の命、教会の命、イスラエルの民の命に関わらず、神が選んだのは、単にそのような方法ではないということだけである。

神の創造の業について、どのような類推も十分ではないが、恐らく神は、エネルギッシュで、創造性に溢れ、あらゆる方向に筆が飛び、その結果、創造された秩序の豊かさと多様性を出現させる、スタジオにおける偉大な画家になぞらえることが出来るのではないだろうか。これは、製造企業において廃棄物を減らすためにあらゆることをしている管理職の絵とは、全く異なる。無駄に関する限り、そのような商業的な事情のもとでは当てはまるかも知れないが、神を我々のイメージの中に置こうとすることには、気をつけなければならない。

残忍さに関する疑問

残虐さについての概念は、通常人間独自に与えられた考えの属性である残忍な方法で行動する事前計画と、意識した決断を暗に示す。残忍なネズミや邪悪なイタチが、そのような不道徳な役割を子供の本で果たすが、我々が知る限りにおいて、実際の動物界は、超道徳的で、道徳律もない。

「単なる」動物の行動というよりは、動物本来の志向性であるかどうかは、激しい議論があるところではあるが、この問題に対する答えがどうであれ、動物には自分達の行動において、いかなる意味においても、人間の責任に似たよう道徳的責任はないというのが、一般的に合意された考えである。檻に入った人を咬み殺したライオンを撃つのは、ライオンを罰するためではなく、これ以上咬み殺すことを防ぐためである。

聖書で与えられている神の道徳律の啓示は、もしそれを守るなら、人間と動物の行動の間にある非常に大きな対比を強調するパターンを提供する。我々は、自由意思を持っているので、道徳的な責任を実行することができ、我々の動物的な感情に支配されることがないことを選択することができる。それは、もしも我々の命を聖霊が満たすことを喜んで許すなら、数段に易しくされた任務である（ローマの信徒への手紙7章14〜25節）。

ある人たちは、猫が、缶詰の猫の食事を食べたので、ネズミを直ぐに食べず、殺す前にその半分の時間を弄んだり、シャチが時として、朝食として食べる前にアザラシをバスケットボールのように空中に放り上げることは問題だと考えている。ここで指摘されていることは、もしも我々がこのようなことをすると、それをしないことを選択できることから、残忍だと非難されるが——それ自体は正しい——、猫やシャチにとっては、これらの全ては、猫であること、またはシャチであることのほんの一部であり、彼らが生きていくために必要な技術を磨いているのである。もしも体が、動いている物を追いかけ、殺して食べることを意図して作られているなら、それが糸巻きであろうが、飢えていなかろうが、僅かの動きでも直ちに反応するであろう。これは残忍ではなく、ただ猫的であるだけである。

動物世界は、我々の道徳的倫理システムを指導するため、とりわけ（ほとんどの場合に）我々が道徳的決断をする際に従う例を提供するためにあるのではなく、自由になされる人間の決断が、人間存在の特異的な性格として、よりはっきりと目立つための非道徳的背景を提供するためにある。

神義論に関する疑問と神学

神学者や哲学者が神義論の問題に取り組むやり方は、神及び、神と世の中との関係の理解から出発する傾向がある。多くの評論者たちは、神の全能性を主張するが、創造された秩序が、それ自身であることを保つために、そしてある意味において、それ自身の「自由」を現すために、神が自分自身の力を意図的に制限することを選んだと示唆する。神学者であるジャック・ホート（Jack Haught）は、例えば、神が被造物を愛から外し、それらに「宇宙の美の進化において実際に起こる非秩序と逸脱のリスクを進んで犯させる」という、神学的概念である「ケノーシス」に特に焦点を当てている。W・H・ヴァンストン（W.H. Vanstone）は、創造における神の活動――「それぞれのステップは未知への覚束ないステップである」――について述べている。一貫した神義論の構築がもたらす見て取れる強みは、神は創造された秩序の病いに対して直接的な責任をもはや持たないが、ジャック・ホートの言葉を借りれば「非秩序と逸脱」は、被造物に対して発展する自由を与えた結果であるということである。世界に対する神の関与を記述することにおける、この「手を離す」的アプローチを強調する傾向を持つ神義論は、善意としてそうすると筆者は考える。しかし、彼らの目的は、進化プロセスにおける苦痛や困難に対する神の責任を低下させることにあり、それは効果がない。もしも車の運転手が丘の上でハンドルから手を離して、丘を駆け下り、その間に子どもを死なせたなら、運転手の責任は免れない。「手を離す」的アプローチは、神義論的疑問に対して、実際に助けにはならない。

著者自身の見解は、神の全能性を幾分もっと明確に現すようなもので、事柄の性質――それは実際、神の意図と目的が完全に満たされている――の創造と維持の両方における神の誠実さを強調するものである。ここでの考えは、神が操り人形の操り手という考えではなく、神の意思をもたらす全ての性質と可能性を積極的に宇宙に授ける神という考えである。それは、「在来的規則性」――生き物の存在を可能ならしめ、それらの挙動に一貫性を与える、事柄の法則的挙動――がそもそも可能な、第2章で既に考察したような創られた秩序における神の内在の故である。もしも物事が一貫して挙動しないなら、自分がどこに居るか分からず、他の何事についても知ることはないであろう。一貫した原因と結果の世界は、キツツキが死木の幹の硬い木の外側を通して穴を開けたら、その内側に恐らく虫のご馳走が待っていることを知っているということを意味する。大きい魚が、ある速度で、ある角度で動いたなら、小魚を取って食べるようなことを意味する。我々は、サッカーができるし、代数もできることを意味する。保安官が悪党を撃つと、弾丸が真直ぐ飛んで頭を打ち抜き横になって動かないことを意味する。言い換えれば、神は手品師ではない。神は世界を、物事を、秩序立てて、予測可能な在来的規則性を持つものとして創った。

在来的規則性の考えは、それが全ての生き物の存在の中心にあることを見る時、苦痛の問題について、愛の神の概念への攻撃をより弱いものにする。いかなる痛みも苦痛にも理由がない訳ではなく、我々自身の存在に必要とされる物事のより大きな枠組みの中で役割を果たす。在来的規則性の代償が、若者の癌または遺伝的虚弱性疾患のように、ある者にとって他者よりも大きいということは、恐らく不公平のように見える。神学的にも牧会的にも、これらは確かに解決が容易な問題ではない。しかし少なくとも、遺伝子による病気は、苦難に遭っている人の個人的な生活または道徳的な行為とは無関係で（喫煙のような生活スタイルの選択によって起こされるDNA損傷からくるものは別として）、単に人間であることの小包の一部である。何故なら、早かれ遅かれ、我々は全て死ぬように計画されており、それは、我々の心の全てを、現在の命の尊さと、やがて来るあの命に対して、真に備えているかどうかに向かわせる。

在来的規則性をもたらし、以て、物事はそれがそうであるように存在し働く、創られた秩序における神の内在の概念は、神は創造のプロセスにおいて、自分自身の性質を決して否定していないので、神の創造の業の文脈において、「ケノーシス」の概念を与える余地はないように思われる。ジョン・ヒックは「……良いものも悪いものも全てを持つ実際の宇宙が、神の意思を基礎にして存在しており、神の目的からその意義を受けている」と、書いている。同様の見解が改革派の神学者であるエンリ・ブロシェ（Henri Blocher）の著書『悪と十字架』、そしてドン・カーソン（Don Carson）の『主よ、いつまでですか』において示されている。[290] 我々のための真のケノーシスは、キリストは人間として生きていく全ての限界と課題を担ってこの地上に受肉するために天の栄光を捨てたと記載する、フィリピの信徒への手紙第2章に示されている。

神の全能性と創られた秩序への主権に対する強い見解は、第2章にまとめられた創造についての聖書の教義と、より良く合致するのではないだろうか。加えて、僅か10年ほどかそれ以前に比べて考えられていた以上に、科学はそのような見解とより一層、一致するようになってきている。後続する章で簡単に見ることにするが、生物学的システムにおける予見は、可能性が——少なくとも原則的に——より高まり始めているように見える。我々人間の限られた知識の中で、ごく最近まで実際的でないと見なされていた進化プロセスにおける予見の可能性について語られ始めているとすれば、創造で起こっていることについて知らなかった、そして、実際に知らない創造主、神について議論することは、あまり意味がないように思われる。

神についての聖書的理解は、預言者イザヤを通して「私の計画は必ず成り、私は望むことをすべて実行する」と語られているように（46章10節）、最初から最後まで知る神である。創造された秩序の全体的な方向には、キリストを通して失われた人間性の救済の中にある神の計画の達成と同様に、偶然的なものは何もない。これは、「隠されていた、神秘としての神の知恵であり、神がわたしたちに栄光を与えるために、世界の始まる前から定めておられたもの」（コリントの信徒への手紙一 2章7節）を示す福音である。このような箇所は、創造との関係において、特に神の民との関係で、神の「強い意図」見解を生みだす。台本を書いた天の著者は、神によって絶えず維持され、神の完全な計画に従って台本の実例を示す性質を宇宙に授与している。

作家のJ・K・ローリング（J. K. Rowling）は、7つのハリーポッター小説を書き出す前に、シリーズの全体計画を心に描き、居間の床の上に広げられた彼女の周囲を囲む気づきの書類の海の中で、広い概略を書き出したと語っている。本の詳細は、それぞれの小説が書かれる時に作り出され、これらの詳細の多くは、ドラマの全体の構造を変えることがなければ別の方法でもよかったであろう。しかし、ハリーポッターとヴォルデモートの最終的な運命は、最初から台本の中に書き込まれていた。これが、著者の「強い意図」である。

これに対して、神の世界との関わりについての所謂「弱い意図」見解——そこでは被造物が神の意思から離れる――は、「進化犠牲者」と呼ばれるものを生じる進化プロセスについての特異的な考えを助長する傾向がある。神の意思からの心もとない乖離を伴う創造された秩序においては、確かに犠牲者がでるであろう。しかし、これらのことは、この分野における異なった思想家達によって、それぞれ異なって取り扱われている。ホルムス・ロルストン（Holmes Rolston）は、進化プロセスの犠牲者についての「罪なき者の殺戮」が関与する、受難劇のような十字型被造物（「十字架を通して作られた被造物」）について語っている。ロルストンは、進化プロセスで数え切れない被造物が経験した苦難は、エコシステムの中での他の生物に捧げる命の機会によって贖われると主張している。

　神学者のクリストファー・サウスゲート（Christopher Southgate）にとっては、この議論は十分とは言い難いものであった[291]。サウスゲートの関心は、進化プロセスで繁栄した生命体の痛みや死ではなく、恐らく早い捕食によって繁栄する機会がなく、進化犠牲者になった個々の動物を同定することである。サウスゲートは、そのような犠牲者の終末における成就のようなものを念頭に置きながら、「これらの苦しめられ、挫けさせられた命は、贖われるために、進化の秩序をもたらす神によって確実に呼び出される」と、書いている。

　神の簿記記入の業に参加しようとするような人間の試みには、不安を覚えざるを得ない。ある意味では、全ての生物は、他の生物のために自身の命を与える。我々全ては、それなしでは生物圏が機能しない、あの長い食物連鎖の一部である。我々の体は、大昔に亡くなった人々の分子を確かに持っており、そしてその大部分は、死んだ動物や植物のリサイクルされた分子から成り立っている。生物学的多様性の世界を、受難劇の言葉、進化犠牲者、「未成就」の動物の贖いの必要性で覆うのは、筆者個人として必要とは考えない。そうではなく、創造された秩序を記述する時、聖書テキストは、この世的な現実主義を特徴としている。

　一方、我々は動物王国の適切な受託責任を含む創造された秩序の世話をする義務があるが、他方では、動物王国に対する過度の感傷主義には注意しなければならないと考える。このことは、くまのプー、ピグレット、ティガーと共に、フロスピー、コットンテイル、ピーター、これらに繋がる多くの動物が出てくる、数え切れない子供の本の中で育てられた英国において特に目立つ。筆者は、このジャンルを愛していることを誤解しないで欲しい。しかし、同時に虎は殺し、熊は襲い、猪でさえも非常に乱暴になる。このことを議論する際の問題の一部は、このことを語る人々は往々にして都市に住んで、野生における動物世界から全く離れており、感傷主義に陥る傾向を増幅させることにある。

実際、イザヤは、救世主の世界を「狼と小羊とは共に食らい、獅子は牛のようにわらを食らい、へびはちりを食物とする」（65章25節）として描くが、このことは、「来るべき救世主の時代に起こる完全な調和と平和についての極めて象徴的で詩的な表現」である。[292] このような記述は、成就された神の王国についての自然歴史を我々に提供することを意図するものではない。イザヤが救世主の王国について、「そこには、獅子はおらず」（35章9節）と語る時、それは、人々が平和の内に暮すことを意味しており、先の記述と何ら矛盾を感じていない。ローマの信徒への手紙8章で暗示されていることを除けば、聖書は動物や植物の贖われた将来について、黙して語っていない。ここでは、多くのことを思い描くことが出来るが、本当のところは、我々がそこへ行った時に判るであろう。

筆者は、現在に関する限り、生物について別の神学的アプローチを提案したい。

まず第1に、生物はそれ自体であることにおいて固有の価値を持っているということである。バクテリアの価値は、その固有の性質にある。熊の価値は、熊的であることにおいて、その独自の特質にある。それぞれの生物は、それ自身の生態的地位の中で活動し、その独自の性質を現している。それらは、何らかの形で我々自身の目的に仕える場合にのみ我々には有用であるが、単なる助格的な価値としてではなく、それら自身によって規定されるそれら自身の価値を持っている。

第2に、それぞれの生物は、神が創造した秩序の一部として、神に対して価値を持つ。既に見てきたように、旧約聖書は全巻、神に創造された全ての被造物における、神の喜びを思い出させる。この惑星のほとんど全ての歴史に渡って、神のみが地上における彼らの存在を、その傍らで喜んでいるのである。

第3に、それぞれの被造物は、全体の進化説話の中で、それ自身の役割を演じており、我々生きている同類は、ゲノム情報の巨大な保存庫の全ての部分である。我々は皆関係付けられており、同じ遺伝子コードを分かち合っており、非常に似通った肉と血を持っている。我々は皆、生命と死を分かち合っている。

オースティン・フェラー（Austin Farrer）は、このことに関して、明確に問題を提起している。曰く、「哀れな足を引きずる世界よ、お前の親切な創造主は足から棘を抜き取らないのか。しかし、これはどのような棘なのか。もしも取り去られたのであれば、いくつの足が残るのか。実際に、どれほどの被造物が。全ての相互作用のシステムが除かれたなら、物理的な宇宙はどのようになるのであろうか。恐らく物理的な宇宙は全く無いであろう」と。生物界は、一括した取引きである。

では、創造された秩序を通して完成され、そして完成されようとしている世界に対して、意図と目的を持つ神と共にある神義論は、どのようなものであろうか。このことは、現世を「魂形成の谷間」とみなすジョン・ヒックの考えに我々を導く。この考えにおいては、創世記1章1節で述べられているように、神が天と地を創った時、天国を創らなかったが、新しい天と地を創る準備として現在の宇宙を創ったというものである。それは、良い世界であり、創世記が語るように、完全に神の目的に適う世界であった。そこで神は、厳しい世界、つまり、自分の似姿に作った人間に従わせる世界を創った。それは、痛みや死、そして慰めや幸せを脅かす様々な事柄に溢れる世界である。それは、道徳的、霊的な成長が可能な世界であり、行楽地でのキャンプというよりは、新兵訓練のキャンプのようなものである。痛みが無ければ、何も得るものは無い――この省察は、もちろん、神学的省察の能力なしに苦しんでいる小さな子どもよりも、大人においてより関係する。そこは確かに、誰でも心地よく、無頓着で居られるような世界ではない。神の恩寵に頼るしか、安全が得られない世界である。しかし、もはや痛みも困難もなく、究極的には創造された全秩序が贖われ、最良のもので満たされた神の王国である新しい天と新しい地――そこにある正確な詳細は我々に知らされてはいないが――を神は準備している。我々はまた、ひどく苦しんでおり、さらには責任ある年齢まで達する前に死んでいくまだ若い子どもたちさえも、将来の神の王国に招き入れられることを確信することができる。「子供たちを来させなさい。わたしのところに来るのを妨げてはならない。天の国はこのような者たちのものである」とあるように（マタイによる福音書19章14節）。

自由意思を持つ人間の行動によってもたらされた道徳的な悪の結果としてではなく、「自然悪」の特徴が明確になるのは、今日の悪魔的時代と、来るべき時代、即ち完成された神の王国との間の緊張であり、それは、イエスが主になることによって完成された神の王国とのコントラストにおいて最も顕になるのではないだろうか。ヨハネは、このことを次のように記す。「イエスが道をとおっておられるとき、生れつきの盲人を見られた。弟子たちはイエスに尋ねて言った、『先生、この人が生れつき盲人なのは、だれが罪を犯したためですか。本人ですか、それともその両親ですか』。イエスは答えられた、『本人が罪を犯したのでもなく、また、その両親が犯したのでもない。ただ神のみわざが、彼の上に現れるためである』……イエスはそう言って、地につばきをし、そのつばきで、泥をつくり、その泥を盲人の目に塗って言われた、『シロアム（つかわされた者、の意）の池に行って洗いなさい』。そこで彼は行って洗った。そして見えるようになって、帰って行った」（ヨハネによる福音書9章1節）。イエスは、福音書において病を罪の故ではなく、終末の未完成の故の悪と見なしている。恐らくこの男の盲目は、遺伝子変異による先天的なものであったと思われるが、原因が何であれ、それは、来るべき時代には属しておらず、我々が住む現在の悪の時代において、思いやりの業に機会を提供するのである。

実際的な観点から、痛みや苦難は、人間を救いの信仰へ導き入れるために用いられることは疑いがなく、同じように、もしもクリスチャンであれば、それを通して神が我々の命に働いていることを知ることになる。有名な言葉であるが、C・S・ルイスは、「神は……我々の痛みの中で叫ぶ。それは神のメガホンである」と書いた。多少とも人生の巡礼を巡ったほとんどのクリスチャンは、ある種の痛みや苦難の経験が、霊的な怠惰から目醒めさせたか、注意が必要な人生の中で、不従順であったことを神によって指摘されるために用いられたということに思い当たるのではないだろうか。筆者は、そのような経験をした者である。もちろん、その主権において神がそのような事をプラスの結果をもたらすために用いることができるという事実は、医療や他の方法で痛みや苦難と戦うことをしないということでは全くなく、それらの出来事が、魂形成のこの谷間において、霊的な成長をもたらす特別の機会をもたらすことを覚えたい。

一般的に逆に思うかもしれないが、苦難を通して信仰に至ったクリスチャンがいかに多いか、そのような人に出会う度、いつも驚かされる。だいぶ前のことであるが、日本の大学で研究セミナーを行っていた時のことである。セミナーの後に、招待者の方に日本食のレストランへ招いていただいた。車に乗ると後ろの席に聖書があるのに気づき、そのうち会話の中で、彼がクリスチャンであることが分かった。座敷に座って天ぷらを食べながら、彼は、自身の霊的な旅路と、家族が如何にして導かれたかについて詳しく語った。話を聞きながら、涙が溢れて仕方がなかった。彼はそれに気づいたかどうか分からない。そのレストランには小さなぼんぼりがあるだけで、その暗さに感謝したことであった。彼もその妻も仏教的バックグラウンドで育った。結婚して間もなく、最初の子供が生まれたが、死産であった。その心的外傷によって、彼女は重い神経衰弱に陥ってしまった。神経医による長い治療を受けたが、その医者はクリスチャンであることが分かった。このことを通じて、十字架以外には彼らの痛みは癒されないことを知り、二人はキリストに信頼を置くようになった。両方の家族は、二人の新しい信仰に激しく反対した。

それから随分経ってからのことであるが、大きな被害をもたらした地震があった時、彼女の母は、神戸に一人で暮らしていた。心配した夫である筆者の招待者は、数日後にそこへ行ったところ、母の家はもとより、その近隣が全て倒壊しているのを見て唖然とした。ようやく避難所で、自分が着ているものを除いて全てを失ってそこに立っている、生きている母を見つけることができた。彼は、東京の郊外にある自分達の家に母を連れてきて一緒に住むことにしたが、クリスチャン・ホームの暖かさの中で、やがて彼女はキリストを見出した。

しばらくして、遠くに住んでいた彼自身の母が癌に罹り、彼の家の近くの病院に入院することになった。二人は定期的に見舞いに行っていたが、彼の母も死ぬ前に主イエスに信仰を置いた。このように、主は、彼の主権のもとに、それぞれ異なった苦難を用いて、家族の者全てを、新しい命に与らせたのである。

ここで大きな神学的難問は、神の新しい贖われた家族を、自由にされた意思の反応によって新しい天と新しい地に導くために、苦難、病気、死の代償が、何故あのように大きいものでなければならないのかということである。何故、死、痛み、あるいは苦難無しで、神は新しい天と新しい地を創って、完全な人間をそこに置かないのか。結局のところ、このことは、キリストを信じる者全ての将来の希望である。何故、将来を今持つことができないのか。ある理由によって、神の将来の贖われた家族は、十字架を通してのみ、苦難とこの魂形成の谷間を生きることを通して確立されるのである。このようにしてのみ達成される、より偉大な良いものがある。

ヘブライ人への手紙の著者は、「多くの子らを栄光へと導くために、彼らの救いの創始者を数々の苦しみを通して完全な者とされたのは、万物の目標であり源である方に、ふさわしいことであったからです」と書いた（2章10節）。主イエスが苦難を通して「完全」または「完璧」な者とされたように、我々もイエスの歩いた後を辿るように招かれているのである。よって、我々は気持ちが萎えることはない。「だから、わたしたちは落胆しません。たとえ私たちの「外なる人」は衰えていくとしても、私たちの「内なる人」は日々新たにされていきます。私たちの一時の軽い艱難は、比べものにならないほど重みのある永遠の栄光をもたらしてくれます」（コリントの信徒への手紙二　4章16～17節）。新しい天と新しい地への道は、十字架を通して通じる道であり、それは、キリストが全ての罪と、この世の悪と苦難を背負って、我々が罪の縄目から解き放たれ、それと同時に大地そのものが贖われることに繋がる「来るべき時代」へと導く道なのである。

もちろん我々は、ジグソーパズルにおいて、神の目的を達成するために用いられる方法の全ての理由を完全に理解できる全てのピースを持っている訳ではない――当然のことながら。しかし、いつの日か「顔と顔とを合わせて見る」時（コリントの信徒への手紙一 13章12節）、恐らく残りのピースがはめ込まれているのを見ることになるであろう。

時々、たった一つのデータでも、それが無ければ解くことができない状況を、解きほぐすことができる。これを書く数週間前の休日に、筆者と妻は、トルコの南西の山を、信頼できる地図を頼りに歩いていた。全てのハイカーが経験しているように、異国における新しい道への挑戦は、その正しいスタート地点を見つけることである。一旦、それが見つかると、後は全てうまく行くものである。この場合、ガイドブックによれば、ある村のモスクに行くためには、二股に分かれた道を右にとり、墓地を通り過ぎると、左側に道を取ることと書いてあった。確かにこのモスクは、簡単に見つかった。だが、そのことを除いて他のことは、いずれも記述されていることとは異なっていた。立ち止まって、モスクのイマーム（導師）と言葉を交わしていると、私たちと同じように、しかし別の理由で彼は不思議がった。何故、私たちが車を持っており、完全に良い道があるにもかかわらずに、谷間の道を歩いて来たのかと。トルコのこのような場所でのハイキングは、まだ普段行われている時の過ごし方ではない。妻との混乱した会話と実のない実地検証の後、もしかしたら村には、もっと遠い丘の向こうにあって見ることが出来ない別のモスクがあるかも知れないということに、突然思い当たった。正にそうであった。目的のモスクから始まって道を辿ると、ガイドブックに記されているように、それは完全で、素晴らしい道であった。後で分かったことであるが、その「間違ったモスク」は、このガイドブックが出版された後に、建てられたものであった。見るからに正しい解釈を与える1個の変異したデータは、全体の物語をつじつまが合わないようにするには十分である。1個の正しいデータは、全てを再び元に戻すことができる。

この点についての、いくらかより科学的な類似例を、現代物理学における量子論の役割に見ることができる。功利主義的観点から、それは完全に理論として働く——全ての実験は予見に合致する——が、目下のところ、量子論を通常の人間の論理や経験に取り入れることは出来ない。もっとも、いつかは可能になる日が来るかもしれないが。

従って、我々が持っている生物学的な一括取引き、あるいはそれに似たものは、真に自由な人間を、神の愛に自由に応答し、神を永遠に知るように作るための唯一の方法なのだろうか。我々は、その答えを決して知ることはないであろう――ともかくも、現在生きている間は。しかし、肯定的な答えの可能性でさえも、非常に力強い神義論を提供する。我々の現代の知識の状況において、量子論の意味をよく理解できないように、ジグソーの無くなったピースがもう少しあれば、自然悪の問題は非常に異なったものに見えるかもしれない。しばらくの間、まだ与えられていない答えを、忍耐をもって待たねばならない。

そして待っている間、『『天使たちよりも、わずかの間、低い者とされた』イエスが、死の苦しみのゆえに、『栄光と栄誉の冠を授けられた』のを見ています。神の恵みによって、すべての人のために死んでくださったのです』とあるように（ヘブライ人への手紙2章9節）、我々が真の命を今知ることができ、将来を待ち望むことができるように、キリストが肉体的、霊的死の両方における、痛みと苦悩を全て引き受けたことを決して忘れないようにしよう。

創造された秩序において、神の著作権と主権を強く信じる者にとって、筆者もそうであるが、プリンストン神学大学のディオジェンス・アレン（Diogenes Allen）の次のような省察は、この章を終えるに当って、最も適切であろう。


キリストを通して、父の愛がいかに全てのことにおいて――苦難においてさえも――あるかを知ることができる。我々が単に被造物として世の中に従属しているので、苦難は、神からの距離を表す指標と見なすことが出来る。しかしなお、苦難に対する応答に応じて、その苦難を通して、そしてその苦難の中にあって、その人は神と接することが出来る。神が作った現実に触れるということは、それが痛みを伴うとしても、その痛みの上に、そして全ての上にいる神、即ち愛との間接的な触れ合いである。それが触れ合いである限り、それは良いものであり、それが痛いものであれば、良いものではない。友人と握手する時、心を持たない自然と握手する時、同じ痛みでありながら、それらは何と異なることであろうか。

第14章　知的設計《インテリジェント・デザイン》（ＩＤ）と創造の秩序

知的設計（インテリジェント・デザイン――ＩＤ）運動に対する考察を意図的に最後に持ってきたのは、このことが、これまで考慮してきたことと幾分異なった疑問を提起し、また、本書の枠組みの中で示した聖書的創造の教義の背景が、批判の基本になっているからである。

知的設計は、生物において高度に設計された具体的な例を探し出そうとする反ダーウィン主義者たちの運動で、これらの例を設計者の証拠として持ち出そうとするものである。この動きは、１９９０年代の始めから一般的に気づかれ始め、フィリップ・ジョンソン（Philip Johnson）というカリフォルニア大学の法学教授によって書かれた一連の著書により始まった。ジョンソンは、ロンドンを訪問中にリチャード・ドーキンスの著書『盲目の時計職人』に出会ったが、彼が進化論を批判する『裁かれるダーウィン』を書いたのは、ドーキンスの反宗教的レトリックに一部触発されてのことであった。ジョンソンを最も困惑させたのは、ドーキンスの自然主義哲学の仮定――全てのことを、神もしくは超自然的なものに頼ることなく、科学で説明ができるという思想――であった。

ＩＤ運動が実質的に起こったのは、米国のリーハイ大学の生物学者である、カトリックのマイケル・ベーエ（Michael Behe）が書いた『ダーウィンのブラックボックス――進化に対する生化学の挑戦（*Darwin's Black Box: The Biochemical Challenge to Evolution*, 1996）』と、最近更新されたベーエの『瀬戸際の進化論（*The Edge of Evolution*, 2007）』からである。さらに数学的な視点から取り組んだのは、『設計推論――僅かな確率による偶然の除去（*The Design Inference: Eliminating Chance Through Small Probabilities*, 1998）』や『設計革命（*The Design Revolution*, 2004）』のような著書を著した、ＩＤ運動のリーダー、ウイリアム・デムスキー（William Dembski）である。スティーブン・メイヤー（Stephen Meyer）は、より学問的にＩＤを提案した『細胞の中のサイン（*Signature in the Cell*, 2010）』や、『ダーウィンの疑念（*Darwin's Doubt*, 2013）』を著わした。１９９０年代に、これらの人と支持者たちは、現在のＩＤ活動の中心であるシアトルの「ディスカバリー・インスティテュート（Discovery Institute）」に繋がる「科学と文化の再生センター（The Center for the Renewal of Science and Culture）」を設立した。１９９０年代後半に、センターの目的を、「物質主義とその遺産を打破することに集中する」とする、「くさび戦略」を開始した。「設計理論は、抑圧的な物質主義の世界観を覆して、それをクリスチャンと科学が調和したもの、及び有神論の確信によって置き換えることを約束する」としている。[293]

他国の影響はあるものの、大部分は米国の運動であるＩＤの政治的な露出度は、１９９０年代に、米国の地方教育委員会に、学校の授業で進化の代替としてＩＤを教えることを促進することを求めた一連の訴訟によって増大した。英国や他のヨーロッパ各国における教育システムに特徴的な、国レベルでのカリキュラムと異なって、米国ではカリキュラムは、一般投票で選ばれた地方の教育委員会によって実質的にコントロールされている。米国では宗教と州は厳密に分離されているので、学校では宗教的な指示がなく、このことが状況を複雑なものにしている。ペンシルバニア州のドーヴァーの学校で選出されたＩＤを支持する教育委員会が、ダーウィンの進化と共にＩＤを教えるように教師に命令を出した。このことは父兄の抗議を呼び、２００５年には、ベテランのルーテル派教徒でブッシュ大統領によって任命された共和党員であるジョンズ裁判長のもと、非常に注目を浴びた裁判へと発展した。判決は、「ＩＤは、科学ではなく、科学を検証可能で自然論的説明に限定するという最も重要な基本原則を満たしていない」として、もはやＩＤを授業で教えてはならないと判決した。

この章での目的は、ＩＤ運動の歴史や政治をさらに詳しく検討していくことではなく、[294] ＩＤ推進者が主張している核心的な思想について考察することである。ＩＤは、実際に、いくつかのはっきりとした主張を持つ運動である。この思想を米国から輸出している間、欧州の解説者によって、しばしば、伝統的な設計議論の別の方法だと単純に紹介されているが、このことは、明確にそうではないと主張しているＩＤ推進者に対して、[295] 不公平であると筆者は考える。筆者は、いかなる運動も、何を主張しているのか理解するために、そして、実際は主張していないのに、彼らが主張していると我々が望んでいることをあたかも彼らの主張とすることがないように、その主要な提唱者の著書を慎重に読むことを、重要視する者である。

英国メディアはしばしばＩＤと創造主義を混同しているが、ＩＤは若い地球創造主義と同じではない。とは言っても、公平を期すためには、いくつかの点において、特にダーウィンの進化に反対していることから、ＩＤは創造主義の「最初のいとこ」と言ってもよいであろう。事実、この後で見るように、技術的には「偶発性創造主義」の形を取っている。

思想についてのどのような運動にも見られるように、ＩＤ著者の間には、かなりの意見の広がりがある。フィリップ・ジョンソンの著作は、創造主義の著者の中に見られる進化に対する伝統的な議論を含んでおり、それらのいくつかについては、既に本書で取り扱ってきたものである。同様に英国におけるＩＤの擁護者であるジョン・レノックス（John Lennox）は、彼が名付けた「マクロ進化」と「共通の祖先」に対して、標準的な創造主義者の議論を多く繰り返しており、本書の第3章から第5章で見てきた遺伝子と化石についての最近の進歩について気づいていないように見える。[296] ウイリアム・デムスキーは「生命体は自然歴史の中である変化を遂げてきたが、この変化は厳密な枠の中で起こったものであり、人間は特別に創られた」と主張し、[297] 他の箇所では、「知的設計は、完全に共通の祖先と一致している」と書いている。[298] 一方、マイケル・ベーエは、古い地球、類人猿との共通の祖先、進化プロセスにおける自然選択の重要な役割について信じる立場を堅持しており、「チンパンジーと人間の共通の祖先よりも、もっと強い証拠を見出すことは考え難い」と書いている。[299] このように、ＩＤ擁護者の見解を評価する場合に、彼らが広い意見を持っていることに留意しておく必要がある。

さらに、ＩＤの著者たちは、宗教的信仰と神学の観点において、一枚岩ではない。多くの初期の運動推進者は、Inter-Varsity Press のような福音主義出版社から著作を出版したフィリップ・ジョンソンのような福音主義クリスチャンであった。一方、マイケル・ベーエはカトリックである。ウイリアム・デムスキーは現在、ノース・カロライナのマタイにある南部福音神学校の文化と科学についての、フィリップ・Ｅ・ジョンソン・リサーチ教授であるが、１９９０年代に東方正教へ転会している。[300] ディスカバリー・インスティテュートの別のフェローであるジョナサン・ウェルス（Jonathan Wells）は、文鮮明によって設立された統一教会で牧師として訓練されている。

ＩＤの擁護者には不可知論者も含まれており、設計の必要性――つまり設計者の存在（具体的には示さないが）――をほのめかしながら彼らの議論を進めているが、ＩＤは、キリスト教信仰の神への信仰のために必要とされているものとは何ら関わりなく、厳密に科学的思想であることを明確に主張している。従って、彼らの思想を説明するに当って、聖書を出発点とするものではなく、ＩＤの書物は完全に聖書の引用を欠く傾向にある。

数年前、筆者はテキサスのフォート・ワースにある聖公会教会が主催した、この件に関するディベートに招待された時、ＩＤ擁護者の集りの中で、形而上学的世界観に関するバラエティーに個人的に出演した。ＩＤに対する批判者として、無神論者であるローレンス・クラウス（Lawrence Krauss）とチームを組み、他方、ＩＤ擁護者のチームには、コロラド大学の無神論哲学者であるブラッドリー・モントン（Bradley Monton）と世俗ユダヤ人のダビッド・バーリンスキ（David Berlinski）が参加した。米国の最も宗教的な一つの州における教会が主催する行事で、大勢の無神論者と不可知論者とのＩＤのディベートで、筆者だけが神を信じているという、幾分異様な経験に出会うことになった。少なくともこの行事が、ＩＤ運動が見かけ上、キリスト教と一体であるというメディアの不当な報道を覆すことに役立ったのではないかと考えている。

クリスチャンのＩＤ擁護者の間でさえも、「設計者」が誰であるかを明確にすることを明らかにためらっている者がいることが、ジョン・サザーランド（John Southerland）がマイケル・ベーエにインタビューした、２００５年のガーディアン紙にある次の記事の中に読み取ることができる。[301]

・サザーランド：あなたがカトリックであることは公然です。しかし、私の理解では、いかなる形であるにせよ、あなたの科学的理論は、神を結果の必要条件として含んでいません。あなたは、設計者は悪魔的な異星人のような者でさえもあり得るように思われますが、いかがでしょうか。

・ベーエ：全くその通りです。生物学の証拠は全て、非常に知的なエージェントであるようなものを示しています。私には、それが神であるとしっくりいきますが、他の人にとっては異星人を好むかもしれません――誰が分るでしょうか。それは、天使かもしれないし、悪魔的力のようなもの、新時代の力のようなもの、我々がまだ何も知らないようなものかもしれません。

１９９６年にフィリップ・ジョンソンは、ＩＤについて、「これは実際に今、そして過去においても科学に関する論争ではなかった。それは宗教と哲学に関するものである」と、明言している。結局のところ、ＩＤがある種の自然神学のリバイバルであることから、無神論と不可知論の「仲間の旅行者」を当面横に置いて、その観点から見ていく必要がある。よって、聖書的な創造神学の観点からより多く考察するが、このところＩＤ擁護者は、彼らの思想は厳密に科学的だと主張していることから、科学的視点からも考察することにする。筆者は、フィリップ・ジョンソンが１９９６年に述べたことは、全く正しいと考える。

単純化できない複雑（Irreducible complexity）

マイケル・ベーエは、生物系においてある種のものは非常に複雑で、「偶然」によって（つまりダーウィン過程により）進化することが出来なかったと主張している。ベーエは、血液凝固、免疫系、他の生化学的経路、そしてそれらのうちでも有名なものとして細菌性鞭毛のようなものが関与する生化学メカニズムを例として上げている。ベーエは、全ての構成要素が同時にある場合のみ、そのようなシステムが機能するので、鞭毛のような複雑なものが、進化メカニズムによって完全に形成されることは不可能であり、よって原理的に、進化はそのようなものに対する説明を与えることはできないと主張している。そのようなものを、ベーエは「単純化できない複雑」と名付けた。単純化できない複雑構造とは、「基本的な機能を発揮するためのいくつかの互いによく一致する部品からなり、それら部品の一つでも除かれると、その機能が働かなくなる一つのシステムである」と、ベーエによって定義づけられている[302]。

デムスキーはさらに進んで、そのような「単純化できない複雑」システムが特定されると、そのようなものが偶然によって一気に出来る数学的な確率は非常に小さいので、問題にしているシステムは、「設計」によって生じたに違いないという意味で、「設計推論」をすることが出来ると推論している。ダーウィンが進化プロセスの段階で思い描いた「多くの次々に起こる僅かな変異」によって、そのようなものが進化するなどあり得ないという訳である。

細菌性鞭毛

これらの主張において、いくつかの疑問がある。まず、第1に科学的なものである。

ＩＤ運動の象徴として知られる細菌の鞭毛《べんもう》からまず始めたい[303]。これは、船外機に付けられた自由自在な櫂《かい》のように、細菌が自由に泳ぎ回れる、実に素晴らしい道具である。モーターは、イオンの伝達によって動き、「櫂」を外に突き出して細菌の細胞膜に組み込まれている（図18を参照）。細菌によって、鞭毛の精密な構造はかなり異なるが、一般にこの集合体は、装置を細菌の細胞膜に固定する基底小体、イオンによって動くモーター、スイッチ、フック、そして、鞭毛を細菌の細胞膜表面に出すために必要な他の蛋白質を送出するシステムからなっている。[304]典型的には、装置を作り出すためには40～50の遺伝子が関与しており、鞭毛そのものはおよそ30個の蛋白質からなっている。

もしも「単純化できない複雑」の考え方が正しいとするなら、鞭毛の中のいかなる構成要素またはモジュールも別の独立した機能を持つべきではない。なぜなら、その場合、システムは別の構成要素に分解することができ――そこではダーウィンの自然選択が鞭毛自体から全く独立して働くであろう――、鞭毛はもはや「単純化できない」ことはない。ところが、鞭毛は、他の細菌の構成の中では、独立的に用いられる多くの構成要素やモジュールを確かに持っているのである。[305]例えば、細菌は、地球上の他の全ての生命体と同じように、攻撃したり自分自身を守ったりする術を知っている。

細菌が攻撃する一つの方法は、エルシニア菌によって打ち込まれる、腺ペスト（中世にヨーロッパを襲った黒死病）を起こさせる「毒性因子」のような毒素を、直接他の細胞に打ち込むⅢ型分泌システム（ＴＴＳＳ）を用いるものである。この場合、ＴＴＳＳで興味あることは、これが鞭毛の基底小体に全てが極めて類似した約10個の蛋白質から成り立っているということである（図18を参照）。従って、ここには鞭毛の機能に組み込まれたモジュールがあるが、そのモジュールは、別の細菌では鞭毛とは極めて異なった機能を持っており、よって、鞭毛は結局のところ「単純化できない複雑」ではない。

実際、鞭毛の多くの構成要素は、既に知られ生物の間に広く広がった多くの役割と機能を持っている。鞭毛の一部分は、全ての細菌の膜で独立して機能するものとして見出されたイオン交換チャンネルとして働く。同様に、鞭毛のイオンを送り出す回転モーターは全く他に類がないというわけではなく、全く逆である。このモーターの

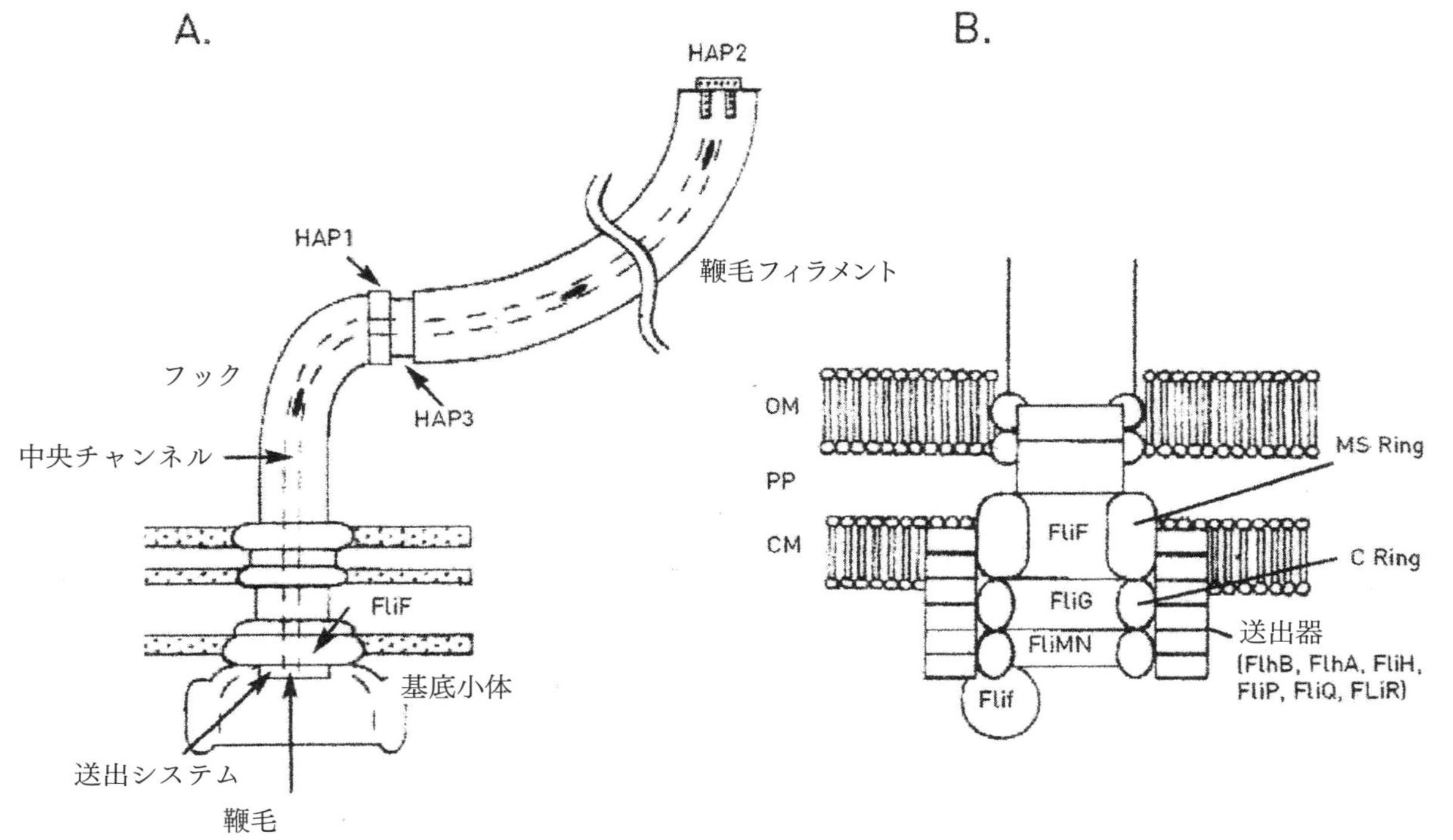

図 18　細菌性鞭毛：A.　最近の細胞を囲む膜に固定された全体構造を示す。OM：外側膜、PG：ペプチドグリカン層、IM：内側膜または細胞のサイトプラズマを囲むサイトプラズマ膜（CM）。B.　エルシニア菌からのⅢ型分泌システムに見られるものと非常に似ている 10 個の蛋白質からなる鞭毛の一部（A は Yonekura, K., et al., *Science* 290: 2148-2152 より複製；B は、K. R. Miller, Brown University, USA の許可を得て複製。）

心臓部をなすＡＴＰシンターゼは、[306] 全ての生物のエネルギーの保存と分子の移動に関わるＡＴＰを作るため、イオンの運動を利用する。このＡＴＰシンターゼは、他の全ての細菌の膜で機能して回転運動を起こすためのエネルギー交換を用いる。同様に、様々な用途を持った鞭毛の個々の蛋白質が、生物の間で広く見られる。フィラメント部分に見られる鞭毛物質は、細菌の細胞表面にあるピリンとして知られている蛋白質と同様のものである。実際、大腸菌のような細菌で必要とされる42個の「標準鞭毛蛋白質」のうち（鞭毛集合体のために必要とするものを含む）、27個が別の細菌で非常に似通った蛋白質を持つものとして確認されている。

このように鞭毛の分子構造を理解することによって、システムの個々の構成要素が、鞭毛が持つどのような役割についても全く独立的にそれらの宿主細菌にメリットを与えることから、いかに別々に進化しているかが、容易に分るようになる。細菌における詳細な進化経路の解明は、異なった菌株の細菌の間で遺伝子情報が交換される水平的な遺伝子移動の現象によって、容易でなくなる。この理由によって、例えば、TTSSが鞭毛から進化したのか、あるいは逆なのかを確定することが困難である。しかしながら、鞭毛を持つ全ての細菌の先祖と考えられる24個の「中核的」蛋白質を考慮した鞭毛の進化歴史についての詳細な示唆が報告されている。[307] １千を越える異なった細菌の菌株から、ゲノムの配列決定によって同定された921のTTSSについてのより最近の研究結果は、TTSSはまず鞭毛の中で機能を獲得し、次に毒素注入器としてのさらなる機能を獲得することを示唆した。[308] さらに研究は、その過程に、いくつかの興味ある中間体があることを示し、その論文の著者は、「分子進化が一つの複雑な分子機械を、一連の脱離、工夫、そして他の分子からの調達によって、同じように複雑な第２の機械へ、いかにして転換できるかを証明した」と、結論づけた。この件について、これが結論ということでは決してなく、ここに記載したことは現在進行中のものの代表的なものである。しかし、細菌の鞭毛の詳しい進化経路について、誰もが満足できるように、いずれ解明されることは疑いようがないであろう。

血液凝固

同様の科学的指摘が、『ダーウィンのブラックボックス』の中で、ベーエによって「単純化できない複雑システム」の代表例として記述されている血液凝固システムに適用されている。しかし、科学進歩の速度は早く、このシステムの進化の多くのステップが既に解明されている。ここでも、このシステムの数多くの構成要素は、いくつかの異なった機能を有しており、必要に応じて血液凝固システムに簡単に選び込まれることができる。

我々のような大部分の脊椎動物における血液凝固のメカニズムは、極めて類似している。これらの動物は、循環するために、繊維質で溶解性の蛋白質（フィブリノゲン）を血液の中に必要とする。フィブリノゲンは、粘着性の中心部を持つが、この領域は通常、分子の別の箇所で覆われている。凝固は、プロテアーゼ酵素（トロンビン）がフィブリノゲンの外側を切り取ってフィブリンと呼ばれる粘着性のものを生じ、それが固着して始る。プロテアーゼとは、自分自身以外の蛋白質の破片を切り取る酵素（触媒として作用する蛋白質）である。

では、トロンビンはなぜ突然フィブリノゲンの破片の切り取りと始めるのであろうか。答えは、トロンビン自身、別のX因子と呼ばれる別のプロテアーゼによって活性化されるためである。そして、X因子にスイッチが入るためには、さらにⅦ因子とⅨ因子の二つのプロテアーゼを必要と、それらはさらにⅧ因子を含む別の因子を必要とする。不完全な血液凝固による血友病患者は、このⅧ因子が欠落した人である。

血餅を作るためには「カスケード（瀑布《ばくふ》）反応」が必要であり、そこには全部で20個以上の成分がある。なぜそのように多くあるのか。その答えは、一つのプロテアーゼが別のプロテアーゼを活性化させるそれぞれのステップが、最初の引き金によってカスケードの最後で極めて早い応答が起こされる増幅システムを提供することにある。従って、一つの活性因子（プロテアーゼ）が、カスケードの中で次の因子の20個の分子を活性化出来れば、それぞれがさらに20個活性化出来るので、このようなシステムでは、最初の信号の100万倍の増幅は容易に達成可能である。損傷を受けた組織によって引かれた「凝固銃」は、カスケードの最初の因子を活性化させる。増幅システムが無くても凝固は起こるであろうが、その場合には、とてつもなく遅いであろう。

進化メカニズムは、このシステムがどのようにして出現したか、説明できるであろうか。もちろん、容易に。プロテアーゼをコードした遺伝子は、全ヒト遺伝子の実に3％も占めており、我々の体は、何百個という異なったプロテアーゼを持っている。それらの多くは、進化歴史の中で、遺伝子複製によって生じたことははっきりとしている。血液凝固に関わる一連の因子からなるプロテアーゼは全て、互いに関連しており、それらは皆、同じ蛋白質「家族」のメンバーである。

次に、血液凝固の進化について科学的説明をするためには、脊椎動物よりも単純な生命体で別の働きをする、フィブリノゲンをコードした遺伝子を見つけ出さなければならない。また、脊椎動物へ進化した動物において、もっと単純な血液凝固システムを見つけ出すことが必要である。この二つの条件は共に満たされた。1990年にフィブリノゲンに類似した蛋白質をコードした遺伝子が、棘皮動物であるナマコから発見された[309]。もっと単純な血液凝固システムに関する限り、血液の損失を防ぐために無脊椎動物が採用しているシステムは興味をそそる。ヒトデや蠕虫のような無脊椎動物は、切られても死ぬほどには血を流さない二つの理由がある。まず第1に、我々とは異なって、これらの循環系は、比較的低い圧力の下にある。第2に、この議論にとってより関連しているのであるが、これらは、血液の流出を止めるのが上手な、様々な形をした粘着性の白血細胞を持っていることである。従って、血液容器が壊れると、白血細胞が素早くその穴に向かって動き、そこで粘着性を発揮して、コラーゲンのような蛋白質と結合してそれ以上血液が流れ出ないようにする。システムとしては、我々のものほど優れてはいないが、高圧で血液を吐出する心臓を持たない動物にとっては、これで全く十分である。

従って、脊椎動物の血液凝固システムが、どのように進化してきたかを描くことは極めて容易である。フィブリノゲン様の分子が、恐らく血漿において、当初は正しい浸透圧を維持するような他の機能のために既に存在していたことから、考えられるシナリオは、その時に必要なものはただ、トロンビンのようなプロテアーゼを、変異の結果、血液に間違って向かわせることである。このことは、さらに別のプロテアーゼによるトロンビンの活性化と一緒になって、血液凝固を起こさせるために十分な、簡単な3つの構成要素からなるシステムを与える。このような簡単なメカニズムだけで、それを用いる最初の脊椎動物は計り知れない選択のメリットが与えられ、それは多くの子孫に受け継がれていく。カスケードの他のステップは、恐らくは先に述べた遺伝子複製によって、その後に追加要素として加えられ、今日我々の体で用いられている他成分の速やかなシステムが逐次的に構築されていったのであろう。

従って、「ブラックボックス」とは程遠く、実際の血液凝固のメカニズムについて、ダーウィンのメカニズムによって他成分システムが寄せ集められる方法が、はっきりと描かれるようになった。ここで大切なことは、このようなシステムは、一つの生命体において全て一斉に組み立てられるのではなく（そうであれば素晴らしいが）、それぞれの要素は共同で別の仕事をするために既に存在していることである。

生物学では、多くの「副業蛋白質」の例が知られている。これらの蛋白質は、細胞の内側にいるか外側にいるかに応じて、それらが置かれている組織に応じて、あるいは、さらには細胞の中を占める特別の位置に応じてさえ、極めて異なった仕事をする。[310] 例えば、エネルギー代謝で主要な役割を演じているフォスフォグルコース・イソメラーゼという一つの酵素があるが、それは、少なくとも他に4つの異なった機能を持っている。この酵素は、命の進化樹木の主要な3つの枝――真核生物（我々のような）、真正細菌（ばい菌類）、古細菌――の全てに見られることから、進化において恐らく10億年以上はあったと思われる。従って、それは別の機能として利用されるまで十分な時間を持っていた。別機能のために既に存在していた2個か3個の蛋白質が集まって、あの特別の遺伝子のセットを発現する個々の生命体に大きな選択のメリットを与える血液凝固のような特別の仕事が出来る簡単なシステムを作ることができる。その後に続く進化において、要素が逐次的に加えられ、より高度なシステムが作られる。

進化において、真に効率的なシステムが一旦確立されると、生命体は当然のことながら、それ以上進むことを嫌う。脊椎動物の血液凝固システムは、フグから我々が別れてきた過去4億年にわたる進化の間、非常に安定的であった[311]。既に良いシステムがあるのに、変える理由などあるであろうか。我々自身の体には、進化の時代に遡るが、現在全く異なった別の機能のために用いられている分子があちこちに散乱している。例えば、アセチルコリンは、我々の神経が筋肉と話すために必要な神経伝達物質であるが、植物や細菌の中にも見出すことができる。これらの生物は筋肉を明らかに持っていない！

レセプターと配位子

複雑なシステムが進化したことを示す他の例も、次第に明らかになってきた。ベーエが時々強調している難問の一つは、レセプターとそれを活性化する引き金との関係である。レセプターは、細胞の外の信号を内側に伝達する細胞膜に組み込まれた蛋白質である。この仕事をなすためには、「配位子」と呼ばれる別の分子がレセプターに強く結合して、信号の引き金になる必要がある。ホルモンとして知られる我々の血流の中を循環している化学メッセンジャーは、様々なレセプターの典型的な配位子である。レセプターも配位子も有用であることが必要なことから、両者は如何にして共に進化するのであろうか。それは典型的な鶏と卵の関係にあるように見える。答えは、少なくともあるケースでは、そこに既にある蛋白質を取り入れた後、別の競合している配位子を失うことである。例えば、アルドステロンは我々の体にあって、鉱質コルチコイドレセプター（ＭＲ）に結合するホルモンで、電解質バランスをコントロールする重要なシステムを提供している。ＭＲは、大部分の脊椎動物において、ストレスホルモンであるコルチゾールと結合するグルココルチコイドレセプター（ＧＲ）とよく似ている。遺伝子樹木解析によれば、ＧＲとＭＲへ連なる遺伝子複製は、4.5億年以前に無顎魚への分岐の後に起こった。ＧＲはコルチゾールと非常に良く結合するが、それに近いホルモンもＭＲと幾分結合することが出来るので、アルドステロンが無くても、ある有用な機能を発揮することができる。実際に、アルドステロンを合成する能力の進化は、比較的最近の出来事であり、この能力は四足類（陸生類）においてのみ見ることができる。アルドステロンのGRではなくMRへの特異性は、僅か2個のアミノ酸の変化によることが現在分かっている。[312]「先祖の遺伝子復活」の処理によって、これらの2個の僅かな変化が、GRにもアルドステロンとの強固な結合をもたらすことが示された。従って、アルドステロン自身が進化するずっと以前に、鉱質コルチコイドレセプターのアルドステロンとの結合能力は、化学的に類似したもっと古い配位子との友好関係の構造的な副生物として存在していたのである。この仕事について論文を書いた著者は、ゲノムに既に存在している遺伝子を、新しい仕事へ引き込む過程について、「分子搾取」という用語を提案している。

隙間の設計者？

仮想されたそれぞれの「単純化できない複雑」システムは、普通の進化メカニズムでは原理的に説明できないものとしてID擁護者から提案されたが、論理的で一貫性のある進化の説明が出現するまで、10年間あるいはそれよりも短い間、待つだけでよい。デムスキーも、「生物学的複雑さの全てについて、それを説明するあるメカニズムが出現したなら、知的設計は、科学的な議論から脱落すると」と認めている。[313]これは、「無知に基づいた論証」は、幸運に賭ける危険な担保であると、率直に認めたものである。問題としている事柄について、進化メカニズムが原理的に説明することができないとするIDの中心的議論に、「設計推論」、即ち「設計者」が置かれていたことを想起していただきたい。もっと多くのデータが出るや否や、設計者についての議論は急速に蒸発して無くなる。いずれにせよ、自然選択がいくつかの生物システムについて説明できるが、他については出来ないことに合意するなら（何人かのID擁護者のリーダーも、このことには合意している）、複雑なシステムがダーウィンの進化プロセスを通して発達可能であることに合意したことになり、単純化できない複雑からの主張は非常に弱いものになる。

このＩＤの中心的な主張が、「隙間の設計者」――科学が未だに説明することが出来ない謎を説明するために「神」を持ち出す、もっと不名誉な「隙間の神」に類似――であると非難されるのは当然である。もちろん科学は進歩するので、謎と思われていたものは次第に消えていき、「神」のイメージも次第に縮んでいく。ここでの唯一の違いは、我々の現在の無知の隙間に、間違って定義した「設計者」を、ＩＤが提案していることである。勿論、多くのＩＤ擁護者は事実、聖書の創造主である神が、全ての物の創り主であり、維持する神であることは信じているが、同時に、我々の現在の知識の隙間を通してのみ、設計において神が働いている明白な証拠があると信じている。本書の全体に渡って推進されているしっかりした有神論を持つ者は誰でも、このような主張は不必要であることを見出すに違いない。

聖書が教えるように、計り知れない細部まで全てにおいて、神が全創造の秩序を生み出し、被造物を日々維持している、全創造の秩序の著者であるなら、我々科学者が出来ることは、最善の努力により、神が成したことをただ単に記述することにしか過ぎない。このことは、我々が既に一部引用した箇所で、奇跡についてアウグスティヌスが「そのようなことが起こった時、それは自然に逆らった出来事のように見える。しかし、神にとってはそうではない。なぜなら、神にとって「自然」とは、神がなすことであるから」と、５世紀の始めに適切に指摘している通りである。[314]

科学の歴史は、人々が完全に解決不可能な謎に出会ったと考えたこと、あるいは、科学がもはやこれ以上発展できないと考えたことが、その後の10年間でないとしても、100年後には、その謎が解かれた例で満ち溢れている。ケルヴィン（Kelvin）卿が、「科学の発展のための英国協会」で、「現在物理学において発見されるべき新しいことは何もない。残されているものは、さらに深く正確に測定するだけである」と尊大に演説したのは、アインシュタイン（Einstein）が偉大な発見をした数年前のおよそ１９００年であった。

ダーウィン自身、種の起源を「謎の中の謎」と呼んだが、もちろん我々の知識が完璧という意味ではなく、実際には完璧にはまだほど遠いのであるが、現在、種の起源は、実際には全く謎ではないことを本書において見てきた。ダーウィンの時代には、継承のメカニズムは全く不透明で、その当時、継承の単位が、我々が今日ＤＮＡと呼ぶところの分子の中に含まれているヌクレオチド塩基の鎖であることを、誰も思いもつかなかった。科学において、「絶対に不可能なことは絶対にない」という賢者の諺があることを想起する。驚きは常に傍らにあり、現在における我々の無知に基礎を置いて、神学的な装いをすることは決して賢い運動ではない。

クリスチャンの中には、科学の急激な進歩が、他のタイプの説明を何らかの形で締め出すのではないかと神経質になる者もいる。しかし、我々が命と呼んでいるこの複雑な実体には、多くの異なったタイプの説明があり、そしてこれらのレベルは、ライバルではなく、補完的である。生命に対して、科学的そして神学的理解のレベルに加えて、美学的、道徳的、法的、関係的、社会的、政治的、歴史的、そしてその他多くの理解があり、それらの全てが必要である。クリスチャンにとって、他の全てを包含し、創造に対する神の目的の全領域でそれらに究極的な意味を与えるのは、一般において、特に人間においては、「上位のレベル」にある神学的な説明である。

「単純化できない複雑」の考えは、「設計推論」の考えと相まって、科学にとって何の意味も持たず、以下でさらに述べるように、実際、科学的思想のどこにも属しない。筆者が自分の研究室に博士課程の学生を持ち、ウィルスに対して体を防衛する白血細胞における複雑な生化学の信号伝達系を解明する課題を与えたと仮定する。数年間猛烈に研究した後、筆者のオフィスにやってきて、「本当に申し訳ありません。私はこの研究に2年間、本当に一生懸命取り組んできましたが、信号伝達系は、適切に解析するには多くの要素があり過ぎるので、それは単純化出来ない複雑さを持っており、設計されたものです」と答えたとしたら、その後の会話は読者の想像に委ねるとして、その結果は、学生を実験室に送り返して、もっとしっかり研究しなさい、ということになるであろう。何かある事柄を「設計された」と見なすことは、仮説を検証するための一連の実験を生みだす助けにはならない。問題としている生化学的神経伝達系が設計されているという考えについて、この学生は実験室で如何にして検証することが出来るのであろうか。そのような考えの誤りは、如何にして立証できるのであろうか。生物科学分野では、考えが検証可能で、実りある研究プログラムに導かれない限り、それらは無益で、実際、科学的活動のどこにも属していないのである。

皮肉なことに、先に述べたように、IDには、システムの個々の要素は分離した独立の機能を持たないという核心的考え――それはある特定の場合において誤りが立証され、そして「単純化できない複雑」に内在的なもの――がある。細菌性鞭毛の件では、実際に独立的な機能を持つモジュールが鞭毛の中にあるので、この核心的考えの偽りが立証された。哲学者のカール・ポパー（Karl Popper）は、よく知られているように、科学と非科学を区別する境界線の一つとして、反証可能性を上げた。もしも原則的に理論を組み上げるデータがないなら、それは科学ではないとポパーは主張した。

しかし、ID擁護者は、IDが結局のところ科学的だとする考えを支持するものとしてこのことに飛びつく前に、「単純化できない複雑」が鞭毛の場合に（その他の場合も）誤りだったことから、「一羽のつばめが来たとしても春ではない」［訳注24］という諺を思い出すべきである。ある事柄を科学的理論として価値あるものとするためには、反証可能性は、必要だが十分な根拠ではない。例えば、惑星は人間の運命に致命的な影響を与えるという理論は、原理的に反証可能であるが、それ自体では科学的な理論にはならない（21世紀においては）。理論は、それが別の理論よりも良い説明として潜在的に有効である（さらなる実験による検証に対して潜在的に開かれている）場合に、科学者によって科学として受け入れられる。17世紀に科学的とされた理論が、今日もはや有効な理論でない――遠い昔に検証され、欠点が見つかり、捨て去られた――のは、このような理由による。

実際のところ、ダーウィンの進化論は、反対の証拠の積み重ねによって反証可能かもしれない多くの方法がある。ウサギの化石がカンブリア期以前に見出されたなら。同じ川床の泥から、ヒトの足跡が恐竜の足跡と共に保存されていたなら。もしも、遺伝子コードが、全ての異なった命の家族で異なっていたなら、調和したダーウィンの命の樹木は、最初の細胞に応じていくつかの別々の起源があることによって、いくつかの異なった幹に別れていたであろう（実際には、これまで研究された全ての生物は、実質的に同じ遺伝子コードを分かち合っている）。他にも多くの例がある。

細胞の中の署名？

マイケル・ベーエは、「単純化できない複雑」を彼のＩＤ主張の中心に置く。他のＩＤ擁護者たちは、多かれ少なかれ同じことを、別の言い回しを用いて語っているが、いずれの場合も、戦略は非常に似通っている。それは、科学的な理解が現在乏しく、新しい研究との間にあるギャップを埋めることが困難な生物学上の例を見つけ出し、「設計」を「説明」として持ち出すというものである。しかし、議論は結局のところ、同じ「隙間の設計者」的なアプローチに依存している。

スティーブン・メイヤーの『細胞の中の署名（*Signature in the Cell*, 2010）』は、このジャンルの良い例である。この著書の中で、メイヤーは分子の観点から見た現在の細胞生物学の複雑さを記述している。その本の大部分はＤＮＡと蛋白質構造、遺伝子コード、遺伝子発現の制御、蛋白質の生合成、生命の起源についての現在の科学的理解に費やしている。そこでは、そのような実体が生じた逐次的・段階的なプロセスについての我々の科学的知識のギャップが強調されている。そして、「設計仮説――ＤＮＡの謎に対する可能な説明として正当に考慮され得るであろう仮説」があるかも知れないと総括した後、[315] さらに続けて「最良の説明への推論」という用語の使用を含む仮説的推論のアプローチの使用へと進む。ここにデータがあるが、これらのデータからどういう結論をだすか、という具合に。確かにこれは、科学的な理由付けで極めて普通に使用されている、「この一連のデータを説明するに至る最良の説明とは何か？」という観点からのアプローチである。

『細胞の中の署名』での問題は、この著者が、彼の「設計推論」を、現状、他の科学的説明が、蛋白質の生合成や遺伝子コードのような複雑なシステムの起源に対して、十分な説明を与えていないことに基礎を置いていることである。言い換えれば、この推論は、現在の科学が知らないことに基礎を置いており、再び「隙間の設計者」に戻る。彼は、この本の終わりの近くで、その前の章で提示された科学的な証拠を探したとする箇所で、「8〜14章に述べた『徹底した探索』にもかかわらず、DNAの謎の十分な他の因果的説明を見出せなかった」と記している[316]。しかし、他の複雑な細胞システムと合わさった「DNAの謎（遺伝子コードの起源）」は、確かに科学の無知の重要な領域——尤も、最終章で見るように、この著者が主張するほどでもないのであるが——ではあるが、「現在のところ、これこれのものがどのように生じたのかは定かではない。尤も合理的ないくらかの前兆的なデータはあるが」と書くのが、もっと正直な書き方であろう。科学は、問題を解決するためにあり、科学者は解決すべき真に大きな問題を何よりも好むものである。研究分野が実質的に進んでいくと、将来さらなる進歩が十分に期待できる。

スティーブン・メイヤーは、彼の著作『ダーウィンの疑念（2013）』の中で、非常に似通った議論を展開している。例えば、進化歴史の中にいわゆるカンブリア爆発のような不思議なことがある。その原因はまだ十分に解っていない。不思議なことが見つかったところには、いつもIDが伴うのである。問題は、科学は、そのような不思議なことを成功裏に解くための研究計画を生み出すことに係わる。科学者は、そのような研究は、彼らに仕事をもたらすことから、それに挑戦することを喜ぶ。

IDは研究計画を生み出したか?

筆者は、1996年にベーエの『ダーウィンのブラックボックス[訳注25]』が発刊された後、直ぐにそれを読んだ。複雑な生化学メカニズムを生みだすことに働いている知的設計の発見は、「科学歴史の中で最大の成果の一つに違いない」、そして「その発見は、ニュートン、アインシュタイン、ラボアジエ、シュレーディンガー、パスツール、ダーウィンに匹敵する」という記述を読んだ。[317] 穏便に言っても、実に勇敢なものである。そのような科学的大発見であるなら、科学文献に数千もの論文を生み出す実のある研究計画に確実に結びつくはずではないか。

このことを、最大級の科学文献データベースの一つである PubMed で調べてみた。PubMed に載っている何百万もの科学論文を検索するには数秒で十分である。キーワードとして irreducible complexity（単純化できない複雑）または irreducibly complex（単純化できないほどに複雑）を入れたところ、査読された科学論文のタイトルまたは要旨の中に、これらが見出されたのは僅かに7例であった。[318] これらのどれも、ＩＤ擁護者が与えている意味での用語ではなかった。実際にそのうちの一つは、明らかに「単純化できない複雑」な状態を生み出す、病院における看護介入に関するもの——確かに憂慮すべき警告——であった。

当然のこととして、筆者は、ベーエ自身が、彼の「単純化できない複雑」の考えを中心とした実のある研究計画を生み出していると推定した。PubMed で彼の研究室から報告されている論文を探したが、僅か5報の査読論文（これによってのみ、科学と見なされる）を見出しただけで、それらは、一つとしてこの概念をタイトルまたは要旨の中で述べておらず、実に、その論文のテーマでもなかったのである。[319] 従って、20年以上もの科学的忍耐の中で、「単純化できない複雑」の概念は、実のある科学研究計画を生み出して来なかったようである。ダーウィンの説明には、どうも困難な点があると単に指摘するだけでは、科学的理論の構築としてそれ自体見なされることはない。「設計推論」は、そのような論評を実行する必要がなく、それ自体で議論に何も加えることはない。全ての生物学者は、進化論にはもっと多くのなすべき仕事があることを知っている——もしもそうでなければ、仕事を失う者も出るので、このことは感謝なことである！

研究計画の点において、ＩＤが惨めにも失敗していたその間、生物学の方での成功は、実際の科学理論に言及することによって、容易にその例をあげることができる。１９８０年代の始め頃に、誤って折り畳まれた「プリオン」蛋白質が羊や山羊のスクレイピー病の感染因子であるとする理論が、最初に発表されたとき（その源を辿れば1960年代に遡る）、それは物議をかもした。この考えは、それまで発見された全ての他の感染因子――ウィルス、細菌、寄生菌にかかわらず、全てが蛋白質と組み合わさったDNAまたはRNAである――とは、明らかに異なるものであった。誤って畳まれた蛋白質が、細胞の中でその畳まれた状態を将棋倒しのように別の蛋白質に伝えることによって病気を引き起こすという考えは、活発な研究課題であり続ける奇想天外な発想である。しかし、1982年に発表された洞察は非常な成功をもたらし、それは現在、家畜におけるBSE（狂牛病）として知られ、また、ヒトにおけるクロイツフェルト・ヤコブ病（CJD）が同じようにプリオンから生じることも解った。プリオンの元々の特質は、IDが公に注目されるようになったおよそ10年前に、一つの論文によって科学文献に紹介された。[320] しかし、その後、タイトルの中に「プリオン」が使用された論文は6480に上っている。[321] このことは、プリオン理論によって開始された研究計画がいかに多いかを示す例である。

ID擁護者は、ジャーナルの編集者の間で、そのような論文を刊行することを拒もうとする企みがあると、素早く示唆した。しかし、創造論者達の同じ不満の背景の中で述べたように、創造論者であれID擁護者であれ、現在理解されている進化論を実質的に覆す確実に実証された発見をした者は誰でも、トップジャーナルにそれらの発見を掲載できるばかりでなく、まさしく立派で、有名になるであろう。

しかしながら、実際には、「設計推論」は、調べた二つの基本的な理由で科学の実行の類に属していない。まず第1に、生物学で何かが設計されたと単に言うだけでは、生命体を構成する種々の実体要素の間にある関係についての理解を、深めることには繋がらない。第2に、生物学的実体に「設計された」とラベルを付けることは、仮説を検証するために動員される実験計画に繋がらない。

そのような批判に応じて、ID擁護者は通常、考古学、暗号学、法医学、宇宙のどこかに知的な生命の証拠を探すSETI計画（地球外知的生命体探査計画）のような科学で用いられる、研究方法を引き合いに出す。デムスキーは、知性の兆しとしてのみ解釈できる宇宙空間からの信号のパターンを、ヒロイン（ジュディ・フォスター）が感知する「コンタクト」という映画についてしばしば言及している。では、知性の兆しを探す科学探索映画は、科学の一部であろうか。確かに、関連した場面もある。しかし、これらの例の全てには、合目的な人間の行動、または居るかも知れない宇宙人の目的的活動が関与していることは我々が既に知っているところであり、少なくとも考古学や法医学のようなアイテムに関しては、そのような行動の証拠を見出したとしても驚かない。同様に、科学者が、宇宙空間からの通信において、素数の配列を互いに送る傾向があるという背景知識が必要である。しかし、このような種類の類推は、生物学的実体を理解する上で、全く無関係であろう。そこで類推が働くためには、比較される二つの実体の間に、少なくともある種の関係がなければならない。しかしながら、なぜSETI計画が、鞭毛の起源についての理解と関係があるのか筆者には全く解らない。また、なぜ素数の配列が、DNA配列と似た仮想される銀河間での信号なのであろうか。これは、りんごをみかんと比較しているようなものである。科学的引き合いに出されるそれぞれの分野は、その特異的な学問分野に関連した方法と道具を用いて追及されなければならない。

生物学的複雑さを考える土俵に戻るが、膨大な起こりそうにもないことが、「偶然」によってもたらされた生化学システムに関わっていることを、ID文献の中に読む時、多くの人が感動するのも無理もない。しかし、読者が容易に見落とすのは、全体のシステムが全て一挙に自己組織化されることを基本として計算がなされているということである。もしも、30個のコンポーネントからなるモジュールを、例えば偶然によって自己組織化するとして計算すると、このことは、確率は明らかに無限小になる。しかし、これは架空の敵と戦うようなものである。進化がこのようにして起こると考える科学者は誰もいない。そうではなく、進化は逐次的に働く。それぞれ取り込まれた要素、もしくはサブモジュールは、鞭毛のところで見たように、問題としている生命体にとっていくつかの選択的メリットをそれぞれの段階で与えながら、段階的に加えられていくのである。

従って、IDにおいて見たことは、数学者が、その基礎となっている生物学を実際に知らないがために、起こりそうもない数をあてがったことによる「大きな数の誤謬」である。実際に、全ての生物システムは例外なく、ある意味で「単純化できないほどに複雑」――これは、まさに生命に対する別の定義である――を持っていることを全く容易に主張することができ得るであろう。細胞を作るためには、数千の遺伝子生成物が必要である。「単純な細胞」や「単純な生化学経路」のようなものは何もない。これらの全ては、そこにある全てのコンポーネントが一緒になった場合にのみ、適切に機能するマルチコンポーネント・システムである。確かに、あるものは、別のものより複雑だが、どのような一つのシステムも、ベーエによる「単純化できないほどの複雑さ」で定義することが出来、実際には生物学的に一つの実体を他の実体から区別することができず、この概念は、重複したものになる。

ID運動の科学的な主張は、提示された科学は、解釈はもちろんのこと、それ自体時々、間違っているのではないかという懸念を生じさせる。例えば、ベーエは、彼の著書、『瀬戸際の進化』の中でかなり長く、マラリアの宿主であるマラリア原虫で起こるクロロキン薬物耐性の進化について述べている。それは、実際現在起こっている進化の良い例を与える。ベーエは、クロロキン耐性を生成するためには、同じ遺伝子の中で二度の変異が必要なことに文献の中で注目した。その論文に基づいて、そのような耐性が自然に起こるのは、10^{20}個の宿主当り1個であり、ベーエはこれをヒトの進化に当てはめて、ヒトがこのような変異を偶然で達成するためには、1億×1千万年の年月を待たなければならないと主張している。しかし、その計算は、誤った前提に基づいている。ベーエが行ったことは、これら二度の正確な変異が、特定の個人の同じ生殖細胞の中の同じ遺伝子で起こる偶然――実にありえないシナリオ――を計算したものである。しかし、選択されたマラリア原虫の場合においてさえも、クロロキン耐性は同時ではなく逐次的に起こるという、しっかりとした証拠が存在している。[322] もっと一般的な機能的遺伝子変異に至る場合と同様に、薬剤耐性に至る多くの異なった変異経路がある。確率の計算は、変化が逐次的で、段階的である場合には、非常に異なったものになる。この点に関する素晴らしい例を、第4章で述べたリチャード・レンスキーが行った細菌の進化にみることができる。

全体として、この章は若干後ろ向きになった嫌いがあるが、時には、無用の考え――IDがそのようなものと筆者は信じている――の甲板をきれいにしておくことは、もっと有用なことに集中するために必要なことである。ダーウィンの進化を全体として見れば見るほど、ID擁護者が信じている知の証拠が、隠れた非ダーウィンの隙間に正確に開示されているようにさらに思われる。美術館で絵画を全体として鑑賞するためには、大きなキャンバスから遠く離れて立つことが時として必要である。これで、進化について取り組む段取りになった。次に現れるパターンは、注目に値する。

第15章　進化——それは知的で、設計されたものか？

知的設計の中心的教義が、現代科学の一部でないことが明らかになったことから、ＩＤは哲学または神学としてより良く取り扱われるのであろうか。これまで、我々は「設計」という言葉を、それがあたかもはっきりとした意味を持っているかのように用いてきたが、それはこの場合正しくない。様々な顔を持つ「偶然」という言葉と同様に、「設計」は多くのニュアンスを持っており、有用な会話をする場合には、慎重な定義が必要である。

ほとんどのクリスチャンが「知的設計」という用語を聞くとき、本能的に、肯定的に感じるのは当然である。結局のところ、我々は、最高に知的な創造主である神を信じており、ほとんどのクリスチャンは、古典的な「目的論的証明」——感嘆すべきこと、美、宇宙の秩序は、神の手作りの証拠として正しく引用されている——に馴染んでいる。「天は神の栄光を物語り、大空は御手の業を示す」とある通りである（詩編19編2節）。皮肉なことに、文献で使用されている「知的設計」という用語を筆者が見つけた最初の場所は（もっと早い時期かもしれないが）、後のプリンストン大学の学長であったジェームス・マコッシュによる講演の中であった。第7章で既に述べたように、マコッシュはこの用語を、ダーウィンの自然選択のプロセスにおける神の創造活動を指すものとして用いている。従って、この用語は、意味におけるそれ自身の進化をその間に遂げていたことになる！

設計の意味

言葉は、その使用に応じて定義され、「設計」という言葉は、一般的には、かなりはっきりとした少なくとも四つの意味を心に描きながら使用されている。

・意味A——**隠された目的のもとに形や外観を整えること**。ある細菌（顕微鏡で）、鳥、猫を見ると分かるが、彼らは自分たちが何をしているか知っているように見える。餌を食べ、繁殖し、巣を作り、いつも閉め出しを食う邪魔者である、等々。従って、彼らは生物学的に、その目的に沿って「設計されている」とためらわずに言ってよい。しかし、ある岩石を見ると、それらは何もしていないように見える。よって、岩石に対して「設計されている」という単語を用いることは通常考えない。従って、生物学的システムにおいては、意味Aにおける「設計」は性質、形、機能の間の関係を指す場合に使用される。

・意味B——**特別に詳細な計画**。これはエンジニア、建築家、洋服デザイナーに用いられる言葉である。ここには、かなり詳細に描かれた計画が想定されている。エンジニアは、仕様がその通りに書かれたものが必要である。さもなければ、橋やビルが倒壊するであろう。

・意味C——**一連の規則を生み出す**。これは、ゲームにおいて多くの異なった結末や戦略があるが、設計された制約は、ある物だけを引き起こすが他は引き起こさない、チェスやコンピュータゲームのようなもの。

・意味D——**意図と目的を持っている**。それは代行人の言葉、志向性の言葉、即ち、著作者の言葉である。政府は、芸術やスポーツにおいて立派な事業の資金を手っ取り早く集めるために、そのようなことの出費が最も適わない人たちからお金を吸い上げる、国の宝くじを「設計」する。J・K・ローリングは、変り者のハリーポッターに関する彼女の意図と目的を満たすために、7巻のハリーポッターを「設計」する。多くの詳細は書き進むに連れて変わったが、シリーズの全体的な目的はそのままであった。

IDはこれらのどの意味に属しているだろうか。それは、特化された小集団である意味Bに属している。B・デムスキーは、彼の「設計推論」を、「特定された複雑」――それは、進化プロセスで関与している逐次的ステップのようなもので起こりえないと示唆されている――を示す生物学における「単純化できない複雑」な実体を特定するものと見なしている。従って、「設計推論」は、意味Bにおいて想定された役割を演じる「設計者」の存在を主張する根拠となっている。しかしながら、このアプローチは以下のように、最初の二つは哲学的、後の一つは神学的な三つの問題をはらんでいる。

第1の問題点――無知に基づいた論証

ID文献において多く用いられてきた論証は、以下のように進む。ここに鞭毛や血液凝固や蛋白質の生合成のような複雑な生物学的な現象がある。それらは、例えば、脂質固有の性質のために自然に集合する細胞表面の脂質膜のように（ベーエの例）、法則のような行動を示すか。否。では、その集合体は「偶然的進化プロセス」によって説明できるか。否。では、第3の可能な選択肢だけが残る。それは「設計」である。この論証は、「自然において知的なものを検出する実証的方法」として提示された。

これまでに強調してきたように、全体として見れば、進化は「偶然的プロセス」ではないという明白な事実は別としても、残った論証は、「無知に基づいた論証」に基づいていることから、全く人を惑わすものである。ID擁護者は、複雑な実体がどのようにして進化したか正確には分からないので、それは進化したものではなく、「設計された」と語っている。しかし、これは不合理な推論であり、『細胞の中の署名』のような本は、大きいスケールの不合理な推論の例を提供している。我々はこれと等しく、恐らくはもっと正直に、「もしもある生物学的な実体の存在を法則のようなもの、あるいは進化で説明することが現在出来ないなら、それがどのように生じたのか単に無知なだけであり、それを見出すためにもっと実験をすべきである」と、言うことが出来るであろう。この文脈における「設計」という言葉の使用は、何も説明していないし、無知という言葉を単に言い換えただけである。

第2の問題点――カテゴリー錯誤

ＩＤが使用する「設計」という言葉から生じる第2の重大な問題は、言葉の使用において「カテゴリー錯誤」を反映していることである。もしも形而上学的言葉と科学的記述を混ぜ合わせると、必ず混乱に陥る。科学は17世紀以降に真の進歩を始めた。それは、初期の王立協会員のような自然哲学者達が、ギリシャ哲学において極めて馴染み深い目的論的なタイプの説明――物事の実際の性質ではなく、最終的な目標や目的を探す――に頼ることなく、物理的な世界の性質の理解に焦点を当てることを決断したからである。我々が既に見てきたように、このことは、新しい自然哲学者達が神の世界の全てのものは最終的な目標を持っているということを否定したからでは全くなく、科学的な仕事をなすためには物事の物理的な説明に焦点を当てることが必要であるとしたからである。このようなアプローチが大きな成功を収めたことは、疑いようもない。

現代において、「設計」という言葉を（意味Ｂにおいて）、ある生物学的な実体に当てはめることは、アリストテレス派の目的論的言葉を再び科学に導入しようとする試みであり、多くの世紀にわたる努力は、このような試みが無益であることを示唆している。科学的な観点から、それは何事に対しても説明として見なされず、既に述べてきたように、何ら予測をもたらさず、実験にも繋がらない。

この点において、この想定されている設計が、如何にして、如何なる時に、如何なる段階で、仮定されている設計者によって生物学的プロセスの中に持ち込まれたのか、ＩＤ擁護者に聞くことによって、「裸の王様」であることが顕にされる。ＩＤの作家たちは、奇跡と思われるようなものを持ち出さないように用心しているものの、得られる解答は、奇跡的介入の類いの趣がある。

別の者は、宇宙に必要な全ての設計情報は、始めに注入され、生物学的発展をしている間の正確な時点で「実体化」する「前倒し方式」について語っている。しかし、そのような情報が、宇宙の数十億年という歴史の中で、如何にして保存されることができるのかという疑問に対しては、何ら説明はない。このことは、科学コミュニティが呼ぶところの〝アーム・ウエーヴィング[訳注26]（arm waving）〟である。

第3の問題点――設計者の性質と正体

設計に関するＩＤ概念の第3の主要な問題は、神学的なものである。デムスキーのようなＩＤ擁護者は、生物学的現象において、「設計」を見出すことは、聖書の神の存在を必然的に指すことをはっきりと否定している。デムスキーは、「ＩＤの友人は、ほんの数例をあげると、仏教徒、ヒンズー教徒、ニューエージ主義者、ユング説支持者、超心理学者、生気論者、プラトン派学者、正直な不可知論者などで、ＩＤは神がいることを要求さえしない」とし、(323)「〝特に〟ＩＤは、創造に関する聖書の説明には依存しない」と書いている。(324)従って、聖書の啓示からの便益無しでは、「設計」に関するＩＤの概念から推論される「設計者」においては、自分が造った被造物を時々修理して回る在天のエンジニアのような、設計者的神の考えを避けることは困難である。しかしこれは、創られた秩序の全てを治め、存在するもの全ての創作者である、創造主としての神の聖書的啓示のようなものとは全く異なるものである。実際に、このエンジニアという意味での神を「設計者」とする考えは、聖書に見出すことは出来ず、「設計」という言葉は、ほとんど使用されていない。英語のＮＩＶ訳聖書には、「設計」、「設計された」という単語が全部で11回使用されているが、それらはいずれも意味Ｂに属するもので、神殿の設計、もしくは「技術者により設計された装置を造り、塔や城壁の角の上に置いて、矢や大きな石を放てるようにした」（歴代誌下26

章15節）ような場合である。このことは、意味Bに属する設計の考えは当時あったことを示すが、これが神の創造の業を比喩するものとして決して用いられることがなかったことは、より興味が持たれるところである。エンジニアを誹謗するつもりは全くないが、個人的には、創られた秩序を時折修理して回る在天のエンジニアではなく、被造物の創作者である主イエス・キリストの父なる神を拝むことに安堵を覚えるものである。

筆者は、少なくともデムスキーやメイヤーのような人の手にあっては、その目的が、設計の存在——よって設計者の存在——を科学の面から実験的に証明することにあるので、IDが自然神学——実際には、それよりももっと強い形で——の再構成の形を取っていると言ってもよいのではないかと考える。

自然神学は、一般には宇宙、特には我々の世界における性質に基づいて、神の存在——神のある特質をさらに強くした形において——を証明しようとする試みである。「世界が造られたときから、目に見えない神の性質、つまり神の永遠の力と神性は被造物に現れており、これを通して神を知ることができます。従って、彼らには弁解の余地がありません」と（ローマの信徒への手紙1章20節）、少なくともある形の自然神学の聖書的基盤は、パウロにおいて見られる。この箇所の内容の核心は、誰でも例外なく神の創造の素晴らしさを見ることが出来（「なぜなら、神について知りうる事柄は、彼らにも明らかだからです」19節）、この驚くべき、そして美しい世界の背後には神の力と性質があるという明らかな結論を引き出すことが出来るはずだ——さもなければ、「彼らには弁解の余地がない」という落ちは不合理になる——という点にある。神があると結論づけるためには、創造された物の素晴らしさから明らかであり、誰も生化学で博士号を持つ必要はない。フィリップ・ジョンソンは、「設計」についてこの文脈におけるIDの概念に言及しながら、「神が真にいると信じる有神論者は、神が生物学的創造において検知可能な役割を演じていると思ってはならない」と、述べている。正に「検知可能！」なのである。世界の誰でも、何処でも、ジャングルに住む部族（そこでは容易）から、都市住民（おそらくもっと困難）まで、目を開ければ神がなした業を見ることができ、決して正式の生物学を学ぶ必要など何もないのである。

しかし同時に、今日「自然神学」と呼ぶルートから得られる知識は限られており、神とは誰か、キリストにおいて我々のために何をなしたかについて、我々はローマの信徒への手紙の残りの部分（そして聖書）が必要であることを、パウロは明確に示している。このように、自然神学は、ある種の偉大な力がそこにあることを信じる所まで我々を導いてはくれるが、我々を愛し、救う人格的な神として神を知る所まで我々が導かれるためには、聖書による啓示が必要であり、我々はそのような神を信仰によってのみ知ることができる。

従って、筆者はクリスチャンの視点から、ＩＤ擁護者が彼らの核心的信仰の中に聖書を見ず、ローマの信徒への手紙の神が曖昧な「設計者」に置き換えられている自然神学に拘わり続けることを、憂える者である。この姿勢を取る一つの理由は、米国の学校の授業に入り込むために、ＩＤを「厳密に科学的な考え」にしようとしていることにある。しかし、提示されている設計や設計者の類いの議論は、生化学システムの複雑な構造の知識が関与しており、神の永遠の力と神性の存在の証拠が誰にでも開かれている自然神学の聖書的概念とは全く無縁である。

ＩＤと自然主義

ＩＤに関する著作を深く読むまでもなく、その主要な標的が「哲学的自然主義」であることが分る。キリスト教は哲学的自然主義に与しないので、何ら問題はない。しかし、問題は、「自然」、「自然的」、「自然主義」という用語を、哲学的議論の中で正常に採用されているものから遥に遠い仕方で用いる、フィリップ・ジョンソンの悪い癖に始まる（ここでも、言葉が異なった意味で用いられると混乱を招く）。

第8章で、「自然主義」について、哲学的な意味において、「霊的超自然主義を除外した世界観」と定義した。しかし、フィリップ・ジョンソンは以下のようなコメントを述べている。

神はある理由によって、見かけ上自然論的プロセスで全ての創造を行ったが、より適切には、恐らく我々の信仰を試すため――確かにこれが唯一の可能性ではないが――であった。私や私の同僚であるマイケル・ベーエの著書は、生物学において設計は、検知できるように存在しており、盲目の時計職人的メカニズムのような自然論的代替物は、不十分で、かつ証拠と逆であり[325]……。

同じ本の同じ章で、ジョンソンは、「有神論的進化は、有神論的自然主義としてより正確に記述することが出来る」とコメントしている。[326] しかし、辞書による「自然主義」の理解からは、「有神論的自然主義」という用語は、「ファシスト的共産主義」のようなそれ自体矛盾したもの、つまり矛盾語法である。彼がこの箇所で引用しているキリスト教的有神論は、存在するもの全ての源であり維持者である創造神を信じることを指す。と言うことは、もしも創造する神がいるなら、自然主義は誤っていることになる。よって「自然論的プロセス」は存在しないという簡単な理由で、神は「見かけ上自然論的プロセス」で創造することは出来ないのである。真正の超現代主義者（あるいは、非常に混乱した者）を除いて、神と自然主義の両者を同時に信じることは出来ない。

ジョンソンは、この著書の多くの箇所で、認識できかつ検知できる彼が理解するところの「設計された側面」と「自然論的説明」の背景の間の対比に注意を向けている。この対比は、ベーエの以下のような言葉でさらに際立っている。

一連の自然法則は質料を組織することができる。例えば、水の流れは、川の一部をせき止めるに十分な沈泥を生じて、流れを変えさせる。最も関連性のある法則は、生物学的繁殖、変異、自然選択の法則である。もしも生物学的構造が、これらの自然法則で説明出来るなら、それが設計されたものだと結論づけることは出来ない。[327]

これは、「自然法則」と「設計」がそれぞれ関与した「二層構造の森羅万象」があると信じていることを非常に明確に言明したものであろう。このような言明に我々が疑いを持つことがないように、ベーエは、彼が意味するところを説明するため、「細胞のある特性は、簡単な自然選択の結果であるように思われ、他のものも恐らくそうであろう。しかし別の特性はほとんど確実に設計されたものである。そしてある特性は、それらがそのように設計されたものであると確信できる」と、細胞を例として上げている。[328] ここでベーエは、「自然法則」を反映した「自然プロセス」と「設計された」実体の間の区別に、再び注目している。

ＩＤ擁護者がこの点における主張で一致していることを示ように、デムスキーは「設計を支持する理論家は、全ての生物学的構造が設計されるということを主張しているわけではない。変異や選択のような自然論的メカニズムは、生命体をそれ自身の環境に適合させるために、自然歴史の中で確かに働いている」と述べている。[329] そしてさらに、「もしも特定された複雑が、実際の生物学的システムの中で示されたら、そのようなシステムを設計に帰すことが正当化される。しかし、それはそのようなシステムの全ての側面が設計されたことを指すのではない（ある側面は、純粋に自然の力による）」と述べている。[330]

デムスキーが、「自然論的メカニズム」と「自然の力」によって大部分説明される生物界を想起しており、この背景の中で「設計されたシステム」が検知され得ることを、この本の残りの部分で、はっきりと読み取ることができる。もしも設計された実体の特定が可能になるのであれば、非設計の「自然論的」な背景が「設計された」要素の検知を容易なさしめるために必須になるので、実際に、そのような背景を抜きにしては、彼の論拠の残りの部分はほとんど意味をなさなくなる。

このことは、重大なことなのか、それとも些細なことなのか。しかし、ＩＤの文書は、創造された秩序のある特定の側面について、固有の「自然論的」なものがあり、他の側面にはない。そのような思想は非常に不十分な創造の教義から由来するので、非常に気になるところである。聖書の創造神学において、我々が努めて強調してきたように、自然の秩序は神の創造活動の継ぎ目のない織物として見られる。科学者ができることは、自分たちが出来る能力の範囲内で、神の創造活動を記述することだけである。しばしば彼らの理論は間違っており、修正されるか、放棄されることが必要であろう。しかし、しっかりした聖書的有神論の枠内で、神によって創られ維持されていないという例外は創造された秩序の中にはないのである。科学者であるクリスチャンにとって、科学は断じて自然論的活動ではない。神の世界を探索することが、どうして自然論的企てでありえようか！

全ての哲学と同じように、哲学的自然主義は、人々の日常の生活と仕事に影響を与えながらも、ある人たちの頭にはあるが他の人の中にはない。それは、彼らが科学者、弁護士、工場の労働者、詩人、自動車整備士等々を問わない。ジョンソンの著作の不思議な点の一つは、筆者は「名声」は弁護士に帰属すると常日頃考えているところ、彼がなぜ科学を、哲学的自然主義の総本山として働く悪魔の帝国として、標的にしているかということである。実際のところ、科学コミュニティの中には、人文畑よりも遥かに多くのクリスチャンがおり、現代科学の出現にキリスト教神学が与えた影響は、この二つの活動の間に親密な感情を常に与えてきた。感謝なことに、生物学研究コミュニティの中では、世俗的な同僚の大部分でさえも、リチャード・ドーキンスのような人々は非常に希な種であり、極端論者と見なされている。個人的なことであるが、筆者自身、およそ40年にわたる生物学研究のコミュニティの中で、キリスト教信仰に対するいかなる敵意も経験したことがない。科学は、神の創造の不思議さの上に懸かった覆いを取り去ることに関わるので、聖なる事業である。これからも、このように続けて行こうではないか。

進化は設計されるか？

アリストテレスを十分に遠ざけておらず、我々にとって助けにならないことから、筆者は設計の意味について、「意味B」を生物学に適用することに極めて批判的であった。しかし、進化プロセスが「意味D」と一致するかどうかについては、別問題である。進化は、創造において意図と目的を持つ神と一致するか。さらに、設計された制約があるものだけを伴い、別のものは伴わない、「意味C」も含んではいないだろうか。科学者は論文の考察部分で、「一致する」という小さなフレーズを習慣的に使用する。生物学では「物事を証明」せず、理論について説明できるか、あるいは反対であるか、データを集める。科学論文では、提示された多数のデータが、その時の好ましいモデルと「一致する」と論述するのである。

勿論、進化は、方向と目的の考えと一致しないと論述する非宗教的な科学者もいる。古生物学者である故スティーブン・ジェイ・グールドによれば、我々は、「輝かしい偶然」ではあるが、「絶え間の無い無限にわたる偶然」である。グールドは、彼の見解を「バージェス頁岩の初期の時代に生命のテープを巻き戻し、同じスタートラインから再生すると、人間の知性のような何かが、再生を光輝あるものにする機会は消滅する程に小さい」と総括している。これは、進化が極めて偶然性が高いとする考えで、もしもいくつかの決定的偶発事態がなかったなら、その結果は完全に別になり得ることを示唆するものである。

哲学者ダニエル・デネット（Daniel Dennett）は合意して、生物学的多様性の複雑さは、偶然を餌とした「実にアルゴリズムプロセスのカスケードそのものの結果にすぎないのではないかと問う。もしもそうであるなら、誰がそのカスケードを設計したのであろうか」と訊ねる。デネットは、自身の修辞的質問に対して、「誰でもない。それ自身が、盲目的なアルゴリズムプロセスの生産物であり、進化は、我々を生みだすために設計されたプロセスではない」と答えている。

このように、グールド、デネット、そして大衆に人気がある極めて多くの評論家は、進化プロセスの適切な理解は、計画や目的の証拠を示すものとして理解するいかなる可能性も排除するように主張することを好んでいる。果たして彼らは、正しいであろうか？

勿論、本書をこれまで読んできたので、クリスチャンは、生物学歴史を通して神が完全な計画と目的を満たす進化プロセスについて、神の摂理を信じる説明を与えることが完全に可能であることを見出すであろう。これに対して、無神論者は、そのような説明の中に、究極的な目的があるかも知れないという考えの基盤を持たない。しかし、ここで訊ねたいのは、幾分異なったものである。進化プロセスによって示される性質は、世界についての有神論的説明と無神論的説明のいずれにおいてより一致しているだろうか。最近の生物学的発見は、惑星としての地球における全体的な進化物語の存在に対して、より合理的な説明を提供する有神論的説明の方向に、明らかに向かっていることを示唆しておきたい。この意味するところについて、ごく僅かの例を以下に示す。

知的進化

第3章〜5章において、全体として進化は偶然的プロセスとは遥かに離れていることを示した。それはしっかりと組織化されており、高度に律されたものである。

何年にも渡って、生物学者は「進歩」という言葉を彼らの科学的論議の中に取り入れてきた。しかし、ネオ・ダーウィンの統合が発展した後、数学の助けによる自然選択と遺伝学の融合が１９２０年代と１９３０年代に起こり、進化論はより厳格になり、進化の文書において進歩という言葉の使用も少なくなってきた。しかし、ジュリアン・ハックスレー（Julian Huxley）のような生物学者は、大々的に進化的進歩の考えを褒めそやす一般大衆向けの本を、今も書いている。

生物学者が、彼らの専門的な論議の中で、神学的な概念（究極的な目標の思想）を排除してきたこと、また、排除していることは正しい。自動車の整備士に訊ねることは、自動車を修理することであって、エジンバラへ行く道を訊ねることではない。生物学者は、科学論文の中で究極的な意味についてもったいぶるのではなく、彼らの専門分野において、進行中の仕事を速やかに進めていく必要がある。

しかし、一歩下がって、進化歴史を全体として見る場合には、進歩という概念から逃れることは出来ない。ウイスコンシン・マジソン大学のよく知られている進化生物学者であるショーン・キャロル（Sean Carroll）は、ネイチャー誌で「生命の不確実な歴史は、進化の過程または生命の形において、どのような方向やパターンにも相反していると見なすことが出来るかもしれない。しかし、はっきりしていることは、より大きく複雑な生命の形が、簡単な単細胞先祖から進化したこと、生きていく新しい手段を進化させるためには、様々な導入が必要だったということである」と述べている通りである。キャロルは言葉の選択において注意深いが、強いられると、生物学者は誰でも多細胞生命体は細菌よりも複雑で、哺乳類はある意味で酵母よりも進んでおり、人間の脳はトガリネズミよりも能力があることを認めなければならない。よって、生物学的時間の矢に対する方向性のある形について否定することは、道理に反している。

一つの興味ある観察は、生物学的複雑さを強調する中で、それまで考えられていたよりも少なく簡単であることが分かったネットワーク原理を見出すことである。全ての細胞において、相互作用の複雑なネットワークが、数千の代謝物、蛋白質、ＤＮＡに見られる中で、このことは極めて驚くべきことである。

ワイツマン研究所のウリ・アロン（Uri Alon）は以下のように述べている。

生物学的なネットワークは、概して、ネットワークモチーフと呼ばれる僅かなパターンから構築されているように見える。……細菌で見出されたネットワークモチーフの同じ小さなグループが、植物や動物を含む多様な生命体にわたる遺伝子制御ネットワークで見出された。進化は、異なったシステムにおいて、何度も何度も同じネットワークモチーフを「再発見」してきたように見える[331]……。

このことは、最近の科学文献において、進化プロセスで働いているグールドの極端な偶然性の考えに対する挑戦として興味深い。実際には、そのようなものではなく、生命のメカニズムは、10年前またはそれ以前に考えられていたよりも、もっと高度に律されたものに見える。

例えば蛋白質を例に取ると、容易に数百個のアミノ酸の長さを取ることができる蛋白質には、20個の異なったアミノ酸があることは既に述べた。原理的には、天文学的に多い数の異なった蛋白質構造を生じることが出来得るであろう。解析されたおよそ9000の蛋白質の3次元構造[332]から分かった驚くべき事実は、世界にある全ての既知の蛋白質と、それらの構造的なモチーフを検討すると、大きな幅であるが、2500と3500の間の「スーパーファミリー」[333]——そのうち、半分以上は、3大生命（真正細菌、古細菌、真核生物）に渡って存在している——に振り分けることが出来るということである[334]。言い換えれば、全ての生物は、同じ遺伝子コードばかりでなく、洗練され、高度に制御された蛋白質構造によっても、結ばれているのである。恐らくこの特別のセットが、蛋白質が生命の生化学的なプロセスを組織化するために必要な全ての様々な機能を行っているのであろう。

特定の蛋白質の進化に注目している人たちは、それらの構造が構築されてきた高度な制御の方法にも感銘を受けてきた。ハーバードの研究グループは、このトピックについて、「ダーウィンの進化は、仕上げ蛋白質への非常に僅かな変異経路のみを辿ることができる」と題する論文を発表した[335]。その要旨は、「多くの蛋白質進化は、同様に制御されるであろうと結論する。このことは、生命の蛋白質テープは大いに再生可能であり、予測可能でさえある」と締め括られており、非常に興味をそそるものである。つい最近まで、如何なる意味においても、進化を

「予測可能」として語ることは、科学文書においては異端と見なされてきたので、科学者が生命のメカニズムに注目することによって見出したものに単に突き動かされて、その言葉がじわりと戻ってきていることは興味深い。

この動向のさらなる例として、進化議論で重要な役割を果たす、いわゆる「適応度地形」と呼ばれるものがある。伝統的には、異なった集団が局所の生態学的地位に適応する地形学的な図——アルプスのような山岳地帯のイメージを与えるために用いられる3次元モデルと同じように可視化されている——がこれらを代表する。頂上が、ある集団が特定の環境に良く適応した「最適適応」の領域を表す。

「適応度地形」の概念は、**図19**に示すように、酵素の構造と機能に対しても適用できる。酵素は生命のプロセスを触媒する蛋白質である。ここでも、ある特定の酵素がある特定の機能に到達するための進化経路は、極めて律せられていることが判明した。言い換えれば、ある特定の機能に辿り着くためには、いくつかの変異のみがそこに導くことができるので、僅かにいくつかの経路があるだけである。それは、あたかも進化経路が酵素をコードした遺伝子の前に陳列されているようなもので、遺伝子のサイコロは、その特定の機能に最適に適応する酵素の構造が生じるまで投げ続けられる。経路に沿ったそれぞれのステップは、その酵素を用いる生命体にとって利益になることによって保存されているので、このことは、無作為的プロセスではない。掲載されたネイチャー誌において、この著者は「僅かいくつかの経路が好まれるということは、一般的に認識されているよりも、進化はより再現性があり、予測可能でさえあるかも知れない」と結んでいる。(336)

「進化可能性の進化」は、今日の生物学研究における流行分野の一つである。言い換えれば、今日我々が見る全ての生物学的多様性を生じさせるためには、分子システムのどのような種類が発達しなければならないか。ヒト、チンパンジー、ネズミのような異なった哺乳類の間で、これらのものが全て、高々2.1万の遺伝子を持っているに過ぎないという事実にもかかわらず、なぜこのような多様性があるのであろうか。答えは、新しい種の出現は、蛋白質における激しい変化の仕方が大きく関わっているように思われるのは稀で、異なった「システムモジュール」

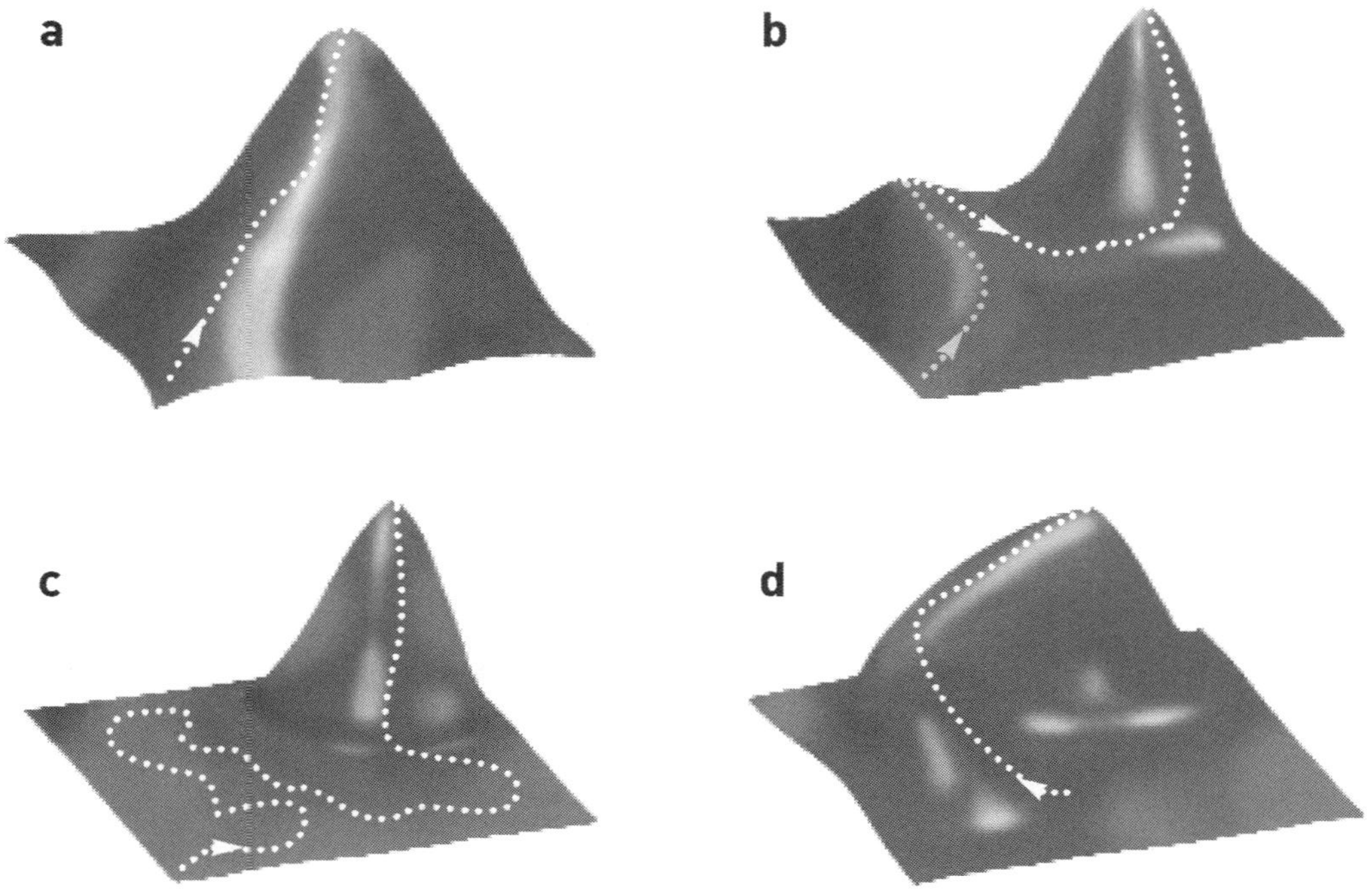

図 19　a ～ d の 4 つの図の点線は、酵素（触媒として働く蛋白質）が、「山頂」を喩えとして、ある仕事に対して最適適応を達成するために取り得る可能な様々な進化の道筋を示す。最適適応を達成するための「登山」道は僅かしかなく、それは、小さい、増し分的なステップによって達成される（Macmillan Publishers Ltd: *Nature* 445, 383~386, 2007 より許可を得て複製。そこにはさらなる）。

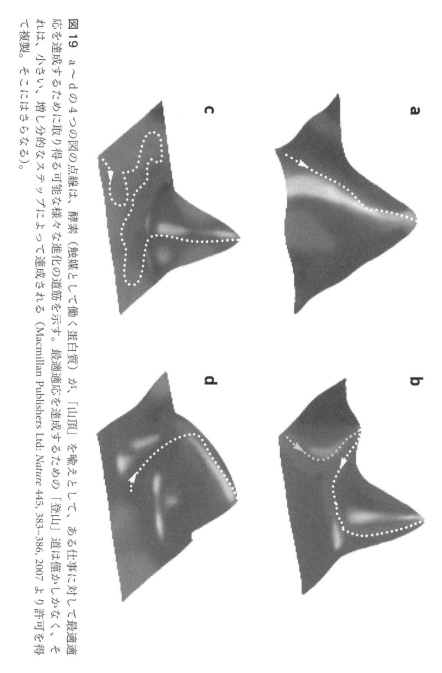

が繋げられるその方法に大きく関わっているということである。[337] 既存の制御回路が、羽毛、昆虫の羽、蝶の眼点、等その他の多くの進化において、新しい方法で採用されている。[338] これは、細胞内における信号経路を結合するために使用される結合蛋白質とアダプターの使用に関連している。レゴで遊んだことがある人は、細胞の外側が内側に「レセプター」によって結合されることによって、細胞の信号経路がいかにして働くか、感覚的に理解することができるであろう。生物学的システムの進化可能性は、異なった機能を示す多くの異なった複合体を形成するために、「レゴモジュール」を互いに結合させることが出来る鍵になる「結合ピース」によってうまくいく。

進化における「収斂」現象も、全体としてのプロセスが、秩序と制約の証拠を示す方法を浮き立たせる。収斂は、同じ生化学的経路、器官、または構造に関して独立した血統において繰り返して起こる進化に関わる。このことは、進化生物学において長い間認識されていたが、最近になって、ケンブリッジの純古生物学教授であるサイモン・コンウエイ・モリスによる、何百という収斂に関する例を集めた彼の著書「生命の解決―孤独な宇宙における必然的な人間」によって劇的に浮き立たせられた。[339]

コンウエイ・モリスは「収斂は、進化が生物学的「超空間」の組み合わせによる無限を、いかにして航海して行くかという喩えを提供する」と述べている。[340] 例えば、昆虫や蜘蛛の擬態が蟻の形態に収斂するためには、少なくとも70回の独立した進化があった。生児出生に至るまで母親の体内に卵を保持する手法は、ヘビやトカゲだけでも、およそ100回、別個に進化したと考えられる。複合的なカメラ眼は一緒になって、進化の過程で異なった20回以上の進化を行った。人間が光と闇がある惑星に住む時、目が必要になり、よって、目を獲得する。

最もはっきりとして容易に見ることができる収斂の例の一つは、オーストラリアと南米で別個に進化した有袋類の間にある類似性である。それらの多くは、世界の別の地域にいる対応する相方の有胎盤動物と非常に似通っている。パナマ地峡が北と南アメリカを結びつけたのは、僅か数百万年前で、一方オーストラリアが南極大陸から分離を始めたのは、約1億年前からである。

有袋類は、あまり発達していない子供を産んで外部の袋で育てるカンガルーやウォンバットのような動物で、一方、有胎盤動物は、出産の前に子供が後期発達段階に至るまで子宮の中で育てる動物である。多くのオーストラリアの有袋類は、その相方である有胎盤動物をアフリカで見ることが出来、それぞれの種は同様の生態学的地位を満たすことから、極めて類似して見える。別の有袋類は南米で見られ、同様にその相方を別の地域で見ることが出来る。**図20**は、有胎盤動物である剣歯虎（次頁図20、上図）の短剣様の歯と南米で発見された有袋類の相方（同下図、ティラコスミリスとして知られる）の間の明確な相似を示すものであるが、これら両者のサーベル様の歯は、全く独立して進化した。ある特定の環境で、大猫が有能な狩人になるためには、獲物を上手く得るための歯が必要である。

進化歴史のなかで究極的な不作為を主張するグールドの考えに対して、コンウエイ・モリスは、「現在、生命の歴史は、一つの集団の死の運命を綴り、いくつかの他の暴徒へ幸運な機会のドアが開けられている、破壊的な大量消滅によって時々中断される偶然の乱雑に過ぎないと広く考えられている。……生命の歴史のテープを再生すると……最後の結果は全く異なった生物圏になるであろう。最も注目すべきことは、人間とは似ても似つかない者がいるであろう。……しかし、進化から学ぶことは、完全に反対である。収斂はどこにも遍在しており、生命の制約は種々の生物学的性質（例えば知性）の出現を、必ず起こるとは言えないまでも、非常にあり得るものとしている」とコメントしている[341]。

従って、進化において遺伝子のサイコロを転がすことは、新規性と多様性の両者を生みだす素晴らしい方法であるが、同時に比較的限られた数の生命体にとって不可欠なものに制約されているように見える。もしもこのような物理と化学を持つ宇宙で、このような特定の性質を持つ惑星に我々が住んでいるなら、そこで見るのは、今見ているようなものであろう。もしも図21に示すように、進化プロセスの中に、何十億というそれぞれの箱を可能性のあるゲノムを表す灰色の小さな箱のマトリックスとした設計空間を考えると、成功裏に埋めることが出来

図 20　有袋類種（上図）と有胎盤猫（下図）の間のサーベル状の歯における進化的収斂（Marshall, L. G., TheGreat American Interchange—an invasion induced crises for South American Mammals, pp. 133-229, in *Biotic in ecological and evolutionary Time*, edited by M. H. Nitecki(Academic Press, Orland, Florida), Marlene Hill Donnelly(the Field Museum, Chicago))

る黒い箱の数は実に少ないように見える。言い換えれば、比較的少数のゲノムだけが、地球惑星上の異なった生態学的地位において繁栄することが出来る生命体を生みだすことが出来、進化プロセスはこれらを次から次へと「発見」し続ける。黒い箱は、今日この惑星の上で我々の周囲に見る、種々の動物や植物へ至る進化の血統を示している。

このように、我々は、不作為的な宇宙では決してなく、秩序正しい宇宙に住んでおり、それは、遵守者として我々において頂点をなしている生物学的な叙述がある、人類にとって実り多い宇宙である。純粋に科学的観点から、我々が見ている生物学的多様性は必然であると、我々は実際には言うことは出来ないが——何故なら、生命の存在についての我々の経験は、ただ一つの例に基づいているので——、宇宙は均一の生化学を持っているようなので、これまでのデータは、宇宙のどこかにある生命は、同じようなものかもしれないことを示唆するであろう。

この惑星における進化歴史は、全体的に増加した複雑さと、ゲノムの制約と収斂を表している。このことは、我々を含む生物学的多様性の全体的意味に対する、摂理的な説明——神は、創造された秩序に対して意図と目的を持っており、グールドやデネットやその他の者たちの、進化歴史は、極めて異なった形で終わるかもしれない全く不作為的な歩行であるとする主張を、よりあり得ないものとする説明——とより良く一致しているように思われる。

事実、クリスチャンがしばしば、既に述べた酷い「隙間の神」式の議論——我々の科学知識において現在ある隙間に神を置く議論——を利用してきたように、「隙間の無神論」式の議論——無神論者が神に対する不信仰の支持を、データについての知識の欠如によって当初は尤ものように見えたが、プロセスの理解がより完成へと進むに連れて（この場合進化プロセス）信じられないものに見える科学的データの解釈に基礎を置く議論——を我々が持つことが可能なことは、実際、不思議議なことである。

図 21　ゲノムの「設計空間」の世界

筆者の考えでは、進化生物学の進歩からの最近の知見は、このように秩序があり、抑制され、方向性がある生命の歴史が異常のままである無神論的説明よりも、聖書が現している計画式の有神論的説明の方とより一致している。生命が存在するためだけになされる宇宙の物理定数のファインチューニングを提示する物理学的人間原理と並行する、生物学的人間原理があるように思われる。あたかも全システムが、知的生命の出現が必然であるように、高度に組織されるようにして組み立てられているように見ることが、生物学において始まっているのである。それは、全ての古い知的生命だけはなく、神が生命をもたらすために用いたまさにそのプロセスを理解する可能性を表す知的生命である。ハーバード大学の生物学と数学の教授であるマーティン・ノワーク（Martin Nowak）は、最近の「ネイチャー」誌のレビューで、「私の考えは非常に単純である。進化は、プラトンの形相とイデアの世界に近づくことができる人間の脳を導いた」と述べている。

ＩＤ擁護者は、我々が科学的認識から理解している創造された秩序のこれらの側面の「知性」を説明することに時間を費やす方が、そうでないものに多く集中するよりも、賢明であろう。

第16章　生命の起源

男児向け雑誌 Boys' Own を子供の頃読んだ時、侵入してくる襲撃者に対して最後の抵抗をするために、ヒーローが身を隠す「最後の砦」（通常は崖の途中の洞窟や、他のありそうもない場所）がいつもあった。生命の起源と、生物が機能するために必要な生物学的情報の起源は、創造論者やＩＤ擁護者の文書において、このような類の役割を演じているように思われる。ダーウィンの自然選択が、ＤＮＡを含む全ての生命体の進化歴史を説明することに成功したとしても、「では、ＤＮＡはどこから来たのか話して欲しい、ぜひ」というのが、通常彼らから聞かれる反論である。

現在のところ、ＤＮＡがどこから来たのかほとんどアイデアが無い。もっとも、全く無いという訳ではなく、そのうちのいくつかと、現在進行中の研究について見ていくことにする。いずれにしても、結果は、神学とどんな関わりがあるというのであろうか？

我々が科学的に生命の起源を理解することが出来ようが出来まいが、神学的に重要ではないと考える。理由は簡単である。創造における神の業は、我々が理解しようとすまいと、それらにかかわらないからである。ＤＮＡが関与した遺伝子メカニズムについての手掛かりを誰も持たなかったダーウィンの時代に住んでいたと想定する。当時、継承の全体的プロセスは大きな「ブラックボックス」であった。さらに世紀が進んで１９５０年代前半に、

DNA構造がはっきりと解明されるようになった。継承のメカニズムについて何も知られていなかった1855年と、DNAの性質の発見がそのような理解に突破口を与えた1955年を比べて、クリスチャンとしていずれがより多く神の創造に驚いているであろうか。著者自身は、1955年派である。前の世代の神の民が、継承の深いミステリーに直面して簡単に降参し、「それは設計されているのだ！」と言わずに、むしろ如何に神が働いたかを見出すために勤勉に取り組んだことに感謝する者である。

しかし、ID文書には、底意のある「盲目的、物質主義的、自然主義的力」という言葉を用いて、生命が化学物質から出現することは出来ないということが依然として書かれている。しかし、少し待って欲しい。ここで語られているのは、神の化学物質、神の物質である。生命の起源よりも大きなミステリーは、何故クリスチャンが、無宗教に聞こえる特徴を、神の世界に帰さねばならないのかということである。これは神の世界なのか、そうではないのか。芸術家のスタジオを訪問したとしよう。傍らに絵の具のチューブが綺麗に並んでいるのを見て、「あなたは間違った種類の絵の具を選んだ。あなたは到底だめだ」と、その芸術家に言ったとしたら、誰もがそれは侮辱だと一致して思うであろう。爆発する星の死滅する瞬間に、神が注意深く生み出した貴重な物質が、命をもたらす可能性を持たないと確信を持って宣言するなら、このことも同じように侮辱に思われる。キリスト教は、ある意味で非常に物質主義的宗教である。我々は、宇宙にある全ての物質は例外なく神の物質であることを信じている。「神の物質の中にどのような可能性が組み込まれたのか、あるいは組み込まれていないのか、神に聞くとしたら、『いったい、あなたは何者か』」という答えが戻ってくるであろう（多少異なった文脈であるが、ローマの信徒への手紙9章20節を参照）。ともかく、我々がどうにかできるとすれば、それは神が如何に成したかについて、詳細な段階的説明だけである。

実際のところ、生命の起源についての研究は、わずか半世紀前に離陸したばかりである。このような遅い離陸の一つは、生化学は比較的最近の学問分野で、問題に取り組みを始めるための科学的道具と概念が発達したのは、ようやく１９５０年代に入ってからである。他の惑星上の有機物質の特定と、生命の捜査を行う、宇宙探索と宇宙生物学も、この分野を力強く後押しした。

生気論と呼ばれる、より哲学的な問題も、初期において研究分野を妨害した。これは歴史的には深く根を張ったもので、アンリ・ベルクソン（Henri Bergson）の言葉を借りれば（1907）、エラン・ヴィタール（élan vital：命の躍動）が全ての生物を満たし、それによって無機的・機械的なものから区別するという思想である。この思想は20世紀の前半に非常に高い人気を得（現在もニューエージ・サークルの中で人気がある）、さらなる研究の妨げとなった。もしも生命の事柄を説明する神秘的な力があるのであれば、そのことを検証するためにどのような実験をすればよいか分からないので、ある意味で生気論はＩＤのように働いて、科学的研究の進展を遅らせることに繋がった。

極めてあり得ない数字に引かれるＩＤへの興味は、生気論の概念と同じくらい無益である。例えば、ジョン・レノックスは「隙間の神」議論の危険性に気がついていたが、それでも、実際的ではなく原則的に、生命の起源と生物の複雑さは「隙間」を代表しており、そして、それは設計者の概念――この概念は、偶発性創造主義という形で効果的に名付けられている――の助けなくしては決して埋められないと信じていた。[342] レノックスがこのことにおいてこのように確信を持っていた理由は、もしも不作為的なプロセスによって複雑な物を生みだす機会を計算すると、このことが起こることは非常にあり得ないからである。勿論その通りである。我々は皆、それに同意する。もしも一群の普通のサルに、タイプライターのキーを不作為に叩かせたとしても、進歩はほとんどないであろう。

ここでなすことは、生命の起源の研究に携わる科学者が働かなければならない挑戦的な制限要件を提供することだけである。レノックスもそう思っていたようであるが、生命は蛋白質やＤＮＡのような複雑な分子から始まったとは、この分野の誰も信じておらず、膨大な不可能性についての計算は、時間の浪費である。もし何かがとても起こりそうでないなら、それは恐らくそのようには起こらなかったのであろう（もっとも、起こったかも知れないが)。そしてそれは、その分野の研究者に、それがどのようにして起こったかを見出すための厳しい仕事に躊躇なく進めるための挑戦を残す。なぜ創造論主義者やＩＤ主義者達は、無闇なことに、あのように多くの時間を費やすのであろうか。実際のところ、生命に導く化学的経路[343]——鍵になる全ての化学的前駆体が、同じ時間と同じ場所に存在している時に起こったと考えられる経路——における、それぞれの可能なステップのエネルギー的結果をはじき出すために、科学者は相当の時間と努力を費やしている。[344]

生命の起源研究

このテーマは、それ自体で一冊の本全部が埋まるほどの大きなものである。よって、ここで筆者ができることは、この問題が原理的に解答不能ではないということを示しながら、生命の起源研究がどのようになされているか、そのうちのいくつかについて示すことである。[345] 実際に最終的には解答可能となるかどうかは意見の別れるところであり、この問題については、偏見を抱かないことが最上である。

たとえ科学者が、基本的な有機化合物から生体システムへ至る化学的、生化学的ステップの順番について確信が持てるように辿り着いたとしても、そのように実際に原始に起こったかどうかについて、依然として謎は残るであろう。既に強調したように、このような一連のステップについて確信が持てないが、これは間違いもなく現在の科学知識における真のギャップである。

さらに、生命の起源研究は、ＤＮＡによる遺伝形質の伝達に焦点を当てる進化生物学の一部ではなく、化学者、生物物理学者、地質物理学者、生化学者の研究領域であることも指摘しておきたい。この分野の研究の面白い点は、非常に多くの学問分野が集められていることである。科学は「問題解決の芸術」であるという、免疫学者の故ピーター・メダワー(Peter Medawar)の金言を信じる者として、個人的には、この分野が筆者の専門でないことに感謝している。人生は短く、筆者は、自分の人生の間に成功の可能性がいくらかでもある科学問題に取り組むことを好む者であるが、他方では、成功の確率が低い領域に「果敢に進む」科学者を尊敬する者である。この分野での資金は、当然のことながら、米国でより豊富であり、それが多くの場合ＮＡＳＡと宇宙探索計画とに関連している。しかし、合成生物学がこのところ盛んになってきたことから、この分野での他からの資金も改善してきている。筆者自身は、生命が始まった出来事の順序についての詳細が合理的考えを持つまでに少なくともさらに一世紀はかかると予想しているが、科学の進歩の予測の困難さは誰もが認めるところであり、この予測は完全に間違っているかも知れない。いくつかの大きな発見は、容易に状況を変えることができるであろう。筆者は、この本の初版が6年前に発刊された後に発見された事柄――そのうちのいくつかは、筆者の玄関から僅か数分のところにある実験室でなされた――に、大いに感銘しているところである。短い6年間にこれだけの進歩があったからには、次の6年間に起こることを誰が予測できるであろうか。

既に述べたように、もしも他の惑星において、化石生命、または、さらには現存の生命さえも見出されるなら、大いに助けになる。このことは、決して不可能なことではなく、まだ実証されてはいないが、火星からこの地球にやって来た隕石に含まれる物質に基づいて、そのような主張が既になされている。入手可能な生命に関する他の例から、我々のものとの比較・対比を始めることができるかもしれない。恐らく最も有用な筋書きは、ＤＮＡ、蛋白質、細胞以前の段階における初期の生命の発見であろう。これは、化石の形（細胞とは異なって）で検出することが不可能であるばかりでなく、それが出現すると素早く細胞に摂食されるので、この惑星において決して見ることが出来ない（地底深い所で隠れていない限り）段階である。

この研究分野の基本的問題、また同時に数学的確率の立場からこの問題に取り組もうとする場合の問題は、誰も何が生命なのか実際に合意することが出来ないことである。生命は、細菌の細胞のように、個々に成長し繁殖する実体から成り立っていることは自明のように見えるかも知れないが、細胞は非常に複雑で、複雑さが出現するためには、生命の基本的有機化合物の構成単位と細胞の間に、恐らく何百という段階があった。生命とは、ある段階で化学物質と分子の集りが、それらを単に加えたものとははっきりと区別でき、加えて、それぞれの構成物から予測できない性質を示し始めた「出現」現象であることは、誰もが合意している。[346] しかし、そのような出現が起こるために多くの段階――それぞれはその過程において決定的であった――があったに違いなく、これらのどの段階においても、「生命」と「非生命」との間に、明確な境界線を引くことは不可能であろう。[347]

地球が出来て、最初の5億年あるいはそれ以上の間、地球は隕石の物凄い襲来を受け、生命出現の可能性は非常に低いと思われる。この期間の衝突の回数が1.7～2.2万であったとする推定があり、それらのあるものは、今日起こると、今地上にある生命は滅び尽くされるほどのものであった。

明るい夜に月を見ると、クレーターが見られるが、その多くは、地球が爆撃を受けた同じ時に生じたもので、これらが地球においてそれほど目立たないのは、単に、侵食と地表が地殻変動によって常に新しくされているからである。40億年前頃になって隕石の爆撃が弱くなって、生命に通じる条件が整ってきた。衝撃の速度は35～30億年前の間に実質的に遅くなった。しかし、その後30億年の間、恐竜を消滅させるに十分な大きさを持った何十という隕石の爆撃がまだあった。[348] 今日においてさえも、地球は毎日100～1000トンの地球外物質を捕捉している。[349] 生命の最も古い証拠（間接的）は、38億年前であるが、35～30億年前には、化石細胞の証拠は動かし難いものとなった。従って地質学的な時間では、地球上における細胞生命の出現は、驚くほど早い。

炭素と生命の構成単位

よく知られているように、生命は、炭素の驚く程の化学結合力に依存している。炭素は、その4つの側面にこぶ状のかみ合わせを持ち、別のレゴとそのかみ合わせで結合させ、ほとんど何でも作ることが出来るレゴ積木のようなものである。実際、全体としてレゴは生命の化学的構成単位と非常によく似ている。それぞれのレゴピースは、多くの異なった方法で結合させることができるように設計されているが、結合の可能性は、特定の大きさ、形、こぶ状のかみ合わせがその側にあるか、等などで制約を受けている。同様に周期律表（全ての化学元素が示された表）の化学物質は、いくつかの方法によってのみ結合して、地上にある全ての物質を作るように設計されている。これらの化学的性質の中には、膨大な量の初発性情報が包み込まれており、これらのレゴピースで多くの異なったものを作ることができるが、その設計はキットの中にある利用できるレゴピースで制約されているように、生命の設計はこの周期律表の中に組み込まれている。

最初に小さな子供がレゴピースで遊び始めるのを見ていると、口に入れて舐めたりする（時々飲み込もうとする）ことは別として、二つか三つのピースを組み立てることから創造的仕事を始める。これは易しい仕事である。同様に、生命の基本的な構成単位が宇宙のどこにでも作られているのを見ることができる。宇宙空間のいわゆる「濃密な分子雲」には豊富な化学物質があり、それらは光の特徴的な吸収と発光によって検出し特定することが出来る。「濃密」という言葉を思い違いしてはいけない――世間的な基準での濃密を意味するのではない。そのような雲の中には、およそ200個の異なった化合物（ほとんどが有機化合物）が特定されており、[350]それらの内、多くのものは1ダース以上の原子を含む非常に大きな分子である。これらは、生物にとって不可欠な成分を作る多環性芳香族炭化水素であるアントラセンとナフタレンと、[351]2種類のフラーレン――C60とC70を含む。[352]フラーレンは、どれも全部が炭素でできている分子で、C60やC70という用語は、それぞれが、60個と70個の炭素を含んでいる構造を単に意味する。宇宙は巨大であり、宇宙にあるこれらの有機化合物の量も同様に膨大で、検出され得る多環性芳香族炭化水素の量は、地球上にある全バイオマス（生物に関わる物質）よりも遥かに多いと推定されている。

分子雲の中でまだ特定されていないものを含めて、これらの炭素系化合物の多くは、有難いことに40億年前よりは頻度が少ないが、地球に到達し続けている隕石の中に見出される。隕石は、太陽系とほぼ同じ年齢の小惑星の破片である。重量で2％にも及ぶ炭素系化合物を含んだいわゆる「炭素質隕石」は、徹底的に研究されており、混入の可能性を注意深く除いた後、それが簡単なアミノ酸と、砂糖と脂質に関連した化合物を含んでいることが分かった。事実、多くは地球にはないが、8個は地球にある蛋白質に見られるものを含む80個にも及ぶ異なったアミノ酸が、正に2つの異なった隕石から見出されている。[353] 別の隕石は、RNAやDNAのような分子の合成に必要な「核酸塩基」の集りであることが分かった。[354] アルキル基を含んだ複雑なポリエーテルやエステル分子が、2012年4月22日に落下したいわゆるサッターミル隕石（ゴールドラッシュで栄えたカリフォルニアの地名に由来）で初めて検出された。[355] これらの化合物のいずれも、別の惑星における生命から生じたという証拠は（まだ）ないが、地球に着陸した際に生き残り、そしてまた、生命の出現の前の期間に多くの隕石が降り注いだことを考えると、生命の構成単位としての貢献も無視することは出来ない。

生命が火星から移動した可能性も除外することは出来ない。地球がまだ熱くて手がつけられなかった頃、火星は生命により通じる状態であった。その後、NASAの探索機ローバーによって明らかにされたように、現在の生命を寄せつけない状態とは極めて対照的に、生命に通じる湖や川によって、その頃、火星はもっと湿った状態にあった。[356] 地球には、これまで20個以上の火星隕石が見つかっている。それらのうち、典型的なものは、地球に到達するまでに宇宙で100万年過ごしたものもあり、もっと多くの見つかっていない隕石があることは確かである。火星に生命があった証拠は（まだ）ないが、いくつかは炭素質に富んでおり、アミノ酸もかなりの量で含んでいる。火星の微生物を運んだ大きな隕石が40億年前に地球へやってきたことは不可能ではなく、そうすれば、筆者自身は信じたくはないが、結局のところ我々は皆、火星人ということになる。実験的には、微生物は宇宙のそのような長い旅と、地球に衝突した際の巨大な衝撃に生き残る可能性があることが示されている。勿論火星における生命の起源を知るためには、はるか遠い時間と場所の研究が必要になるが、この問題についてあれやこれやと、あらかじめ決める特別の理由はなく、ここでも偏見を抱かないことが最上である。

一つの興味ある所見は、生命の多くの鍵になる構成単位は、鏡像の形で存在しているという事実から生じる。二つの形は、手のようなもので、一つは他方の鏡に映った像である。アミノ酸は全て「左手」であるが、RNAやDNAを構成する糖は、全て「右手」である。科学者がこれらの化学物質を実験室で合成すると、それらは右手と左手の分子の混合物を得る。では、なぜ生物の中にある全てのアミノ酸は、左手なのであろうか。混入から良く守られた状態にある、南極の凍った荒地の中で見つかった初期の隕石を調べた結果、宇宙からのアミノ酸は左手の方に偏っていた。[357] さらに、その前駆体も同じような偏りが見出された。従って、宇宙で進行するプロセスはアミノ酸において左手を生じる傾向があって、我々の体にある蛋白質も同じ傾向を反映しているように思われる。

地球上のいくつかの異なった場所が、基本的な構成単位を合成する可能性がある場所としてあげられている。必須の成分は、簡単な炭素化合物と共に熱や雷のようなエネルギー源で、いくつかの想定されている場所では、初期の地球を模倣した雰囲気である。正確な初期雰囲気は、依然として活発に議論されているが、主に炭酸ガス、一酸化炭素、窒素、水蒸気、それに少ない量のメタンとアンモニアで構成されていたと考えられている。

そのような雰囲気との関係が薄い一つのあり得る場所は、熱い火山ガスが噴出して豊かで独特の生物系が繁殖している、太平洋と南極海の両者の海嶺に豊富に見られる熱水の放出口である。微生物化石が35億年前の熱水の沈積から回収されたという事実は、このような高圧の水中環境が、生命が出現した場所の候補であることを浮き彫りにした。そのような環境の一つの利点は、複雑な未保護の炭素化合物が、太陽光の中の紫外線によって分解しやすいという害から守ることである。高圧とそのような熱い放出口の実験室における再現によって、アンモニアやアミノ酸が生成することが分かった。触媒として働く種々の鉱物を添加することによって、炭素が豊富な異なった種々の分子を生成することができた。[358]

非常に複雑な有機分子を合成する別の場所の一つは、普通には見られない細菌を微生物学者が嬉々として探す、地下の深いところである。極初期の細菌は、熱、寒さ、あるいは圧力の極端な条件に住む「好極限性微生物」であったという証拠がある。筆者が好む好極限性微生物の例は、アフリカゴールドマイン社の地下2マイルに住む隔離された細菌の集団で、それらは水から水素（それによって細菌が生きられる）を生成するエネルギーを提供する放射性ウラニウムの崩壊に依存している。[359] 意外なことに、ゲノムのレベルで97％が似通っていて基本的に同じ種に属する、３マイルよりも深い地中で繁殖する水素摂取の細菌の群れが、世界のいたるところで見つかっている。[360] そのような細菌は、温度が120度で、地上よりも50倍も大きな圧力においても生存が可能である。このことは、太陽の紫外線による損傷から守られる地下の深い岩石の裂溝で、生命が最初に始まったという示唆を与えるものである。

深い地下で熱せられた圧力のもとにある岩石に加えて、南極の深い氷の中でも、細菌が何十万年にも渡って生存することが分かっている。しかし、そのような好極限性微生物だけが、初期の地球表面の厳しい環境を生き抜いた生命体であったのかどうか、そしてそれらが実際に進化した最初の微生物のタイプを代表するのかどうかは、誰にも分からない。その答えとは無関係に、深い地下の熱い高圧の条件を実験室で再現することによって――尤も以下に示すように、ＲＮＡは凍った条件下でもっと生成されるように見えるが――、生命に関するいくつかの分子の合成の興味ある可能性が提供されている。

生命の鍵的な構成単位の合成に関していくつかのアイデアが、かなり詳細に提案されている。例えば、ドイツの化学者グンター・ヴェヒターズホイザー（Gunter Wachtershauser）は、熱水の放出口で豊富に見られる鉱物の黄鉄鉱のような鉄やニッケルの硫化物の性質に基づく詳細な理論を打ち出している。この系では、一酸化炭素や水素のような簡単な分子が、硫化物の表面で反応してより大きな分子を生成する。長く複雑なプロセスによって、少なくとも生命の重要な側面を示す、それ自身を複製する化学サイクルが形成される。ヴェヒターズホイザーは、そのような系へのステップは必然的でかつ早く、「恐らく２週間」しかかからないと見ている。[361]

そのような大胆な主張が疑念に出会ったことは、不思議なことではない。だが、このアプローチによるさらなる研究計画が開始されたが、つまるところ、科学とはそういうものである。この分野は横から中傷されやすく、検証できる創造的な代替に到達することが容易でない分野である。

巨大分子の生成

ともかく、生命に関わる「小さな炭素分子」の作成はそれほど問題ではない。しかし、いわゆる「巨大分子」と呼ばれる、より大きな分子の作成は——それを自己複製システムに組み立てることは言うまでもなく——全く別問題である。しかしながら、この分野においても、穏やかな進歩が見られる。

生命に関わる巨大分子が一旦生じると、それらは特定の機能を正確に発揮するために、互いに組み合わさって、自己で組織化する素晴らしい性質を持っている。正確な方法で配置されるというこの性質は、大部分の人が考える以上にはるかに驚くべきものである。我々の体は、正しい配列で合成されると、その任務を遂行する正確な構造を作り出すために、自然に組み合わさる数千の蛋白質を含んでいる。ある場合には、適切に組み合わされることを助けるシャペロンという他の蛋白質が必要であるが、大部分の蛋白質は助けが無くても自分自身で組み合わされる。

例えば、ヒト遺伝子を細菌の中に入れてコードされた蛋白質を作ると、試験管の中で、それ自身で正確に組み合わされる。このことは、その蛋白質が水に親和性がある（親水性）アミノ酸と水となじまない（疎水性）アミノ酸の混合物からなっているためである。疎水性アミノ酸は内側に、親水性アミノ酸は外側にそれら自身で配置され、それに加えて、いくつかの化学的仕掛けによって、数秒という僅かの時間で蛋白質が正しい構造へと整えられる。この生命のプロセスの中で、水が決定的な役割を果たしていることを同時に強調しておきたい。このようなことが、我々の体の中で毎日数百万回、自動的に起こっているが、我々は神を誉め讃えることをしていない。我々は、そうすべきである。

もっと意外なことは、異なった蛋白質は、しばしば他の助けなしに自己組織化し、生命の機能を実行する「生物学的マイクロチップ」のような複雑な集合体を作ることが出来るということである。筆者自身は、そのようなマイクロチップの機能を調べる研究に係わっていた。それは、あたかも夥しいレゴピースを風呂に浮かべて見ていると、突然それらが自己組織化されて、小さな舟になるようなものである。これが伝説的な鞭毛の自己組織化であり、その様子の映像はウエブにおいて誰でも見ることが出来る(362)。

勿論、正確な自己組織化が起こるためには、それぞれの蛋白質が正しい配列をしていることが必要であり、このことはアミノ酸レゴピースが床の上に乱雑に散らかっているのとは大きく異なる。脂質の場合も同様である。既に述べたように、脂質様分子が隕石の中に見出されているが、初期の地球を真似た条件の下で簡単な原料から合成出来る。リン脂質と呼ばれるある種類の脂質は、親水性の「頭」と長い炭素が豊富な疎水性の「尾」を持っている。脂質を水の中に入れると、蛋白質の自己組織化と同じ種類の力が働いて、カスター将軍の最後の戦いのように、親水性の頭が外向きに、疎水性の尾が内向きに、二つの層が互いに後ろ同士になった、有名な「脂質二層」に自己組織化する。このような脂質二層の構造によって、我々の体にある全ての細胞膜は構成されている。

1960年代に、筆者自身が働いていたバブラハム研究所でアレク・バングハム（Alec Bangham）という生化学者によって、そのような脂質の簡単な操作により、脂質二層が閉じて自己完結型になったリポソームと呼ばれる閉じた小胞が、自然に発生することが見出された。このことが発見された当時、この観察は興味あるものではあるが、実際的な応用のない秘密のベールに包まれたものであった。しかし、その後、ほんの数例を上げただけでも、薬物送達、遺伝子治療、化粧品産業など、多くの異なった分野で使用されている（このことは、基礎研究が、当初予想もされなかったような大きな商品価値を生みだす別の例である）。

その後、スイスの生化学者ピエール・ルイージ・ルイス（Pier Luigi Luisi）は、脂質の自己組織化の素晴らしい特質に関する理解を大きく前進させた。ルイスは、リポソームは静的なものではなく、周囲から新しい脂質物質を吸収しながら成長出来ることを示した。さらに、リポソームは、もっと多くの小胞を形成する鋳型として、自己触媒作用を持つ。適当な条件下では、複製の初期的な形である、分割さえも行う。一つの可能性としては、生命の出現の際に、巨大分子の集りを捕えるリポソームのような構造が形成されたのかも知れない。脂質二層は水に対して不透過性で（もしそうでなければ、それは浴槽で溶けてしまう）、今日の細胞膜は脂質二層を通って情報を伝える何百という蛋白質を含んでいることから、そのような種類のシステムがいかにして出現したかを見出すことは――透過性の問題については実験的に既に取り組まれつつある――、一つの大きな挑戦である。[363] リポソームの一つの素晴らしい成果は、自己組織化して機能性を発現する蛋白質を合成するために必要な化学物質を、その中に濃縮できることである。この実験的モデルシステムにおいて、蛋白質合成に必要な83の化学物質の複雑な集りが、システムとして機能しない濃度にまで希釈され、そこに適切な脂質を添加してリポソームを形成したところ、それらの化学物質を取り込むだけでなく、それらが機能的になって蛋白質の合成を始めるように濃縮された。[364] 実際に、1000個のリポソームのうち、丁度5個が、83の全ての化学物質を取り込んで、これらにおいて蛋白質合成が起こったのである。統計的には、そのような希釈された溶液から83の全ての化学物質が同じリポソームに取り込まれるチャンスはゼロである。この論文の著者たちは、このことが如何にして起こったかについては、まだ明確にしてはいない。しかし、彼らが指摘しているように、このシステムは、多分子の複合体を構築するには薄すぎる水のプールの中にありながらも、リポソームを生じることによって、いかにして生体分子が機能的になることができるかを説明するモデルを提供するものである。

そのような研究が、初期の地球上に存在した物質から決してかけ離れたものでなかったことを示すため、1975年にバブラハム研究所のアレク・バングハムのところで長期有給休暇制度で研究し、その過程で、生命の起源についての研究に熱中したデビット・ディーマー(David Deamer)が行った実験について考えて見たい。ディーマーは、オーストラリアのメルボルンに近い平野で見つかった、火星由来の有名なマーチソン隕石から得た90グラムの塊のうち、0.1パーセント以上が有機系の炭素系化合物であることを見出して驚いた。そこから脂質分を取り出して水に懸濁したところ、バングハムが初めて見出したタイプの脂質小胞が自然に形成した。実際に、組織化が宇宙の骨組みの中で構築されたのである。

非脂質の複雑な巨大分子の合成は、初期地球の海における非常に希薄な溶液では起こることが出来なかったが、このことが如何にして起こったかについて多くのアイデアがある。それらはより確信を持てるものであったり、そうでなかったりするが、少なくともそれらのうちいくつかは、実験的に支持されるものである。複雑なシステムの出現のためには、同じ場所において相互作用する化学物質の十分な濃度を必要とする。リポソームは、このことが起こり得る一つの場所を提供する。そのようなことは、どこか別のところでも起こり得るのであろうか?

粘土はその粒子が小さいと、膨大な表面を持つ興味ある化学反応の場を提供する。1立法センチの粘土は、9面のテニスコートに匹敵する表面積を有する粒子を含むことが出来る。[365] 確かにそれは、円滑に行う上で十分である。強く結合されたケイ素とアルミニウムからなる粘土鉱物は、特定の秩序を分子の配列に与えることが可能な、規則的な構成上の違いを持つ。アミノ酸を粘土の上で放置して濃縮すると——それは小さな乾燥していく粘土で覆われた水溜りが想定される——、重合して数十のアミノ酸の長さを持つ小さな蛋白質様の分子を生じる。[366]

粘土は、細胞における蛋白質の合成に必須の分子であるRNAを合成する際の作業台としても用いることも出来る。ヌクレオチドを粘土表面に置くと、数時間の間に10個のヌクレオチドの長さを持つRNA分子が形成し、2週間後には、50以上のヌクレオチドの長さに成長する。ハーバードの遺伝学者ジャック・ショスタク(Jack Szostak)は、粘土、RNAヌクレオチド、脂質が混じりあった同じ実験で、RNAを含む小胞が出来ることを見出している。[367] ある粘土は、RNA合成を触媒するばかりではなく、膜の組立をすることもできる。[368] これらは、確かに生命には遥かに遠いが、初期の地球において、生命に関する分子が如何にして区分けされ始めていったかについての、いくつかのアイデアを提供する。

風化した鉱物表面は、化学合成のための別のタイプの場である数え切れない割れ目と穴を持っている。長石は何百万という、分子の自己組織化を守る区域を提供することが可能な、およそ生きた細胞の大きさに匹敵するポケットを持っている。二層水酸化物として知られる別の鉱物のグループは、多くの異なった金属を持ついろいろな物質になるが、これらはリン酸基が付与された糖の合成――これはＲＮＡやＤＮＡのあらゆる分子の骨格を形成するので重要なステップ――に用いられている。

生命の代謝発電所

保護された自己複製システムが、生命出現のごく初期において生じたように思われることから、初期生命化学反応が起こるためには、狭く閉じ込められた環境が重要である。著者がオックスフォードの1年生で（１９６４年）生化学を学んだ時、ノーベル賞を受賞し、クレブス回路（クエン酸回路）――全ての生きた細胞に普遍的である鍵的代謝経路――の発見で既に有名であったハンス・クレブス卿（Sir Hans Krebs）による講義があった。クレブス教授は１９３０年代に、いかにしてクエン酸回路を段階的に発見していったかについて講義することを選択した。生化学は、当時はまだ比較的新しい学問で（少なくともオックスフォードでは）、受講者は年間僅か16人であった。残念なことであるが、学期の終わりにクレブスの講義の出席者は2ないし3人に減ってしまった。告白しなければならないことは、機知にあふれ、目が輝き、元気一杯の1年生が求めるものは、誰かが何かを30年前に発見したものではなく、最新の内容であり、彼の講義スタイルはそれとは程遠いものであった。実際クレブス回路は、我々が知る生命の中心であり、今、あの歴史的な講義を再び聞けたらどれほど素晴らしいことであろうか。

クレブス回路は、それぞれが炭素、酸素、水素から作られている11の化学成分から成る。回路は6個の炭素を持つクエン酸から始まり、5、4、3の炭素へと徐々に小さくなって、それぞれの分子が、今日知られているように、細胞の生命にとって必須である全範囲の他の鍵分子合成の出発物質となる。

当初クレブスが知らなかった素晴らしい発見は、ある特定の微生物はこの回路を逆方向に回るということである。従って、2個の炭素分子である酢酸から始めると、炭酸ガスを次々に加えていって、3個の炭素を持つピルビン酸、4個のオキサロ酢酸、そして回路を回って6個のクエン酸に至り、それは次に酢酸1分子とオキサロ酢酸1分子とに分かれ、2回目の回路の出発物質となる。従って、この逆クエン酸回路は、回る毎に倍加していく自己複製エンジンである。この逆回路は、もっと複雑な光合成のプロセスがやって来る前に、いかにして炭酸ガスがより複雑な炭素分子の中に「固定」されたか（取り込まれたか）について示すものである。

今日、回路のそれぞれのステップは、それ自身の酵素（酵素は専門化された蛋白質であることは述べた通りである）によって触媒される。では酵素が無かった時はどうであったのだろうか。一つの可能性は、ヴェヒターズホイザーによって提案されたものである、黄鉄鉱のような硫化物が原始の触媒だったというものである。興味あることに、多くの「現代」の代謝酵素には、その中心に、硫化鉱物の小さな部分を想起させる、鉄またはニッケルと硫黄原子の小さな集合体がある。これらの「原始の触媒」が、その後やって来たもっと効率的な酵素の中に取り込まれることが出来たのであろうか。時が来れば分るであろうが、成果が見込める興味ある研究計画が進んでいる。

RNAワールド

これまであまり議論してこなかった一つの鍵的巨大分子がRNAである。生命の起源に関する議論は、しばしば、触媒が先に来て、その後に次の世代に指示を渡す情報が詰められた分子が来るのか、あるいはその逆、つまり、鶏が先か卵が先かの問題の周りをぐるぐると回る。従って、1980年代の初期に、RNA分子が遺伝子情報の保管倉庫としてだけではなく、酵素のような触媒として働くことが発見された時、大きな興奮を引き起こした。そのような触媒活性を有するRNA分子はリボザイムと呼ばれ、それらは全て、鶏か卵かというジレンマの周囲で、可能な経路を提供する歌って踊る分子である。これが、DNAの出現の前に、RNAが複製によって遺伝子情報を伝達する鍵的情報分子であったと考える「RNAワールド」仮説へと繋がった。RNAはDNAと非常によく似た構造を持っており、ヌクレオチド塩基が僅か1個、異なるだけなので、同じような遺伝子機能を発揮することが出来る。２００９年まで、初期の地球にあったと考えられる条件の中で、ＲＮＡがいかにして合成されたかは、言うなれば謎であった。しかしその年、その昔、存在していたと思われる簡単な化学物質から、ＲＮＡの構成単位が如何にして生じたかを示す合成経路が明らかにされ[369]、２０１２~２０１３年に、さらなる鍵的ステップの解明が報告された[370]。

リボザイムによって触媒される反応の範囲は極めて素晴らしいもので、それらの触媒機能は、生命樹木の全ての主要な枝に繋がる細胞に見られる。このことは、生命が始まって以来保持されてきた古代メカニズムであることを示唆する。例えば、リボザイムはＲＮＡ分子を切断したり（小さな破片に分割する）、他のＲＮＡ分子と結合させたりする。またそれらは、蛋白質合成の3つの主要なステップ——細胞の中のプロセスで、アミノ酸を機能性蛋白質にするために全く正しい配列に置く——を触媒する。それらは、遺伝子発現をコントロールすることさえもでき[371]、ＲＮＡの螺旋《らせん》構造はそれ自身で複製することも出来る。実際、今日のリボザイムは酵素に比べて限られた範囲の触媒性能を持つが、生命の歴史の中で蛋白質よりも以前から存在していたなら——どうもそのようであるが——、当時としてはトップクラスにあった。もっと重要なことは、生命が離陸することを助ける役割を担ったことである。

ＲＮＡ複製のような仕事を実行する上で、さらにもっと効率を上げるために、人工的な実験室でリボザイムを選考していったところ、初期のリボザイムがもっと長い時間をかけて選択されていった様子の手掛かりが得られた[372]。丁度ダーウィンがハトの交配の研究から自然選択について多くのことを学んだように、今日の生化学者は、人工的に実験室でプロセスを加速させることによって、「野生」における生命に関する分子に対して自然選択が如何にして働くかについて多くのことを学ぶことが出来る。

ＲＮＡの本質的な不安定さも、リボザイム安定化と冷却化された条件下での触媒研究によって解明されつつある。非常に小さいリボザイムが冷却化された条件下で触媒として作用し、他の螺旋状RNAと一緒になって大きな分子を生じることは、初期の生命の形の場所について、RNAがより不安定である暖かい場所で早く起こったのではなく、氷の条件下で非常にゆっくりと出現したのではないかという、重要な手掛かりを提供する。[373]このことの明確な証拠が、ケンブリッジの分子生物学研究室のフィリップ・ホリンガー（Phillip Hollinger）の実験室で得られた。[374]このグループは、202の長さを持つリボザイムを用いて、206のヌクレオチドの長さを持つRNA分子が氷の中で合成できることを報告した。実際には、この生合成に必要な化学物質の混合物を一緒にして凍らせると、氷の結晶ができるに連れて、そこから締め出された雪泥のようなもの（これは筆者の言葉で、この論文の著者はこれを「格子間ブライン」と呼んでいる）の中へ、鍵となる化学物質が濃縮されて凍結する。この過程は意外にも効果的で、リボザイムは、プラス22度よりもマイナス7度の方でよく働き、マイナス17度でも206のヌクレオチドを持つRNA分子を、丁度60時間で合成することができた。

この実験室ではそれ以前にも、異なった酵素活性をそれ自身有するRNAの合成を、リボザイムが触媒することも示している。[375]脂質が豊富な環境の中で基本的なヌクレオチド成分を含水状態に誘導した後、無水状態にする前生物的な地球の条件を模擬した簡単な操作によって、RNA様のポリマーも合成することができた。[376]最終的な水和のステップによって、RNAポリマーが、自動的に脂質小胞の中に取り込まれることが見出された。

「RNAワールド」仮説を支持する最も強い証拠の断片の一つは、今日、全ての生物の細胞で、リボザイムがアミノ酸同士を結合して蛋白質を作るペプチド結合の生成を触媒するという観察から来る。[377]このリボザイムは、RNAリボザイムと蛋白質の複合体であるリボソームとして知られている分子構造の中に含まれている。その構造は、細菌（核がない）の中にあるか、真核細胞（核を持つ）の中にあるかによって幾分異なるが、基本的な構造は、進化の全体を通して高度に維持されている。[378]事実、今日の生物界でこのシステムをコードするために必要とされる「遺伝子キット」は、全進化の間において維持されているので、全ての生物の想定上の最後の普遍的共通祖先

（LUCA）を推定するために使用されている。これと比べて、DNAの複写のプロセスに関与する中心的酵素は関連性がないので、DNAの複写は後に生じたと考えられている。最も初期のリボザイムがペプチドとして知られている短い蛋白質を一旦作り始めると、RNAワールドは次第にRNA／蛋白質ワールドに移行し、そして今日生物の生命を支配しているDNA／蛋白質ワールドへと導かれる。しかし、我々の体のあらゆる細胞にあるリボソームの中に含まれるリボザイム触媒酵素――筆者がこれらの単語をタイプしている時も懸命に働いている――は、RNAが王様であった初期のRNAワールドをいつも思い出させる名残である。

RNAと遺伝子コードの起源

今日の細胞では、種々のタイプのRNAが異なった役割を演じており、それらのリボザイムとしての機能は、現代の蛋白質が豊富な環境下では、最も重要なものではない。蛋白質合成での極めて重要な役割の一つは、略してtRNAと呼ばれる、いわゆる「転移RNA」である。全てのアミノ酸は、特別の酵素の助けによって、それと結合する特定のtRNAを持っている。

アミノ酸を車の車名とし、tRNAをその車だけの運転手と見立てることができる。DNAには、特定のアミノ酸に対応する3塩基コドンというものがあり、mRNAがDNAの鏡像コピーを細胞の細胞質へ伝え、そこでリボソームに固定された組立ラインに乗ることを既に紹介した。mRNAは、DNAヌクレオチドの3塩基コドンからのそれぞれのアミノ酸に対応する「アンチコドン」を持っている。

それぞれのtRNA運転手は、順番にそれが選択的に乗るアミノ酸の車モデルに対応するコドンを持っている。tRNAのコドンは、ここでもmRNAアンチコドンの「鏡像」であるから、再び元のコドンに戻り、それぞれのtRNAは、DNA自身の中にある正確なアミノ酸の3塩基コドンを持つことになる。こうして、tRNAは、特定の酵素の大きな助けによって、その一方の端に対応するアミノ酸を捉え、その3塩基コドンのプラグをmR

NAの正確なアンチコドンに差し込むことになる。異なったアミノ酸が、決まった順番でmRNA・リボソームの組立ラインに一旦並んで乗ると、別の酵素がやってきてそれらを助けてペプチド結合で繋ぎ合わせ、完全な蛋白質の出来上がりということになる。

多少頭がふらつくかも知れないが、ありがたいことに、それらは全て自動的である。このページを読んでいる読者の細胞の中で、この処理は何百万回となく起こっているので、神経質になる必要はない。しかしこの処理について述べるのは、このDNAの3塩基コードはどこからやって来たかについて問うためである。この問題に答えようとする膨大な科学文献があるが、生物学における情報の産出が、コンピュータのような他の分野と大きく異なった意味を持っている、現在あるいくつかの考えについて取り上げてみたい。

3塩基コードと4個の異なったヌクレオチドによって、20個のアミノ酸に対して64個の可能なコドンがあるが、実際には、蛋白質合成の「開始」と「停止」の信号に使用され、さらに多くのアミノ酸は、1個のコドンよりも多くコードされて縮重されている。驚くべきことに、この特殊な3塩基コドンのセットは、機能を効率的に行うため、極めて高く最適化されているように見える。

1960年代に遺伝子コードが考え出された後、それほど経たずに、それがアミノ酸とかなり特別な構造的関係を持っていることが認識された。例えば、いくつかのアミノ酸は、体内で同じ生合成経路によって作られることが、長い期間に渡って知られていた。3塩基コドンが同定された後、同じ生合成経路によって作られるアミノ酸を特定するコドンは、3塩基の中で、同じ最初の「文字」(ヌクレオチドまたは塩基)を持つ傾向があることが注目された。同じ生合成経路によって作られるアミノ酸は、同じ「家族」に属すると言われている。よって、シキミ酸、ピルビン酸、アスパラギン酸、グルタミン酸の家族は、最初の位置に、U、G、A、Cをそれぞれに持つ傾向がある。

別の初期の観察によれば、似通った化学的性質を持つアミノ酸は、似通ったコドンを持つ傾向がある。このことは、もしもコドンの変異または誤訳が起こった時、恐らく一つのアミノ酸が同じような性質を持った別のアミノ酸で置き換えられることになり、作られる蛋白質の混乱がより少なくなるような自然選択が働いているということで、非常に有りうるものとして説明できるであろう。このことは、「現在のコードで使用されている4個のヌクレオチド塩基を用いて、3塩基の中の一つの塩基（「遺伝子文字」）が変異することによってもたらされるかもしれない有害な影響を最小にするためには、64の3塩基コドンのどのセットが可能性のある最も良いものか」という疑問を追求する詳細な研究へと導いた。この疑問を考えるにあたって、覚えておかなければならないことは、塩基のうちの一つが別の塩基に変わると、一つのアミノ酸に対するコドンが、おそらく確実に別のアミノ酸のコドンに変わるということである。よって、どれほど有害であれば「有害であるか」を評価する際に、それぞれのアミノ酸の化学について、そしてまた、作られる蛋白質において、一つを別に変えることによってもたらされる結果について考えることが必要である。例えば、あるアミノ酸が極性を持つ親水性——電荷を持ちかつ水を好む——の化学物質で、別のアミノ酸は、疎水性で（水を嫌う）、かつ電荷を持たないという場合、親水性のアミノ酸が占める場所を疎水性のもので置き換えると、置き換えが親水性の場合に比べて蛋白質の構造に、恐らくより大きな混乱をもたらすであろう。また、あるタイプの塩基を別のものに変えても化学的な影響がある。これらのことを全て考えると、何百万という不作為的な64の3塩基コドンのセットのうち、たった一つのセットだけが、我々が実際に持っているセットよりもよかったということが分かった（最初にケンブリッジの遺伝学部で実施された仕事において）。このことを発見した著者は、我々の遺伝子コードは、まさに「百万のうちの一つである」とコメントしている。[379]

恐らく批判する者たちは、それは誠に結構なことだが、これは全て誤りを最小にするために、一旦3塩基コドンが生じた後、最良のセットが得られるまでそれらを微調整しているのだと指摘するかもしれない。しかし、そもそも、それはどのようにしてそこにあるのであろうか。「逃げた3塩基理論」（別名「直接RNA鋳型」モデル）が、その手掛かりを与える。[380] その基本的な考えは、実際極めて単純である。それは、それぞれのアミノ酸が始源の未発達な3塩基コドンをもともと「選んだ」というものである。アミノ酸は隕石の中に存在し、それらの多くは、前生物的条件下で合成可能であることは既に述べた。「逃げた3塩基理論」は、もしも非常に多くの無作為的に配列されたRNA（「アプタマー」として知られている）をもってきて、あるアミノ酸に対してどの配列が優先的に相互作用をするか実験によって決定すると、単なる偶然というよりは、そのアミノ酸に対して特異的なものとして我々が今日知るところの3塩基コドン――時としてアンチコドンも――を有するRNA分子を正確に拾い上げることが分る、という事実に基づいている。言い換えると、RNA分子の構造はかなりの程度、3個のヌクレオチド塩基の特定の配列の有無に影響されているということである。一つのアミノ酸は、他ではなく、特定の3塩基を持つRNA分子と結合する傾向がある。例えば、無作為的な結合についての一つの研究において、アルギニン、イソロイシン、チロシンというアミノ酸は、それらの知られているコドンまたはアンチコドンのいずれかを有するRNA分子と優先的に結合した。[381] 徹底的に調べた8個のアミノ酸のうち、全部で6個がそのような結合を示し、一方、48個の同族のコドンまたはアンチコドンのうち10個が、調べられた不作為的なRNA分子の中の結合位置に関わっていることが見出された。[382] 現在の翻訳システムにおいては、今日全ての細胞によって使用されているように、tRNAはそれぞれのアミノ酸を正確な位置に運び込むアダプター分子として働くので、そのような差別的結合親和力は無関係である。従って、「逃げた3塩基理論」における考えは、RNAを鋳型とする蛋白質合成に関する昔の未発達なシステムの名残を示す分子の特徴を、我々は見ているということである。「正しい」コドン及び／またはアンチコドンを正確に含むRNA分子に対するアミノ酸の部分集団のより大きな親和力――つまり、現在使用されているコードシステム――は、ほとんど確実に、我々が今日持つところの遺伝子情報を非常に精確な蛋白質構造に翻訳するより複雑なシステムへ通じる段階の退化した痕跡を現しているのであろう。

直感的には、もしも他の惑星に生命が見出されるなら、そこにある生命もDNAとRNAを用いており、宇宙の化学は我々がいたるところで見るものと非常に類似しているので、その3塩基コードも我々自身のものと極めてよく似通って、生化学も同様であるように思われる。一方、この地球惑星において、蛋白質で一般的に使用されている20個のアミノ酸よりももっと多くのアミノ酸があり（多くの異常なアミノ酸は隕石に見られる）、蛋白質の中の異なったアミノ酸のレパートリーは、実験室で人工的なｔＲＮＡを作り出すことによって、容易に広げることができる。[383] よって、別のアミノ酸のセットではなく、なぜこの20個のアミノ酸のセットが使用されているのかは、まだ明らかではない。しかし、多くのデータは、このセットがたとえ最善ではないにしても、機能的に最適化されたものであることを示唆している。[384] もしも別の惑星で、異なったアミノ酸のセットが使用されていることが判り、逃げた3塩基理論がほとんど正しいなら、この異なったアミノ酸セットに適合すると思われるので、3塩基コードは極めて異なったものになるであろう。しかし、少なくとも、もしもバンドリル惑星（Dr. Who ファンなら直ちに認識できる惑星）[訳注27] で使用されているアミノ酸が何であるか判れば、我々はそこで使用されている3塩基コドンシステムについて、少なくとも立派な推測をすることができるに違いないのだが。

自動引き出しシステムから現金を引き出すために、あるいは安全ドアを開くために使用する個人確認番号（ＰＩＮ）は、全て4桁の不作為的な数字で始まる。それらの数字は何も意味しない。しかし、一旦それがある特定の仕事をするために選ばれたら（我々のＰＩＮになるために）、それらの数字は極めて重要になり、忘れることはない。情報が生物システムに潜入してくることは、これに似ている。化学物質はそれ自身の性質を有しており、その性質によって、より大きな構成のものが組み立てられ、さらにはそれらが互いに依存し合い、ある機能を生みだすために選択される。生物学的複雑さは、小さなものから集まり、ついには時が満ちると、新しく素晴らしい性質が明らかになってくる。

ゲノム学に関する科学の爆発は、生物学的な複雑さが、時間と共にいかにして現れたかを知る上で大いに役立っている。今や何千という異なった生物からの完全なゲノム配列が入手可能になったので、ある特定の蛋白質及び蛋白質の一部、並びに蛋白質の生合成に関わる全ての他の分子の「系統発生学的な樹木」――これによって、進化歴史のどの段階でどの部分が出現したかを推論できる――が、容易に実現可能になった。よって、あり得る次のシナリオは、蛋白質合成に関与する分子機械の他のコンポーネントと共同して、遺伝子コードの起源を構築することである。[385]

これまでやってきたことは、生命の起源に関するジグソーパズルの、可能性のある僅かなピースに注目してきたに過ぎない。隙間は、合いそうなピースで占められるよりも、まだ遥かに大きい。本章を始めるに当って、生命がどのようにして始まったかについて、合理的に取り扱うまでには、あと一世紀はかかるのではないかと述べた。いろいろな文献を調べた結果、進歩は実際に非常に早く、その考えはあと半世紀に修正することにしたい。それでも、まだ遥か彼方である。

この説明の中で、物ごとに働く「盲目的な自然の力」について決して語ることはしなかった。なぜなら、そのような用語は、クリスチャンにとって適切でないからである。我々は、神の世界に住んでいる。我々が語るのは、神の化学物質、神の分子であり、神のリポソーム、神のRNAワールドなのである。既に強調してきたように、クリスチャンが、「盲目的な自然の力」という無神論者の概念を、なぜ神の聖なる物質に帰そうとするのか、全く理解出来ない。神は、膨大な物質を創ったが故に、それらを愛しているのである。幸いなことに、神は我々をもっと愛しているが、だからといって、神の非生物的な物質を我々は見下すべきではない。神は、それらが「良い」と言われた。だから、我々もそうすべきである。

この本は、創世記（Genesis）によって始まった。よって、生物発生（Biogenesis）によって閉じることは適っている。原始に、「地は混沌であって、闇が深淵の面にあり、神の霊が水の面を動いていた」（創世記1章2節）。この本のなかで一般的に、そしてこの章で詳しく述べてきたことは、形もなく空しい世界に、神の霊がいかにして生きていく秩序をもたらすことを始めたか、その驚くべき方法について、いくつかの探索をしたに過ぎない。我々は、我々が知り、かつ理解することの少なさの故に、神を誉め、讃えるべきであり、我々の現在の科学知識の無知に基づいて、神学的または弁証的な装いをすべきではない。

あとがき

本書のタイトル（『創造か進化か——我々は選択しなければならないのか——（*Creation or Evolution: Do We Have to Choose?*）』）にある質問に対する筆者自身の答えは、明らかであろう。もしそうでなければ、表現者として失格と言わざるを得ない。力ある言葉によって全ての物を創造し、それを維持する神において、キリストを通した個人的救いの信仰は、全ての実際に現在進行中の生物学研究のパラダイムを与えているダーウィンの進化論と全く合致している。本質的に、進化において、物質主義的、反宗教的、または宗教的なものは何もない。これらの概念は全て、この理論の外側からのものである。進化論は、我々を含めて世界に対して意図と目的を持つ聖書において現された創造主である神と完全に一致する。生物学の理論として進化を支持することが、神の似姿に創られた特別な存在としての人類、堕落、罪の現実、そして我々の罪のため十字架の上でのキリストの贖いの業を通した我々の贖罪の必要性について語るキリスト教信仰に、少しも影響を与えるべきではない。我々は、科学的な理論が科学的活動の文脈の中で意図しているその仕事を実行させるべきであり、それをイデオロギー的目的のために変形すべきではない。無神論者は、そのような変形をしようとするクリスチャンと同じ罪を犯している。

クリスチャンは、科学者をその仕事に邁進させるべきであって、彼らが物質主義と自然主義を促進させるために邪悪な陰謀を企んでいると考えるべきではない。科学者は、神の業を理解するために研究し、探索しているだけである。どこが悪いのだろうか。勿論、神の業について、科学者の記述は未完成である。だからこそ彼らは毎日忙しく働いており、実際に、神の世界を研究するために報酬を得ているのである。なんという特権であろうか。進化論は神に反するとする誤った仮定に基づいて、進化を攻撃することを自分のミッションとしているクリスチャンは恥ずかしいばかりか、福音を不名誉なものにしている。5世紀の始めに、当時の科学に対するクリスチャンの態度に対して、アウグスティヌスが語った言葉ほど、このことをよく指摘しているものはないであろう。

おそらくは聖なる言葉の意味を引用しながら、これらの問題に対してクリスチャンが語るのを、未信者が聞くことはみっともなく、かつ危険なことである……。恥ずべきことは、その無知な者が嘲られるのではなく、信仰という家族の外にいる人たちが、我々の聖なる著述者たちがそのような意見を持っており、その人の救いのために我々が懸命に働いている人たちを失い、聖書を書いた人たちが、無知な者として批判され、拒否されることである。[386]

悲しいことは、全てのクリスチャンが必ずしもアウグスティヌスのこの警告に気がついていないことである。創造主義とＩＤ（インテリジェント・デザイン）の宣伝は科学に対する知的な障壁を作り続けており、人々が福音を真剣に受け入れる可能性を大いに奪い続けている。現在は無神論者または不可知論者である有名な科学者たちの何人かは、十代にはクリスチャンであったが、彼らの地元の教会の善良な会員が、真のクリスチャンであることと、進化を信じることは両立しないと語るのを聞いて、信仰を捨て去ってしまった。そのような間違った二分法は、神学的に誤りであるばかりでなく（ガラテヤ書を読んで欲しい）、神の国を広めることに甚大なダメージを与えているのである。進化を攻撃することは、キリスト教の核心的信仰についてもっと知りたいと願っている人たちの間に不必要な障壁を設けて、クリスチャンのコミュニティを対立させ、分裂させる。著者自身の科学コミュニティの中での経験では、「クリスチャン」という言葉は、しばしば創造主義またはＩＤと同一視されており、キリストについての福音を分かち合うことに大きな困難を生じている。

進化に反対するクリスチャンのキャンペーンは、信者をもっと大切な探求からそらすための大がかりな偽装工作である。我々は、福音のメッセージを携えて失われた世界に到達するという大きな仕事に直面している。何故、全てのお金、エネルギー、人間の賜物と能力を福音伝道に用いないのか。世界の医療と経済において必要なのは何か。何百万ポンド、何百万ドルを、つやつやと装丁された雑誌に注ぎ込んで進化を攻撃するのではなく、そのお金を、貧しい人を助け、あるいはＨＩＶに取り組み、あるいは孤児を支えることに注ぎ込んだらどうだろうか。

皮肉なことに、創造論を最も熱心に語るクリスチャンは、必ずしも創造の世話に最も関わっている同じ人たちではない。我々は、巨大なスケールでの環境の破壊と生物多様性の喪失はもとより、地球温暖化の危機に直面している。創造主義のキャンペーンにエネルギーを使うのではなく、神が創世記で我々に命じたこと、つまり神の創造の世話をし、神が我々に託された全てのことに対する良い管理者としての義務を忠実に果たそうではないか。いつの日か、我々は、それぞれの人生において成したことを説明するために呼び出されるのである。自分の能力を地中に埋めた者は、同情されることはなかった（マタイによる福音書25章14～30節）。我々の真の仕事は、この本のタイトルに対して「正しい」答えを出すことではなく、新しい天と新しい地に備えて、この今、創造されたものを世話しているかどうか、そして、神の国を広げることに我々の人生を真に費やしているかどうかである。

デニス・アレクサンダー

注釈

1 筆者は *Should Christians Embrace Evolution?* のいくつかの点について、非公式なペーパーで言及したが、それは、*Christians in Science* のウエブから無料でダウンロードできる（http://www.cis.org.uk/resources/articles-talks-and-links/creation/）。

2 全ての聖書引用は、新国際版（New International Version: NIV）による（訳者注：日本語翻訳は、新共同訳によったが、口語訳の方がNIVに近い場合には、口語訳によった）。

3 D. J. Jordan, 'An Offering of Wine,' PhD Thesis, Dept. of Semitic Studies, University of Sydney, 2002, p. 115. 筆者は、このことを教示してくれたCambridge大学 Warden of Tyndale House の Peter William 博士に感謝する。この言葉がアッカド語に類似するからと言って、それが正しいかどうかは分からないが、ありそうなことである。

4 Ali Şimşek（私信）。

5 Lucas, E. 'Science and the Bible: Are They Incompatible?' *Science and Christian Belief* 17: 137–54, 2005.

6 例えばマルコによる福音書12章36節、使徒言行録1章16節、4章25節、ヘブライ人への手紙3章7節、ペトロの手紙二 1章21節。

7 J.K. Rowling, *Harry Potter and the Half-Blood Prince*, p. 178.

8 *The Times*, 3 Jan 2007, p. 13.

9 H. Blocher, *In the Beginning*, Leicester: Inter-Varsity Press, 1984, pp. 37–38.

10 この箇所は、元々は D. R. Alexander の次の著作を、さらに展開し修正したものである。*Rebuilding the Matrix: Science and Faith in the 21st Century*, Oxford: Lion, 2001.

11 P. Harrison, *The Fall of Man and the Foundations of Science*, Cambridge: Cambridge University Press, 2007.

12 R. Dawkins, *The God Delusion*, London: Bantam Press, 2007.

13 ヘブライ語には、ここで言うような「創造」という言葉はないが、この概念は旧約聖書の中に確かにあり、ギリシャ語で用いられているいくつかの言葉の中にある。

14 Augustine, *De Genesi ad litteram*（「創世記の字義的意味」）。J. H. Taylor 訳：New York: Newman Press, 1982 (original c. ad 415)。

15 John Calvin, *Institutes* 1.13.14–15.

16 ヘブライ語は、完了形（完成した行為）と未完了形（未完成の行為）の時制のみを持つ。文脈からこの箇所を未来として訳すことは正しいが、これは解釈的な決断であり、その決断は、ヘブライ語はいずれにせよ分詞——もちろん時制はない——を使用する事実と合わせてなされる。

17 例えば、テラタに関しては使徒言行録2章19節、モフェスに関しては申命記29章2節を参照。

18 C. Brown による次の箇所から引用。*Miracles and the Critical Mind*, Grand Rapids, MI: W.B. Eerdmans, 1984, p. 217.

19 例えば、使徒言行録8章13節、コリントの信徒への手紙二 12章12節、ヘブライ人への手紙2章4節、等。

20 D. R. Alexander（編）の次の著書を参照。*Can We Be Sure About Anything? Science, Faith and Postmodernity*, Leicester: Apollos, 2004.

21 W. Shakespeare, *Antony and Cleopatra* 第2幕、第2景、191-194（福田恆存訳、文藝春秋社 1993）。

22 例えば、J. H. Brooke, *Science and Religion: Some Historical Perspectives*, Cambridge: Cambridge University Press, 1991、及び Alexander, *Rebuilding the Matrix*. Ernan McMillin による非常に有用な「ガリレオ事件（*The Galileo Affair*）」が、www.faraday-institue.org よりダウンロードできる。

23 Augustine, *De Genesi ad litteram*, ii.9.

24 Calvin, *Commentary on Genesis*, 1.15.

25 Calvin, *Commentary on the Psalms*, 136. 7.

26 J. Wilkins, *Discourse Concerning a New Planet*, 1640.

27 Kepler, *Gesammelte Werke*, Munich: C.H. Beck, 3. 31.

28 19世紀において、ダーウィンの進化がいかにして受け入れられたかについての詳細は、次の著書を参照：Alexander, *Rebuilding the Matrix*.

29 この項は、次の著書で詳しく記されたことの短い要約である。White, R.S. 'The Age of the Earth', Faraday Paper No 8, 2007 (www.faraday-institute.org より無料でダウンロード可能)。

30 Hinnov, L.A. 'Earth's Orbital Parameters and Cycle Stratigraphy'、及び F. Gradstein, J. Ogg and A. Smith (eds), *A Geologic Time Scale 2004*, Cambridge: Cambridge University Press, 2004, pp. 55–62.

31 EPICA Community Members 'Eight Glacial Cycles from an Antarctic Ice Core', *Nature* 429: 623–28, 2004.

32 ＤＮＡとは、デオキシリボ核酸を意味する。

33 Pearson, H. 'What is a Gene?' *Nature* 441: 399–401, 2006.

34 さらにセレノシステインとピロリシンと呼ばれる2個の稀なアミノ酸があるが、これらは特別な場合のみ使用される。

35 ＲＮＡとは、リボ核酸を意味する。

36 Check, E. 'Hitting the on Switch', *Nature* 448: 855–58, 2007.

37 http://www.ensembl.org/Homo_sapiens/Info/Annotation#assembly。２０１４年１月４日現在 20,805.

38 Richard Durbin（私信）。

39 Ledford, H. 'All About Craig: The First "Full" Genome Sequence', *Nature* 449: 6–7, 2007.

40 次も参照のこと。'The Personal Side of Genomics', *Nature* 449: 627–32, 2007.

41 Francis Collins, *The Language of God*, New York: Free Press, 2006.

42 The ENCODE Project Consortium, 'An Integrated Encyclopedia of DNA Elements in the Human Genome', *Nature* 489: 57–74,

2012.

43　Gregory, T. R. Animal Genome Size Database. 2013. http://www.genomesize.com. ２０１３年10月26日にアクセス。

44　Sterck, L. et al. 'How Many Genes Are There in Plants (… and Why Are They There)?' *Current Opinion in Plant Biology* 10: 199–203, 2007.

45　Cordaux, R., Hedges, D. J., Herke, S. W. and Batzer, M. A. 'Estimating the Retrotransposition Rate of Human *Alu* Elements.' *Gene* 373: 134, 2006.

46　Callinan, P. A. and Batzer, M. A. 'Retrotransposable Elements and Human Disease.' *Genome Dynamics* 1: 104, 2006.

47　1ミクロンは、100万分の1㍍、または2.5万分の1インチである。従って10ミクロンは100分の1ミリ㍍である。針頭が約1ミリだとすると、このことは優に100個の細胞を針頭に並べることが出来ることを意味する。

48　この大まかな推測は、S. Jones 博士によるものである。この喩えをあまり難しく考えないで欲しい——このことは、実際に長い距離であることを単に意図するものである。基本的に、6フィートを10の13倍することによって、簡単に計算し、それをマイルまたはキロに変換することによって得ることができる。

49　Baylin, S.B. and Schuebel, K.E. 'The Epigenomic Era Opens,' *Nature* 448: 548–49, 2007.

50　筆者の研究グループは、細胞のＤＮＡが損傷を受けた後で起こる、ある特定のアミノ酸の「脱アミド化」による蛋白質の機能制御に関して研究をしている。この過程の途絶は、ガンを起こし得る。これらについてさらに詳しくは、次を参照のこと。Zhao, R., Yang, F.-T., and Alexander, D. R. 'An Oncogenic Tyrosine Kinase Inhibits DNARepair and DNA Damage-Induced Bcl-xL Deamidation in T Cell Transformation,' *Cancer Cell*, 5: 37–49, 2004, 及び Zhao, R., Oxley, D., Smith, T. S., Follows, G. A., Green, A. R. and Alexander, D. R. 'DNA Damage-induced Bcl-xL Deamidation is Mediated by NHE-1 Antiport Regulated Intracellular pH,' *PLoS Biology*, doi: 10. 1371/ journal. pbio. 0050001, 2007（これは誰でも利用できるオンライン・ジャーナルである）。

51 http://hapmap.ncbi.nlm.nih.gov/。

52 The 1000 Genomes Project Consortium. 'An Integrated Map of Genetic Variation from 1,092 Human Genomes', *Nature* 491: 56–65, 2012. 本計画の題は、隠喩的であることに注意していただきたい。著作中に、この計画の一部として 2500 人以上の配列が決定され、その結果は２０１４年中に発表される。

53 http://www.ensembl.org/Homo_sapiens/Info/Annotation#assembly ２０１３年11月16日にアクセス。

54 The 1000 Genomes Project Consortium. 'Integrated Map.'

55 http://www.wellcome.ac.uk/News/2007/News/WTD026331.htm

56 Kondrashov, A. 'the Rate of Human Mutation', *Nature* 488: 467–68, 2012.

57 遺伝子が体を作る方法のより詳細で優れた説明については、以下がある。
S. B. Carroll, *Endless Forms Most Beautiful*, London: Weidenfeld & Nicolson, 2005.

58 *PLoS One 2*: e694, 2007.

59 我々の体の異なった部分が、如何にして組み立てられるかを解りやすく書いたものとしては、以下がある。N. Shubin, *Your Inner Fish: A Journey into the 3.5-Billion-Year History of the Human Body*, London: Allen Lane/ Pantheon, 2008.

60 Fortna A. et al. 'Lineage-Specific Gene Duplication and Loss in Human and Great Ape Evolution', *PLoS Biol.* 2004 July; 2(7): e207. ２００４年７月13日にオンラインでオープン（doi: 10.1371/journal.pbio.0020207）。この分野でのパイオニアは、S. Ohno, *Evolution by Gene Duplication*, London: George Allen and Unwin, 1970.

61 Louis, E. J. 'Making the most of redundancy', *Nature* 449: 673–74, 2007.

62 P. Skelton (ed.), *Evolution*, Addison-Wesley, 1993, p. 99.

63 前記 p. 105.

64 以下を多少取り入れた定義である。F. Ayala, *Darwin's Gift to Science and Religion*, Washington, DC: Joseph Henry Press, 2007,

p. 51.

65 これは実際の例である。マウス系列を遺伝子操作することによって、筆者の好きな分子であるCD45の817番目にあるシステインというアミノ酸を、セリンに変えると、CD45はその機能を完全に失い、そのマウスは重篤な免疫不全（ウィルスや細菌を通常回避できない）になる。実際上、このマウスは、悪いばい菌がいないほとんど無菌状態の環境に置かれているので、全く問題ない。しかし、もしも子供がCD45を欠くと事態は全く異なり、その子供は重篤な免疫不全によって病気になる。以下を参照。McNeill, L., Salmond, R. J., Cooper, J. C., Carret, C. K., Cassady-Cain, R. L., Roche-Molina, M., Tandon, P., Holmes, N. and Alexander, D. R. 'The Differential Regulation of Lck Kinase Phosphorylation Sites by CD45 Is Critical for T Cell Receptor Signalling Responses', *Immunity* 27: 425–37, 2007.

66 Pennisi, E. 'The Man Who Bottled Evolution', *Science* 342: 790–93, 2013; J. E. Barrick et al. 'Genome Evolution and Adaptation in a Long-Term Experiment with *Escherichia Coli*', *Nature* 461: 1243–49, 2009; T. Chouard; 'Revenge of the Hopeful Monster', *Nature* 463: 864–67, 2010.

67 Lang G. I. et al. 'Pervasive Genetic Hitchhiking and Clonal Interference in Forty Evolving Yeast Populations', *Nature* 500: 571–74, 2013.

68 De Roode, J. 'The Moths of War', *New Scientist* 8 December, 46–49, 2007; Cook, L.M. et al. 'Selective Bird Predation on the Peppered Moth: The Last Experiment of Michael Majerus', *Biology Letters* 8: 609–12, 2012.

69 「産めよ、増えよ……」

70 Carroll, S. 'Chance and Necessity: The Evolution of Morphological Complexity and Diversity', *Nature* 409: 1102–09, 2001.

71 この後に続くリストは、次によった。Ayala, *Darwin's Gift to Science and Religion*, p. 72.

72 ほとんどの現存哺乳類は胎盤動物である（1229の属のうち1135）。

73 Ayala, *Darwin's Gift to Science and Religion*, p. 74.

74 M. Ridley, *Evolution*, Oxford: Blackwell, 3rd edn, 2004, p. 406.

75 Ayala, F. J. and Coluzzi, M. 'Chromosome Speciation: Humans, Drosophila, and Mosquitoes,' *Proceedings of the National Academy of Sciences USA*, 102: 6535–42, 2005。植物における種形成の総説については、次を参照のこと。Hegarty, M. J. and Hiscock, S.J. 'Hybrid Speciation in Plants: New Insights from Molecular Studies,' *New Phytologist* 165: 411–23, 2005.

76 Ridley, *Evolution*, p. 53.

77 Hughes, C. and Eastwood, R. 'Island Radiation on a Continental Scale: Exceptional Rates of Plant Diversification After Uplift of the Andes,' *Proceedings of the National Academy of Sciences USA* [PNAS], 103: 10334–39, 2006.

78 Ayala and Coluzzi, 'Chromosome Speciation.'

79 Loh, Y-H.E. et al. 'Origins of Shared Genetic Variation in African Cichlids,' *Molecular Biology and Evolution* 30(4): 906–17, 2013.

80 Elmer, K. R, Reggio, C., Wirth, T., Verheven, E., Salzberger, W. and Meyer, A. 'Pleistocene Desiccation in East Africa Bottlenecked but Did Not Extirpate the Adaptive Radiation of Lake Victoria Haplochromine Cichlid Fishes,' *PNAS* 106(32): 13404–09, 2009.

81 前記。

82 Irwin, D. E. et al. 'Speciation in a Ring,' *Nature* 409: 333–37, 2001.

83 Rudyard Kipling, 'The Ballad of East and West' in E. C. Stedman (ed.), *A Victorian Anthology, 1837–1895*, http://www.bartleby.com/246/1129.html.

84 もちろん実際に起こっていることは、ここで短く示されるよりはもっと複雑であり、より詳しくは次を参照。Ridley, *Evolution*, pp. 50–52.

85 Hurst, G.D.D. and Jiggins, C.D. 'A Gut Feeling for Isolation,' *Nature* 500: 412–13, 2013.

86 E. A. Ostrander, U. Giger and K. Lindblad-Toh, *The Dog and its Genome*, Cold Spring Harbor, NY: Cold Spring Harbor Laboratory Press, 2005.

87 Blaxter, M. 'Two Worms Are Better Than One', *Nature* 426: 395–96, 2003.

88 McKenna, P. 'Hidden Species May Be Surprisingly Common', *New Scientist*, 19 July 2007.

89 Mora, C., Tittensor, D. P., Adl, S., Simpson, A.G.B., and Worm, B. 'How Many Species Are There on Earth and in the Ocean?' *PLoS Biology* 9(8), 2011.

90 2013 Annual Checklist figures from http://www.catalogueoflife.org/ ２０１３年10月17日にアクセス。

91 Mora, C. et al. 'How Many Species Are There on Earth and in the Ocean?'

92 Wheeler, Q. and Pennak, S. 'Retro SOS 2000–2009: A Decade of Species Discovery in Review', International Institute for Species Exploration: Arizona State University, 2012。 http://species.asu.edu/SOS

93 http://www.boldsystems.org/index.php/TaxBrowser_Home. ２０１３年10月17日にアクセス。

94 白亜はラテン語の石灰石を意味する creta、ドイツ語の石灰石を意味する kreide からきており、英語のCは既に別の時代である石炭紀を意味することから、C/TではなくK/Tと標記する。

95 小惑星は、いわゆるバティスティーナ小惑星族――約1.6億年前に、二つのより大きな小惑星が衝突して生じた大量の小惑星群で、これらの小惑星群は宇宙のそれぞれの軌道に送り出された――から来たようである。*Nature* 449: 30–31, 2007を参照のこと。小惑星の衝撃と消滅の一般的議論は次を参照。Reilly, M. 'The Armageddon Factor', *New Scientist*, 8 December, 42–45, 2007.

96 Covey, C., Thompson, S.L., Weissman, P.R. and MacCracken, M.C. 'Global Climatic Effects of Atmospheric Dust from an Asteroid or Comet Impact on Earth', *Global and Planetary Change* 9: 263–73, 1994' 及び Meschede, M.A., Myhrvold, C.L., and Tromp, J. 'Antipodal Focusing of Seismic Waves Due to Large Meteorite Impacts on Earth', *Geophysical Journal International* 187: 529–37, 2011; http://www.bom.gov.au/tsunami/history/1883.shtml.

97 O'Leary, M. et al. 'The Placental Mammal Ancestor and the Post–KPg Radiation of Placentals', *Science* 339 (6120): 662–67, 2013.

98 Wible, J.R. et al. 'The Eutherian mammal Maelestes gobiensis from the the late Cretaceous of Mongolia and the phylogeny of Cretaceous Eutheria', *Bulletin of the American Museum of Natural History* 327: 1, 2009.

99 O'Leary, M. et al. 'The Placental Mammal Ancestor'.

100 For summaries of this fascinating discussion, see Lane, N. 'Reading the Book of Death', *Nature* 448: 122–25, 2007; Ward, P. 'Mass Extinctions: The Microbes Strike Back', *New Scientist* 9 February 2008.

101 例えば以下を参照。Ciccarelli, F.D. et al. 'Toward Automatic Reconstruction of a Highly Resolved Tree of Life', *Science* 311: 1283–87, 2006. タイトルの中の Toward に注意。この仕事は継続中で、このような「木」または「樹木」（筆者は後者を好む）は、時間と共により多くのゲノム配列が決定されるに連れて、ますます正確になっていくであろう。この報告書の「木」は、31の遍在する蛋白質ファミリーに基づいており、191の異なった種からのゲノム配列を網羅している。

102 Dennis, C. 'Coral Reveals Ancient Origins of Human Genes', *Nature* 426: 744, 2003.

103 King, N. and Carroll, S.B. 'A Receptor Tyrosine Kinase from Chaonoflagellates: Molecular Insights into Early Animal Evolution', *PNAS*, 98: 15032–37, 2001.

104 http://www.ensembl.org/Homo_sapiens/Info/Annotation#assembly ２０１３年11月16日にアクセス。

105 前記。

106 Carroll, *Endless Forms Most Beautiful*, p. 139.

107 D. Noble, *The Music of Life*, Oxford: Oxford University Press, 2006, pp. 30–31.

108 Hooper, R. *New Scientist*, 12 August 2006.

109 Lane, N. and Martin, W. 'The Energetics of Genome Complexity', *Nature* 467: 929–34, 2010°

110 Hamilton, G. 'The Gene Weavers', *Nature* 441: 683–85, 2006.

111 遺伝子化石と「本物」化石の研究からの情報を一体化した興味深い議論については、次を参照。Raff, R.A. 'Written in

Stone: Fossils, Genes and Evo-Devo', *Nature Reviews Genetics* 8: 911–20, 2007.

112 http://www.telegraph.co.uk/earth/earthnews/10439123/Genomes-of-giant-Ice-Age-beasts-recreated-by-scientists.html ２０１３年11月18日にアクセス。

113 化石に対する有用で一般的な導入は次を参照。Ridley, *Evolution*, pp. 524ff. 及び Skelton, *Evolution*, pp. 446ff.

114 Schweitzer, M.H. et al. 'Analyses of Soft Tissue from Tyrannosaurus rex Suggest the Presence of Protein', *Science* 316: 277–80, 2007.

115 Mary Schweitzer, 'Blood from Stone', *Scientific American*, December 2010, 62–69.

116 O'Donoghue, J. 'A Forest Is Born', *New Scientist*, 24 November 2007, 38–41.

117 Awramik, S.M. 'Respect for Stromatolites', *Nature* 441: 700–01, 2006; Allwood, A.C. et al. 'Stromatolite Reef from the Early Archaean Era of Australia', *Nature* 441: 714–18, 2006.

118 生物学者は、生物をそのレベルに応じて異なった名前が与えられた関連するグループに組織化する。「下」からいくと、まず自分たちの種類のみで繁殖する種から始まり、種は集められて属になり、属は科になり、いくつかの科が一緒になって目となり、いくつかの目が綱（哺乳綱のようなもの）となり、綱が門（神経脊索を持つ全ての動物で、脊索門のようなもの）、そして門が界（動物界のようなもの）を作る。

119 Bottjer, D.J. 'The Early Evolution of Animals', *Scientific American*, August 2005, 30–35.

120 筆者は、この素晴らしい暗喩を、英国でほぼ間違いなく最も熱心な無神論者であるリチャード・ドーキンスに感謝する (R. Dawkins, *The Ancestor's Tale*, Phoenix, 2004 を参照)。もしも読者がドーキンスの反宗教的暴言を読みたくないと思っているなら、個人的な感想であるが、この本は進化歴史に関してかなり良い、非常に読みやすい進化歴史の入門であることを知って驚くかもしれない。筆者は彼の本を読んだ時、685ページにも上る本の中で、厳密に数えた訳ではないが、彼はほんの僅かの反宗教的コメントを何とかすることができたに過ぎないように思われ、確かにギネス記録の価値がある！

121 O'Leary, M. et al. 'The Placental Mammal Ancestor'.

122 これらの興味深い関係の全てを追求することは主要テーマから遠く離れてしまうので、これについては、Ridley, *Evolution*, pp. 538–39を参照のこと。

123 このような例についてさらに詳細を知りたいなら、D. R. Falk, *Coming to Peace With Science*, Downers Grove, IL: InterVarsity Press, 2004; F. Ayala, *Darwin's Gift to Science and Religion* を参照。クジラの進化については、Sutera, R. 'The Origin of Whales and the Power of Independent Evidence' (http://www.indiana.edu/~ensiweb/lessons/wh.or.11.pdf) によく書かれている。より技術的な説明は Thewissen, J. G. M. and Bajpai, S., 'Whale Origins As a Poster Child for Macroevolution,' *BioScience* 51: 1037–49, 2001 がよい。クジラと他の種についての多くの資料がテーヴィスン研究所のウエブ (http://www3.neomed.edu/DEPTS/ANAT/Thewissen/index.html) から無料でダウンロードできる。

124 イクチオステガについてのさらなる情報は次を参照。Carroll, R.L. 'Between Water and Land,' *Nature* 437: 38–39, 2005。

125 Cook, G. *Boston Globe*, 6 April 2006.

126 Ahlberg, P.E. and Clack, J.A. 'A Firm Step from Water to Land,' *Nature* 440: 747–49, 2006; Daeschler E.B. et al. 'A Devonian Tetrapod-Like Fish and the Evolution of the Tetrapod Body Plan,' *Nature* 440: 757–63, 2006.

127 ゴスについてのこの引用及び他の情報は、次の素晴らしい伝記から取られた。A. Thwaite, *Glimpses of the Wonderful: The Life of Philip Henry Gosse 1810–1888*, London: Faber & Faber, 2003.

128 Ridley, *Evolution*, pp. 261–62.

129 Mora, C. et al. 'How Many Species Are There on Earth and in the Ocean?'

130 Elmer, K.R. et al. 'Pleistocene Desiccation in East Africa'

131 Millar, C. D and Lambert, D.M. 'Ancient DNA: Towards a Million-Year-Old Genome,' *Nature* 499: 34–35, 2013.

132 Orlando, L. et al. 'Recalibrating Equus Evolution Using the Genome Sequence of an Early Middle Pleistocene Horse,' *Nature* 499: 74–78, 2013.

133 Augustine, *De Genesi ad litteram*, i.18.

134 筆者は、これ以降の項について、保守的な福音聖書学者による多くの著書に依った。従って、本章にわたって何度も注釈を加えるかわりに、これらの全てをグループとして示し、同時に彼らの貢献に感謝する。D. Kidner, *Tyndale Commentary on Genesis*, London: The Tyndale Press, 1967; G. J. Wenham, *Word Biblical Commentary*, Vol. 1 Genesis 1–15, Waco, TX: Word Books, 1987; E. Lucas, *Can We Believe Genesis Today?*, Leicester: Inter-Varsity Press, 2nd edn, 2001; H. Blocher, *In the Beginning*, Leicester: Inter-Varsity Press, 1984; T. Longman III, *How To Read Genesis*, Paternoster Press, 2005; W.R. Godfrey, *God's Pattern for Creation*, P & R Publishing, 2003; P. Marston, *Understanding the Biblical Creation Passages*, Lifesway, 2007; Lucas, E. '*Science and the Bible: Are They Incompatible?*' *Science and Christian Belief* 17: 137–54, 2005.

135 Alexander, T.D. 'Genealogies, Seed and the Compositional Unity of Genesis', *Tyndale Bulletin* 44(2): 255–70, 1993.

136 後にでてくる本章の「数字の７と創世記１章」の項を参照。

137 これは、野放図な議員たちをうわべだけの秩序に戻すために、英国議会下院の院内総務によって、しばしば発せられる有名な慣用句である（イギリス人でない読者のために）。

138 Origen *First Principles*, trans. G. Butterworth, London: SPCK, 1936, 4. 3.

139 http://www.newadvent.org/cathen/02089a.htm　２０１３年10月31日にアクセス。

140 Augustine, *De Genesi ad litteram*, 6. 6. 9.

141 John Walton, *The Lost World of Genesis One*, Downers Grove, IL: IVP Academic, 2009.

142 前記、p. 75.

143 Stephen Williams（２０１３年12月10日私信）。

144 演説を逐語的に記録する英国議会の議事録。

145 Seely, P.H. 'The Meaning of *Min*, "Kind"', *Science and Christian Belief* 9: 47–56, 1997.

146 H. Morris, *A Biblical Basis for Modern Science*, Baker, 1984, p. 47.

147 ここでの例は、Marston, *Understanding the Biblical Creation Passages*, pp. 24–28 によって与えられる多くの例の一部にしか過ぎない。ヘンリー・モリスの著作に関する元々の引用は、当該著書に書かれている。

148 もっと詳しいダーウィンへの反響については、筆者の次の著書の第7章で網羅している。D. R. Alexander, *Rebuilding the Matrix*.

149 J. Moore, *The Post-Darwinian Controversies: A Study of the Protestant Struggle to Come to Terms with Darwin in Great Britain and America, 1870–1900*, Cambridge: Cambridge University Press, 1981, p. 79.

150 George M. Marsden, 'Understanding Fundamentalist Views of Science', in *Science and Creationism*, ed. Ashley Montagu, Oxford: Oxford University Press, 1984, p. 101.

151 Erwin Baur, quoted in Max Wienreich, *Hitler's Professors: The Part of Scholarship in Germany's Crimes Against the Jewish People*, New Haven, CT: Yale University Press, 1999 rpt., p. 31. 下線は原文通り。

152 R. Dawkins, *The Blind Watchmaker*, London: Longman, 1986, p. 6.

153 ここでラマルキズムは、獲得された特質は遺伝できるもので、例えばキリンは高い枝にある食物を取るために首を伸ばし、そしてその長くなった首を子孫に引き継ぐというような考えを指す。ラマルク的遺伝は、まだ時々出てくるが、この考えは現代の進化論の一部をなすものではない。

154 R. Dawkins, 'A Survival Machine', in *The Third Culture*, edited by John Brockman, New York: Simon & Schuster, 1996, pp. 75–95.

155 Lewis Carroll, *Alice in Wonderland*.

156 *Oxford Dictionary*.

157 Brooke, *Science and Religion*, p. 16.

158 このことの例は、注意深く「奇跡」という言葉を避けながらも、創世記1章の6日のそれぞれの日における神の創造の命令と一致する、神の「超自然的創造的干渉」という用語に頼ることを欲したジョン・レノックスに見られる。例えば、神が「地は草を芽生えさせよ」と述べる創世記1章11節に関して、レノックスは、「言い換えれば、創世記によれば、無誘導の自然プロセスによって無機物から有機物は生じない」とコメントしている（John Lennox, *Seven Days That Divide the World*, Grand Rapids, MI: Zcndervan, 2011, p. 172）。日と日の間に長い期間が想定される6日と一致する、同じような「超自然的干渉」が提案されている。このような調和主義者的解釈の問題は、既に第7章の始めで指摘したように、元々のテキストは神学的疑問に対して書かれたもので、21世紀の科学的疑問に対してではないということである。さらに、第1章で議論したように、「無誘導の自然プロセス」のような実体は、イエス、即ち神の言葉が、創造され今も存在する全ての中に内在している創造された秩序の中にはない。

159 J. Richard Middleton, *The Liberating Image: The Imago Dei in Genesis*. Grand Rapids, MI: Brazos Press, 2005.

160 Hess, R.S. 'Genesis 1–2 and Recent Studies of Ancient Texts,' *Science and Christian Belief* 7: 141–49, 1995.

161 このことは、異なった翻訳がテキストの中に「アダム」を個人名として紹介する仕方によって、よく示されている（70人訳聖書〔旧約聖書のギリシャ語訳〕の2章16節、欽定訳〔KJV〕の2章19節、改訂訳〔RV〕及び改訂標準訳〔RSV〕の3章17節、現代語訳英語聖書〔TEV〕の3章20節、新英語聖書〔NEB〕の3章21節）。

162 ここにあるNIV翻訳は確かに可能であるが、この重要な句は、同様に「彼女は母だったので……」または、「彼女は母になったので……」と訳すことができるであろう。

163 「町」と訳されているヘブライ語は、それなりの大きさの集落中心を指すことができる。ヘブライ語は、英語にある市、町、村を区別する単語がない。しかし、4章17節と同じヘブライ語が、創世記10章12節、11章4～8節、18章24節、18章26節、19章4節、23章10節等で使用されている。これらの言及の全てにおいて、この単語が、明確にかなりの大きさを持った集落の中心を指す言葉として使用されていることは注目に値する。

164 ほとんどの学者は、ホセア書6章7節で言及されている「アダム」は、人ではなく場所を指しているとしている。

165 読みやすい書物としては、by C. Zimmer, *Where Did We Come From?* Hove: Apple Press, 2006、より詳しくは、R. Lewin and R.A. Foley, *Principles of Human Evolution*, Oxford: Blackwell, 2nd edn, 2004 がある。

166 Curtin, C. 'The Other Primates', GenomeWeb, 2012、http://www.genomeweb.com/sequencing/other-primates. ２０１３年10月17日にアクセス。

167 Lewin and Foley, *Principles of Human Evolution*, pp. 127ff.

168 偽遺伝子の分野は、エール大学のマーク・ゲルスタイン（Mark Gerstein）の研究室で開拓された。もっと詳しく調べたい人は、http://www.pseudogene.org が参考になる。読みやすい解説として、Gerstein, M. and Zheng, D. *Scientific American* 295: 48–55, 2006 がある。

169 偽遺伝子、トランスポゾン等、またヒト進化を辿る上でのそれらの働きについて、一冊の本にまとめられた入門的良書は次の通り。G. Finlay, *Human Evolution: Genes, Genealogies and Phylogenies*, Cambridge: Cambridge University Press, 2013.

170 Harrow, J. et al. 'GENCODE: The Reference Human Genome Annotation For the ENCODE Project', *Genome Research* 22(9): 1760–74, 2012.

171 Olender, T., Lancet, D. and Nebert, D.W. 'Update on the Olfactory Receptor (OR) Gene Superfamily', *Human Genomics* 3: 87–97, 2008.

172 Olender, T. et al. 'Personal Receptor Repertoires: Olfaction As a Model', *BMC Genomics* 13: 414, 2012.

173 Rouquier, S., Friedman, C., Delettre, C. et al. 'A Gene Recently Inactivated in Human Defines a New Olfactory Receptor Family in Mammals', *Human Molecular Genetics* 7: 1337, 1998.

174 Brawand, D., Wahli, W. and Kaessmann, H. 'Loss of Egg Yolk Genes in Mammals and the Origin of Lactation and Placentation', *PLoS Biology* 6: 0507–17, 2008.

175 これに関する図表については、デニス・ヴェネマ（Dennis Venema）の偽遺伝子に関する優れた記事が参考になる（http://

biologos.org/blog/encode-and-junk-dnapart-2)。

176 ELTD1は、epidermal growth factor, latrophilin, and 7 transmembrane domain-containing protein 1 on chromosome 1の略記である。

177 Ohta, Y. and Nishikimi, M. 'Random nucleotide substitutions in primate non-functional gene for L-gulono-γ-lactone oxidase, the missing enzyme in L-ascorbic acid biosynthesis,' *Biochimica Biophysica Acta* 1472: 408, 1999.

178 ここで示されている偽遺伝子の例は、次の素晴らしい総説から取った。Finlay, G. '*Homo divinus*: The Ape That Bears God's Image,' *Science and Christian Belief* 15: 17–40, 2003、及び Finlay, G. 'Evolution as Created History,' *Science and Christian Belief* 20: 67–90, 2008。これらは、他の多くの例を含み、原論文はその総説から見つけ出すことができる。また、次も参考になる。Finlay, *Human Evolution*.

179 例が次の中で見られる。Finlay, *Human Evolution*.

180 Gibbons, R., Dugaiczyk, L.J., Girke, T. et al. 'Distinguishing Humans from Great Apes with AuYb8 Repeats,' *Journal of Molecular Biology* 339: 721–29, 2004 (Figure 1d, top sequence alignment)。

181 Finlay, *Human Evolution* を参照のこと。新しい転移因子の挿入は遺伝子プールに絶え間なく加えられるので、全ての種は固有の Alu 挿入と共通の Alu 挿入を持っていることに留意が必要である。20のヒトの生児出生毎に、およそ一つの新しいレトロ移行型挿入がある (Cordaux, R., Hedges, D.J., Herke, S.W. and Batzer, M.A. 'Estimating the Retrotransposition Rate of Human Alu Elements,' *Gene* 373: 134–37, 2006)。既に述べたように、これら挿入のサイズは、ヒトゲノムの場合には32億のヌクレオチド塩基の長さを持つ全ゲノム のサイズと比べて小さい。Alu 挿入がゲノムから切り出されたいくつかのケースがあるが、「署名」配列は、挿入が元々起こった場所の名残として残される。Alu 挿入がオランウータン、ゴリラ、ヒトの HS6 位に起こったが、チンパンジーには起こらないという、極めて稀な一つの報告がある（実際に筆者が文献でこれまで知る限り唯一である。Hedges, D. J. et al. 'Differential Alu Mobilization and Polymorphism Among the Human and

Chimpanzee Lineages', *Genome Research* 14: 1068–75, 2004)。ヘッジらは「Alu 因子がゲノムから切り出されたように見える以前に報告された例において、Alu 挿入の名残が配列の中に残った」と述べているが、これは HS6 に当てはまらない。ヘッジらはさらに続けて、このことが如何にして起こったか、その可能性について極めて合理的な説明を与えた。この例外が稀であることは、署名配列が残る他の多くの切除例との比較において強調されるべきである。従って、ヘッジらの結果は、進化血統の研究における、遺伝子化石としての転移因子の有用性を決して傷つけるものではない。

182 この説明は次による。Finlay, '*Homo divinus*'.

183 この図は次からの複製である。Finlay, 'Evolution as Created History'.

184 Pontzer, H. 'Overview of Hominin Evolution', *Nature Education Knowledge* 3(10): 8, 2012.

185 Harmon, K. 'Shattered Ancestry', *Scientific American* February 2013, 42–49.

186 Wood, B. 'A Precious Little Bundle', *Nature* 443: 278–79, 2006.

187 次を参照。R. Dunbar, *The Human Story*, London: Faber, 2004.

188 Wong, K. 'The Littlest Human', *Scientific American*, February 2005, 41–49; Powledge, T.M. 'What is the Hobbit?' *PLoS Biology* 4: 2186–89, 2006.

189 Baab, K.L., McNulty, K.P. and Harvati, K. '*Homo floresiensis* Contextualized: A Geometric Morphometric Comparative Analysis of Fossil and Pathological Human Samples', *PLoS ONE* 8(7), 2013.

190 Balter, M. 'Did Neandertals Truly Bury Their Dead?' *Science* 337: 1443–44, 2012.

191 Appenzeller, T. 'Old Masters', *Nature* 497: 302–04, 2013.

192 Callaway, E. 'Date with History', *Nature* 485: 27–29, 2012.

193 ネアンデルタール人が言語を持っており、また言語能力自体古いとする議論の総説は、次を参照。Dediu, D. and Levinson, S.C. 'On the Antiquity of Language: The Reinterpretation of Neandertal Linguistic Capacities and Its Consequences',

Frontiers in Psychology 4: 1–17, 2013.

194 Foley, R.A. and Mirazon Lahr, M. 'The Base Nature of Neanderthals,' *Heredity* 98: 187–88, 2007.

195 Prufer, K. et al. 'The Complete Genome Sequence of a Neanderthal from the Altai Mountains,' *Nature* 505: 43–49, 2014; Endicott, P., Ho, S.Y. and Stringer, C. 'Using Genetic Evidence to Evaluate Four Palaeoanthropological Hypotheses for the Timing of Neanderthal and Modern Human Origins,' *Journal of Human Evolution* 59: 87–95, 2010.

196 Green, R.E. et al. 'A Draft Sequence of the Neanderthal Genome,' *Science* 328: 710–22, 2010.

197 Prufer, K. et al. 'The Complete Genome Sequence of a Neanderthal from the Altai Mountains.'

198 McDougall, I. et al. *Nature* 433: 733–36, 2005.

199 White, T. D. et al. *Nature* 423: 742–47, 2003; Clark, J. D. et al. *Nature* 423: 747–52, 2003.

200 人類のアフリカからの拡散に関する有用な記載は次を参照。Jones, D. 'Going Global,' *New Scientist*, 27 October 2007, 36–41. もっと最近の時代推定に関しては次がある。Callaway, E. 'Date with History'.

201 Poznik, G.D. et al. 'Sequencing Y Chromosomes Resolves Discrepancy in Time to Common Ancestor of Males Versus Females,' *Science* 341: 562–65, 2013.

202 ミトコンドリアのデータは、アフリカ起源説と一致するが、それ自体で結論づけができるものではない（Rosenberg, N.A. and Nordborg, M. 'Genealogical Trees, Coalescent Theory and the Analysis of Genetic Polymorphisms,' *Nature Reviews Genetics* 3: 380–90, 2002）。しかし、人間の起源に関する「アフリカ起源」モデルは、ヒトの頭蓋骨の詳細な研究から支持される（Manica, A. et al. *Nature* 448: 346–48, 2007）。集団の中での遺伝子の多様性に基づく血統を構成するためのコンピュータによる方法に興味がある人は、次が参考になる。Marjoram, P. and Tavare, S. 'Modern Computational Approaches for Analysing Molecular Genetic Variation Data,' *Nature Reviews Genetics* 7: 759–70, 2006.

203 Schlebusch, C.M. et al. 'Genomic Variation in Seven Khoe-San Groups Reveals Adaptation and Complex African History,' *Science*

338: 374–79, 2012.
204 Li, H. and Durbin, R. 'Inference of Human Population History from Individual Whole-Genome Sequences', *Nature* 475: 493–96, 2011.
205 Schaffner, S. F. et al. 'Calibrating a Coalescent Simulation of Human Genome Sequence Variation', *Genome Research* 15: 1576–83, 2005; Fagundes, N. J. et al. 'Statistical Evaluation of Alternative Models of Human Evolution', *PNAS* 104:17614–19: 2007; Gronau, I. et al. 'Bayesian Inference of Ancient Human Demography from Individual Genome Sequences', *Nature* 43: 1031–34, 2011.
206 Francalacci, P. et al. 'Low-Pass DNA Sequencing of 1200 Sardinians Reconstructs European Y-Chromosome Phylogeny', *Science* 341: 565–69, 2013.
207 Mendez, F. L. et al. 'An African American Paternal Lineage Adds an Extremely Ancient Root to the Human Y Chromosome Phylogenetic Tree', *American Journal of Human Genetics* 92: 454–59, 2013.
208 Richard Durbin（私信）。
209 Coghlan, A. 'Key to Humanity is in Missing DNA', *New Scientist*, 9 March 2011, 6–7.
210 Orlando L. et al. 'Recalibrating Equus Evolution'.
211 Willerslev E. et al. 'Diverse Plant and Animal Genetic Records from Holocene and Pleistocene Sediments', *Science* 300: 791–95, 2003; Willerslev E, et al. 'Ancient Biomolecules from Deep Ice Cores Reveal a Forested Southern Greenland', *Science* 317: 111–14, 2007.
212 Dabney, J. et al. 'Complete Mitochondrial Genome Sequence of a Middle Pleistocene Cave Bear Reconstructed from Ultrashort DNA Fragments', *PNAS* 110: 15758–63, 2013.
213 Yong, E. 'The Bacteria That Absorbed Mammoth DNA', *National Geographic*, http://phenomena.nationalgeographic.com/2013/11/18/the-bacteria-that-absorbed-mammoth-dna/（２０１３年12月12日にアクセス）。
214 Green, R.E. et al., 'A Draft Sequence of the Neanderthal Genome'; Prufer, K. et al. 'The Complete Genome Sequence of a

Neanderthal from the Altai Mountains'.

215 Hammer. M.F. 'Human Hybrids', *Scientific American*, May 2013, 66–71.

216 http://www.bbc.co.uk/news/science-environment-25506198

217 Krause, J. et al. 'The Complete Mitochondrial DNA Genome of an Unknown Hominin from Southern Siberia', *Nature* 464: 894–97, 2010; Reich, D. et al. 'Genetic History of an Archaic Hominin Group from Denisova Cave in Siberia', *Nature* 468: 1053–60, 2010; Meyer, M. et al. 'A High Coverage Genome Sequence from an Archaic Denisovan Individual', *Science* 338: 222–26, 2012.

218 Prufer, K. et al. 'The Complete Genome Sequence of a Neanderthal from the Altai Mountains'.

219 Callaway, E, http://www.nature.com/news/mystery-humansspiced-up-ancients-rampant-sex-lives-1.14196（２０１３年12月12日にアクセス）; Prufer, K. et al. 'The Complete Genome Sequence of a Neanderthal from the Altai Mountains'.

220 Marchi, E. et al. 'Neanderthal and Denisovan Retroviruses in Modern Humans', *Current Biology* 23: R994–95, 2013.

221 Callaway, E. 'Hominin DNA Baffles Experts', *Nature* 504: 16–17, 2013.

222 Nowell, A. 'Defining Behavioural Modernity in the Context of Neandertal and Anatomically Modern Human Populations', *Annual Review of Anthropology* 39: 437–52, 2010.

223 T attersall, I. 'Human Origins: Out of Africa', *PNAS* 106(38): 16018–21, 2009.

224 Shea, J.J. and Sisk, M.L. 'Complex Projectile Technology and Homo sapiens Dispersal into Western Eurasia', *PaleoAnthropology* 2010: 100–22, 2010.

225 Jerardino, A. and Marean, C. W. 'Shellfish Gathering, Marine Paleoecology and Modern Human Behavior: Perspectives from Cave PP13B, Pinnacle Point, South Africa', *Journal of Human Evolution* 59: 412–24, 2008.

226 Negash, A., Brown, F. and Nash, B. 'Varieties and Sources of Artefactual Obsidian in the Middle Stone Age of the Middle Awash, Ethiopia', *Archaeometry* 53(4): 661–73, 2011.

227 Clark J.D. et al. 'Stratigraphic, Chronological and Behavioural Contexts of Pleistocene Homo sapiens from Middle Awash, Ethiopia', *Nature* 423(6941): 747–52, 2003.

228 Jerardino and Marean, 'Shellfish Gathering'.

229 Morriss-Key, G.M. 'The Evolution of Human Artistic Creativity', *Journal of Anatomy* 216(2): 158–76, 2010.

230 Shea and Sisk, 'Complex Projectile Technology'.

231 Morriss-Key, 'The Evolution of Human Artistic Creativity'.

232 「クロマニヨン人」のような用語は、この集団が、当時世界の他の地域で住んでいた他の身体構造上の現代人と、肉体的に異なったものを示唆していると受け取るべきではない。クロマニヨン人という名前は、遺骸が１８６８年に最初に発見された南フランスの土地から取られた名前である。

233 Morriss-Key, 'The Evolution of Human Artistic Creativity'

234 Nicol, C. 'Do Elephants Have Souls?', *New Atlantis* Winter/Spring 2013, 10–70

235 次の著書は、脳のサイズと「心の理論」の間の関係について、有益な考察を与える。Dunbar, *The Human Story*. また、次を参照のこと。S. Mithen, *The Prehistory of the Mind*, London: Thames & Hudson, 1996.

236 遺伝子に付けられたこれらの風変わりな頭字語に、隠れた意味があるのではないかと思う人のために、FOXP 2 は、foxhead box protein P2 を、Srpx2 は sushi repeat-containing protein X-linked 2 を指す。これらの事実を知ることが、効果的なコミュニケーションの助けになるか、妨げになるかは、議論の余地がある！

237 Sia, G.M., Clem, R.L. and Huganir, R.L. 'the Human Language-Associated Gene SRPX2 Regulates Synapse Formation and Vocalization in Mice', *Science* 342: 987–91, 2013.

238 S. Mithen, After the Ice: *A Global Human History 20,000–5,000 bc*, London: Weidenfeld & Nicolson, 2003.

239 前記（pp. 58–59）。ここで、新石器時代の定住に関する他の記述は、同じ資料によった。

240 Ur, J.A. et al. 'Early Urban Development in the Near East', *Science* 317: 1188, 2007; Lawler, A. 'Murder in Mesopotamia?' *Science* 317: 1164–65, 2007.

241 Scheinfeldt, L.B. and Tishkoff, S.A. 'Recent Human Adaptation: Genomic Approaches, Interpretation and Insights', *Nature Reviews Genetics* 14: 692–702, 2013.

242 Andersen, K.G. et al. 'Genome-Wide Scans Provide Evidence for Positive Selection of Genes Implicated in Lassa Fever', *Philosophical Transactions of the Royal Society* B 367(1590): 868–77, 2012.

243 Iskow, R.C., Gokcumen, O. and Lee, C. 'Exploring the Role of Copy Number Variants in Human Adaptation', *Trends in Genetics* 28(6): 245–57, 2012.

244 Gould, S. J. *Rocks of Ages*, New York: Ballantine Books, 2002.

245 これらのいくつかは、次の中にリストアップされている。Alexander, D. R. 'Models for Relating Science and Religion', Faraday Paper No 3, http:// www. faraday.stedmunds.cam.ac. uk/Papers.php。

246 この用語はサッカー用語で、ボールをラインの外に蹴り出して、ゲームの外へ持ち出すことを意味する。

247 モデルBは、A・J・デーの次の著書に適切に提示されている。Day, A. J. 'Adam, Anthropology and the Genesis Record: Taking Genesis Seriously in the Light of Contemporary Science', *Science & Christian Belief*, 10: 115–43, 1998.

248 筆者が知る限り、ホモ・デウスという用語は、ジョン・スコットが次の著書において最初に使用した。John Stott, *Church of England Newspaper*, 17 June, 1968, 及び J. R.W. Stott, *Understanding the Bible*, London: Scripture Union, 1972, p. 63。この考えは、R.J. ベリーの次の著書が参考になる。Berry, R.J. and Jeeves, M. 'the Nature of Human Nature', *Science & Christian Belief* 20: 3–47, 2008; R. J. 'Creation and Evolution, not Creation or Evolution', Faraday Paper No 12, 2007（http://www.faraday-institute.org から無料でダウンロードできる）。

249 http://www.un.org/en/documents/udhr/index.shtml

250 P.S. Johnston, *Shades of Sheol: Death and Afterlife in the Old Testament*, Leicester: Apollos, 2002.

251 このモデルは、次の文献によく纏められている。M.S. Whorton, *Perils in Paradise*, Milton Keynes: Authentic, 2005.

252 G. Wenham, *Word Biblical Commentary*, Vol. 1 Genesis 1–15, p. 61.

253 前記 pp. 64–67 を参照。

254 ここで直解主義者は、「エデンの園は、洪水でなくなったのだろう!」と、ひどい説明を与えている。

255 ヒラリー・マーロウ（Hilary Marlow）も、「社会において何が悪いかを象徴する茨とあざみのテーマは、豊かさと繁栄を字義的、または隠喩的に意味するぶどう畑のアンチテーゼとして用いられている、特にイザヤ書1～39章において強い」と指摘している。

256 ギリシャ語で「異邦人」は「異邦人のクリスチャン」と同じであるから、ここでの「異邦人」は、「異邦人のクリスチャン」を意味していると考える学派があることを指摘しなければならない。この場合でも、結局はモデルBを支持しないであろう。

257 D. Moo, *The Epistle to the Romans*, Grand Rapids, MI: Eerdmans, 1996, pp. 314–50. ムーはこの著書で、ローマの信徒への手紙5章12～21節について、非常に有用で徹底した議論を展開している。

258 筆者は、その記述が素晴らしい技術的用語の完璧さでなされたローマの信徒への手紙5章の文法構造について、指摘いただいたケンブリッジ長老派教会牧師のイアン・ハミルトン師に大変感謝する。

259 ピーター・エンズ（Peter Enns）は、彼の著書 *The Evolution of Adam* (Brazos Press, 2012) で、この解釈に合意しているが、パウロは第2神殿のユダヤ主義創作術の伝統の下に著作しているので、キリストの救いの使命の観点からの極めて独創的な方法で、旧約聖書からの記載を取っていると主張している。ローマの信徒への手紙5章においても、エンズは、創世記のアダム説話を、パウロは実際にテキストで語られているよりもはるかに超えて使用していると主張している。パウロがキリストの十字架の上の贖いの業を説明するために、創世記2章と3章を引き合いに出しているのは、まさにこのケースが当てはまる。しかし、ここで大事なことは、確かに創世記テキストがアダムとエバを実際の人物としていることであり、さらにそれが神の命令に不従順であることを告げていることから、このケースは、パウロが旧約聖書のテキストを、罪の現実とキリストの贖いの業をかなり直截的な方法で説明するために実際に利用したものである。

260 連帯についての考えは、ヨシュア記第7章でアカンの罪は、「イスラエルの罪」であり（ヨシュア記7章1節、11節）、神が「イスラエルに対して激しく憤った」理由として引用しているように（1節）、旧約聖書から来ている。連帯責任の考えは、個人主義的な西洋に住む者にとっては、恐らく理解しがたいであろうが、今日においても中近東では強く残っている。

261 Moo, *Romans*, pp. 322–23. ページ319－320の有益な考察の中で、ムー教授は、ローマの信徒への手紙5章で、パウロが主に霊的死あるいは肉体的死のいずれを語っているのか、選択を強制されてはならず、多くの注解者は単に両者を採っていると指摘している。筆者自身がテキストを読む限り、この文脈における「死」は、霊的死とする方がより一貫性を与える。

262 マーク・ハリスは、彼の著書 *The Nature of Creation* (Acumen, 2013) で、ローマの信徒への手紙と他のパラグラフについて、思索に富む章を書いている。ローマの信徒への手紙5章12節について、「パウロはキリストの字義通りの死に「言及」することによって死を紹介している（8～10節）」ことから、パウロはこの節で肉体的死を語っていることを知ることができると、ハリスは「きっぱりと」述べている（p.141）。しかし、パウロは霊的現実とキリストの肉体的死をしばしば結びつけている。ローマの信徒への手紙のまさに次の章6章3～5節は、パウロはバプテスマ（洗礼）についての考察の中で、極めて生き生きとした例を提供している。クリスチャンはキリストの死の中へバプテスマを受ける。「わたしたちは洗礼によってキリストと共に葬られる」が（6章4節）、幸いなことに、バプテスマを受けたからと言って、肉体的に死ぬことはない。古い命に対する我々の死が極めて現実的な死であるにもかかわらず、それは、霊的現実である。別の例をコリントの信徒への手紙二 4章10節、「わたしたちは、いつもイエスの死を体にまとっています、イエスの命がこの体に現れるために」に見ることができる。パウロは、キリストの肉体的死と、信者の霊的現実とを合体させてしばしば語っている。

263 ピカデリー線は、ロンドンの地下鉄支線の一つである。

264 F. Bacon, *Novum Organum* II, §52.

265 Moo, J. 'Romans 8:9–22 and Isaiah's Cosmic Covenant,' *New Testament Studies* 54: 74–89, 2008.

266 P. Brand, *Pain: the Gift Nobody Wants*, Diane Publishing, 1999.

267 Nash, T.P. 'What use is pain?' *British Journal of Anaesthesia* 94: 146–49, 2005.

268 Cox, J.J. et al. 'An SCN9A Channelopathy Causes Congenital Inability to Experience Pain,' *Nature* 444: 894–98, 2006; Waxman, S.G. 'A Channel Sets the Gain on Pain,' *Nature* 444: 831–32, 2006.

269 この点についてのアウグスティヌスの教義は微妙である。「アダムが罪を犯す前の体は、一つの側面からは死ぬべきものであり、別の側面からは不死である。彼は死ぬことができるので死ぬべきものであり、死なないことができるので不死である。何故なら、神によってそのように創られたある不死の者の場合のように、一つには死ぬことができない。しかし、最初の人間が不死に創られたという意味で、他方では死なないことができる。この不死は、命の木から彼に与えられたもので、彼の特質からではない。罪を犯した時、彼はこの木から除かれ、その結果、彼は死ぬことができるようになった。もしも罪を犯さなかったなら、彼は死ないでいることができる。従って自然の体からなるので死ぬべき者で、創造主の恩寵によって不死であった。何故なら、もしも彼が自然の体を持っているなら、それは死ぬことができるので、確かに死ぬべき者である。もっとも、同時にそれは死なないことができるという事実によって、不死であるが。唯一霊的なものは、恐らく死ぬことができないので、不死である。そして、この条件は復活によって我々に約束されている。結論として、アダムの体は、自然でそれ故死ぬべき体で、義とされて霊的なものになりそれ故に真に不死なものになるもので、実際には、罪によって死ぬべきものにはならず（既にそのようになっているので）、むしろ死んだものになっており、それは、アダムが罪を犯さなかったなら、そのようにならなかったであろう」（Augustine, *De Genesi ad litteram*, vi.25）。

270 魂の起源にまつわる論争については、Augustine, *Retractations* ii.56を参照のこと。「それらの全てにおいて、避けることができない多くの点について議論している間、個々人に与えられた魂の起源に関する私の躊躇を弁護した」。ここで彼は他の可能性についても、「個々人の魂の起源に触れる時、それらが最初の人間――つまりアダム――の原始の魂から伝播しているのか、親の子孫からなのか、もしくは、伝播することなくそれぞれの人間に別途割り当てられたのか、知らないことを告白した。しかし同時に、魂は体ではなく、霊であることを確信している……」と、短く言及した（マニ教とドナトウス派に対する著作；NPNF1, 5:311）。「霊魂伝移説」とは、人間存在の非物質的側面、つまり「魂」がアダムから世代を超えて伝わったという見解に対して与えられた用語である。魂がアダムの罪で汚されたとするもので、そのような考えは、原罪の実際的な継承を支持する。

271 誤りは少なくとも紀元384年以降のアンブロシウスの著作以前まで遡る（Gerald Bray. 私信）。ローマの信徒への手紙5章12節の解釈は、「全てが罪を犯した」と過去形である事実によっても影響された（ギリシャ語の不定過去）。

272 もちろん、他人の行動によって神から疎外された状況に人が生まれることに対して、神の正義に疑問がある。この重要な問題について考察することは、本書の範囲外である。そうは言いながらも、この問題は、古典的なアウグスティヌスの罪についての考えを取るか、ここで示唆された仲間の首長職や連帯責任の考えに向かうか、いずれかに依存する問題と非常に類似している。いずれにしても、他人の行動によって、神からの疎外の状態に人々は置かれる。このことは実際に、筆者が15年間暮らした共同的な条件の中で考える傾向を持つ――そのような考えを問題視する、より西洋化された個人主義的文化と比べて――中近東のような文化のなかでは、大した問題ではない。この考えは、過去に犯した国家のある種の犯罪に対して、現在の世代は責任がないにもかかわらず政府が公に謝ることを決定した場合に、西洋においてしばしば前面に出てくる。もちろん、聖書の背景に最も関係があるのは、中近東の文化である。

273 www.copticchurch.net/topics/patrology/schoolofalex/I-Intro/chapter3.html

274 P. Harrison, *The Fall of Man and the Foundations of Science*, Cambridge: Cambridge University Press, 2007.

275 Luther, M, 'Psalm 104', in *Luther's Works Volume 11: First Lectures on the Psalms Volume II, Psalms 76–126*, edited by H.C. Oswald, St Louis: Concordia House Publishing, 1976, pp. 326–29.

276 かつて筆者は、「信仰」に関するBBCシリーズで、ジョアン・ベイクウエルからインタビューを受けたことがある。この種のラジオインタビューでいつもあるように、出演者を神学的な絡まりの中に引き込もうとして、アブラハムとイサクの物語について訊ねられ、それに応えて、物語の直截的な結末を強調した。残念なことに、この箇所は、最終的に、放送から落とされてしまった（http://www.bbc.co.uk/programmes/b00wlmjn)。

277 Moo, *Romans*, p. 328.

278 既に述べたように、ここでパウロは異邦人のクリスチャンについて言及しているのかもしれない。

279 第2版のこの章を読んだ親切な読者が、もっともな質問を寄せてきた。「あなたが科学が示しているというように、アダム以前の者は死に、この新しい状態にある者は、従順さ次第で不死を与えられていると、なぜできないのか。ホモ・デウスの肉体的な死は、私が思うところ聖書が要求している罪の結果であるが、それでもヒト科のより少ない死がそれ以前にもあったとする余地があるのではないか。それ故、進化しつつある被造物は全て死ぬと。しかし、ホモ・デウスが出現した時点で、彼は新しい霊の一部として、もしも彼が従順であれば永遠に生きる可能性を持つ。彼の首領であるアダムが罪を犯したので、この可能性は決して見られない（よって、発掘されない)」と。確かに、アダムの罪の結果、人間の肉体的な死が訪れたということに熱心な人に対して、これは可能性があるモデルとして提案する。筆者自身が、これを可能性があるモデルとして考慮しなかった理由は単純で、これは聖書が語っているものではなく、さらに、科学とも相容れない欠点を有しているからである。提示されているいろいろなモデルの目的は、聖書神学がいかにして人類学と対話できるかを見るためのものである。よって、第10～12章から明らかなように、聖書は、肉体的死が人間の罪の結果であると語っていると筆者は信じていないので、聖書による支持がない神学のモデルを提案する意味はほとんどないと考える。もしも聖書が人間の肉体的死が罪の結果であると、実際に教えているなら、この読者のモデルも選択肢として上げることを同意することにやぶさかではないが、それでもそれを満足させる科学的データが必要であろう。

280 Obituary. *The Times*, 18 January 2014, p. 76.

281 マーク・ハリス（Mark Harris）は、彼の著書 *The Nature of Creation* の中で、モデルCのようなものは、肉体的死を経ることがない霊的な死があるという人間の二元論的な理解が持ち込まれて、グノーシスの考えに陥る危険があるので、神学的に問題があると指摘している（p.135, p.141）。ハリスは、「贖罪の死において重要なことは、霊的覚醒と霊的死のみであり、我々の普通の物質的な世界で起こっていることではない」と書いている。確かに、そのような仮定を取り込んだモデルCの改訂版があるかもしれないが、それは「普通の物質的な世界で起こっていること」が絶対的であることから、ここで提示されるようなものではない。創世記第3章は、神との関係の破れをもたらす不従順を意味する罪の破壊的な効果が、命の全体——日常生活と大地からの疎隔における男と女の役割——に渡って及ぼす効果を完全に明らかにする。霊的死の効果以上の肉体的なものはなく、それはもちろん今日の世界で我々の周囲における罪の肉体的結果を見る場合も同様である。ヘブライ人の思想は、人間を、体—魂—霊の一体として見なす。何ごとも、人間性の他の側面に影響を与えることなく、一つの側面に働くことはない。ここでは、グノーシス主義が入り込む余地はない。

282 本章を書くにあたって、以下の著書を参考にした。J. Hick, *Evil and the God of Love*, London: MacMillan, 1985 edn; W. B. Drees (ed.) *Is Nature Ever Evil?* New York: Routledge, 2003; M. M. Adams and R.M. Adams, *The Problem of Evil*, Oxford: Oxford University Press, 1990; M. M. Adams, *Horrendous Evils and the Goodness of God*, New York: Cornell University Press, 1999; J. V. Taylor, *The Christlike God*, London: SCM Press, 1992; M. S. Whorton, *Peril in Paradise*, Milton Keynes: Authentic, 2005; A. Elphinstone, *Freedom, Suffering and Love*, London: SCM Press, 1992; A. Farrer, *Love Almighty and Ills Unlimited*, London: Collins, 1962; R. Swinburne, *Providence and the Problem of Evil*, Oxford: Oxford University Press, 1998; H. Blocher, *Evil and the Cross*, Grand Rapids, MI: Kregel,

1994; B. Hebblethwaite, *Evil, Suffering and Religion*, London: SPCK, 2000; M. Larrimore (ed.) *The Problem of Evil: A Reader*, Oxford: Blackwell, 2001; M. Murray, *Nature Red in Tooth and Claw: Theism and the Problem of Animal Suffering*, Oxford: Oxford University Press, 2011; C. Southgate, *Groaning of Creation: God, Evolution, and the Problem of Evil*, Westminster John Knox Press, 2008.

283 N. Wolterstorff. *Lament For a Son*, London: Eerdman, 1987.

284 P. Fiddes, *Past Event and Present Salvation*, London: Darton, Longman & Todd, 1989, p. 207.

285 この表の「自然死」とは、細胞が損傷したＤＮＡを感知して「自殺」する能力を指す。もしもその死ぬべき細胞が死なずにいると、それらがより多くの損傷したＤＮＡを蓄積し、最終的にそれらが癌細胞になってしまう。自然死は、脳のような器官の普通の発達においても重要な役割を担っている。「反応性酸素種」とは、我々の体の中でＤＮＡ損傷を起こし得る潜在的に危険な形の酸素であるが、我々が食物を食べる度に、そのような「危険な酸素」を細胞の中で作っている。

286 Kandoth, C. et al. ‘Mutational Landscape and Significance Across 12 Major Cancer Types’, *Nature* 502: 333–39, 2013.

287 Bowcock, A.M. ‘Guilt by Association’, *Nature* 447: 645–46, 2007.

288 Check, E. ‘Make Way for Monkeys’, *Nature* 446: 840, 2007.

289 筆者は、自分自身のことに若干変更したが、マイケル・マレー（Michael Murray）にこの譬えを感謝する。

290 H. Blocher, *Evil and the Cross: An Analytical Look at the Problem of Pain*, Grand Rapids, MI: Kregel, 2005; D. Carson, *How Long, O Lord?: Reflections on Suffering and Evil*, IVP, 2006, 2nd edn.

291 Southgate, *Groaning of Creation.*

292 *The Broadman Bible Commentary*, Nashville, TN: Broadman Press, 1971, p. 232.

293 *The Wedge Strategy*, The Center for the Renewal of Science and Culture, The Discovery Institute, Seattle, Washington, USA, circa 1998.

294 このことについては、次を参照。R. Numbers in *The Creationists*, Boston: Harvard University Press, 2nd edn, 2006.

295 例えば、W.A. Dembski, *The Design Revolution*, Downers Grove, IL: Inter Varsity Press, 2004, see chapter 7.

296 J. Lennox, *God's Undertaker: Has Science Buried God?* Oxford: Lion, 2007. この著者は、この本の中の後半の章で、IDを擁護しているが、第6章は標準的な創造論主義者のテキストのように読める。

297 Dembski, W.A. 'What Every Theologian Should Know About Creation, Evolution and Design', *Transactions* 3: 1–8.

298 W. A. Dembski and M. Ruse, *Debating Design: From Darwin to DNA*, Cambridge: Cambridge University Press, 2004.

299 M. J. Behe, *The Edge of Evolution: the Search for the Limits of Darwinism*, New York: Free Press, 2007.

300 Numbers, *The Creationists*, p. 384.

301 *The Guardian*, 12 September 2005.

302 M. Behe, *Darwin's Black Box*, New York: The Free Press, 1996, p. 39.

303 Apel, D. and Surette, M.G. 'Bringing Order to a Complex Molecular Machine: the Assembly of the Bacterial Flagella', *Biochimica et Biophysica Acta Biomembranes*, 1778(9): 1851–58, 2007.

304 Pallen, M. J. and Matzke, N. J. 'From the Origin of Species to the Origin of Bacterial Flagella', *Nature Reviews Microbiology* 4: 784–90, 2006.

305 Miller, K. R. 'The Flagellum Unspun' in Dembski and Ruse, *Debating Design*, chapter 5.

306 ＡＴＰはアデノシン・トリフォスエートの略語で、細胞の中で主要なエネルギーを持つ分子で、エネルギーを一つの場所から別の場所へ移動させるために使用される。

307 Liu, R. and Ochman, H. 'Stepwise Formation of the Bacterial Flagellar System', *PNAS* 104: 7116–21, 2007; Doolittle, W.F. and Zhaxybayeva, O. 'Evolution: Reducible Complexity – the Case for Bacterial Flagella', *Current Biology* 17: R510–12, 2007.

308 Abby, S.S. and Rocha, E.P. 'The Non-Flagellar Type III Secretion System Evolved from the Bacterial Flagellum and Diversified into

Host-Cell Adapted Systems', *PLoS Genet*. 8: e1002983, 2012.

309 Xu, X. and Doolittle R.F. 'Presence of a Vertebrate Fibrinogen-Like Sequence in an Echinoderm', *PNAS* 87, 2097–101, 1990.

310 Jeffery, C.J. 'Moonlighting Proteins', *Trends in Biochemical Sciences* 24: 8–11, 1999; Aharoni, A. et al. 'the Evolvability of Promiscuous Protein Functions', *Nature Genetics* 37: 73–76, 2005.

311 Jiang, Y. and Doolittle, R.F. 'the Evolution of Vertebrate Blood Coagulation As Viewed from a Comparison of Puffer Fish and Sea Squirt Genome', *PNAS* 100: 7527–32, 2003.

312 Bridgham, J.T. et al., 'Evolution of Hormone-Receptor Complexity by Molecular Exploitation', *Science* 312: 97–101, 2006.

313 Dembski and Ruse, *Debating Design*, p. 323.

314 Augustine, *De Genesi ad litteram*.

315 S. Meyer, *Signature in the Cell*, New York: HarperCollins, 2010, p. 135.

316 前記、p. 330.

317 M. Behe, *Darwin's Black Box*, pp. 232–33.

318 科学的な刊行物で、学問的なものとして数えられるものは、査読された雑誌に掲載されたものだけである。「査読」とは、投稿された論文が、編集者によって受理か拒絶かの決定をする前に、その分野の他の専門家に審査のために送付されることを意味する。最高の一流誌における拒絶の割合は90％以上にも達する。

319 これらの PubMed 検索は、２００７年11月24日に実施され、この第2版のために、２０１３年12月30日に再度なされた。筆者は、マイケル・ベーエにこれらの統計が正しいかどうか問い合わせたところ、親切に電子メールでその通りであると連絡があり、さらに2つの刊行物があるが、それは PubMed の対象外のより哲学的な雑誌であるとのことであった。これらは、次の通りである。Behe, M.J. 'Self-Organization and Irreducibly Complex Systems: A Reply to Shanks and Joplin', *Philosophy of Science* 67: 155–62, 2000; Behe, M.J. 'Reply to My Critics: A Response to Reviews of Darwin's Black Box: The Biochemical

Challenge to Evolution', *Biology and Philosophy* 16: 685–709, 2001.「単純化できない複雑」という用語は、鞭毛の進化の興味ある経路を記述した本書の初版が刊行された後に、次の著者による批評の中に見られる。Egelman, E.H. 'Reducing Irreducible Complexity: Divergence of Quaternary Structure and Function in Macromolecular Assemblies', *Current Opinion in Cell Biology* 22: 68–74, 2009.

320 Bolton, D. C., McKinley, M.P. and Prusiner, S.B. 'Identification of a Protein That Purifies with the Scrapie Prion', *Science* 218: 1309–11, 1982.

321 ２０１３年12月30日に PubMed にアクセスした結果。

322 もっと詳しくは、次を参照。Miller, K. 'Falling over the Edge', *Nature* 447: 1055–56, 2007.

323 Dembski, *The Design Revolution*, p. 25.

324 *Ibid.*, p. 41.

325 P. E. Johnson, in P.E. Johnson and D. O. Lamoureux (eds) *Darwinism Defeated? The Johnson-Lamoureux Debate on Biological Origins*, Vancouver: Regent College Publishing, 1999, p. 52（傍点筆者）。

326 前記、p. 50.（傍点筆者）。

327 Behe, *Darwin's Black Box*, p. 203.

328 前記、p. 208.

329 Dembski, *The Design Revolution*, p. 63.

330 前記、p. 141.

331 Alon, U. 'Simplicity in Biology', *Nature* 446: 497, 2007.

332 http://www.pdb.org/ ２０１３年10月25日にアクセス。

333 CATH と SCOP のデータベースから調べた。http://www.cathdb.info/search#domains ２０１３年10月25日にアクセス。

334 Yang, S and Bourne, P.E. 'The Evolutionary History of Protein Domains Viewed by Species Phylogeny', *PLoS ONE* 4(12), 2009.

335 Weinreich, D.M. et al. *Science* 7 April 2006, 111–14.

336 Poelwijk, F.J. et al. 'Empirical Fitness Landscapes Reveal Accessible Evolutionary Paths', *Nature* 445, 25 January 2007.

337 Bhattacharyya, R.P. et al. 'Domains, Motifs, and Scaffolds: The Role of Modular Interactions in the Evolution and Wiring of Cell Signaling Circuits', *Annual Reviews of Biochemistry* 75: 655–80, 2006; Wagner, G.P. et al. 'the Road to Modularity', *Nature Reviews Genetics* 8: 921–31, 2007.

338 Muller, G.B. 'Evo-Devo: Extending the Evolutionary Synthesis', *Nature Reviews Genetics* 8: 943–49, 2007; Canestro, C. et al. 'Evolutionary Developmental Biology and Genomics', *Nature Reviews Genetics* 8: 932–42, 2007.

339 S. Conway Morris, *Life's Solution: Inevitable Humans in a Lonely Universe*, Cambridge: Cambridge University Press, 2003. http://mapoflife.org/ に、何百という収斂的進化の例が記載されている。

340 Conway Morris, *Life's Solution*, p. 127.

341 前記、pp. 283–84.

342 J. Lennox, *God's Undertaker*, chapters 9–11.

343 例えば、Pascal, R., Pross, A. and Sutherland, J. D. 'Towards an Evolutionary Theory of the Origin of Life Based on Kinetics and Thermodynamics', *Open Biology* 3: 130156. http://dx.doi.org/10.1098/rsob.130156

344 Powner, M.W. and Sutherland, J. D. 'Prebiotic Chemistry: A New Modus Operandi', *Philosophical Transactions of the Royal Society London B Biological Sciences*, 366: 2870–77, 2011.

345 この章を書くにあたって、次の2冊の本が特に役立った。Conway Morris, *Life's Solution*, and R. M. Hazen, *Genesis: The Scientific Quest for Life's Origin*, Washington, DC: Joseph Henry Press, 2005. 次の総説も、最初の原細胞生成の説明に取り組む際に概観を与えてくれる。Schrum, J.P., Zhu, T. F. and Szostak, J. W. 'The Origins of Cellular Life', *Cold Spring Harbor Perspectives in*

Biology 2:a002212, 2010.

346 この点に関するより技術的な見解は次を参照。 Hazen, R.M. et al. 'Functional Information and the Emergence of Biocomplexity', *PNAS*, 104: 8574–81, 2007.

347 この見解は、次によって明確に表明されている。 Zsostak, J. 'Attempts to Define Life Do Not Help to Understand the Origin of Life', *Journal of Biomolecular Structure & Dynamics* 29: 599–600, 2012.

348 Bottke, W.F et al. 'an Archaean Heavy Bombardment from a Destabilized Extension of the Asteroid Belt', *Nature* 485(7396): 78–81, 2012.

349 S. Freeland（私信）。

350 http://en.wikipedia.org/wiki/List_of_interstellar_and_circumstellar_molecules

351 Iglesias-Groth, S. 'Fullerenes and PAHs: From Laboratory to the Detection in Interstellar Space', Highlights of Spanish Astrophysics VII, Proceeding of the X Scientific Meeting of the Spanish Astronomical Society, held on 9 July 2012, in Valencia, Spain.

352 Cami, J., Bernard-Salas, J., Peeters, E. and Malek, S.E. 'Detection of C60 and C70 in a Young Planetary Nebula', *Science* 329: 1180–82, 2010.

353 Botta O. and Bada J.L. 'Extraterrestrial organic compounds in meteorites', *Surv Geophys* 23: 411–67, 2002.

354 Callahan, M.P. et al. 'Carbonaceous Meteorites Contain a Wide Range of Extraterrestrial Nucleobases', *PNAS* 108: 13995–98, 2011.

355 Pizzarello, S. et al. 'Processing of Meteoritic Organic Materials As a Possible Analog of Early Molecular Evolution in Planetary Environments', *PNAS* 110: 15614–19, 2013.

356 http://www.bbc.co.uk/news/science-environment-25191316　２０１４年１月２日にアクセス。

357 Pizzarello, S., Huang, Y. and Alexandre, M. R. 'Molecular Asymmetry in Extraterrestrial Chemistry: Insights from a Pristine Meteorite', *PNAS* 105: 3700–04 2008; Glavin, D. P. and Dworkin, J.P. 'Enrichment of the Amino Acid L-Isovaline by Aqueous

Alteration on CI and CM Meteorite Parent Bodies', *PNAS* 106: 5487–92, 2009.

358 Hazen, *Genesis*, chapter 8.

359 http://news.softpedia.com/news/An-Odd-Bacterial-Comunity-Found-2-Miles-Underground-38428.shtml　２０１４年１月２日にアクセス。

360 http://www.independent.co.uk/news/science/life-on-earthmay-have-developed-below-rather-than-above-ground-revealscientists-8991601.html　２０１４年１月９日にアクセス。

361 最近のセミナーにおける応答。 Hazen, *Genesis*, p. 113.

362 http://stock.cabm.rutgers.edu/blast/; http://www.ks.uiuc.edu/Research/flagellum_growth/; http://www.arn.org/docs/mm/capworking-l.mov

363 Monnard, P. A. et al. 'Models of Primitive Cellular Life: Polymerases and Templates in Liposomes', *Philosophical Transactions of the Royal Society of London B Biological Sciences* 362: 1741–50, 2007.

364 Stano, P. et al. 'a Remarkable Self-Organization Process As the Origin of Primitive Functional Cells', *Angewandte Chemie International Edition* 52: 13397–400, 2013.

365 Conway Morris, *Life's Solution*, p. 53.

366 Deamer, D. et al. 'Self-Assembly Processes in the Prebiotic Environment', *Philosophical Transactions of the Royal Society of London B Biological Sciences* 361: 1809–18, 2006.

367 Deamer, D. 'A Giant Step Towards Artificial Life?' *Trends in Biotechnology* 23: 335–38, 2005.

368 Hanczyc, M.M., Fujikawa, S.M. and Szostak, J.W. 2003. 'Experimental Models of Primitive Cellular Compartments: Encapsulation, Growth, and Division', *Science* 302: 618–22, 2003.

369 Powner, M.W., Gerland, B. and Sutherland, J.D. 'Synthesis of Activated Pyrimidine Ribonucleotides in Prebiotically Plausible

Conditions', *Nature* 459: 239–42, 2009.

370 Ritson, D. and Sutherland, J.D. 'Prebiotic Synthesis of Simple Sugars by Photoredox Systems Chemistry', *Nature Chemistry* 4: 895–99, 2012; Bowler, F.R. et al. 'Prebiotically Plausible Oligoribonucleotide Ligation Facilitated by Chemoselective Acetylation', *Nature Chemistry* 5: 383–89, 2013.

371 Winkler, W.C. et al. 'Control of Gene Expression by a Natural Metabolite-Responsive Ribozyme', *Nature* 428: 281–86, 2004.

372 Chen, X. et al. 'Ribozyme Catalysis of Metabolism in the RNA World', *Chemical Biodiversity* 4: 633–55, 2007; Voytek, S.B. and Joyce, G. F. 'Emergence of a Fast-Reacting Ribozyme That Is Capable of Undergoing Continuous Evolution', *PNAS* 104: 15288–93, 2007.

373 V lassov, A.V. et al. 'The RNA World on Ice: A New Scenario for the Emergence of RNA Information', J*ournal of Molecular Evolution* 61:264–73, 2005.

374 Attwater, J., Wochner, A. and Holliger, P. 'In-Ice Evolution of RNA Polymerase Ribozyme Activity', *Nature Chemistry* 5: 1011–18, 2013.

375 Wochner, A. et al. 'Ribozyme-Catalyzed Transcription of an Active Ribozyme', *Science* 332: 209–12, 2011.

376 Rajamani, S. et al. 'Lipid-Assisted Synthesis of RNA-Like Polymers from Mononucleotides', *Origin of life and Evolution of Biosphere*, 16 November 2007.

377 Nissen, P., Hansen, J., Ban, N., Moore, P.B. and Steitz, T.A. 'the Structural Basis of Ribosome Activity in Peptide Bond Synthesis', *Science* 289: 920–30, 2000; Ramakrishnan, V. 'What We Have Learned from Ribosome Structures', *Biochem Soc Trans* 36 (Pt 4): 567–4, 2008.

378 Fox, G. E. 'Origin and Evolution of the Ribosome', *Cold Spring Harbor Perspectives in Biology* 2:a003483, 2010.

379 Freeland, S.J. and Hurst, L. D. 'The Genetic Code Is One in a Million', *Journal of Molecular Evolution* 47: 238–48, 1998; Freeland, S. J., Wu, T. and Keulmann, N. 'The Case for an Error Minimizing Standard Genetic Code, *Origins of Life and Evolution of the Biosphere* 33:

457–77, 2003.

380 Yarus, M. et al. 'Origins of the Genetic Code: The Escaped Triplet Theory', *Annual Reviews of Biochemistry* 74: 179–98, 2005.

381 Rodin, A. S., Szathmary, E. and Rodin, S.N. 'On Origin of Genetic Code and tRNA Before Translation', *Biol Direct* 6: 14, 2011.

382 Yarus, M., Widmann, J. J. and Knight, R. 'RNA-Amino Acid Binding: A Stereochemical Era for the Genetic Code', *Journal of Molecular Evolution* 69: 406–29, 2009. See also Buhrman, H. et al. 'A Realistic Model Under Which the Genetic Code is Optimal', *Journal of Molecular Evolution* 77: 170–84, 2013.

383 Liu, C.C. and Schultz, P.G. 'Adding New Chemistries to the Genetic Code', *Annual Reviews of Biochemistry* 79: 413–44, 2010.

384 Philip, G.K. and Freeland, S. J. 'Did Evolution Select a Nonrandom "Alphabet" of Amino Acids?' *Astrobiology* 11: 235–40, 2011.

385 Caetano-Anolles, G., Wang, M. and Caetano-Anolles, D. 'Structural Phylogenomics Retrodicts the Origin of the Genetic Code and Uncovers the Evolutionary Impact of Protein Flexibility', *PLoS ONE* 8(8): e72225. doi:10.1371/journal.pone.0072225, 2013.

386 Augustine, *On the Literal Meaning of Genesis*, trans. J. H. Taylor, New York: Newman Press, 1982, p. 42.

訳者注釈

1　「工事中」の意味（Warning, Heavy Plant Crossing）。

2　「けんか腰」の意味（a chip on their shoulder）。

3　「虫の居所が悪い」の意味（got up of bed on the wrong side）。

4　ＮＩＶに従っている本書の英語原文に対して、新共同訳、口語訳、新改訳は、いずれも合致しないが、岩波訳（小林稔訳）が合致するので、この訳を採用した。

5　この聖書引用個所はＮＩＶによる。新共同訳では、「神は計り難く大きな業を、数知れぬ不思議な業を成し遂げられる」と訳されていて、「奇跡」という単語は使用されていない（口語訳も新改訳も同様）。

6　「フーダニット（whodunit）」とは、"Who had done it?" に由来するもので、犯人探しを楽しむ推理小説の一分野。

7　長距離レースで、ほとんどの競走馬はゴールまで辿り着くことができない。

8　ほとんどのタイプライター、コンピュータのキーボードで使用されている英字配列。左上部から、文字がQWERTY……の順に配列されている。

9　マタイによる福音書6章19節。

10　中世の天使論、より一般的にはスコラ哲学を非難するためにしばしば用いられてきた慣用句で、実際的価値がない事柄の論争に時間を浪費することを指す。

11　ここでは、"order" を「秩序」としても訳すことができる。つまり、神は、混沌と空虚の中に、「秩序」を創造されたと。従って、英国議会下院の院内総務が発する "Order! Order!" は、混乱する議会に「命令！ 命令！（秩序！ 秩序！）」ということになる。"order" の持つ二つの意味を巧みに取り込んだ、筆者独特のユーモアのセンスが読み取れる。

12　新共同訳、口語訳など日本語訳では「昼」と訳出。

13 新共同訳、口語訳など日本語訳では「時」と訳出。

14 19世紀後半にアメリカと英国で起こった、リバイバル運動。多くの讃美歌が作られ、後のゴスペルソング大流行のきっかけを作った。

15 新共同訳、口語訳では共に「命あるもの」と訳出されているが、新改訳は「いのちの息のあるもの」と訳出している。

16 新共同訳も同じように訳出している。

17 『讃美歌（1954）』9番、『聖歌（1958）』89番、『讃美歌21（1997）』7番、『新生讃美歌（2003）』120番など、ほとんどの讃美歌集に掲載されている。ここでは、『新生讃美歌』の歌詞によった。

18 西アジアの地中海沿岸地方（現在のイスラエル、パレスチナ、レバノン、シリア沿岸部など）。

19 「さらに良くするためのおまけのようなもの」を意味する慣用句（the icing on the cake）。

20 "a plague on all your houses!"（シェークスピアの「ロメオとジュリエット」に出てくる有名な台詞）。

21 美徳と悪徳の葛藤をテーマとした、16世紀始めにイギリスで出版された代表的な道徳劇。

22 新共同訳も同様に訳出している。

23 「現実を直視しない」ことを意味する英語の慣用句（They are like ostriches with their heads in the sand）。

24 「少ない部分から全体は判らない」（One swallow does not make a spring）の慣用語。

25 邦訳『ダーウィンのブラックボックス――生命像への新しい挑戦』（青土社、1998）

26 「議論の途中で腕を振って議論を止めさせる」の慣用句。

27 「Dr. Who」は、英国ＢＢＣで１９６８年から放映されている世界最長のＳＦドラマシリーズ。

マルコによる福音書　*47, 178*
ルカによる福音書　*33, 34, 46, 181, 223, 270, 278, 286, 327, 345*
ヨハネによる福音書　*32, 33, 47, 178, 295, 313, 333, 334, 335, 337, 345, 364*
使徒言行録　*43, 50, 210, 224, 277, 295, 335, 341*
ローマの信徒への手紙　*27, 47, 276, 280, 309~319, 326, 328, 330, 335, 338, 341~344, 357, 362, 399, 400*
コリントの信徒への手紙Ⅰ　*220, 280, 282, 294~295, 314~316, 327, 345~346, 360, 367*
コリントの信徒への手紙Ⅱ　*213, 297, 335~336, 366*
ガラテヤの信徒への手紙　*278, 338, 343*
エフェソの信徒への手紙　*276, 298, 329, 335, 339*
コロサイの信徒への手紙　*42, 298, 333, 345*
テサロニケの信徒への手紙Ⅰ　*295*
テモテへの手紙Ⅱ　*28, 56, 295*
ヘブライ人への手紙　*24, 29, 42, 48, 295, 309, 332, 333, 335, 336, 366, 368*
ペトロの手紙Ⅰ　*270, 287, 328, 333, 335*
ペトロの手紙Ⅱ　*48, 356*
ヨハネの手紙Ⅰ　*298, 306*
ヨハネの黙示録　*43, 48, 49, 240, 294, 298, 305, 306, 307, 308, 322, 345, 346*

理神論　*40, 43, 191~194, 212*
リバース・エンジニアリング　*132, 156*
両生類　*77, 143*
輪状種　*117~118*

る

ルター派　*60, 207, 371*

れ

歴史科学　154
　進化論　155

聖書索引

〈旧約聖書〉

創世記　*25~26, 37~38, 46~47, 103, 121, 158 ~159, 169~190, 204~205, 210~224, 241, 265, 268~287, 291, 293~296, 300~311, 316~320, 323, 332, 338~341, 355, 363, 439, 443*
出エジプト記　*37, 180, 277, 306*
レビ記　*292~293, 306, 327*
民数記　*160, 327*
申命記　*160, 184, 190, 221, 293, 327*
サムエル記上　*291, 304*
サムエル記下　*31, 269, 294*
列王記上　*151, 277, 291*
列王記下　*181, 291, 294*
歴代誌上　*223, 291, 293*
歴代誌下　*298*
ネヘミヤ記　*41, 51*
ヨブ記　*35, 41, 50, 290~292, 294, 310*
詩編　*35~36, 39~42, 46~48, 57~58, 151, 183 ~184, 216, 219, 221, 240, 291~294, 304~310, 331, 355, 394*
箴言　*27, 151, 296, 306, 355*
コヘレトの言葉　*60, 310*
イザヤ書　*35~37, 39, 41, 48, 142, 174, 270, 291, 296, 304, 309~310, 318~319, 334, 341, 355*
エレミヤ書　*41, 174, 306, 311*
エゼキエル書　*31, 270, 304, 327*
アモス書　*36*
ミカ書　*309*

〈新約聖書〉

マタイによる福音書　*103, 181, 222, 270, 277, 286, 298, 322, 327, 332, 335, 339, 364, 443*

44, 48~50, 172~174, 178, 181~183, 187~190, 214~215, 218~221, 270, 290, 306, 309, 311, 323
変異　82~84, 89~104, 115, 120, 128~137, 152, 211, 229~234, 250~252, 255, 257, 262, 266, 320~322, 351~353, 364, 367, 375, 392, 401~402, 407~408, 436
　染色体変異　82~83, 115
　挿入　92, 235
　脱落　82, 92, 378
　中性　91, 97
　転移　93~94
　点変異　91, 96
　反転（逆位）115
　複製　82, 112~114
鞭毛性細菌　375~378, 386~387, 391, 427
　インテリジェント・デザインの象徴　375
　単純化できない複雑　374~393

ほ

放射能崩壊　65~69
Hox 遺伝子　85~87
ホソクビゴミムシ　168
哺乳類　80, 85, 87~88, 91, 106~110, 121, 124~127, 132~133, 143, 144, 230~234, 257, 267, 322, 340, 406, 408
　ゲノム　85, 88, 91, 133, 136, 229
　進化　106, 108, 144, 339
　胎盤性　109, 143
　多様性　121, 125, 127, 226, 408
　有袋類　109, 411
ホモ・サピエンス（H. サピエンス）225, 243, 250, 259, 276

ま

マクロ進化　111, 119~120, 372
マラリア　101, 114~115, 267, 392

み

ミクロ進化　111, 119, 120
ミトコンドリア　133~135, 250~254, 258
　ミトコンドリアのエバ　251~254, 258
ミバエ　76, 86~87

む

無神論　55, 61~62, 73, 77, 150, 192, 196, 197, 202~209, 268, 373~374, 405, 413, 439~442
　コリンズと～　73
　自然主義と～　208
　進化と～　61~62, 196, 203~206, 405
　ダーウインの姿勢　191, 203
　デネット　202, 205, 404~405, 413
　ドーキンス　55, 150, 202

め

メッセンジャー RNA（mRNA）72

も

黙示的　28, 309

や

yatsar（ヤツァル）35~37, 217

ゆ

有機化合物（炭素の項も参照）
　宇宙雲の中の～　419~422
有糸分裂　95

ら

ラマルキズム　203

り

と
同系交配　95
トランスポゾン　75, 228~229
鳥　42, 77, 99, 105~106, 108, 117~118, 121, 143, 165, 175, 187, 215, 232, 292, 311, 321, 395
　聖書の中での鳥　42, 175, 187, 215, 292, 311, 321, 355

ぬ
ヌクレオチド　70~75, 83, 91~96, 119, 228~238, 250, 255, 385, 429, 432~437
（核酸塩基、ＤＮＡ、遺伝子、ゲノム、変異の項も参照）

ね
ネアンデルタール人　247~249, 252, 256~258, 263, 266, 278
熱力学第２法則　156~157
年代決定の方法　61~69
　ミランコビッチ・サイクル　67

の
脳　78, 81~82, 93, 103~104, 132, 133, 164, 244~248, 261~262, 321~322, 406, 415
　意識と～　320~321
　ヒトの先祖の～　242~247

は
バージェス頁岩　140~141, 404
bara（バーラ）　35~37, 41, 48, 184
倍数性　112~113
バクテリア（細菌）
　遺伝子の数　109, 376
　神の目から見た価値　362
　抗生物質への抵抗性　101~102
　ヒト蛋白質の生成　128
　ミトコンドリアの先祖　133
　無性生殖　95
発達
　器官・生体　80~81, 84~88, 95, 103, 115, 131~133, 136, 231, 248
　神経系の～　321
　目の発達　161~166
爬虫類　106, 125, 143, 165
バビロニア文献　27, 183~185, 205, 216, 296
繁殖隔離　112, 115

ひ
比較身体構造学　155, 227
ヒト科　106, 227, 243
貧血（鎌状細胞）　110

ふ
複雑　102, 104, 106, 108~109, 133, 143, 153, 156, 163, 202, 321, 374~376, 382~292, 396, 402, 404, 406, 413, 418, 420, 437, 438
　単純化できない　375~379, 383, 385~387, 389
物質主義
　インテリジェント・デザインと～　371, 417
　科学と～　63
　聖書と～　185, 417
プラスミド　102
フリーメーソン　39
プレート・テクトニクス　66
分子機械　92, 378, 439

へ
ペテン師　159~160, 238, 240, 284
ヘブライ語（聖書の項も参照）　26~27, 34~ 37,

生物学的悪との結びつき　348~352
ダーウインによる説明　62~63
聖霊　29, 34, 46~47, 58~60, 339, 357
設計（定義）　394~396
染色体　75, 77~80, 84~87, 93~95, 101, 112~115, 131, 135, 232, 235, 237~239, 252~255
倍加　112~114, 131, 132
霊長類の進化　234, 238
融合　94, 237~239, 405
有性生殖　95, 102, 115~116
選択圧力　100, 164, 228
前適応　165

そ

創造
継続的創造　40, 43, 195, 204, 210, 417
聖書における理解　38~52, 63, 193, 204, 359, 403
創造主義　24, 167, 191~205, 279, 302, 372, 418
進化的　191~205
創造の秩序　35, 39, 42~45, 47~51, 160, 174, 177, 185, 188, 195, 204~206, 209, 211~213, 216, 285, 292, 311, 317, 322, 368, 384, 398, 403, 413
創造物語（創世記の項も参照）　183~185

た

ダーウイン　62, 64, 150, 158, 161, 163, 171, 191~206, 211, 213, 350, 370~371, 375, 379, 381, 383, 389, 405, 416, 432
ダーウイン主義　150, 193, 195, 203
（進化のイデオロギー的利用の項も参照）
胎芽　82, 95, 103, 132, 192
多細胞生物　105~109, 129, 133, 406
堕落　25, 150, 222~224, 273, 276, 286, 289~341, 441
歴史的実体　282, 300~303, 313
炭酸ガス　143, 241, 424, 431
単純化できない複雑（複雑の項を参照）
炭素　66, 350~354, 421~431
蛋白質　70, 72, 406~439
（アミノ酸、ＤＮＡ、酵素の項も参照）

ち

地球
神による創造　279
推定年齢　66
初期の状態　425, 427, 431
古い地球　372
若い地球　167
地質時代区分　67
地質柱状図　141~142

て

ディスカバリー・インスティテュート　371, 373
ＤＮＡ（デオキシリボ核酸）　70~77
進化記録の保存　76, 225
染色体への詰め込み　77
蛋白質生成の制御　76
バーコード　121~122
ジャンク（ガラクタ）ＤＮＡ　74~75
（遺伝子の多様性及び染色体の項も参照）
適応放散　108, 109, 125, 226
適者生存　97, 198~202
天
新しい天（新しい地）　48, 294, 298, 317, 322, 324, 346, 363, 366
神によって創造　35, 37, 48, 51, 172, 178, 180, 182~184, 188, 322~324, 363~366
天変地異説　142
天文学　58~60, 68, 407
聖書と～　58~60
年代決定法における傍証　68

使徒信条　24
受精卵　250
種形成　64, 94, 113~120, 155, 168, 203, 267, 340, 354
　異所的　113
　繁殖隔離　113
　同所的　113
　輪状　117~118
種の起源　114, 142, 158, 191~195, 198, 384, 385
収斂　153, 410, 411, 413
贖罪　205, 299, 308, 324, 329, 333, 335, 339, 346, 441
消滅　106, 122~127, 141, 143, 145, 162, 211, 226, 241~242, 245~249, 252, 256, 257, 289, 322, 404, 411, 421
　大量消滅　106, 122, 124, 125, 411
情報
　神によって創造時に付与　47
　染色体中でのバックアップシステム　77
　ＤＮＡの中の～　70, 72, 76, 80, 94
植物　66, 76, 78, 93, 105, 107~116, 121, 125~133, 138~139, 143, 153, 156~157, 161, 175, 182, 186, 211, 213, 256, 289, 302, 307, 320, 345, 361, 362, 382, 406, 413
進化
　イデオロギー的利用　61, 197~205
　馬の～　168, 256, 265
　カメの～　144
　偶然プロセスではない　153~156, 396
　くじらの～　80, 144
　実験による確認　98, 130, 156, 331, 437
　四足動物の～　144
　収斂（収斂の項を参照）
　生物学者によって認められている事実　101, 112, 196
　逐次的ステップ　155, 161, 396
　目の～　162~168
進化経路　378, 408
進化的創造主義　191, 203~206, 210~214
真核生物（細胞）　107, 381
神義論　348, 349, 352, 357~358, 363, 368

す

隙間の設計者　384, 388
救い（救済）　44, 50, 58, 60, 158, 166~167, 190, 200, 240, 278, 309, 312, 317, 328, 333, 337, 341, 344, 360, 366
ストロマトライト　140, 320

せ

聖書
　カルヴァン　58~59, 179
　近東文脈における解釈　177, 185, 216, 221, 282, 285, 301, 340
　比喩的な読み方　31, 34, 173, 175~180, 189~190, 214, 221, 270, 285, 286, 303~310, 338, 341
　権威　60, 170, 204
　聖書の時間配列　175~182, 186~187, 217, 286
　直解的な読み方　31~34, 158, 176, 179, 180, 187, 189, 279, 304, 305, 326
　文学形式　28~30, 52~60
　保守的な読み方　54, 171
　翻訳　25~27, 49
　リベラルな読み方　54
　霊によるインスピレーション　29
　歴史性　25, 31, 32, 266, 269, 270, 274, 276, 282, 300, 338
生態的地位　98, 100, 108, 110, 116, 124, 125, 143, 362
生物学
クリスチャンがしばしば無視　62
生物多様性
　時間的増加　104, 115, 126, 143
　消滅と～　125~126

血液凝固　375, 379~382, 396
ゲノム　72~77, 80~85, 88~104, 111, 119~122, 126~137, 155~156, 165, 168, 225, 228~258, 266~267, 284, 289, 363, 378, 383, 411, 413, 414, 425, 438
（化石、Hox 遺伝子の項も参照）
原罪　314, 325~326, 329
原子　65, 152, 199, 212, 422, 431
神の支配　212
放射性原子　152
娘原子　65
原理主義　196

こ

光合成　133, 140, 143, 157, 161, 162, 354, 431
抗生物質に対する抵抗菌　101~102
洪水　224, 286, 292, 333
酵素　81, 83, 84, 91, 129, 152, 165, 233, 379, 381, 408~409, 431~435
酵母（イースト菌）　76, 127, 129, 321, 406
コ・オプション（蛋白質における）　165
コドン　92, 128, 229, 230, 434~438
アンチコドン　434, 435, 437
３塩基コドン　92, 229~230, 434~438
コペルニクス主義　57, 59
昆　虫　75~76, 107~108, 110, 116, 118, 121, 125, 138~139, 143, 168, 200, 408, 410
混沌（聖書における）　46, 174, 311, 439
ゴンドワナ　109

さ

細胞
最初の細胞　107, 127, 279, 387
細胞の複製　76, 78, 93, 136, 432
細胞核　72, 80, 129, 133, 140, 254
細胞質　72, 133~134, 434
細胞の型
配偶子　95, 135
体細胞　78
生殖細胞　78, 94, 95, 152, 231, 237, 254, 392
雑種（ハイブリッド）　112~114, 118, 258

し

死（聖書的理解）　289~299
シアノ（藍色）バクテリア　105~107, 134, 140
死海文書　27, 142
実証的（実験的）方法　38
自然
ギリシャ哲学の概念　41
聖書に見られない概念　43
創造との違い　43~45
堕落の後の～　167
母なる自然の概念　44
ビクトリア期の法則概念　192~193
ボイルの見解　44
理神論的概念　39, 43
自然悪（神義論の項も参照）　348, 353, 364, 368
自然選択　89, 90, 96~104, 131, 135~136, 145, 152, 161, 167~168, 194, 195, 198, 200, 230, 245, 266, 351, 372, 376, 383, 394, 401~402, 405, 416, 432, 436
魚から四足類への進化　145~146
定義　96~104
ヒト進化における～　103~104, 266
自然主義　206~209, 370, 400~401, 403, 417, 441
好ましくない概念　209, 400
定義　370, 404
哲学的～　209, 370, 400, 403
ビクトリア期の自然主義者　141, 158
「方法論的～」　206, 209
自然神学　78, 192~194, 374, 399~400
自然哲学　52

347, 410, 411, 428
エディアカラ紀化石　107, 108, 140, 141, 147, 149
有袋動物群　109, 410~412
王立協会　44, 53, 59, 129, 141, 158, 207, 397
オオシモフリエダシャク　99~100

か

快楽主義（エピクロス派）40, 210
科学
近代的意味　39, 43, 51, 56, 57, 171, 175, 178, 207, 281, 403
中世的意味　57, 213
科学雑誌　53~56, 149, 389
科学者、言葉の起源　52
化石　64, 66, 107, 108, 111, 122, 125, 137, 139,~148, 152, 156, 214, 226~227, 240~246, 248~251, 253, 257, 261, 263, 282~283, 320, 372, 386, 420~424
遺伝子化石　126, 138, 160, 225, 229, 234, 236
カタストロフィ　124~126
カトリック　57, 370~374
（ガリレオの項も参照）
神
エンジニア　395, 398, 399
三位一体　45, 46
人格的　45~47, 194, 217, 275, 276, 400
隙間の神　208, 384, 413, 418
超越的　38~40, 45, 194, 212
内在的　40~45, 194, 212
（聖書、創造、創造性、堕落、創世記の項も参照）
ガリレオ　45, 56~58
（カトリックの項も参照）
カルヴァン主義（者）63, 195, 247
カンブリア紀　129, 148, 162
カンブリア爆発　105, 108, 131~132, 143, 211, 354, 388

き

偽遺伝子（遺伝子の項を参照）
奇跡　49, 50~54, 207, 212~213, 279, 284, 291, 384, 398
インテリジェント・デザインによる援用 279, 398
神の創造活動に包含？　47, 212, 283, 284
聖書の言葉としての奇跡　49, 50
第２原因との混同　291
定義　384
共生　133
共通の祖先　116, 126, 155, 168, 225, 227~228, 232, 235~238, 240, 242, 246, 249, 251, 255, 258, 284, 372
教父　58, 331
恐竜　106, 122, 124, 138, 143, 148, 226, 320, 386, 421
近代主義　53~55, 60, 171, 178, 221
宗教と～　53, 178
神学形成　54, 171, 221
禁欲主義（ストア派）40, 210
菌類　121, 129

く

偶然
進化と～　150~154, 375, 391~405
３つの定義　151~154
クロマニヨン人　260, 263
クロロフィル　157, 161, 162
クロロプラスト　133~135

け

形態　111, 116, 119, 165, 410
経路（進化経路の項を参照）

蛋白質の構成単位　230, 421~423
ヌクレオチドによるコード化　72, 92, 432~438
アラム語　216
アリクイ　100
アリストテレス主義（派）　59, 397, 404
アンチコドン　434, 435, 437

い

イエス　31~34, 42, 46~49, 51, 176, 178, 222, 267, 270, 277, 286, 294, 295, 297~299, 313~316, 322, 327, 332~335, 345, 364, 366, 368, 399
創造の執行人として　42, 43, 49
創造物語についてのイエスの解釈　46~47
文字通りではないイエスの言葉　32~34
遺伝子　61, 70~138, 150~168, 203, 225~289, 320 ~328, 339, 348~392, 407~416, 426~439
遺伝子コード　105, 106, 127~128, 149, 155, 279, 363, 386~388, 407, 434~436, 439
遺伝子工学　128, 132, 267, 328, 339
遺伝子浮動　97, 131
偽遺伝子　130, 136, 227~234
選択的スプライシング　82, 83
調節遺伝子　85, 87, 130, 165
跳躍遺伝子（トランスポゾンの項を参照）
定義　70
ヒト遺伝子の数　73, 75, 81, 87, 93
利己的遺伝子　81
（Hox 遺伝子の項も参照）
遺伝子決定論　84
遺伝子の多様性　84, 85, 96, 102, 252
遺伝子組み換えと～　135
遺伝子流動　90, 91, 96, 131, 256
ヒト個々人における～　228, 249
変異と～　89~96
遺伝子の複製　76, 91~94, 131~136, 165, 380~382
隕石　66, 420~424, 427, 428, 437, 438
インテリジェント・デザイン（ID: 知的設計）137, 195, 370~415
実験的確認　385, 390, 397
ドーヴァー裁判所における判決　371

う

ウィルス　76, 77, 82, 96, 127, 135, 136, 236, 237, 258, 266, 320, 385, 390
レトロ～　76, 77, 127, 236, 237, 258

え

エデンの園　25, 168, 176, 186, 187, 217, 285, 296, 302~305, 308~311, 346
オリゲネスの比喩　176
古い地球論者の解釈　302
エディアカラ動物群　108, 140, 141
エバ　150, 186, 214, 222~225, 241~268, 272~287, 296, 300~328, 340, 346, 347
人類学的基礎　241~268
新約聖書における～　224
（ミトコンドリアのエバの項も参照）
エヌマエリシュ　185~186
襟鞭毛虫　129
塩基（ヌクレオチドの項も参照）
犬の血統における違い　119
３塩基コドン（コドンの項も参照）　92, 229, 230, 434~438
塩基対（ＤＮＡ）　70, 75, 96, 98, 234, 235, 237, 250, 255
エントロピー　156~157

お

オーストラリア　108, 109, 140, 250, 257, 265, 287,

クリストファー・サウスゲート　361
Spencer, Herbert
ハーバート・スペンサー　198, 200, 202
Szostak, Jack
ジャック・ショスタク　429

V

Vanstone , W. H.
W. H. ヴァンストン　358
Venter, Craig
クレイグ・ヴェンター　73

W

Wachtershauser, Gunter
グンター・ヴェヒターズホイザー　425, 431
Wake, David
デイビット・ウェイク　119
Warfield, Benjamin
ベンジャミン・ウォーフィールド　197, 204
Wells, Jonathan
ジョナサン・ウェルス　373
Wenham, Gordon
ゴードン・ウェンハム　182, 304, 308, 323
Whewell, William
ウイリアム・ウェウエル　52
Wilkins, John
ジョン・ウィルキンス　59, 166~167
Winchell, Alexander
アレクサンダー・ウィンチェル　195~196
Wolterstorff, Nicholas
ニコラス・ウォルターストーフ　349
Wright, Edward
エドワード・ライト　59
Wright, George
ジョージ・ライト　195~197

事項索引

あ

アウグスティヌス　45, 58, 170, 176, 177, 324 ~ 328, 384, 442
　科学的無知に対する　326
　神と自然　45, 384
　聖書解釈　58, 170, 176, 177
asah（アサー）　35~37
アッシリア　27, 216
アダム　123, 149, 158, 172, 180~190, 214~333, 336 ~341, 343~347
　アダムの系図　172, 223~224
　意味　186, 189, 214, 217, 218, 275, 278, 280, 309
　委託された支配権　215, 216, 318
　神の似姿　215
　キリストの原型（タイプ）　276, 312, 330
　新約聖書におけるアダム　279, 312~319, 327, 331
　人類学的基礎　241~268
　人類の首長　276~278, 301, 314, 341
　肉体的死　330~332
　へそ　158
　歴史的か否か　276, 278, 286, 301, 315
アッカド語　27
アッシリア　27, 216
アテネ　40, 210, 224
アフリカ　101, 109, 114~116, 120, 145, 226, 241~247, 250~259, 266, 273, 274, 282, 301, 312, 340, 411, 424
　ヒトの起源　116, 226, 241~260, 273, 274, 282, 301, 312, 340, 411
アミノ酸　70~72, 83, 92, 97, 127, 130, 152, 230, 231, 383, 407, 421~429, 432~438, 446~449
　隕石中における　422, 427, 437

ジョン・レノックス　*372, 418*
Lewis , C.S.
C.S. ルイス　*345, 364*
Lucas, Ernest
アーネスト・ルーカス　*184, 323*
Luisi, Pier Luigi
ピエール・ルイージ・ルイス　*427*

M

Majerus, Michael
マイケル・マジェラス　*99~100*
Marsden, George
ジョージ・マースデン　*196*
Marx, Karl
カール・マルクス　*199, 204*
McCosh, James
ジェームス・マコッシュ　*195, 204, 394*
Medawar, Peter
ピーター・メダワー　*419*
Milankovitch, Milutin
ミルティン・ミランコビッチ　*68*
Mithen, Steven
スティーブン・ミズン　*264*
Moo, Douglas
ダグラス・ムー　*313, 319, 342*
Moo, Jonathan
ジョナサン・ムー　*319*
Moore, Aubrey
オーブリー・モアー　*194~195*
Moore, James
ジェームス・モアー　*192, 196*
Morris, Henry
ヘンリー・モリス　*167, 178, 189*

N

Newton, Issac
アイザック・ニュートン　*207, 208, 389*
Nurse, Paul
ポール・ナース　*129*

O

Origen
オリゲネス　*176*
Orr, James
ジェームス・オア　*197*

P

Philo
フィロン　*176*

R

Rockefeller , J. D.
J. D. ロックフェラー　*199*
Rolston, Holmes
ホルムス・ロルストン　*361*
Russell, Bertrand
バートランド・ラッセル　*159*

S

Sedgwick, Adam
アダム・セジウィック師　*141~142*
Selous, F.C.
F.C. セロス　*199*
Shakespeare, William
ウイリアム・シェークスピア　*55*
Shaw, George Bernard
ジョージ・バーナード・ショー　*198*
Smith, William
ウイリアム・スミス　*142*
Southgate, Christopher

Drumond, Henry
ヘンリー・ドルモンド　*194*

E

Einstein, Albert
アルベルト・アインシュタイン　*156, 384, 391*
Engels, Friedrich
フリードリヒ・エンゲルス　*199*

F

Farrer, Austin
オースティン・ファレル　*363*
Fiddes, Paul
ポール・フィデス　*350*

G

Galileo
ガリレオ（ガリレオの項参照）
Galton, Francis
フランシス・ガルトン　*208*
Gilbert, William
ウイリアム・ギルバート　*59*
Gosse, Phillip Henry
フィリップ・ヘンリー・ゴス　*158~160*
Gould, Stephen Jay
ステファン・ジェイ・グールド　*158, 268, 404, 405, 407, 411, 413*
Gray, Asa
エイサ・グレイ　*195, 204, 211, 350*

H

Haught, Jack (John)
ジャック・ホート　*376*
Hick, John
ジョン・ヒック　*350, 359, 363*
Hitler, Adolf
アドルフ・ヒトラー　*200~202*
Huxley, Julian
ジュリアン・ハックスレー　*405*
Huxley, Thomas Henry
トーマス・ヘンリー・ハックスレー　*192, 193*

J

Johnson, Philip
フィリップ・ジョンソン　*370, 372~374, 399~401, 403*

K

Kellog, Vernon
ヴァーノン・ケロッグ　*200*
Kelvin, Lord
ケルヴィン卿　*384*
Kepler, Johannes
ヨハネス・ケプラー　*66*
Kettlewell, Bernard
バーナード・ケトルウエル　*100*
Kingsley, Charles
チャールズ・キングスリー　*159~160, 193*
Krebs, Hans
ハンス・クレブス　*430*

L

Lagrange, Joseph-Louis
ジョセフ＝ルイ・ラグランジェ　*207*
Laplace, Pierre-Simon
ピエール＝シモン・ラプラス　*207*
Leibniz, Gottfried
ゴットフリート・ライプニッツ　*207, 349*
Lennox, John

索引（人名／事項／聖書）

人名索引

A

Agassiz, Louis
ルイス・アガシ　*196*
Allen, Diogenes
ディオジェンス・アレン　*368*
Alon, Uri
ウリ・アロン　*406*
Aristoteles
アリストテレス（アリストテレス主義の項を参照）
Augustine
アウグスティヌス(アウグスティヌスの項を参照)

B

Bacon, Francis
フランシス・ベーコン　*318*
Bangham, Alec
アレク・バングハム　*428~ 429*
Baur, Erwin
アーウィン・バウアー　*201*
Behe, Michael
マイケル・ベーエ　*370~375, 379, 382, 387~392, 396, 401~402*
Bergson, Henri
アンリ・ベルクソン　*418*
Berner, Robert
ロバート・バーナー　*125*
Besant, Annie
アニー・ベサント　*199*
Blocher, Henri
エンリ・ブロシェ　*359*
Boyle, Robert
ロバート・ボイル　*44~45, 177~178*

C

Carnegie, Andrew
アンドリュー・カーネギー　*198*
Carroll, Sean
ショーン・キャロル　86, 406
Collins, Francis
フランシス・コリンズ　*73*
Conway Morris, Simon
サイモン・コンウエイ・モリス　*141, 150, 410, 411*

D

Dana, James
ジェームス・ダナ　*196*
Darwin, Charles
チャールス・ダーウイン(ダーウインの項を参照)
Davenport, Charles
チャールズ・ダベンポート　*201*
Dawkins, Richard
リチャード・ドーキンス　*39, 55, 56, 61, 150, 193, 202~205, 370, 403*
Deamer, David
デビット・ディーマー　*428*
Dembski, William
ウイリアム・デムスキー　*371~373, 375, 383, 396, 398, 399, 402*
Dennett, Daniel
ダニエル・デネット　*202, 205, 404, 405, 413*

訳者あとがき

キリスト教は、あらゆる宗教のうちで、これまでに最も科学に影響を与え、また科学から影響を受けてきた宗教といってもよいであろう。聖書解釈は、中世までには、クワドリガとして知られる四つの標準的な方法――字義的、比喩的、転義的ないし道徳的、終末的――が確立され、天地創造や超自然的な現象に関しても、その解釈はこれらによってきた。しかし中世以降の自然科学における進歩は、このような従来からの聖書解釈に深刻な問題を投げかけることとなった。その代表的なものが、コペルニクスによる地動説（1534年）、ニュートンの万有引力の法則（1665年）、ダーウィンの進化論（1859年）であろう。

近代哲学の祖として知られるデカルトは、一方では、解析幾何学を考案した大数学者である。彼は1637年に著した『方法序説』において、自然の本質は数式によって表現された法則によって機械的に把握されるとする、「機械論的世界観」を提唱した。ニュートンは万有引力の法則によって、地上における運動を支配する法則を見出したが、それは天体の運動においても適用可能なことから、コペルニクスの地動説と相まって、宇宙は一定の法則で動く巨大な機械であるとする考え、つまり「機械論的世界観」を強力にサポートするものとなった。この考えは、世界は全て完全であり、それ自身で自ら維持できる、よって、その維持において、神の存在を必要としないという、いわゆる「理神論」へと繋がり、さらには後の合理主義、啓蒙主義のような近代思想に大きな影響を与えるものとなった。

かたや、進化論はどうであろうか。ダーウィンが『種の起源』を表して以来、既に一世紀半以上も経過しているが、進化論は、アメリカでは、現在でも人口の約⅓にも上る人が信じていないとされている。その理由は様々であるが、進化論が、聖書の冒頭において語られている創造物語、そして旧約・新約を通して、聖書の中で一貫して流れる主張と一致しないということが、主なものであろう。日本を含めて世界のクリスチャンにおいても、たとえ進化論を科学的な理論として認めたとしても、どこか割り切れない思いを抱いている人は多いのではないだろうか。それは、なぜであろうか。曰く、進化論は、偶然によって支配される突然変異に基礎を置いている。進化論は、人間と動物には生物学上、基本的な相違はないとしていることから、神の創造の極みとしての人間及びその固有性に疑問を投げかける。適者生存の考えは、弱者切り捨てを支持する、等々……。要するに、これらのことは、全ての創造において神の主権を主張する聖書の教義に反し、また、キリスト教倫理とも相容れないように見えるからであろう。

進化論に対するこのようなわだかまりは、程度の差はあるにしても、本訳者においても共有されるものであった。果たして、創造と進化、いずれを信じるべきか。まさに本書のタイトル『創造か進化か――我々は選択しなければならないのか？――(*Creation or Evolution: Do We Have to Choose?*)』が問いかける通りであった。もちろん、神の全能性を信じるクリスチャンとして、聖書を信じる者であるが、理系バックグランドを持つ本訳者にとって、このことは、あたかも晴天（福音）にかかる一朶の黒い雲のように、いつも心の中にあった。本訳者が東京バプテスト神学校で、「組織神学」を受講したのは、数年前のことである。使用テキストは、今日の代表的な神学者と言われているイギリスのアリスター E・マクグラス（Alister E. McGrath）による『キリスト教神学入門』（神代真砂実訳、2002年）であった。大部のその本は、神学に関わる古代からのあらゆる主要な論争を網羅しており、教科書として申し分のない労作である。もちろん「科学と宗教」についても、歴史的な考察も含めてページが割かれており、大いに啓発されたものである。だが本訳者にとって残念なことに、そこには進化論に関しての深い考察がなく、いくつかの議論が簡単に紹介されているだけであった。マクグラスは神学者であるが、同時に分子生物学の博士号を有する科学者である。このテキスト以外にも、『宗教と科学』（稲垣久和他訳、２００９年）と題する本を著しているることが分り、本訳者は、この著書において、進化論に対するわだかまりは雲散霧消するものと期待した。だが、進化論に関する限り、先のテキストから一歩も前に出るものではなかった。その後、いろいろな文献を調べてみたが、本訳者の疑念を払拭するものに出くわすことはなかった。

あらゆる優れた科学理論がそうであるように、多くの「〜主義」、「〜イデオロギー」は、自己の主張を権威づけるために、これらの科学理論を利用する傾向にある。ダーウインの「進化論」も例外ではない。巷間にあふれる「様々な進化論」は、純粋に科学的な本質から外れて、自己の主張に合うように都合よく解釈、あるいは改作されたものである。本書は、進化論に、まるでフジツボのようにびっしりとこびりついている、これら諸々の誤解を丁寧に剥ぎ落とし、進化論が純学問的に、いかに優れ、かつ確立された「真理」としての科学理論であるかを明らかにする。

これまで、原理主義的なクリスチャンの一部は、進化論を悪魔のように見なし、他方、進化論から聖書を見る無神論者は、聖書は科学とは相容れない愚かな宗教だと攻撃してきた。一方が他方を劣るものと考えるとき、そこには不毛な議論はあっても、真の対話は生じないであろう。しかし、科学も神学も「真理」を探求する学問である。私はこのデニス・アレクサンダーの著書を通して、「真理」と「真理」は決して矛盾・対立するものではなく、互いを高め合い、それぞれの分野でさらに深い「真理」へと導き合うということに思いが至った。このような科学と神学の関係は、本訳者にとってこれまでの知識・経験をはるかに越える驚くべき新しい発見であった。本書は、進化論を聖書解釈に押し付ける、あるいは聖書と調和させるのではなく、あくまでも伝統的な聖書解釈に軸足を置きつつ「対話」を試みるものと言ってもよいであろう。

「進化」のプロセスは、その言葉が暗示するようなものではなく、一つの生命の根から枝分かれをしてそれぞれの「種」が生み出されていく、「生物多様化」のプロセスであることを本書によって知ることができる。つまり、46億年前の地球誕生以降に生まれた一つの生命体が、その時々の地球環境の変化に、たくみに応じて多様化していったものである。それは極めて合理的な段階的プロセスであり、「突然変異」のような偶然に支配されるものはその一部にしか過ぎない。このことは、一つの受精卵から、様々な器官に分化して一個の人間へと成長するプロセスにも似ているであろう。「頭」と「足」は機能に差はあるが、優劣はないように、人間と他の被造物生命体の間には本来的に優劣はない。しかし、神は、人間を神の似姿として進化させ、神の傑作である天地万物の管理を委ねられたのである。それは、新約聖書において、金持ちがその財産を管理人に委ねて旅に出る話にも通じる。このようにして見るとき、今日的な課題である地球環境、資源、生物多様化の保護は、まさにこのように管理を委ねられた人間の大きな責任であることに否応なく気づかされるのではないだろうか。このことは、本書から導き出すことができ得るであろう一つの例にしか過ぎない。読者においては、目から鱗、さらに多くの新しい視点を見出すことができるであろう。

本書が取り扱うテーマは、無神論者の巨頭リチャード・ドーキンスのベストセラー『盲目の時計職人』などで、世界的にも常にホットで有り続けているものの一つである。本書において著者は、無神論者、理神論者、創造論主義者（原理主義者を含む）、ＩＤ（インテリジェント・デザイン）擁護者を含むあらゆる論敵に対して、真っ向から小気味よく、論戦を展開する。ノンクリスチャンにおかれても、この分野に関心がある方々の知的好奇心を、十分に満足させてくれるであろう。まさに日進月歩、次から次へと生命の神秘を明らかにするゲノム学を始めとする最先端の分子生物学に基づいて、進化論が分りやすく解説されており、昨今、ＴＶを賑わせている自然番組をより楽しむためにも、本書は、ビッグバン以降140億年にもわたる壮大な宇宙・生物の進化物語として、進化論や現代ゲノム学の格好の入門書となるであろう。とは言っても、分子生物学及び神学を専門としない本訳者にとって、本書の翻訳は決して易しいものではなかった。多くの誤りを恐れる者である。忌憚のないご指摘をいただければ幸いである。この訳書によって、理系はもとより、文系のクリスチャン、そしてさらには、この問題が信仰への障害になっている求道の方々において、いささかでも示唆が与えられるなら、本訳者にとってこれに勝る喜びはない。

改めて述べるまでもないが、この素晴らしい本の翻訳を快く許していただいた、原著者のアレクサンダー博士に感謝したい。博士の広く深い知識とユーモアを忘れないパッションに感動しつつ、また難解な箇所は、分子生物学の参考書、あるいは聖書注解書などを参照しながら、悪戦苦闘・呻吟しつつ訳出したものであるが、今こうして振り返ると、そのことは神から与えられたかけがえのない貴重な時であったように思われる。ケンブリッジで博士のご家庭にお招きいただき、本書にも出てくる、奥様、「倹《つま》しいスコット人」のご母堂、そして偶々帰省中の、中央アジアでキリスト教伝道に携わっているご子息、ロンドンの貧困街でケースワーカーとして働いているご息女にもお会いし、本書が、愛に溢れた真摯なクリスチャン家庭から生まれたことを知ることができた。このことも、この大書の翻訳に際して大きな支えになったことも記さずにはおれない。

日本語訳について全巻をお読みいただき、それぞれの立場から、貴重なご意見・コメントを頂いた西南学院大学神学部の濱野道雄教授、二松学舎大学の本多峰子教授、多摩ニュータウン永山教会の栗田英昭牧師、目白ケ丘教会の古賀公一前牧師に、心からの感謝を捧げたい。

本書を翻訳するに当たり、祈りによって——時には差し入れさえも加えてくださって——励ましをいただいた信仰の友、さらには、出版を引き受け、また編集など様々なご苦労をいただいたヨベルの安田正人氏、索引作成にあたってご助力をいただいた長野工業高等専門学校教授堀内泰輔氏、装幀をしてくださったロゴス・デザインの長尾優氏、そして、改めて述べるまでもないことではあるが、傍らでいつも支えてくれた本訳者の妻に感謝を捧げるものである。

また、本訳書は、客員研究員としてお招きいただいた、カナダ・バンクーバーのリーゼント・カレッジにおいて編集の最終段階を終えることができた。客員研究員としての素晴らしい機会を与えていただいた、リーゼント・カレッジにも感謝を捧げたい。

本訳者を常に励まし、本訳書の出版を心待ちにされながらも、天の御国に戻られた関西学院大学名誉教授（元東京女子大学学長、元東洋英和女学院大学学長）の故船本弘毅先生に本訳書をお捧げするものである。

２０１９年秋　バンクーバー・リーゼントカレッジにて

小山清孝

著者プロフィール

デニス・アレクサンダー（Denis R. Alexander, 1945~）

ケンブリッジ大学の St Edumund's College の Farady Institute of Sience and Religion の名誉所長で、名誉フェロー。また The Babraham Institute において、分子免疫学計画の議長やリンパ球信号伝達と発達研究室の室長を務めた。それ以前にはロンドンの Imperial Cancer Research Laboratories（現在 Cancer Research UK）に勤め、1971 ～ 1986 年の 15 年間、海外の大学研究室や研究所の発展を助け、その後、レバノンにある American University の医学部で生化学の准教授を務めた。ロンドンの Institute of Psychiatry において神経科学で Ph.D. を得る前は、オックスフォード大学では公開奨学生であった。科学と宗教の分野で著作、講演、放送に関わっており、Science and Christian 誌の編集者（1992 ～ 2013）、National Committee of Christians in Science のフェローを歴任。現在は International Society for Science and Religion の常務理事。

主な著作：*Beyond Science* (1972), Lion Publishing / *Rebuilding the Matrix – Science and Faith in the 21st Century* (2001), Lion Publishing, Oxford, UK / *Protein phosphatases – Topics in Current Genetics 5* (2003), Springer, Joaquin Arino and Denis Alexander (editors) / *Beyond Belief: Science, Faith and Ethical Challenges* with Bob White (2004), Lion Publishing, Oxford, UK / *Can We Be Sure About Anything?: Science, Faith and Postmodernism* (2005), Apollos, Nottingham, UK, / *Science, Faith, and Ethics: Grid or Gridlock* (2006), Denis Alexander & Robert S. White, Hendrickson / ***Creation and Evolution: Do We Have to Choose?*** (2008), Monarch, Oxford, UK, / *Rescuing Darwin – God and Evolution in Britain Today* (2009), Theos Nick Spencer and Denis Alexander / *Biology and Ideology from Descartes to Dawkins* (2010), University of Chicago Press,Denis R. Alexander and Ronald L. Numbers (editors) / *The Language of Genetics – an Introduction* (2011), Templeton Foundation Press / ***Creation and Evolution: Do We Have to Choose?*** (**2nd edition**, revised and expanded) (2014), Monarch, Oxford, UK / *Genes, Determinism, and God* (2017), Cambridge University Press

訳者プロフィール

小山清孝（おやま・きよたか）

福岡県出身（1943 年生）；九州大学工学博士、ブリティッシュ・コロンビア大学 Ph. D.（化学）；トロント大学博士研究員を経て、日本の民間化学会社に就職（探索研究所長、法務・特許部長、ファインケミカル事業部部長等を歴任）；（社）日本化学工業協会にて国際業務室長（WTO、自由貿易協定等に関わる国際貿易；国連〈ILO、IMO 等〉、OECD、ISO における化学品の安全管理に関わる国際調和等）；経済産業省貿易政策小委員会委員、経団連貿易と投資委員会委員、OECD 産業諮問委員会委員、APEC 化学産業部会委員等；“Enzyme Engineering 7” (The New York Academy of Sciences, 1984)、“Biocatalysis in Organic Media” (Elsevier, 1987)、“Biocatalytic Production of Amino Acids and Derivatives” (Hanser, 1992)、“Chirality in Industry” (John Wiley & Sons 1992) 等、化学に関わる論文・総説・著書（共著）多数；小説「黎明よ疾く覚めて闇を打て」（ペンネーム：仰木 望、文芸社、2007）、船本弘毅編著『希望のみなもと――わたしを支えた聖書のことば』燦葉出版社、2012；山口大学工学部非常勤講師；リーゼント・カレッジ客員研究員（科学と神学）

創造か進化か——我々は選択せねばならないのか

2020年3月10日 初版発行

著　者 —— デニス・アレクサンダー
訳　者 —— 小山清孝
発行者 —— 安田正人
発行所 —— 株式会社ヨベル　YOBEL, Inc.
〒113-0033 東京都文京区本郷4-1-1　菊花ビル5F
Tel 03-3818-4851　Fax 03-3818-4858
e-mail：info@yobel.co.jp

印刷 —— 中央精版印刷株式会社

配給元—日本キリスト教書販売株式会社（日キ販）
〒162 - 0814　東京都新宿区新小川町9 -1
振替 00130-3-60976　Tel 03-3260-5670

ISBN978-4-909871-12-1 C0016
聖書は、『聖書 新共同訳』（日本聖書協会）を使用しています。

ヨベルの既刊・近刊書ご案内

「焚き火を囲んで聴く神の物語・説教篇」シリーズ［全8冊］

アブラハムと神さまと星空と――創世記・上

YOBEL新書056　新書判・二二四頁・定価一一〇〇円　ISBN978-4-909871-07-7

わが心の愛するもの――藤井 武記念講演集Ⅰ

四六判・三七二頁・二五〇〇円　ISBN978-4-907486-98-3　C0016

聖名《みな》のゆえに軛《くびき》負う私――藤井 武記念講演集Ⅱ

四六判・四四四頁・二五〇〇円　ISBN978-4-907486-99-0　C0016

安積力也／川田 殖責任編集　発行所：基督教共助会出版部

森 明著作集［第二版］

四六判上製・五三二頁・一五〇〇円　ISBN978-4-909871-05-3　C0016

スタンリー・ハワーワス　東方敬信訳

世界の注目を集めた「ギフォード講義」

宇宙の筋目に沿って――教会の証しと自然神学

A5判変型版・四一六頁　ISBN978-4-909871-13-8

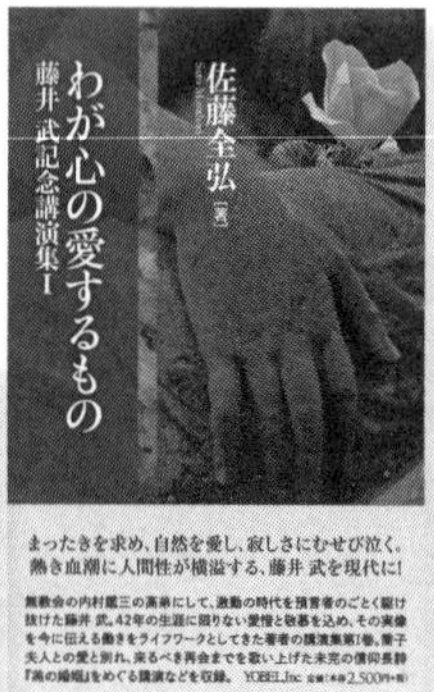

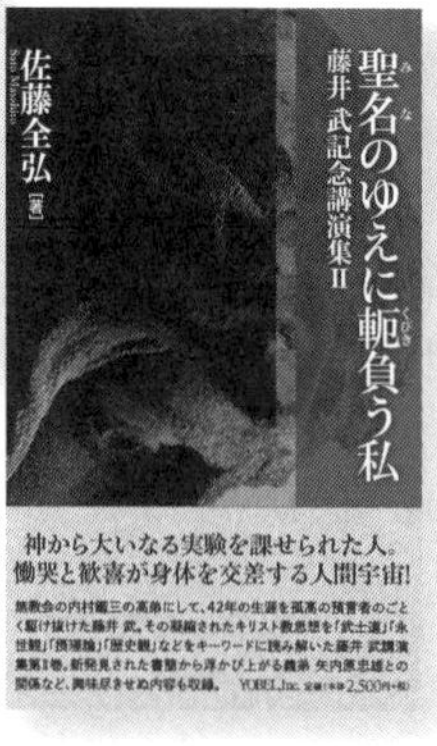

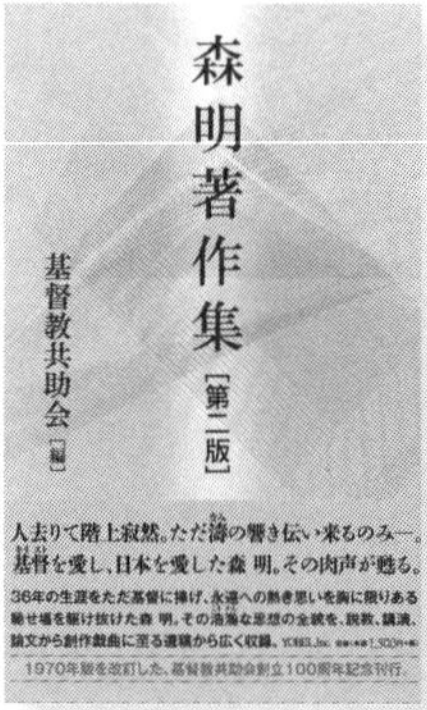